中公文庫

ウィトゲンシュタイン家の人びと

闘う家族

アレグザンダー・ウォー
塩原通緒訳

中央公論新社

目次

第一部　汚れた行為

第二部 錯乱

第三部 新しい無秩序

第四部 縁故と崩壊

ヘルマン・クリスティアン・ウィトゲンシュタイン
（地所管理人）1802〜1878

＝フランツィスカ“ファニー”・フィグドル
1814〜1890

カール
（実業家）
1847年4月8日
ゴーリス生
1913年1月20日
ウィーン没

ベルタ
1848〜1908
＝カール・
クーペルヴィーザー
（弁護士・代表取締役）
1841〜1925

クララ
1850〜1935

リューディア
1851〜1920
《自殺》
＝ヨーゼフ・
フォン・
ジーベルト
（軍人・将軍）
1843〜1920

エミーリエ
“ミリー”
1853〜1939
＝テオドール・
フォン・
ブリュッケ
（判事）
1853〜1918

クロティルデ
1854〜1937

＝レオポルディーネ・カルムス
1850年3月14日ウィーン生
1926年6月3日ウィーン没

ルドルフ
“ルディ”
1881年6月27日
ウィーン生
1904年5月2日
ベルリン没
《自殺》

マルガレーテ
“グレートル”
1882年9月19日
ウィーン生
1958年9月27日
ウィーン没
＝ジェローム・
スタインバーガー
／ストーンボロー
1873年ニューヨーク生
1938年6月15日ウィーン没

パウル
（ピアニスト）
1887年11月5日
ウィーン生
1961年3月3日
ニューヨーク没
＝ヒルデ・シャニア
1915年12月26日ランナースドルフ生
2001年3月31日ペンシルバニア没

ルートウィヒ
“ルッキー”
（哲学者）
1889年4月26日
ウィーン生
1951年4月29日
ケンブリッジ没

ストーンボロー家

トーマス
“トミー”
1906年1月9日
ベルリン生
1986年2月14日
ウィーン没

ジョン・ジェローム“ジー”
1912年6月11日
ウィーン生
2002年4月29日
ドーセット没

エリーザベト
1935年5月24日
ウィーン生
1974年2月
ニューヨーク没

ヨハンナ（ジョーンと改名）
1937年3月10日
ウィーン生

パウル
“ルイス”
1941年11月30日
ニューヨーク生

ウィトゲンシュタイン家

The House of Wittgenstein

アンナ
1840～1896
＝ハインリヒ・エミール・フランツ
（判事）
1839～1884

マリー
1841～1931
＝モーリッツ・ポット
（鉄鋼商）
1839～1902

パウル
（実業家）
1842～1928
＝ユスティーネ・ホーホシュテッター
1858～1918

ヨゼフィーネ
1844～1933
＝ヨハン・ネポムク・オーザー
（化学者）
1833～1912

ルートウィヒ
“ルイス”
（不動産王）
1845～1925
＝マリーア・フランツ
1850～1912

ヘルミーネ
“ミニング”
1874年12月1日
テプリツェ生
1950年2月11日
ウィーン没

ドーラ
1876年生
1876年没

ヨハネス
“ハンス”
1877年
ウィーン生
1902年
行方不明

コンラート
“クルト”
1878年5月1日
ウィーン生
1918年10月
イタリア戦線没
《自殺》

ヘレーネ
“レンカ”
1879年8月23日
ウィーン生
1956年4月
ウィーン没
＝マックス・ザルツァー
（政府高官）
1868年3月3日ウィーン生
1941年4月28日ウィーン没

ザルツァー家

マリーア
1900年3月6日生
1948年8月14日没

フリードリヒ
“フリッツ”
1902年2月11日生
1921年7月22日没

フェリクス
（音楽学者）
1904年6月13日生
1986年8月12日没

クララ
1913年9月7日生
1978年10月29日没
＝アルヴィド・シェーグレーン

上：カール・ウィトゲンシュタインの父方の祖父母の肖像。左はモーゼス・マイヤー・ウィトゲンシュタイン（ヘルマン・クリスティアンの父親とされている人物）。右は妻のブラインデル（またはベルナルディーネ）・ウィトゲンシュタイン（旧姓ジーモン）。1802年ごろ。

下左：二十代初めのカール。1868年ごろ。
下右：カールの父親、ヘルマン・クリスティアン・ウィトゲンシュタインの若き日の姿。1834年ごろ。

ウィトゲンシュタイン家の子供たち。1890年ごろ。（左から）ヘレーネ、ルディ、ヘルミーネ、ルートウィヒ、グレートル、パウル、ハンス、クルト。

1899年の銀婚式でのカールとレオポルディーネ。

1899年夏、ノイヴァルデックでの銀婚式のパーティー。水兵服を着ているのがパウル（右端）とルートウィヒ（クララ叔母の腕をつかんでいる）。中央で少女を抱いているのがヘルミーネで、少女の麦藁帽子の後ろに立っているのがヘレーネ。ルートウィヒの真後ろに立っているのがグレートル。白いネクタイ姿で立っている男性陣のなかに、ハンス（右端、手に煙草）、クルト（最後列、左頬に傷跡）、ルディ（左から四人目、二人の長身の親戚のあいだ）がいる。

アレーガッセ（のちにアルゲンティーニアシュトラーセと改称）から見たウィトゲンシュタイン邸。1950年代に取り壊された。

左：ウィーンのウィトゲンシュタイン邸の玄関広間。

下：ウィトゲンシュタイン邸の音楽室。一家の主催する音楽の夕べに、ブラームスやシュトラウスやマーラーが集った。

グレートルとジェロームのストーンボロー夫妻、その息子トーマス、エイミー・グッゲンハイム（ジェロームの妹）、デリア・スタインバーガー（ジェロームの母）。1906年、サンモリッツにて。

カール・ウィトゲンシュタイン。1910年ごろ。

上：戦争勃発の直前、ホーホライトの別荘で冗談を言いあうルートウィヒとヘレーネとパウル。1914年7月。

中：1917年夏、戦時中の賜暇でノイヴァルデックに集ったウィトゲンシュタイン一家。（左から）クルト、パウル、ヘルミーネ、マックス・ザルツァー、レオポルディーネ、ヘレーネ、ルートウィヒ。

下：亡くなる直前のクルト・ウィトゲンシュタイン。1918年。

オルガンを弾くヨーゼフ・ラーボア。ウィトゲンシュタイン家の恩師でもあった盲目の作曲家。

片腕のピアニスト、パウル。1921年ごろ。

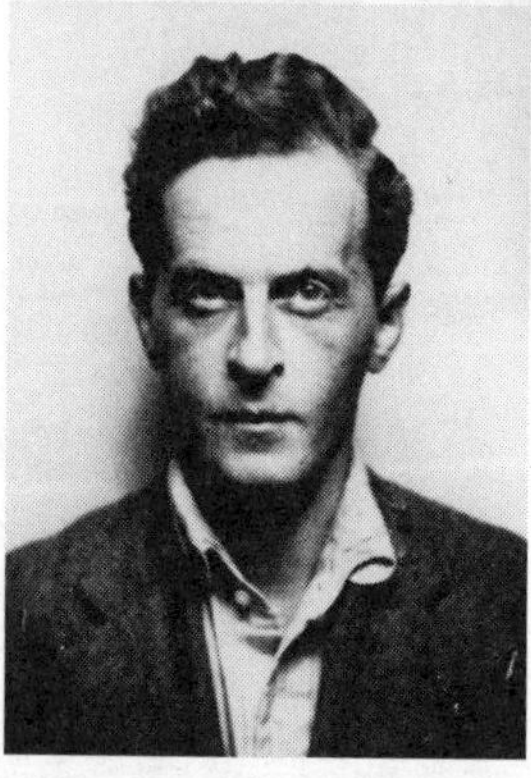

学校教師時代のルートウィヒ。1922年ごろ。

上：グムンデンのトラウン湖畔に立つ優美なトスカーナ荘。ストーンボロー家の夏の別荘。

晩年の友人となった元ソプラノ歌手のマリー・フィルンガーに本を読んでもらうレオポルディーネ・ウィトゲンシュタイン。1925年ごろ、ホーホライトにて。

ウィーンのクントマンガッセに建てられたグレートルの新居。設計にルートウィヒが参加した。1929年春。

クントマンガッセでのクリスマス。（左から）デリア・スタインバーガー（のちにストーンボロー）、ジェローム、トーマス、グレートル、ジョン。1929年ごろ。

パウルの友人、マルガ・デーネケ。愛犬とオックスフォードの自宅の庭にて。1928年ごろ。

グレートル・ストーンボロー。1930年ごろ。

ヘルミーネ・ウィトゲンシュタイン。1934年ごろ。

オーストリアのピクニック。(左から) ジョン・ストーンボロー、アルヴィド・シェーグレーン、マルガリート・レスピンガー。1930年ごろ。ルートウィヒはマルガリート(もともとはトーマス・ストーンボローのケンブリッジ大学での友人)に性行為をしないことを条件に求婚した。

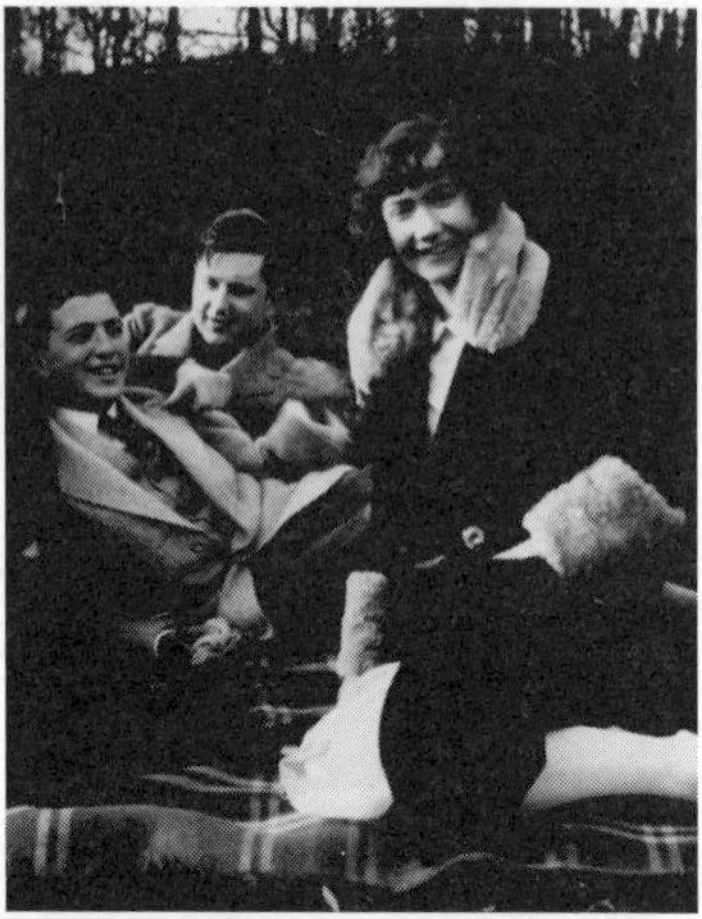

ウィトゲンシュタイン邸でのクリスマス。1934年。パウルの左にヘレーネ、上座にいるのがヘルミーネ。

キューバのパスポート取得時に撮影されたパウルの写真。1941年。

シュミットの『ピアノ協奏曲』を初演するパウル。シュミット自身の指揮により、ウィーン・フィルハーモニー管弦楽団とともに。1935年2月9日、ウィーン楽友協会大ホールにて。

ヒルデ・シャニア。1936年ごろ。

娘のエリーザベトとヨハンナを抱くヒルデ。1938年ウィーンにて。

ヨハンナ、パウル、エリーザベト。1941年キューバにて。

パウルと息子のパウル・ジュニア。1950年ごろ。

ルートウィヒ。1946年
ケンブリッジにて。

晩年のパウル。1960年ごろ。

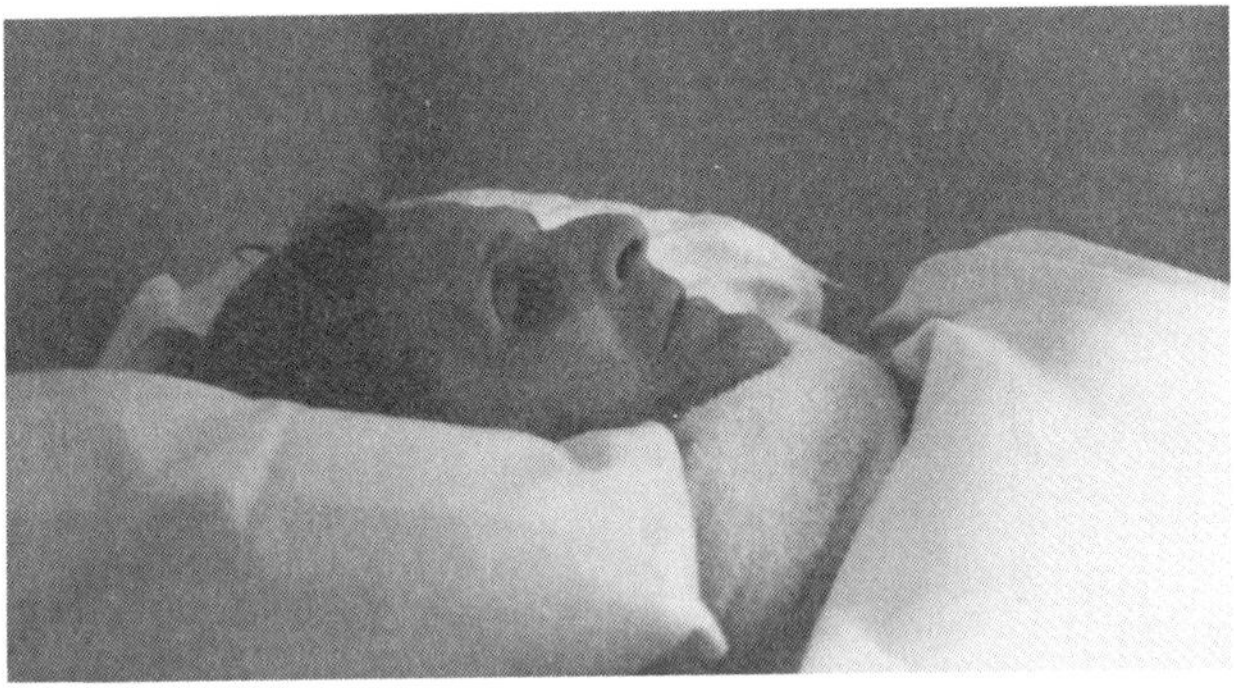

死の床にあるルートウィヒ。ケンブリッジのベヴァン医師夫妻の家にて。1951年4月。

ウィーン中央墓地にあるウィトゲンシュタイン家の墓所。カール、レオポルディーネ、ヘルミーネ、ルドルフ、および元召使のロザリー・ヘルマンがここに眠っている。

サリーに捧げる

ウィトゲンシュタイン家の人びと　闘う家族

Es gibt eine Unzahl allgemeiner Erfahrungssätze, die uns als gewiß gelten.
Daß Einem, dem man den Arm abgehackt, er nicht wieder wächst, ist ein solcher.

われわれが確実と見なしている一般的な経験命題が無数に存在する。
誰かの腕がひとたび切断されれば、あらたにまた生えてくることはない、というのはそういう命題の例である。

――ルートウィヒ・ウィトゲンシュタイン『確実性の問題』二七三―二七四
〔『ウィトゲンシュタイン全集9』（黒田亘訳、大修館書店、一九七五年）より訳文引用〕

第一部　汚れた行為

1　ウィーンでのデビュー

ウィーンは、矛盾した都市だと――大げさすぎるほどに――言われる。だが、それを知らない人や、かの地を一度も訪れたことのない人にとっては、ウィーンといえば、オーストリア観光局の宣伝するありきたりなイメージがつれづれに思い出されるだけかもしれない。こってりしたクリームケーキ、モーツァルトのマグカップやTシャツ、ニューイヤーズ・ワルツ、彫像で飾られた壮麗な建造物、広い街路、毛皮のコートをまとった老婦人、路面電車、リピッツァー種の種馬……。だが、二十世紀初頭のウィーンは、こんなふうに売り出されてはいなかった。というより、そのころのウィーンはまったく売り物にされていなかった。かつての定番ガイドブックだった一九〇二年発行のマリア・ホーナー・ランズデールの案内記をひもとくと、そこに描かれているハプスブルク帝国の首都は、現代のガイドブックでの描写とは比較にならないほど薄汚く、それでいて活気に満ちあふれている。この本によれば、インネレシュタット（旧市街）は「暗く、汚く、沈鬱」で、ユダヤ人街についてはこう書かれている。「家屋の内部は言葉にならないほどむさくるしい。階段をのぼろうと手すりにつかまればぐらぐら揺れ、両側の壁は湿気でじくじくしている。小さな暗い部屋に入ると、天井はすすだらけで、もろもろの家具がせせこましく並べられている」。*1

ドイツ人がウィーンの路面電車に乗ってみれば、そこにいる乗客の誰とも言葉が通じないこともありえた。というのも、当時この街では、マジャール系、ルーマニア系、イタリア系、ポーランド系、セルビア系、チェコ系、スロベニア系、スロバキア系、クロアチア系、ウクライナ系、ダルマチア系、イストリア系、ボスニア系の住民が急速に増えていて、これらの人々がすべて外見上は幸せに共存していたのだ。あるアメリカの外交官は、一八九八年に、ウィーンのことをこう記している。

ウィーンに来て日の浅い人であれば、本人は生粋のドイツ人であっても、その妻となるのはガリツィア人やポーランド人かもしれない。家の料理人はボヘミア人で、子供の乳母はダルマチア人で、下男はセルビア人で、馬車の御者はスラブ人で、床屋はマジャール人で、息子の家庭教師はフランス人であるかもしれない。官庁の職員の大多数はチェコ人で、政府の行政に最も影響力をもっているのはハンガリー人だ。まったくもって、ウィーンはゲルマン人の都市ではない！[*2]

外国人から見たウィーン市民は、気立てがよく、おおらかで、きわめて文化的に洗練されていた。昼間は中産階級の人々がカフェに集まり、一杯のコーヒーと水で何時間もおしゃべりをする。ここではありとあらゆる言語の新聞や雑誌を手にすることができた。夜になれば、着飾ってダンスやオペラや劇場やコンサートホールに出かける。人々はこうした娯楽に目がなく、台詞を忘れる未熟な役者や音を外す歌手には手厳しいが、自分のひいきは無条件に崇拝し、神のように崇めた。ウィーン生まれの作家、シュテファン・ツヴァイクは、自分の若いころのそうした情熱をこう綴っている。「政治、行政、道徳においては、何事もたいていすんなりと通り、いいかげんなこともすべて優しく許容され、多くの違反も見過ごされたが、芸術的なことにおいては、いかなる容赦もなかった。そこにこの街の名誉がかかっていた[*3]」。

一九一三年十二月一日は、よく晴れた寒い日だった。オーストリアのほぼ全土を照らしていた陽が沈むと、北のカルパティア山脈の斜面から降りてきた霧がゆるやかな丘を伝って、南のアルプス山脈の手前に広がる緑の低地に立ちこめた。ウィーンでは風もなく、街は静まりかえり、気温は並外れて低かった。しかし二十六歳のパウル・ウィトゲンシュタインは、この日、のぼせんばかりの興奮と耐えがたいほどの緊張に包まれていた。

じっとりした指と冷えきった手は、あらゆるピアニストの最悪の夢に登場するものだ。指の腹にうっすらとでも汗がにじめば、つい指がすべったり、あるいは突然の「乱調」を引き起こして、うっかり二つの隣り合ったキーを同時に叩いたりしかねない。汗ばんだ指のピアニストはいくら用心してもし足りないのだ。手をあまりにも冷やしすぎれば指の筋肉がこわばってしまう。骨の髄まで冷えきった手なら汗はにじまないが、最悪の場合、指がかじかんで動かないのに、あいかわらず汗で滑りやすいということになる。多くの演奏家は、冬のリサイタルの前には一時間か二時間、温かい湯を張ったたらいに指を浸しながら不安と闘っているのだ。

パウルの初舞台は、ウィーン楽友協会の大ホールにおいて、午後七時半に開演と予定されていた。このホールは、ほぼ完璧な音響を生み出すことで知られる神聖な場所で、ブラームスやブルックナーやマーラーが多くの作品を初演した会場である。この「黄金のホール」から、毎年恒例の有名なニューイヤーのワルツやポルカのお祭り騒ぎが全世界に放映される。パウルは自分のデビュー公演が完売になるとは期待していなかった。ホールの収容力は座席が一六五四、立見席が三〇〇だ。演奏会は月曜の夜で、パウルは無名であり、しかも彼が選んだ曲目は、ウィーンの一般大衆にはあまりなじみのないものだった。しかし、パウルは会場を無料招待客で埋めるという裏技をよく知っていた。子供のころ、彼は母親から使いに出されて、一家の友人がバイオリン奏者として出演するコンサートの切符を二〇〇枚買いに行った。切符売り場の係員はパウルをダフ屋だと思って取り合わず、彼の顔に向かって「転売のために切符を買うつもりなら、よそへ行きな！」と怒鳴った。パウルは母親のもとへ帰り、誰か別の人を使いに出してくれと懇願した。生まれて初めて、彼は裕福であることを恥ずかしいと思った。

客席が半分しか埋まらないとしても、とりあえず残りの席には、集められるかぎり集めた仲間が座ってくれるはずだった。パウルとしては、一般大衆の強い支持を感じさせる雰囲気を生み出したかった。ウィトゲンシュタイン家は大家族で、つながりが緊密だった。兄や姉、いとこ、おじ、おばは、一人残らず来場して、彼の演奏にどういう感想を持とうと関係なく、曲が終わるたびにけたたましく拍手喝采してくれるに違いなかった。借地人、使用人、そして使用人の遠い親類も――その多くはクラシック音楽のコンサートなど一度も行ったことがなかったが――無理やり切符を渡されて、演奏を聴きに来させられていた。パウルはもっと小さい会場を手配することもできたのだが、そうしてしまうと批評家は誰も見に来ないかもしれないと忠告された。《新ウィーン日報《ノイエス・ウィーナー・ターグブラット》》のマックス・カルベックと、《新自由新聞《ノイエ・フライエ・プレッセ》》のユリウス・コルンゴルトには、ぜひ来てもらわなければならなかった。この二人こそ、当時のウィーンで最も影響力のある音楽批評家だったからだ。

細かいこともすべて入念に計算されていた。たとえばウィーン・フィルハーモニー管弦楽団に共演を依頼していれば、それより格の落ちるウィーン・トーンキュンストラー管弦楽団に比べて倍の出費になっていただろうが、なにもお金をけちったわけではなかった。「値段はさておき」とパウルはのちに書いている。「僕はウィーン・フィルハーモニーを雇うつもりはなかった。おそらく彼らはこちらの望むように演奏してはくれないだろうから、乗りこなせない馬に乗っているように見られてしまうだろう。それでコンサートが成功したとしても、その成功は楽団の功績によるものでしかないと言われてしまうかもしれない」[*4]。したがって、パウルはトーンキュンストラーを選んだ。

指揮者のオスカル・ネドバルはパウルより十二歳年上だった。ドヴォルザークの元弟子だった作曲家で、一流のバイオリニストでもあり、チェコ・フィルハーモニー管弦楽団の指揮者を一〇年務めたのち、一九〇六年にトーンキュンストラーに参加した。のちの一九三〇年のクリスマスイブに、彼はザグレブのホテルの四階の窓から身を投げ、帰らぬ人となる。

曲目構成は普通ならありえないような、意固地ともとれる挑発的なものだった。パウルはピアノとオーケストラのための作品を四つ続けて――超絶技巧の四つの協奏曲《コンチェルト》をいっきに一晩で披露しようとしたのである。成功しようが失敗しようが関係なく、いずれにしてもこの青年のデビューは、心身の限界に挑戦する大胆不敵な見世物として長く記憶されることになっただろう。

一八三七年に直腸がんのためモスクワで死んだ大酒飲みのアイルランドの作曲家、ジョン・フィールドの作品は、もう長らくウィーンでは見向きもされなくなっていた。当節では、「酔いどれジョン」といえば夜想曲《ノクターン》――のちにショパンによって普及したピアノのための短い夢想的な楽曲の一種――の創始者として記憶されている。だが、おそらくその夜の聴衆のなかで、一度もその名前を聞いたことがなかったのはパウルの下男と料理人だけではなかっただろう。一九一三年の音楽通のあいだでも、フィールドを黄金ホールにふさわしい作曲家として評価していた人はほとんどいなかったはずだ。なにしろウィーンは、独自の音楽的遺産を持つ、世界中のどんな都市もかなわない輝かしい街である。モーツァルトやハイドンやベートーヴェンやシューベルトやブラームスやブルックナーやマーラー(その全員が一度はウィーンの城壁の内部に住んでいたことがあった)を日常的に聴いて育ってきた人々にしてみれば、フィールドの音楽など、よく言って面白みのない珍奇な骨董品、悪く言えば悪趣味な冗談でしかなかった。

コンサートに先立つ数時間、パウルがどのような気持ちでいたのか、歴史は記録していない。燕尾服を着て、楽屋で両手を温め、急な階段をのぼって演壇に立ち、友人や見知らぬ他人や批評家や恩師や教師や召使がずらりと揃った聴衆の前でお辞儀をしたときの心理状態もわからない。ともあれ、彼はとうてい落ち着いた状態にはなかった。あとでわかったところによると、舞台に向かって歩いていく直前の最後の緊迫した瞬間には、壁を拳で叩き、楽譜を引きちぎり、楽屋内の備品を投げ散らかしていたという。

フィールドの協奏曲は、全部で三五分間に及ぶ三つの楽章からなる。もしそのときパウルが気づいていなかったとしても、あとから知らされたに違いないが、《新自由新聞》の首席評論家であるユリウス・コルンゴルトは拍手の最中に席を立って、二度と戻ってくることはなかった。したがってパウルの弾くメンデルスゾーンの『セレナードとアレグロ・ジョコーソ』も、ヨーゼフ・ラーボアによるツェルニーの主題のバリエーションとフーガも、リストの最高のブラヴーラ『ピアノ協奏曲変ホ長調』も聴かなかった。コンサートの翌日から新聞と音楽雑誌をくまなく確認していたパウルとその家族にとって、この批評家の測りかねる行動は重く心にのしかかっていたに違いない。

パウルの弟のルートウィヒは、このときウィーンにいなかったために兄の演奏を聴いていない。その三ヵ月前、イギリスを離れて（彼はケンブリッジ大学で哲学を学んでいた）、ノルウェーのベルゲンの北、フィヨルドの奥の小さな村にある郵便局長の家の二間に移っていたのである。彼の親友の日記によれば、その移住の決断は「無謀で突然」だった。九月、ルートウィヒは世間から身を引きたいと言い出したという。世間と関わっているかぎり、「彼は永遠に他人を軽蔑してしまうし、他人もまた彼の神経質な気性に苛立たせられてしまうのだ」[*5]。ルートウィヒはこのころ自身の死の妄想にも苦しめられていた（彼はよくこれに苦しんだ）。「僕の考えを出版できるようになる前に死んでしまうに違いないという思いが一日ごとに強くなっています」[*6]と彼はケンブリッジでの恩師に書いている。二週間後、あるショックがいよいよ彼を行動に移させた。姉のグレートルとその夫のジェロームがロンドンに移住してくることを知らせる手紙が来たのである。ある友人によれば、「彼はその二人のどちらにも耐えられないので、彼らがしょっちゅう訪ねてくるであろうイギリスには住んでいられなくなった」。「僕はいますぐここを出る」とルートウィヒは叫んだ。「義理の兄がロンドンに住むことになった。彼にそんなすぐ近くにいられてはたまらない」[*7]。

一家はみなルートウィヒがパウルの演奏会とクリスマスのためにウィーンに帰ってくることを望んだが、ルートウィヒは帰りたがらず、従わなければならない義務感が重く彼の心にのしかかった。家族は彼を憂鬱にさせた。前年のクリスマスは恐ろしいものだった。彼はふさぎこみ、哲学の研究は遅々として進まなかった。「残念なことに、クリスマスを祝いにウィーンに帰らなくてはなりません」とルートウィヒは友人への手紙に書いている。「つまり、母が僕の帰りを待ちわびているのです。もし断れば、どれだけ嘆かれるか知れたものではありません。ちょうど去年のいまごろの恐ろしい記憶が母にはあるものだから、僕としても放っておけるほどの勇気はないのです」[*8]。

2　去年のいまごろ

ウィーンのヴィーデン区を走るアレーガッセ（「並木通り」）に面したウィトゲンシュタイン家の「冬御殿」で祝われるクリスマスは、毎年恒例の贅を凝らした仰々しい行事で、一家はこれに大変な重きを置いていた。しかし一九一二年（パウルのコンサートデビューの前年）のクリスマスは、それまでとは趣きが違っていた。ある厳然たる事実を突きつけられて、一家は浮かれ騒ぐ元気もなかった。家族の長（パウルやルートウィヒの父親であるカール・ウィトゲンシュタイン）――胸板の厚い、肌艶のよい男――が二階の寝室でいまにも死を迎えつつあったのだ。カールは舌がんを患っており、一ヵ月前に手術を受けたところだった。執刀したのはウィーンの著名な外科医、アントン・フォン・アイゼルスベルク男爵である。病巣に近づくためには、まずカールの下顎の大部分を切除する必要があった。それからいよいよ頸部の腺を摘出し、口腔底を摘出し、前回までの手術時に残しておいた舌の部分をすべて摘出した。助手の一団が、電気メスを用いた電気焼灼《しょうしゃく》という近代的な技法で切開部の止血をした。

カールは成人してからずっとキューバ産の大きな葉巻を吸っていて、七年前にがんの最初の症状が現れてからもなお吸い続けていた。やがて、治療の効果を高めるためという理由で医者から安静を命じられたが、結局、カールは七回の手術に耐えたものの、悪性のがん細胞はアイゼルスベルク医師が考案した撲滅戦略をことごとくかいくぐり、甲状腺から耳へ、喉へと移動して、ついに舌へと到達した。最後の手術は一九一二年十一月八日に行なわれた。アイゼルスベルクからはあらかじめ、手術中に死亡する危険もあるとの断りを出されていた。手術の前夜、医師たちが手術具を研《と》いでいるころ、カールは妻のレオポルディーネをともなって邸内の豪奢な音楽室に引きこもった。薄暗がりのなかでカールはバイオリンを取り出し、レオポルディーネはピアノの前に座った。それから二人は長いあいだ、互いの好きなバッハやベートーヴェンやブラームスの作品を一緒に弾きつづけた。それが互いへの無言の別れの辞だった。

翌朝、こうこうと照らされた清潔なタイル張りの殺風景な手術室の中央に立って、アイゼルスベルク医師はいよいよカールの口から腫瘍を切除した。今度こそはがんを根こそぎ取りきれる可能性もなくはなかったが、カールにとっては――すでに生気はなく、ものも言えず、いまいましい二次感染も起こしていた――もう遅すぎた。退院して自宅に戻ったカールは、そこで死を待つこととなった。そして迎えた一九一二年のクリスマスの日は、熱っぽい体でぐったりとベッドに横たわるカールのまわりに家族が集まって、厳しい先行きを見据えていた。

3　カールの大反乱

ヘルミーネ（原音ではヘルメーナ）――愛称ミニング――は九人きょうだいの第一子で、父親のカールが最も可愛がった娘だった。祖父のヘルマン・ウィトゲンシュタインから名をもらったこの長女の誕生は、ちょうどカールの商売が上向いてきたのと時を同じくしていたから、その後のカールはずっとヘルミーネを幸運のお守りのようにしてきた。そのカールが死の床にあったとき、ヘルミーネは三十八歳で、結婚もしておらず、ずっと生家にいて父親の言うなりになっていた。感情を表に出さない内向的な性格で、動作は堅苦しく、いつも背筋がまっすぐで、その態度は（彼女をよく知らない人からすると）尊大で取り澄ましているように見えた。しかし実際のところ、彼女は自分に自信がなく、見知らぬ他人といるとどうにも気分が落ち着かないのだった。ブラームスが夕食にやってきたときも、ヘルミーネは客人と並んで上座に着くことを許されたのだが、あまりの緊張に興奮して座っていられなくなり、部屋を退出して、結局その晩のほとんどを屋敷の洗面所の一つにこもって吐きつづけた。写真に残っている娘時代のヘルミーネの姿は、機敏そうで、女らしく、可愛らしくさえあったが、生まれつき自分の世界を守ろうとする気持ちが非常に強かった彼女は、近づいてくる男性に対してつねに警戒心を緩められなかった。適齢期には求婚者も一人や二人はあったとの話だが、彼女の操を奪おうとするほど恋焦がれてくれる男性はついに現れなかった。

歳月を重ねるにつれ、ヘルミーネはごく少数の親しい友人と家族のほかには人づきあいをしなくなった。笑顔も減り、いつも人目を気にして丁重にふるまう用心深い女教師のようになっていった。どんなに暑い日でもくすんだ色合いの分厚い服を着て、ひっつめた髪を首筋のところできつくまとめた。その大きくて厚ぼったい耳、人並み外れて目立った鼻は、どちらも父譲りの特徴だった。晩年の彼女は、さしずめ早期退役して満足げな凜々しい陸軍士官のようであり、『サウンド・オブ・ミュージック』の映画に出てくるトラップ大佐に似ていなくもなかった。

こうした性格からして表に出すことはなかったが、ヘルミーネはピアノの才能に恵まれており、歌もうまかった。しかし彼女が最も好きだったのは、絵を描くことだった。一八九〇年代初めに、父親がウィーンの屋敷を（破産した土地開発業者が二〇年前に自宅用に建てていた豪邸を二五万フローリンで）購入して以来、ヘルミーネはずっと父の美術品蒐集を手伝っていた。最初は購入する作品の選定と、その陳列場所の決定も任されていた――そのころ父からは冗談めかして「私の美術顧問」とまで呼ばれていた――が、やがて父の支配的な性向が顔を出すにつれ、彼女がさせてもらえることは少なくなり、あとは父親が一人で好き勝手に熱中するばかりとなった。だが、それでも彼女は父のそばにいつづけた。ハプスブルク帝国の全土に散らばる父の工場や圧延所を査察する難儀な出張にも同行し、商売上の接待の指揮を執り、山間の私有狩猟地に関して無数の改善案を出し、最後の手術の前の数週間は父のベッドの傍らにじっと座って、父親が苦しそうな息の下からとぎれとぎれに口述する自伝を書きとめた。

一八六四年、退学を勧められた。卒業するまで個人的に勉強を続けておけばよかった。

一八六五年の一月に家出した。

クルーガーシュトラーセの貸間で二ヵ月暮らした。

そのとき持っていったのはバイオリンと、姉のアンナから失敬した二〇〇フローリン。

新聞の広告で若い学生が援助を求めているのを見つけ、彼にいくらかの金をやって、代わりに彼のパスポートをもらってきた。

ボーデンバッハの国境で、役人にパスポートを見せるよう言われた。

広い部屋で待たされた。

一人ずつ呼ばれて、二人の国境警備兵の精査を受けた。

偽造パスポートはうまいことばれなかった。*1

「退学の勧め」とはいうものの、これはドイツやオーストリアで伝統的に用いられていた形式的な「諭旨退学《コンシリウム・アベウンディ》」のことで、つまりカールはていよく放校されたわけだ。カールの父親のヘルマン・クリスティアン・ウィトゲンシュタインは、いつまでたってもしっかりしない息子にたびたび激怒していたが、このときばかりはさすがに堪忍袋の緒が切れそうになった。カールは昔から厄介ごとを持ち込む子供だった。頑固で、一途で、何かと手がかかり、親が叱らざるをえないことも何度となくしでかした。たとえばあるときは、ガラスを切るための工具を買おうとしてバイオリンを質に入れた。あるときは柱時計をいじくりまわして一五分ごとに鳴るようにし、おかげで家族は夜通し定期的に眠りを妨げられることになった。またあるときは、父親の馬車の一つを「拝借」して妹とその友達をドライブに連れ出し、速度を出しすぎて橋にぶつかって妹の友達の鼻を骨折させた。学校を逃げ出して隣町のクロスターノイブルクまで行ったこともあった。このときカールはわずか十一歳で、着ていた高価な外套は、浮浪児になりすますために投げ捨てていた。そしてコーヒーハウスの入り口で物乞いをしているところを町長に見とがめられ、一晩勾留されたのち、翌朝になって激怒する両親のもとに帰ってきた。

ヘルマンは長男のパウルを溺愛し、内緒のプレゼントをこっそり手渡すなど甘やかし放題に可愛がり、自分の財産の相続人としてしつけたが、三男であるカールのことはどうにも扱いかねていた。親子関係は最初から冷えきっており、一八七八年の五月にヘルマンが亡くなるまで、互いの不信と反目はついぞ消えることがなかった。これに関して、ヘルミーネが自分の父と祖父の性格の違いを記している。この二人は、イギリス流に言うなら、外見は似ていても中身はまるで異なる「チョークとチーズのよう」であり、ヘルミーネに言わせれば、「昼と夜」ほどに違っていた。カールはひょうきんで奔放で、突拍子もないことをしでかす自由人だったが、ヘルマンは重厚で厳格で、度を越した倹約家だった。とはいえ、やはり血は争えないもので、別の面では二人はよく似ていた。どちらも圧制的で、譲るということを知らない。この共通の欠点こそが（おそらく両者の違いよりも）深い確執を生んだ原因だったのだろう。

カールの二度目の家出は突然に起こった。前触れもなく、置き手紙もなかった。それは一八六五年一月のことで、カールは十七歳だった。最初はカールが事故に遭ったのではないかと思われていた。その日は猛吹雪で、気温が零下という悪天候だったからだ。ウィーンの街路は軒並み凍りつき、市外に出る道路はすべて深い雪の吹きだまりで閉ざされていた。警官にカールの写真が配られて捜索が始まった。すぐに連れ戻すと警察は自信たっぷりに請けあったが、数日が数週間になり、数週間が数ヵ月になってもカールは見つからず、ウィトゲンシュタイン家のあせりは最高潮に達した。しまいには、とても両親の前でカールの名前を出せるような雰囲気ではなくなっていた。

ボーデンバッハの国境検問所を抜けたカールは、ハンブルクの港に出て、ニューヨーク行きの船に乗った。初春にニューヨークに着いたとき、カールは無一文で、そのとき着ていた服と脇に抱えた高価なバイオリンだけが唯一の所持品だった。カールはまずブロードウェイのレストランで給仕の仕事に就いたが、二週間後にそこを辞めて、軽喜劇ショーの楽団に加わった。しかし四月十四日に大統領のリンカーンがフォード劇場で暗殺されると、全米の劇場が閉鎖され、音楽演奏もすべて禁じられたため、カールの楽団も解散を余儀なくされた。その後まもなく、カールは圧縮藁を運ぶ運河船の舵手《だしゅ》となってニューヨークからワシントンに向かっていた。そしてそのまま半年間、ワシントンの盛況な「ニガーバー」で客にウィスキーを出して過ごした。

おもな仕事は、ある黒人の顔とその隣の黒人の顔を見分けることだった。さもないと誰が支払い済みで誰が未払いかわからなくなるからだ。バーのオーナーは黒人の見分けをつけられていなかった。

ここで初めて、まあまあの報酬が得られた。

新しい服と身の回りのものを揃えて十一月にニューヨークに戻り、それから初めて家に手紙を出した。*2

死の床にあったときの回想だから、このカールの言葉はあまり正確ではない。最初の手紙——数行の簡素なもの——はたしかに出されていたが、それは三ヵ月早い一八六五年九月のことで、宛名はカールが仲良くしていたウィトゲンシュタイン家の召使になっていた。効果はてきめんで、さっそくウィーンの兄弟姉妹と母親から続々と手紙が舞い込んできた。だが、この不肖の息子にいちだんと失望の思いを強くした父親からは、一通の便りもなかった。当初、カールは自分を恥じて誰にも返事を書けずにいたが、その沈黙が妹をさらに心配させたらしく、頼むから早く両親と連絡をとるようにと請う手紙が届いた。カールはこれを読んで、親にではなく、その妹に対して手紙を書いた。「親には手紙を書けない。彼らの前に立って許しを請う勇気もないが、手紙ではなおさら無理だ。紙は泣き出しもしないし、恥じ入りもしないのだから。いつか僕の成長を示せるようなときが来たら両親に許しを請いたいと思うが、それまではとてもできない」[*3]。

そうして何もできないまま数ヵ月が過ぎたが、困った息子からの連絡を心待ちにする母親からは、つぎつぎと手紙と金が送られてきた。それでもカールは母親に直接連絡をとろうとはしなかった。十月三十日、カールは兄のルートウィヒ（愛称ルイス）に宛ててこう書いた。

お母さんからの手紙をとても嬉しく思いました。読んでいるうちに鼓動が激しくなって、しまいには読み続けられなくなったぐらいです。……現在、僕は給仕をしています。難しい仕事ではありませんが、午前四時までかかります。……僕の願いはただ一つ——たぶんお察しでしょうが——お父さんとの関係をよくしたいということです。何か商売を始められたらすぐにでもお父さんに手紙を書きますが、こちらの景気は非常に悪く、僕がまだ別の仕事を見つけられないのも、どうか致し方ないことなのだと思ってください。[*4]

カールは精神的にも身体的にも疲労を感じていた。気分は落ち込み、半年間ひどい下痢に悩まされて（おそらく赤痢だろう）気力もなくなり、痩せ細った。多大な努力をして力をふりしぼり、どうにか彼は母親に手紙を書いた。

何度も手紙をいただいておきながらずっと返事も出さず、いまごろになって礼状を書いている息子をどうしようもないやつだと思っていらっしゃることでしょう。けれど、親に手紙を書くために必要な心の平穏をずっと得られなかったのです。母上や父上、兄弟姉妹のことを思うたび、恥ずかしさと後悔を覚えます。……親愛なる母上、どうか父上によろしくお伝えください。そして、この息子が心から感謝していることをどうぞお疑いになりませんよう。[*5]

父親との直接の手紙のやりとりは、あいかわらず問題外だった。少なくとも、バーテンダーよりましな仕事に就けるまではできるわけがなかった。ワシントンからニューヨークに戻ったのち、カールはマンハッタンのキリスト教系学校で数学とバイオリンを教える仕事に就いた。しかし生徒をうまく手なずけられず、ウェストチェスターにある極貧家庭の子供を保護する施設にしばらくのあいだ夜警として転任させられた。その後、ロチェスターの金持ち学校で教えることになった。そこは食べ物もおいしく、給料も、アメリカに来てから初めて、それなりの額を得られた。ここでようやく彼はウィーンと父親のことを考える余裕ができた。

4　起業家

一八六六年の春にカールはニューヨークから帰還したが、もちろん赤じゅうたんとブラスバンドで迎えられることはなく、むしろその姿は、彼の出奔以来の家族の心痛をいっそう深めただけだった。カールはひどい状態にあった。痩せ細り、意識はもうろうとして、身なりは薄汚く、話す言葉には誤ったドイツ語とヤンキー俗語がめちゃくちゃに混在していた。

帰国後には農業の仕事が用意されていると母からの手紙で知らされていた。「とりあえず農場で働けというのが父の願いなら、僕に何の異存がありましょう」[*1]とカールも兄のルイスに書き送っていた。戻ってきた不肖の息子はさっそく父親の借り上げている農場の一つ――当時「ドイツ系西ハンガリー」と呼ばれていた一帯に位置する小さな田舎町、ドイチュクロイツの近郊――に送られ、そこで心身を回復させるとともに、少しでも父親の事業に身を入れるようになることを期待された。

ヘルマン・ウィトゲンシュタインは一般に言う農場主ではなかった。彼自身は畑を耕したこともなければ牛の乳搾りをしたこともない。もともとヘルマンが事業主として成功したきっかけは、妻の実家である裕福なウィーンの商家、フィグドル家とのパートナー関係にあった。カールが生まれた一八四七年当時のヘルマンは、ザクセン州のライプツィヒに近いゴーリスという町で羊毛の商いをしていた。四年後に妻子をともなってオーストリアに移ってからは、無能な貴族の所有する荒廃した相続物件を再生して、儲かる事業に立て直し、その収益の何割かを手数料として取る管財人のような仕事を始めた。この事業で稼いだ金と、フィグドル家との共同事業（フィグドル家はこれらの地所から産出される石炭やトウモロコシや木材や羊毛の商いを手がけた）で得られた金は、ウィーンの不動産に手堅く投資された。

けちとも言えるほどの倹約家だったヘルマンだが、家族にはそれ相応の立派な暮らしをさせていた。オーストリアではバート・フェスラウの有名な屋敷を賃借りし、三年後にウィーンの南方一五キロほどのフェーゼンドルフに移ってからは、塔のついた立方体の大きな城に住んだ（現在は公会堂と自転車博物館になっている）。つぎのラクセンブルクでは、オーストリア女大公マリア・テレジアの宰相だったアントン・フォン・カウニッツの邸宅として建てられた城の主要部分を借りて暮らした。ヘルマンには全部で一一人の子供がいたが、オーストリアで生まれたのは末子のクロティルデだけである（彼女は晩年、モルヒネ中毒の世捨て人のようになってパリで死んだ）。カールは第六子で、三男にあたる末弟であった。

ヘルマン・ウィトゲンシュタインは子供に惜しみなく金をかけるようなことはしなかった。子供は自力で世に出るべきだというのが彼の持論だったからだ。三人の息子のうち、ヘルマンはカールを最も無能だと思っていたが、恐ろしくけちな父親から絶えず叱責され、能力を軽んじられたことがかえってカールの反骨心に火をつけ、父親の鼻を明かしてやりたいとの固い決意をもたらすこととなった。

キャリア晩年のカールは、自分が「立志伝中の人」と称されるのを喜んでいたが、その言葉は部分的にしか正しくない。たしかに彼の莫大な資産は本人の熱意と商才によって築かれたものだが、多くの自称「叩き上げ」の人々と同じく、カールもある重要なことを見過ごしているところがあった。つまり、自分がかなりの資産家の娘を妻にしていたことである。そもそも妻の豊富な信託資金がなかったら、カールがただの雇われ人から資本家の事業主へと躍進する第一歩を踏み出せていたかどうかも怪しい。

カール・ウィトゲンシュタインの出世物語を、親に反抗するアメリカのバーテンダーから億万長者のオーストリア鉄鋼王への話とまとめてしまえば、いささか簡潔にすぎるだろう。ドイチュクロイツの農場で過ごした翌年、カールはウィーンの工業大学に入ったが、あとになってみれば役立ったかもしれないと思える程度の知識しか学ばず、午後の講義をさぼってシュターツバーン（国有鉄道）の工場で低賃金の就労体験のような仕事をしていた。一八六九年に大学を中退すると、それから三年間、さまざまな職を転々とした。設計技師の助手としてトリエステの海軍造船所で働き、ウィーンのタービン建設会社で働き、ハンガリー北東鉄道の仕事でサトゥマレとブダペストに行き、テルニッツのノイフェルト・ショーラー製鋼所と続いて、最後に温泉町のテプリツェで、新しい圧延工場の企画助手として非常勤で雇われた。ここの経営者はウィトゲンシュタイン家への義理からカールを雇ったので、本人には何も期待していなかったのだが、カールには実行力も独創力もあり、さまざまな事業上の問題や工学上の問題にすばやく解決策を見いだす能力もあったから、すぐに工場の常勤となって定額給をもらえるようになった。

年収一二〇〇ギルダーを得て、ようやく安心したカールは恋人に結婚を申し込むことにした。相手のレオポルディーネ・カルムスは、ラクセンブルクの城の一翼を借りていた女性の妹だった。カールの母親は息子の婚約の知らせをおずおずと歓迎したが、はたしてカールがよい夫になれるのか自信がもてなかった。将来の嫁となる女性に、彼女はこう書き送っている。「カールは気立てのよい子ですが、あまりにも若いうちに親元を離れていますので、あの子が本当に大人になれるかどうか、信頼できて、自制心のある、まっとうな人間になれるかどうか、そういったことはすべてあなたとの愛情深い暮らしのなかで学んでくれるものと願っています[*2]」。

一方、ヘルマンはまだカルムス嬢と面識がなく、息子の結婚にそこまで肯定的になれなかった。すでに故人となっていたレオポルディーネの父親はワイン商をしていた。彼女はユダヤ人との混血で、宗教的にはローマ・カトリックだった。それがヘルマンのプロテスタント的倫理観と反ユダヤ感情をいっきに逆撫でしたのである。実のところ、レオポルディーネはヘルマンの妻、つまりウィトゲンシュタイン夫人の遠い親戚だった――ともに十七世紀のラビ、イザーク・ブリリンの子孫にあたっていた――のだが、当時のヘルマンはそれを知らなかったかもしれない。いずれにしても、ヘルマンは前々からずっと子供たちにユダヤ人と結婚してはならないと明言していた。一一人の子供のうち、これに逆らったのはカールだけだった。ヘルマンには結婚を禁じる法的権利があったので、カールは父親の公式な許可を求めなければならなかった。形だけは正式にその依頼をしたものの、態度はひどくいいかげんでぞんざいだったため、結局は父親を激しく怒らせてしまった。

カールが意気揚々とテプリツェから帰ってきてみると、ヘルマンはベッドに横たわって背中が痛いと文句を言っていた。カールは背中をさすろうと申し出た。そして父親がうつぶせになり、うめき声を出しながら枕に顔を埋めると、すぐにさりげない調子で本題を切り出した――これからアウスゼーに行ってカルムス嬢に結婚を申し込むつもりであると。その瞬間に彼女の宗教の問題がもちあがったかどうかは伝わっていないが、カールが将来の妻の美しさと善良さを褒めそやしていると、ヘルマンはそれをさえぎって言った。「誰でも最初はそう見えるものなんだ。……本性を現すまではな！」[*3]。その後、婚約が公式に発表されてから初めてヘルマンは将来の嫁に手紙を書いた。

拝啓　息子のカールは、他の兄弟姉妹と違い、幼いころからつねに我が道を行く子でした。いまにして思えば、それもそう悪いことではなかったのでしょう。今回は息子も小生に婚約の承諾を求めてきました。もっとも、こちらがどう言おうと、息子はすでにあなたに結婚を申し込むと決めていたわけですが。息子があなたのことを激賞し、姉妹も一様にあなたを高く評価するものですから、小生としてもあえて反対する権利はないと思っております。あとはあなたの幸せな未来を願う思いがかなえられますよう祈るのみです。さしあたり、この私の偽りのない気持ちをお伝えすることで失礼いたしますが、いずれ直接お目にかかれる日が来ることを願っております。敬具

H・ウィトゲンシュタイン[*4]

カールとレオポルディーネは一八七四年二月十四日のバレンタイン・デーに結婚した。式はウィーンのカトリック大聖堂、聖シュテファン寺院の付属礼拝堂で行なわれた。風の強い日だった。聖堂の磨かれた屋根は色とりどりのタイルで異国の魚のうろこのようにきらめいていたが、正面の門の高い位置には醜さと邪悪さを表した人物像が彫りこまれ、その一つに円錐形の帽子をかぶったユダヤ人の顔があって、門をくぐるヘルマンや招待客の列を横目で見下ろしていた。式が終わると、参列者がみな集まって新郎新婦をはやしたてながら送り出した――が、御者がのろのろしていたためカールは猛烈に怒り出し、馬車の窓を拳で叩いて「いいかげんにしろ！　おまえは走らせる気があるのか？」[*5]と叫んだ。この一撃でガラスは粉砕し、カールの手はぱっくりと裂けた。馬車のきれいな室内に血が飛び散った。

新婚夫婦はテプリツェの近くのアイヒヴァルトに移って居を構えたが、実入りのよかったテプリツェでの仕事は、カールが期待していたようには長続きしなかった。まもなくカールは社内の抗争に巻き込まれ、最後には友人の常務が役員会の会長からひどい扱いをされていることに抗議して会社を辞めた。それから一年ほどは職に就かずにいたが（このころ第一子のヘルミーネが生まれた）、一八七五年の夏にウィーンの会社に入って漫然と技師の仕事をしていた。一年後、例の憎らしいテプリッツェの会長が辞めたので、カールは前の会社に復職した。今回は彼自身が役員として迎えられた。圧延所の経営は危ない状態にあったが、カールはこれをうまく乗り切った。クルップ社との激しい競争に勝って鉄道線路用の大量注文を確保したのである。この注文を得るにあたってカールが狙いをつけたのは、ロシアの資本家で、皇帝アレクサンドル二世の信任厚い顧問でもあった鉄道敷設業者のサムイル・ポリアコフだった。カールはヨーロッパを縦断してポリアコフをつかまえると、競合会社の製品よりもずっと軽くて安い鉄道レールを買わせることに成功した。当時ロシアはトルコと交戦中だったので、バルカン半島での軍事作戦のために鉄道を敷設する必要があったのだ。カールの契約条項には、ポリアコフから停止を指示する電報が来るまで自動的にレールを製造しつづけることが明記されていた。ついにその指示が来たとき、カールはロシア側にこう報告した――すでに数千本のレールが出荷できる状態になっています。もちろん嘘だったが、そう言っておかなかったら最終的な受取額ははるかに低くなっていただろう。

商売において、カールはまぎれもなく冒険家だった。彼の莫大な資産が蓄積されたのは、本人の勤勉な努力と鋭い直観があったからだが、それと同じぐらい、彼があえて危険を冒して打って出た勝負に勝ってきたからでもあった。どうしたら守れるかわからない約束をし、資金もないのに他社の買収や株の買い入れを承諾し、すでに別の顧客に譲る約束をしている株を売りに出す。結局のところ、彼はつねに自分の才覚を信じていた。自分で問題をこしらえておきながら、どうにかしてその難局から抜け出せるはずだと信じていたのだ。「実業家たるものは賭けに出なくてはいけない」と彼は書いている。「いざというときには、すべてを一枚のカードに賭ける心構えでいなくてはならない。たとえ勝負に負けて、得られていたはずの成果をすべて取りそこね、最初の賭け金を失って、またゼロから始めなければならない危険があったとしてもだ[*6]」。

一八九八年、五十一歳になったカールは外国で長い休暇を過ごしたのち、ウィーンに戻って事業からの引退を表明した。とりあえず就いていた重役職のすべてから退いて、以後はクルーガーシュトラーセの個人事務所から業界に目を光らせることにしたのである。「商務相がいつ私の助言を求めに立ち寄ってもいいように」事務所はつねに開放されていた。こうしてすべての職を辞したとき、カールはキャリアの絶頂にあった。それまでのあいだにボヘミア鉱山会社、プラハ製鉄会社、テプリツェ製鋼、アルプス鉱山会社、およびハプスブルク帝国の全土に散らばる無数の小さな工場、圧延所、炭鉱、金属鉱山の所有者か主要株主になっていて、少なくとも三つの銀行と一つの軍需会社でも役員の地位に納まっていた。オーストリアの三つの主要邸宅には、貴重な家具や美術品や磁器、それに作曲家の自筆譜の壮大なコレクションが分散して保管されていた。

健康を損なうまで、引退後のカールは暇を見つけては私的な楽しみに熱中した。狩猟、射撃、フェンシング、乗馬、美術品の注文と蒐集、経営や経済に関する小論の執筆、バイオリン演奏、そして夏には、アルプスの田園地方を長々と散歩すること。彼にどれだけの金があったかを推測するのは時間の無駄だろう。親戚のカール・メンガーによれば、第一次世界大戦前のカール・ウィトゲンシュタインの財産は「およそ二億クローネ――少なくとも第二次世界大戦後の二億ドルには匹敵する価値」[*7]だった。だが、こんな数字には意味がない。とにかくカール・ウィトゲンシュタインは途方もない大金持ちだったのである。

5　女相続人との結婚

ニューヨーク出身のジェローム・スタインバーガーは、破産したキッド革手袋輸入業者の息子だった[*1]。父親のハーマンは一九〇〇年のクリスマスの日に自殺していた。スタインバーガー家のおばの一人はハドソン川に身を投げていた。おじのジェイコブ・スタインバーガーも、一九〇〇年五月に自殺したと見られている。ジェロームは家業を救おうと無謀な試みに挑んだが、あえなく失敗し、ストーンボローと改姓してシカゴの大学で人文科学を履修した。ザクセンのナッサウからの移民だった父親は、噂によると自分の命に一〇万ドルの保険をかけていたという。妹のエイミーは、かの有名なグッゲンハイム家の落ちこぼれの末弟ウィリアムと結婚した[*2]。

一九〇一年、ジェローム《》はストーンボロー博士と名乗って生まれて初めてウィーンに渡り、一年後、医学を学びに再度ウィーンの地を訪れた。いつ、いかにして、いや、そもそも本当に、彼がユダヤ教徒からキリスト教徒に改宗したのかは不明だが、ともかく一九〇五年一月七日、ニューヨークでエイミーがユダヤ教式の結婚式を挙げた一二週後に、ジェロームはまたもやウィーンにいて、オーストリア史上でも一、二を争う寒い日に、丸石を敷きつめたドロテアガッセのプロテスタント教会の祭壇の前で震えていた。その隣には、背の高い神経質そうな二十二歳のウィーン娘が花嫁として立っていた。

彼女は友人からはグレートルと呼ばれていた。洗礼名はマルゲリータ（Margherita）とつけられていたのだが、そのうちに名前の綴りを英語化してマルガレーテ（Margaret）と称するようになった。これがカール・ウィトゲンシュタインとレオポルディーネの一番下の娘だった。結婚式に参列していたのは親族のほか、判事、軍人、医師、科学者、芸術の後援者、行政官など、各方面の著名人ばかりだった。教会内の壁の上のほうには、ちょうどグレートルとジェロームが結婚の誓いを交わしているところを見下ろすように、三枚の磨かれたプレートが飾られていた。いずれもウィトゲンシュタイン家の一員が提供したもので、「御国が来ますように」「幸いなのは神の言葉を聞き、それを守る人である」「息あるものはみな主をほめたたえよ。ハレルヤ！」と聖書の言葉が引用されている。

ジェロームとグレートルが互いのどこに惹かれて恋人同士になったのかはよくわからな

い。二人の育った環境はまるで違っていた。グレートルの暮らしには音楽があったが、ジェロームにはなかった。グレートルは仲間と一緒にいるのが好きだったが、ジェロームは他人を避けるところがあった。しかし二人は共通して、医学や科学に並々ならぬ関心を寄せていた。グレートルは十代のころ、寝室のクッションに血管まで備えた完全な心臓の図を刺繡したことがあったほどだ。父親が破産していたジェロームは、彼女の莫大な財産を共有できる見込みに心躍らせたに違いない。なんといっても、彼女はハプスブルク帝国有数の大富豪の娘なのだ。そして同じぐらい考えられるのは、彼女のほうも、ジェロームの資質に惹かれたに違いないということだ。短気で偉そうな性格、堂々とした風貌、予測不可能な気まぐれさ――それらは彼女の父親をこの上なく思い出させた。こうした推測をグレートルとジェロームの関係に当てはめるのは穿《うが》ちすぎかもしれないが、ジェローム・ストーンボローとカール・ウィトゲンシュタインのあいだにはたしかに性格の共通点が存在したし、たとえジェロームが最初からお金のためにグレートルと結婚したいと思ったわけではないにせよ、ウィーンにある彼女の父親の屋敷を訪れて、その宝物が満ちあふれた贅沢な家に感嘆しなかったはずがない。

グレートルはアメリカ人の新郎よりも九歳若く、何センチか背が高かった。黒い瞳に、黒い髪で、青白い顔色をしていた。残っているスナップ写真を見るかぎり、彼女を美しいといったら誤解を招きそうだ。少なくとも、一般的な意味での美しいというのとは違うだろう。しかし、その画像は写りが悪かったのかもしれない。彼女を実際に知っていた多くの人が、彼女は人目を引く魅力的な風貌だったと証言しているからだ。「彼女には『稀少な美しさがあった」とある人は言っている。「どこか異国的な優美さがあった。分けた髪が富士額をつくっていて、それが彼女の風貌を独特のものにしていた」[*3]。結婚を間近に控えた彼女の全身肖像画を母親のウィトゲンシュタイン夫人から依頼されたグスタフ・クリムトは、その微妙なニュアンスをとらえるのに難儀した。

グレートルは完成した絵を嫌って、口の描き方が「不正確」だとクリムトを非難した。その部分をのちに無名の画家に塗り直させたほどである。それでも絵はグレートルを喜ばせられず、壁にかけられることも大事にされることもなく屋根裏部屋に放り込まれて、朽ちるがままにされた。現在この絵が展示されているミュンヘンのノイエ・ピナコテーク（「新絵画館」）を訪れた人は、なぜモデルがこの絵をそんなに気に入らなかったかをあれこれ推測して楽しめることだろう。目の下の灰色のくまのせいで、疲れたような、疑い深いような、あるいは怖がっているような表情になっていることが気になるかもしれない。その立ち方が、似合わない肩出しのきらびやかな白い絹のドレスにまごついて、しゃちこばっているようだと思うかもしれないし、あるいは体の前で組んだ手の蒼白さと神経質そうに絡みあわされた指に注目するかもしれない。しかし肖像画を検証しただけでは、いかに熱心に見たとしても、鑑賞者はやはりその理由がわからないだろう。彼女がこれを嫌った理由――それは、彼女がジェロームとの結婚に関して感じていたかもしれないどんな不安とも関係なかったし、すぐに女に手を出すクリムトの前でポーズをとっていなければならない居たたまれなさすら関係なかった。一九〇四年五月、クリムトが絵の制作にとりかかったころ、グレートルと一番年が近くて十代のころを仲良く過ごした兄が、突然、劇的に、そして非常におおっぴらに、毒をあおって死んだのである。

6　ルドルフ・ウィトゲンシュタインの死

家族のあいだで「ルディ」と呼ばれていたルドルフ・ウィトゲンシュタインが死んだのは、ベルリン・アカデミーで化学を学んでいた二十二歳のときだった。誰に聞いても、彼は聡明で教養があって見栄えもいい青年で、音楽と写真と芝居をこよなく愛していた。一九〇三年の夏、自分の性質のある部分を「僕のゆがんだ性向」と称して不安がっていたルディは、科学人道委員会という慈善団体に助けを求めた[*1]。この団体は、ドイツ刑法一七五条、すなわち「自然に反する性行為」を禁止する厳格な法律の廃止を求めて運動していたところで、毎年の活動報告書も出しており、その名も「同性愛の具体的考察をまじえた性倒錯についての年報」といった。そしてこの冊子の一冊に、著名な性科学者のマグヌス・ヒルシュフェルトの筆により、とあるベルリンの同性愛者の学生の問題点について詳細な事例報告が載せられていた。そこに記されている青年が自分だと特定されることを恐れたルディは、ただちに破滅的な行動に出た。これが、少なくとも、伝えられている話の一つである。このあと述べる事実はこれほど煽情的ではない。

一九〇四年五月二日の夜九時四十五分、ルディは徒歩でベルリンのブランデンブルクシュトラーセにあるレストランバーに行った。ミルクを二杯とつまみを注文すると、明らかに動揺しているとわかる態度でそれを食べた。食べ終わると給仕を呼び、ピアニストにミネラルウォーターの瓶をつけてリクエストを伝えるよう申しつけた。頼んだ曲はトーマス・コシャットの有名なナンバー「捨てられて」だった。

捨てられて、捨てられて、僕は孤独だ！
路上の石のように、誰も僕を愛してくれない！
教会へ、あの遠い教会へ行って、
そこでひざまずき、胸が張り裂けるまで泣こう！

森のなかの小高い塚にたくさんの花が咲いていて、
そこに僕の哀れな恋人が眠っているが、いくら愛しても生き返ってはくれない。
巡礼の旅の先で、さまざまな願望の先で、

僕は切々と感じるだろう、僕がどれだけ孤独かを。[*2]

流れてくる音楽を聞きながら、ルドルフはポケットから透明な液体が入った小袋を取り出し、片方のミルクのグラスに中身を溶かした。青酸カリの効果は服用後すぐに現れる。そして、それは激しい苦痛をともなう。胸が締めつけられ、喉が焼け、皮膚がただちに変色し、吐き気がして、咳が起こり、痙攣が始まる。二分もしないうちにルドルフは意識を失って椅子の背にぐったりと倒れた。店の主人が客に呼びかけて外に医者を探しに行かせた。三人の医者がやってきたが、すでに時遅く、もはや手の施しようがなかった。

翌日の新聞記事によれば、現場には何通かの遺書が残されていたらしい。一通は両親宛てで、それによればルディは友人の死を嘆いて自殺したという。二日後、彼の遺骸がベルリンの死体安置所からウィーンに戻ってきて、ひっそりと埋葬された。父親のカールにとって、この苦痛と屈辱は言葉にもならないほど大きかったからだ。葬式が終わると、カールはすぐに家族を墓地から立ち去らせ、墓を振り返るなと妻に命じた。以後、母親も他の家族も、カールのいるところでルドルフの名前を出すのは厳禁とされた。

葬儀から八ヵ月後、グレートルは式を挙げたばかりの新婚の夫とともに教会を出るとき、凍りついたウェディング・ブーケを信頼する友人に手渡して、兄が埋葬されている場所にこれを持っていって、追悼として墓に花を撒き散らしてほしいと頼んだ。

7　ハンスの悲劇

カールがルドルフの話をいっさい禁じることにしたのは、彼に感情が欠落していたからではなく、逆にありすぎるからだった。抑制せずに解き放ってしまったら、それは時として破壊的な結果になるのだ。加えて、実際的な目的もあった。家族を結束させて、いつまでも嘆き悲しむのをやめさせたかったからで、それには毅然と押さえつけるしか方法がないというのが彼の考えだった。しかし、残っている家族の絆を強めることが意図だったとしても、結果的にそれはこの上ない大失敗だった。彼が厳しく目を光らせていたせいで、家のなかには耐えがたいほどの緊張した空気が生まれ、ウィトゲンシュタイン家の子供たちと両親のあいだに、埋めるに埋められない決定的な溝を作ってしまったのだ。子供の将来に過剰な期待をかけてくる高圧的な父親を、息子たちは（面と向かっては言わなかったが）恨んだ。工学と経営で財をなした父親が、息子たちにもその分野の職業しか許さないと決めつけていたのも不愉快だった。そして母親であるレオポルディーネ（親族のあいだではポルディと呼ばれていた）も、子供たちにとっては疎《うと》ましかった。独裁的な夫を押しとどめてくれない、臆病で、優柔不断で、心もとない母親だったからだ。ルディの死から四〇年以上経ったあと、ヘルミーネは苦々しげにこう記録している。

弟のルディは、七歳のときに公立学校の入学試験を受けることになったが、かわいそうに、試験官の先生が母にこう言ったのをとても心配していた。「お子さんは非常に神経質です。気をつけてあげてください」。それはもう何度となく聞かされた台詞だったけれど、あいにく、その忠告が真面目に取り合われることはなかった。私の母はそんなことを心配するたちではなかった。自分の子供が過度に神経質だなんて、母にとってはありえないことだったのだ。[*1]

カールの命令によってルディの自殺については禁句とされ、家族のあいだでも声をひそめてこっそりとしか話せないようになると、必然的な結果として、伝言ゲームのように事実はだんだんと歪曲されていった。たとえばルディの自殺の理由は、ウィーンで甘やかされて育ったためにベルリンでの厳しい学生生活の心構えができていなかったからだと噂された。あるいは、父親が俳優になる勉強をするのを許してくれなかったからだとか、性病にかかって頭がおかしくなってしまったからなどという噂もあった。これらのほかにもいろいろと言われていたが、そのいくつかは疑いもなく不正確な、心ないものだった。だが、それらも比べものにならないぐらいひどかったのが、もう一人の兄弟、ヨハネス（愛称ハンス）の失踪から生じたいいかげんな陰口だった。

「一人の息子を失っただけなら、不運だったとも見なせるだろうが、二人の息子を失ったのなら、それは注意が足りないように思える」——とオスカー・ワイルドなら言うだろうか。何の因果か、ルディの自殺はウィトゲンシュタイン家に降りかかった初めての悲劇ではなかった。その二年前、長男のハンスが跡形もなく消え去っていたのである。彼についても、やはり言及するのは禁じられていた。

残っているハンスの若いころの写真を見ると、そのかしげた首と、目を細めてどこかを凝視している視線から、彼が少しばかり変わっていたのではないかとの印象を受ける。おそらく彼は今で言うところの「サヴァン症候群」、つまり、記憶力や計算能力などのある限られた分野にのみ異常な才能を見せる発達障害児だったのではないだろうか。ハンスは間違いなく——それも痛々しいほどに——内気だった。そして彼の内的世界は研ぎ澄まされていた。大きい不恰好な体をしていて、頑固で、しつけにくかった。長女のヘルミーネは彼のことを「たいそう特殊な子供」だったと評している。ハンスが初めて口に出した単語は「オイディプス」だった。

幼いころから、ハンスは自分のまわりの世界を数学の公式に変換するという奇妙な衝動に従っていた。ある午後、姉と一緒にウィーンの公園を散歩していたハンス少年は、華麗な装飾が施されたパビリオンを目にして、あれがすべてダイヤモンドでできているところを想像できるかと姉に尋ねた。「できるわよ」とヘルミーネは答えた。「きっと素敵でしょうね！」

「じゃあ、やってみるね」とハンスは言って、芝生に座ると、計算を始めた。南アフリカのダイヤモンド鉱山の年間純益をロスチャイルド家やアメリカの大富豪の蓄財と対照させて、自分の頭のなかのパビリオンのあらゆる部分を、その装飾物や鋳鉄製の金銀線細工もすべて含めていくらかかるか算定し、少しずつ順を追って全体のイメージを組み立てていった。だが、それはあるところで――いきなり――中断された。「もう続けられない」とハンスは言った。そして地面から一メートルほどの高さを手で示し、「ダイヤモンドのパビリオンはこのぐらいの大きさまでしか僕には想像できない」と言った。「姉さんにはできるの？」

「もちろんよ」とヘルミーネは言った。「どうしてできないの？」

「だって、これ以上のダイヤモンドには支払うお金がないもの」

これほどの数学的能力がありながら、ハンスがつねに変わることなく興味をもっていたのは音楽のほうで、彼はそこでも驚異的な天性の感覚を見せた。彼は四歳にして、通りすぎていくサイレンの音の高さが四分音下がることからドップラー効果を認識できていた。五歳のときには、いきなり地面に体を投げ出して「違う！　違う！」と泣き叫んだ。カーニバルの長い行列の一番前と一番後ろに位置した二つのブラスバンドが、キーの異なる二つの行進曲を同時に演奏していたからだった。また、有名なヨアヒム弦楽四重奏団を聴きにクライナー音楽協会ホールのコンサートに一家で出かけることになったときは、他人の演奏する音楽には興味がないからと一人で自宅に残り、床に寝転がって、ちょうどコンサートで演奏されている最中の楽曲の譜面を広げていた。その曲を一度も聴いたことがなくても、ただ別々に印刷された楽譜を一枚ずつ見るだけで、ハンスは頭のなかで四つの旋律がどう組み合わさって音を奏でるかを明瞭に構築することができた。そして両親が帰ってくると、自らピアノの前に座り、そのイメージから暗譜で全曲を弾いてみせた。

ハンスは左利きだったが、バイオリンもオルガンもピアノも器用に弾きこなせた。マーラーの恩師として知られるウィーン音楽院の高名なピアノ教授ユリウス・エプシュタインが「天才」と賞賛したほどだった。しかしハンスの演奏は、たいそう巧みで温かみもあったが、幼いころからの彼の気質をそのまま表すように、極度の激しさと緊張のいきなりの爆発という欠点をあわせもっていた。ヘルミーネはこれをウィトゲンシュタイン家のいまにも破裂しそうな張りつめた空気のせいだと考えていた。

悲しいことに、倫理的にとても真面目で義務感もあった私たちの父母は、子供とのあいだに調和を生み出せなかった。父が自分とまったく違う息子たち、まるで孤児院で見つけてきたような息子たちを持ってしまったことが悲劇だったのだ！　息子が誰も自分の跡を継がないこと、自分の生涯の仕事を続けてくれないことは、父にとってこの上ない失望だったに違いない。父と子のとくに大きな違い――とくに悲劇的な違い――は、幼いころから息子たちには人生に対するバイタリティと意志が欠けていたことだった……。[*2]

そんなハンスに、いったい何が起こったのか。一九〇二年五月六日付の《新ウィーン日報》に載った短い記事によれば、「実業家のカール・ウィトゲンシュタインが恐ろしい不運に見舞われた。三週間ほど前から留学旅行でアメリカに渡っていた長男のハンス（24）がカヌー事故に遭ったのである」。[*3] この短い記事の日付から考えると、ルディはベルリンで自分の命を絶つ重要な日に、兄が「恐ろしい不運」に遭ってから二年目の日を選んだのかもしれない。だが、ハンスが本当に一九〇二年五月二日に自殺していたのだとしても、ウィトゲンシュタイン家はまだそれを公式にはまったく認めていなかったし、このあまりにも短い報告は、ハンスの最終的な運命について何も言っていないに等しかったから、これでこの件が決着したわけでは決してなかった。それからいくつもの代わりの説明が噂にのぼった。ハンスはアメリカに逃亡したのだという説もあれば、南米に逃げたという説もあり、最後に彼の姿が見られたのはキューバのハバナだったという報告もある。ただし、現存する乗客名簿のどれにもハンスの名前は載っていない。ひょっとしたら彼は偽造パスポートを使ったのかもしれない。ともあれ確かなのは、ハンスが二十代初めのころ、父親の命令でボヘミアやドイツやイギリスの製造工場に仕事に行かされ、そこで義務と責任を負うべく期待されたにもかかわらず、本人はその仕事をひどく嫌い、目に見える成果を何もあげられなかったことだ。仕事をするよりも、彼は音楽を奏でているほうが好きだった。

家に戻ってきてからのハンスと父親との関係は険悪で、代わる代わるどちらかが爆発していた。カールは機嫌のいいときでさえ威圧的な人物だった。グレートルは私的な手記にこう書いている。「父はよく冗談を言っていたけれど、それは私にはまるで面白いと思えず、ただ物騒なだけだった」[*4]。人を見る目がなかったカールは、長男が優れた経営者になってくれること、起業家として、実業家として活躍してくれること、そして自分が到達した大いなる高みに同じようにのぼってくれることを心のなかで激しく期待していた。だが、人は高みにのぼっていればいるほど、飛べない人間のことを小さく見てしまうものだ。カールは自らも音楽好きだったが、ハンスの病的なまでの音楽への執着をひどく嫌がり、最後には厳しく定められた一定の時間を除いて、ハンスがどんな楽器を奏でるのも禁じてしまった。カールも若いころは自分の父親に反抗したが、彼の場合はその反抗がビジネスでの大成功にまっすぐ結びついた。しかし、息子のハンスにも自分と同じような気骨があるはずだと信じるのは愚かであり、彼のような爆発しやすい不安定な青年に容赦ない父性的圧力を与えることがよい結果につながると思うのも短慮だった。そんなことをすれば、たいていは最悪の悲惨な結末が待っているのだ。

いずれにしても、一九〇二年のある時点で、ハンスが父親の束縛から逃れるようにして外国に消え去ったのは確かなようだ。ハンスは二十代の初めごろから太りだし、ショーペンハウアーの憂鬱で虚無的な哲学に異常なほどのめりこむようになっていた。そしてある説によれば、「同性愛者であることがわかって」[*5]いた。彼は二十六歳まで生きていたという説もある。フロリダ州のエバグレーズ湿地で死んだという報告もあるし、また別の報告によれば、「家族は一九〇三年に、ハンスがその一年前にチェサピーク湾で小舟から消え、以後、行方不明になっていると知らされた。ここから導かれる明らかな結論は、彼が自殺したということだ」[*6]。

だが、一年前にボートを漕いでいたのが最後の姿だったと聞かされただけで、親は自分の子供が自殺したと「明らかな結論」をくだすものだろうか？　そのような緊迫した異例な状況に立たされた親は、どんな親であれ、いつかドアがノックされるのを祈りながら、期待しながら、一刻一刻、一年一年と、いつまでも辛抱強く待つのが普通ではないか？　死体も目撃者もないのなら、息子がただ逃げて姿を隠しているだけでなく本当に自殺したのだと、親はどの時点で認めるものだろうか？

ボートに乗っていたというのが、この話のさまざまな変種の大半に共通するほぼ唯一の点である。ハンスはボート上で拳銃自殺、または服毒自殺したという説もあれば、溺死するために舟に穴をあけて沈めたという説もある。ハンスの甥の一人は、熱帯性暴風雨の最中にオキチョービ湖で舟が転覆したに違いないと信じていた。「もちろん湖の上でピストル自殺することがないとは言わないが、よほど酔っ払ってでもいないかぎり、わざわざ湖まで出ていって自殺しようとする人がいるだろうか」[*7]。ハンスのおばの一人が書いた手紙によれば、家族は使用人の一人をベネズエラのオリノコ川までハンスの捜索に行かせたという。舟、不確定な日付、少なくとも五つの異なる場所——真相はおそらく永久に出てこないだろう。

もちろん、ハンスはひょっとしたら外国で、ウィーンの家族にはいっさい秘密にしたまま寿命をまっとうしたのかもしれないが、やはり最もありえる顚末は、彼がオーストリア国外のどこかで本当に自殺したということだ。家族も彼が自殺するつもりであることを以前からほのめかされていた、あるいは直接的に予告されていたのではなかろうか。そして息子が自殺したことを家族がついに公に認めるにいたったきっかけは、おそらく一九〇三年十月四日にウィーンで起こった、二十三歳の哲学者オットー・ヴァイニンガーの死であったと思われる。

ヴァイニンガーの話ならすぐに語れる。彼は気性の激しい、頭のよい、しかし誤った方向に行ってしまった青年だった。小柄で、猿に似ていて、厳格で道徳的な家庭に育った。父親は金細工職人だった。彼の短い生涯は、自己嫌悪と自己崇拝の両極端を行ったり来たりで、その中間の心安らぐ穏当な状態は皆無だった。「解けない問題がないぐらい、僕には才能がある」と彼は書いている。「自分が長いあいだ間違っていることなんて一度もなかったと思う。僕は救世主の名にふさわしい。なぜなら僕にはその資質があるのだから」。[*8]

一九〇三年の春、ヴァイニンガーは彼の代表作となる長大な論文『性と性格』を出版した。この著作は女性（彼は女嫌いだった）とユダヤ人（彼もユダヤ人だったが）に対する強硬路線をとっていた。この本が出版されたころ、彼は友人にこう言っている。「僕には三つの可能性がある――絞首刑か、自殺か、あるいは考えも及ばないほどの輝かしい未来だ」。結局、この本が悪評で迎えられたため、ヴァイニンガーは二つめの選択肢を選んだ。十月三日の夜、彼はシュヴァルツシュパーニアーシュトラーセの家に部屋を借りた。そこはオーストリアの詩人レーナウが世をはかなみながら数年を過ごしたところであり、一八二七年三月二十六日にベートーヴェンが亡くなったところでもあった。女主人と賃貸契約を交わすと、ヴァイニンガーは二通の手紙を実家に届けるように頼んで、午後十時過ぎに部屋に引き下がり、扉に鍵をかけて、弾を装塡した拳銃を取り出し、銃身を自分の左胸に向けて、引金を引いた。翌朝、ヴァイニンガーからの手紙を受け取った兄がすぐさま部屋に行き、寝室の扉を蹴破った。オットーが血の海のなかで手足を投げ出して横たわっていた。盛装しており、まだ息があった。若き哲学者は意識のない状態ですぐさま私設救急車によりウィーン総合病院に運ばれたが、午前十時半に息を引き取った。

ヴァイニンガーの自殺はウィーン社会に大きな騒ぎを引き起こした。新聞には何面にもわたって彼についての紹介や解説が載り、その結果、彼は数日にして無名の論客から全国的な有名人へと知名度を高めた。『性と性格』も大いに売れはじめた。噂によると、ウィトゲンシュタイン家の何人かはヴァイニンガーの葬儀に参列したという。そのマッツラインスドルフ墓地での葬儀は、キリストの磔刑のときと同じように、部分日食の最中に行なわれた。ウィトゲンシュタイン家の人々は全員がヴァイニンガーの本を読んだ。

近年の研究によれば、大々的に報道される著名人の自殺は、いわゆる模倣自殺を引き起こす原因になることが確認されている。たとえば一九六二年八月のアメリカの自殺率は、マリリン・モンローが致死量の薬を過剰摂取したあとで三〇三件も増えた（一二パーセントの急増）。だが、これは新しい現象ではない。一八八九年にルドルフ皇太子と愛人のマリー・ヴェッツェラがマイヤーリングでセンセーショナルな心中をしたあともウィーンで自殺率が急上昇したし、その一〇〇年以上前にもゲーテの小説『若きウェルテルの悩み』が欧州のあらゆる都市で発禁処分にされなければならなかった。この小説の主人公の自殺に、失恋で痛手を負ったイタリアやライプツィヒやコペンハーゲンの若者の大量の模倣自殺の原因があると断定されたからだ。

そして一九〇三年十月にオットー・ヴァイニンガーが自殺したあと、ウィーンもまさにそのような状態だった。ハンス・ウィトゲンシュタインがもし本当に自殺したのだとしても、それが実行されたのはヴァイニンガーがまだ生きていたときであったのはほぼ間違いない。だが、ウィーンの家族が息子の運命を受け入れ、それを公表したのは、ヴァイニンガーの死が公になった直後のことだった。ヴァイニンガーの死が起こした静かな波紋はシュヴァルツシュパーニアーシュトラーセをはるかに超えて、ベルリンの食堂の小さなテーブルにまで及んだのかもしれない。七ヵ月後、ルドルフが神経を高ぶらせながら、座って最後のミルクのグラスを見つめていたところである。

8　ウィトゲンシュタイン家にて

アレーガッセのウィトゲンシュタイン家の冬御殿をジェローム・ストーンボローが初めて訪れたのは、ハンスの失踪とルディの自殺という二つのドラマに挟まれたどこかの時点だったが、そこの豊かさの次元は、ブロードウェイの手袋輸入業者が知っているどんなところと比べても桁違いに見えたに違いない。この最初の訪問は、おそらくウィトゲンシュタイン家の自宅演奏会に客として来たときで、彼はグレートルのいとこの一人と結婚したルドルフ・マレシュ医師の新しい友人として招かれたと思われる。

屋敷の正面はアレーガッセに沿って五〇メートルほど伸びており、いかめしい堂々たる外観をしていた。柱間は一階が七間、二階が九間で、両側は高いアーチになっている。ジェロームは右手の門をくぐった。重厚なオーク材の扉を抜けると、制服を着た門番がいる。

椅子から立ち上がって客人にお辞儀をすることだけが彼の仕事だ。中庭には、見落としようのない巨大な噴水の彫像があり（クロアチアの表現主義の彫刻家、イヴァン・メシュトロビッチの作品だ）、天井の高い薄暗い玄関に入ると、これまた見落としようのない、精巧なモザイクの床、彫刻が施された羽目板、シェークスピアの『真夏の夜の夢』の場面を描いたフレスコ画、そしてオーギュスト・ロダンの堂々たる作品がある。真正面には二つの石のアーチに挟まれた六段の階段があり、大理石の手すりがついていて、そこを上がるとみごとなガラス製の観音開きの扉がある。扉の手前側には等身大のチュートン人の彫像が立っていて、軽く帽子をとって客人に歓迎の挨拶をしている。扉を奥に開けると、今度は仕着せを着た従者に迎えられる。その服装は、この屋敷を訪れた一人に言わせると、「シュタイアーマルク州から来たオーストリアの狩猟服を思わせる制服」[*1]だった。ここから客は、長い一続きの階段を上がる。幅の広い、赤じゅうたんの敷かれた、大理石の階段（昼間はドーム型の高いガラスの天井から差し込んでくる日光で照らされる）を上がると、クロークルームがあって、そこで待っている召使にコートを預ける。

自宅演奏会は大広間で行なわれることもあったが、たいていは二階の音楽室が使われた。ここはウィトゲンシュタイン家の数あるサロンのなかでも最も立派なところだった。壁の一面を除いて天井から床までビロードのタペストリーの狩猟風景画が掛かっていて、残りの一面は二段手鍵盤のペダルオルガンのパイプケースで占められており、ラファエル前派様式で描かれた騎士や吟遊詩人の絵がふんだんに飾られている。部屋の中央にはベーゼンドルファーの最上位のグランドピアノ「インペリアル」が二台、鍵盤を向かい合わせにして置かれており、それを高い黒の台座の上からルートヴィヒ・ヴァン・ベートーヴェンのしゃがんだ裸像が険しい顔つきで見下ろしている。この像は、マックス・クリンガーがかの有名なベートーヴェン像の習作として、一個の白い大理石のブロックから彫りあげたものだった。室内には一〇個の金メッキをした専用フロアランプが配置されていたが、通常、室内は暗いままにされていたので、それらが点灯されることはめったになかった。日中でも鎧戸が閉められたままで、それぞれのピアノの譜面台に取り付けられた小さなランプの光が唯一の光源だった。そしてジェロームが「休憩」に行きたくなったとき、ここほど便利な場所はなかった。邸内の主要な部屋にはそれぞれ直通の洗面所がついているべきだというのがカール・ウィトゲンシュタインの強迫観念の一つだったからで、その洗面所の蛇口と洗面台にも華麗な装飾と金メッキがほどこされていた。

ウィトゲンシュタイン家の音楽の夕べは、ヘルミーネの言葉を借りれば、「つねに祝祭的な行事で、厳粛といってもよく、そこには美しい音楽が不可欠だった」[*2]。演奏される音楽の質は最高級で、演奏家は当時の最も傑出した音楽家ばかりだった。メンデルスゾーンの弟子で、ブラームスのバイオリン協奏曲を最初に弾いたバイオリニストのヨーゼフ・ヨアヒムは、カールの近親であり、いつも一年に二回か三回、ウィトゲンシュタイン家の屋敷で演奏し（手持ちの多数のバイオリンのなかから、カールが気前よく貸し出していた有名な一七四二年の「グアルネリ・デル・ジェス」を選ぶのを忘れずに）、また、自分の四重奏団がウィーンにいるときは決まってここの音楽室をリハーサルに使った。招待客——科学者、外交官、芸術家、作家、作曲家——も、歓待のために集められた演奏家たちに負けず劣らずの著名人ばかりだった。ブラームスも自作のクラリネット五重奏曲の演奏を聴きに来たし、リヒャルト・シュトラウスも何度か音楽室での演奏会に出席した。シェーンベルク、ツェムリンスキー、グスタフ・マーラーといった作曲家も来ていたが、マーラーはあるときを境に、以後は二度と招待されなくなった。「ベートーヴェンの『大公トリオ』を聴いたいまとなっては、もう何も演奏するべきではない」と不機嫌そうにつぶやきながら席を蹴って出て行き、主人を侮辱したからである。[*3] もう一人の定期的な客人は、ワーグナーの天敵であり、一九〇四年に亡くなるまでウィーンで最も影響力があり、最も恐れられていた音楽批評家のエドゥアルト・ハンスリックだった。亡くなる直前、ハンスリックはウィトゲンシュタイン夫人からの見舞いの手紙に対して、こんな返事を書いている。

敬愛する慈悲深い奥様

大変美しいお手紙をいただき、その温かさに打たれて、私の胸は一日中、幸福と感謝に包まれておりました。ありがたくもお招きいただきましたあの数々の素晴らしい夜が、目の前を流れていくように生き生きと思い出されます。偉大な音楽、あなたの賢明にして雄弁なるご夫君による、いつも楽しみな乾杯の音頭、音楽やその場のもろもろを夢中になって楽しまれているあなたのとても嬉しそうなご様子！

私の体調ですが、ある程度の落ち着きを保っているようで、この五月には、ご親切に気遣ってくださったことを直接お目にかかって感謝申しあげられるのではないかと思っております。

最大の敬意を込めて。あなたのエド・ハンスリックより[*4]

もしジェロームがこうした洗練されたウィーンの環境に恐れをなしたとしても、当時の彼はそれを認めなかっただろう（これはあとになって現実となるのだが）。その代わり、彼の困惑は、求婚中のグレートルが他の男たちと気軽におしゃべりしていることに対する陰鬱な嫉妬となって爆発した。彼女はそうした不機嫌さをジェロームの偽りのない愛情の現われと解釈し、のちに二人の結婚生活に影を落とし、不安定にさせ、最終的に破壊した精神的な病の深刻な前兆とは思わなかった（あとになってみれば確信されたのだが）。グレートルは持ち前の頑固さから、自分は絶対にウィトゲンシュタイン家と関係のない誰かと結婚しようと思っていたが、ジェローム・ストーンボローはウィトゲンシュタイン家にとって未知の人だっただけでなく、ウィーンのすべてにとってよそ者であり、さらに言えば、生まれ故郷のアメリカにとってもよそ者だった。彼は特定の領域をもたない人間であり、わけのわからない、喜ばせることも難しければ測り知ることも難しい人間だった。カールは自分の娘婿が、グッゲンハイム家の一員と結婚した妹をもつ金持ちであると知ってうっすら満足していたかもしれないが、アメリカにいる賢明な友人たち（そのなかには鉄鋼王のアンドルー・カーネギーやチャールズ・シュワブもいた）にいくつか問い合わせをしておけば、ジェロームが名前を変えていること、スタインバーガー家が破産していたこと、そしてウィリアム・グッゲンハイムの表立っては言えない欠点に、間違いなく警戒したことだろう。

グレートルがトラウン湖の岸辺に宝石のような城を買ったとき、「フォントノワ侯爵夫人」という筆名で《ワシントン・ポスト》に寄稿していたゴシップ記者のマーガレット・カンリフ＝オーエンは、成功こそしなかったが、グレートルの謎めいた夫について何かを見つけてやろうとたくらんだ。

ドクター・ストーンボローとは何者か？　彼はこの別荘を購入したほか、長らく行方不明となっているオーストリア大公ヨハン、およびその母である故トスカーナ大公妃マリア・アントニアが所有していたトスカーナ城も買い上げている。この購入の発表にあたってドクター・ストーンボローは「有名なアメリカの大富豪」と称されている。しかし、標準的な人名録のどれにも彼の名前は見つからないし、著名なクラブの会員や全米主要都市の社交界の名士の名を網羅した「ロケーター」にも見つからない。[*5]

グレートルの兄弟姉妹に関して言えば、彼らは新しい義理の兄弟をひどく嫌い、その嫌悪は年ごとに激しくなった。とくに二人の弟、パウルとルートウィヒがそうだった。この二人はひとまとめにして「坊やたち《ディ・ブーベン》」と呼ばれており、ジェロームと初めて会ったときにはすでに十代になっていたが、あいかわらず家族からは二人一組のおまけのように扱われていた。

9　坊やたち

存命時、成長後のパウル・ウィトゲンシュタインは弟よりはるかに有名だったが、今日での知名度はまったく逆になっている。家族からルッキーと呼ばれていたルートウィヒは、いまや二十世紀の象徴的な人物である。二枚目で、口下手で、苦悩する不可解な哲学者。その威圧的な人格のまわりには、一九五一年の彼の死後、異様な礼賛者の集団ができあがった。皮肉なことに、そうした礼賛者たちのなかにはルートウィヒの本を開いたこともなく、彼の思考を一行でも理解しようとしない人々が数多く含まれている。「くだらない!」

――こうしたすべてを兄のパウルはそう表現した。[*1] だが、そんな辛辣な言葉を吐いても、兄弟の仲が悪くなることはなかった。ルートウィヒの論文『論理哲学論考』が初めて出版されたとき（著者はその序文で、世界の最も悩ましい哲学的問題のほとんどに解答を見つけたと述べている）、ルートウィヒはこれを一冊パウルに贈呈し、そこにこう記している。「親愛なる兄パウルへ、一九二二年のクリスマスにこれを贈る。もしこの本が無価値なら、すぐに跡形もなく消え去ってしまうがいい」[*2]。

グレートルとジェロームが交際していたころ、パウル――魅力的で、神経症的で、教養があって、自然を愛する、激しい気性の持ち主――は十七歳で、オーストリア東部のヴィーナーノイシュタットのギムナジウムで最終試験に臨もうとしているところだった。一歳半下のルートウィヒは、学期のあいだ北部の田舎町リンツでシュトリグルという家に下宿して、昼間は生徒数三〇〇人の公立実科高等学校《シュターツオーバーレアールシューレ》で授業を受けていた。当時の学友の一人は、この学校の教師の大半について、こんな感想を述べている。

精神的にいかれており、最後には正真正銘の狂人となって生涯を終えた者もたくさんいた。彼らの服の襟はよれよれで……その外見からは不潔さがにじみ出ていた。彼らは思考の個人的自立をすべて奪われたプロレタリアートの産物であり、その比類なき無知を特徴とし、行政府の衰退したシステムの柱となるのにみごとなまでに適合していた。ありがたいことに、そのようなシステムはもはや過去のものとなっている。[*3]

この生徒が——ルッキーより六日だけ早生まれの——アドルフ・ヒトラーだった。ルートウィヒにしろヒトラーにしろ、当時の二人が将来の出世をうっすらとでも察知していたとは考えにくい。二人はどちらも学校では不適格者だった。生徒仲間への呼びかけに、ほかの誰もがくだけたドイツ語の「きみ《ドゥー》」を使っていたのに、この二人だけは格式ばった「あなた《ジー》」を使うべきだと主張した。ヒトラーは遺伝的に肺が弱かったこともあって、教師からは将来の「総統《フューラー》」どころか、最終年の修了証明書も取れない問題児の劣等生だと見なされていた。一方ルートウィヒは、こちらも腸が痛みとともに押し出されるという持病（一般に言うところのヘルニア）があって、せいぜいが平均的な生徒と見られており、成績はほとんどの科目において心配になるようなものだった。

リンツ郊外のウーアファールのヒトラーの家では、母親が息子のあらゆる能力を疑うことなく確信して、息子を甘やかし放題にしていたが、一方ウィーンのウィトゲンシュタイン家では、下の二人の息子はどんな才能もなかなか認めてもらえずにいた。パウルのピアノ演奏——起きているときの彼の思考のほとんどを搔き立てていたもの——は大雑把で偏執狂的だとして誰からも認められなかった。「ハンスほどうまくない」と家族は言った。だが、パウルは少なくとも、弟が失敗していた部分には成功していた。つまりヴィーナーノイシュタットのアカデミックなギムナジウムへの入学を許可されることである。ルートウィヒは十歳で木の棒と針金からミシンの実用模型を組み立てていたような子供で、若いころの興味は学術的なことよりも実際的で技術的なことに向いていた。彼はギムナジウムよりもはるかに勉強の不要な実科学校を選び、どうにか入学試験に合格したが、その前にはみっちりと補習授業を受けなければならなかった。

当初、カールはパウルとルートウィヒが学校に通うのもやめさせようとしていた。上の子供たちと同じように、ラテン語と数学に関しては家で個人的に教育すればいい、そして他の科目（地理や歴史や科学など）は本を読むなどして自分で知識をつければいい、と主張していたのである。カールの考えでは、通学など時間の無駄だった。それよりも、子供には健康のために散歩をさせたり運動をさせたりするほうがよほどいい。カールがようやく態度を軟化させたのは、ハンスが失踪してからだった。そのころにはウィトゲンシュタイン家の空気が耐えがたいほどに悪くなっていたからだ。カールは結局、下の二人の息子を公共の学校に通わせることを認めた。だが、そのときにはもう遅かった。遅すぎてルートウィヒは試験に合格できなかったし、二人とも人間関係についての適切なあれこれを習得できなかった。自宅で家庭教師について勉強していたため、彼らは同年代の他の子供とつきあったことがなく、母親は何とか彼らを召使の子供たちと遊ばせようとしたが、その作戦は二人にはまるで効果がなく、むしろ大いに憤慨させた。遊び友達がほとんどいなかったウィトゲンシュタイン家の子供たちは、結果として、みな人情を解さない人間に成長し、有意義な人間関係を築き、維持するのに死ぬまで苦労することになった。

子供のころのパウルとルートウィヒは、たいていの兄弟がするように、よく喧嘩した。一時期はヴォルフラムという少年の関心をめぐって互いに嫉妬しながら争ったこともある。生来のアナーキストで、いたずら好きのパウルは、しょっちゅう弟を困らせては面白がっていたが、二人は年も近く、当時は仲も親密だった。二人の兄の自殺が彼らにどれだけ深刻な影響を与えたかは測りがたい。家族のなかで一番年の若い二人だったから、その影響の最悪の部分からはある程度まで遮断されていたに違いない。この二人はハンスとルドルフよりかなり若くもあった。ルートウィヒはルドルフのことなら多少覚えていたが、ハンスについては（ルートウィヒより十二歳年上で、彼が家から消えたときルートウィヒはまだ十三歳だった）ほとんど覚えていなかった可能性もあるだろう。しかし、「坊やたち」も当時の家の慢性的な空気にまったく気づかないでいられたとは考えられないし、二人のどちらも人生のさまざまな時点で、危険なほど自殺に近づいたことがあった。ルートウィヒは幼少時代のことを回想した走り書きで、最初に自殺の考えにふけったのは十歳か十一歳のときだったと言っている。つまり一九〇〇年か一九〇一年のことで、それはハンスとルドルフの悲劇よりも前のことだった。

ウィトゲンシュタイン家では、自殺は珍しいことではなかった――おば一人といとこ一人もやはり自殺によって生涯を閉じた——が、この死に方が（ときどき言われるように）二十世紀初頭のウィーン市民にとって受け入れられること、名誉なこと、あるいは普通のことだったと推論するべきではない。前にも述べたように、カールはハンスとルドルフの行為を恥ずかしく思っていた。オットー・ヴァイニンガーの父親も、自分の息子に対して同じような恥を感じていた。ヴァイニンガー自身でさえ、死の直前にこう書いている。「自殺は勇気のしるしなどではなく、臆病さのしるしだ。たとえそれが臆病とはかけ離れた行為であるとしても」。[*4] ルートウィヒはときどき自分が自殺していないことを恥ずかしく思っていたが、彼が、そしてその点ではパウルも同じだが、決して自殺しなかった理由は、まさしくその手の臆病さが彼らにはなかったからだった。「僕にはわかっている」とルートウィヒは書いている。「自殺なんてものは、どんな場合にだってするべきではない、汚れた行為だ。自分で自分を破壊するなんて絶対にしてはならないことだし、実際にどうしてそうなるかを思い描いたことがあれば、誰だって自殺が突然の行き過ぎた自己防衛だと知っている。だが、それでも自分に不意打ちを食らわすしかなくなるときがある。こんないまいましいことはない」。[*5] この両義的な感覚は、パウルも同じであったが、彼らの父親がハンスとルドルフの自殺に対して感じていた恥の意識とはまったく違っていた。

この章で語られているできごとから何年もあとに、パウルが引退してニューヨークに住んでいたとき、彼は毎日、リバーサイド・ドライブのアパートメントの一九階の部屋からジョージ・ワシントン橋を渡って対岸に行き、また戻ってくるという長い散歩をしていた。ある日、彼がそうして散歩していると、橋の上に大勢の人々が集まっていた。橋から身を投げようとしている自暴自棄の男性を説得しようとしていたのだ。その目的に気がつくと、パウルは火がついたように散歩用の杖を振り回しながら人混みのあいだをかきわけていった。「この人が死にたいというなら死なせてやれ。きみたちに何の関係があって彼の人生の終わらせ方にあれこれ指図するのか」。続いて起こった喧嘩騒ぎのなかで、当の男性は、もはや自分が関心の的になっていないことに気づき、黙って橋の上の危なっかしい位置から立ち去って、二度とその消息を知られることはなかった。

ウィトゲンシュタイン家の全員と同じく、パウルとルートウィヒにも並々ならぬ音楽的才能があった。ルートウィヒはバイオリンとピアノを習い、のちにはクラリネットも独学で練習した。だが、彼はいつも年上の兄たちの存在に負けているような気がしていた。あるとき彼は夢のなかで駅のホームに立っていて、パウルがヘルミーネに、ジェロームは彼（ルートウィヒ）の音楽的才能にさぞかしぞくぞくしただろうと言っているのを立ち聞きした。翌朝、彼はそのことについて書き留めた。

その前日、僕はメンデルスゾーンによる『バッカスの巫女』をたいそううまく歌ったらしい……とびきりみごとに、情感を込め、素晴らしく表現力のある身ぶりをまじえて。パウルとヘルミーネもジェロームの賛辞にすっかり同意していたようだ。ジェロームは何度もこう言っていたらしい。「なんという才能だ!」……何もかもがうぬぼれによるものだった。僕は目が覚めて腹立たしくなった。というより、自分の虚栄心が恥ずかしくなった。*6

パウルは幼いころから、父親の希望を頑なに無視して、コンサート・ピアニストとして身を立てることを考えていた。父親だけでなく、家族全員がそれを思いとどまらせようとした。家族は本人にそれほどうまくはないのだからと諭した。「あの子はあんなに強くピアノを叩く必要があるのかしら」*7と母親はよく漏らしていた。たとえもっとうまかったとしても、このような階級に生まれ、このような環境で育った男子が演奏家を職業にするなど考えられないことなのだとパウルは言われた。家族の懸命の説得にもかかわらず、パウルは考えを変えなかった。休日になると、彼はマリー・バウマイヤーからレッスンを受けた。一家の友人で、かつてクララ・シューマンに師事したこともあり、現役当時はウィーン最高のシューマンとブラームスの演奏家の一人だとされていたピアニストである。だが、パウルが何よりも心に抱いていた野望は、超一流のピアノ教授テオドール・レシェティツキの授業を受けさせてもらうことだった。

考えてみると奇妙なことだが、カール・ウィトゲンシュタインは管楽器の名手で、バイオリンもうまく、ヨアヒムの親類で、ブラームスやシュトラウスを友人とする人物であり、世界最高級のオリジナル自筆譜のコレクションを持ち、クラシックコンサートの最中には人差し指で涙を拭き、きらきら光る指を誇らしげに妻に見せる男だった。そんな彼が、息子が音楽を職業とすることにどうしてそこまで激しく反対する必要があったのだろうか。多くの偉大な実業家と同様に、カールもまた、自分の家族にどんな心理が働いているかを表層的にしか理解できなかった。そして、自分の息子たちを業績によって、それも彼自身の業績との比較によってしか評価できなかった。もし息子が自分よりも覇気がなく、才覚がなく、勇気もなく、自分が冒したような危険を冒す気概がなければ、それだけで息子は失敗するに決まっているのだった。ウィトゲンシュタイン家の兄弟――ハンス、クルト、ルディ、パウル、ルートウィヒ――にかけられたプレッシャー、すなわちカールが築いた鉄鋼や軍需品や銀行などの巨大事業において彼らもまた成功するようにとの圧力は、この五人の兄弟全員の神経をすり減らし、自己破壊的な危うさを生じさせる一因となっていた。

10　母

ウィトゲンシュタイン夫人にも、罪作りな欠点があった。彼女は夫の激怒や短気から子供を守ってやれず、かといって、その埋め合わせに彼女自身が子供たちを温かく包んで甘やかしてやることもできなかった。彼女は鼻の高い丸顔の小柄な女性で、ひどく内向的で神経質な性格で、淡泊で従順だった。大人になってからの彼女は偏頭痛の定期的な発作と、脚の動脈と神経と静脈の複合的な炎症に悩まされていた。「私たちはとにかく母が理解できなかった」とヘルミーネは内輪だけに見せるつもりだった回想録に書いている。「しかも母は、自分がこの世に産み出した八人の変わった子供について、本当のところをちっとも理解していなかった。母は人間愛をとても大事にしていたけれど、実際には人間というものを全然わかっていないようだった」[*1]。グレートルの回想はこうだ。「母の非常に義務に忠実なところが私にはとても不快だったし、私から見ると、母はたまらなく興奮しやすい性格で、絶えず神経を過度に緊張させていた」[*2]。

結婚後のウィトゲンシュタイン夫人の人生は、夫と老母に尽くすことに費やされた。そのため存命していた八人の子供たちは、ぽっかりと空いた心の空洞からできるかぎり這い登ろうと自力でもがくしかなかった。ヘルミーネはこう記している。

私たち子供は幼いころから、この家が奇妙な緊張状態にあることを感じとっていた。くつろいだ雰囲気がまるでなく、しかもその緊張は、父の怒りっぽさだけから発しているのではなかった。母もまた、非常に興奮しやすいたちだったのだ。もっとも父や祖母の前にいるときは、穏やかな優しさを決して崩さなかったけれど。[*3]

ヘルミーネによれば、母は本来はきっと違う性格であったはずなのに、妻としての義務を果たさなければとの思いが神経症的なまでに強かったため、最終的にもともとの性格を跡形もなく消されてしまったのだろうという。「私たちの知っている母は、もうすっかり自分ではなくなっていたのだと思う。……不可解なことはいろいろあったが、なぜ母があれほど自分の意志や意見を持たないのか、私たちには理解できなかった。当時は考えてもみなかったが、思えばあの父の隣にいれば、自分の意見なんて持っていられるわけがないのだった[*4]」。

ヘルミーネが一つ例を挙げている。ある晩、ウィトゲンシュタイン夫人は部屋に下がってから、フェノール（石炭酸）に浸した布で足を巻いてベッドに入った。当時は新しい靴が足に合わなかったとき、フェノールをうんと薄めた稀釈液が痛みを和らげると信じられていたからだが、このとき夫人が巻いていた布は、うっかりフェノールの原液に浸されてしまっていた。その晩のあいだに酸は彼女の足を焼けただれさせ、朝にはぞっとするようなひどい傷になっていて、その後何週間も治らなかった。彼女は眠れずに一晩中苦しんでいたのだが、それでも眠っている夫を起こすことを恐れて身動き一つせず、声も出さなかった。

ウィトゲンシュタイン家の八人の子供はみなつぎつぎに、母と気持ちを通わせる最良の

（そしておそらく唯一の）方法が音楽を介することであると気づいていった。音楽こそが、性質のばらばらな兄弟姉妹を母親と、そしてお互いとを結びつける絆だった。ウィトゲンシュタイン夫人は若いころ、芽が出る前のハンガリーの作曲家、カール・ゴルトマルクからピアノのレッスンを受けたことがあった（ゴルトマルクが自作のオペラ『サバの女王』で名声を博すずっと前のことだ）。彼女は手が小さく、運動神経も鈍かったが、ゴルトマルクの熱心な指導のおかげで優雅に演奏することはもとより、どんな曲でもほとんど初見で弾けるようになった。曲を耳で聴き取ることもできたし、あるキーから別のキーへと苦もなく移調することもできた。内気すぎて人前で演奏するのは苦手だったが、二重奏や室内楽や音楽ゲームを家族と楽しむのは大好きで、そうした言葉のいらない活動をともにするときこそ、よそよそしい母が子供たちにとっていつになく身近に感じられ、最も安心できるときであった。「複雑な言い回しを瞬時に理解するのは母にはできないことだったのだろう。でも、複雑な音楽作品を譜面から読み取ることなら苦もなくできて、それをどんなキーに移調することもできた」。音楽表現ならウィトゲンシュタイン夫人は自然に理解でき、演奏しているときの「母の顔は、それまで見たこともないような美しさを帯びていた」。[*5]

ウィトゲンシュタイン家の子供たちは、クラシック音楽の作曲家や演奏家を覚え、崇拝しながら育っていたし、母親との最良のコミュニケーション手段が、言葉のいらない音楽を介してのものだったから、子供たちそれぞれが、ときには病的すれすれの熱意で音楽を追求するようになったとしても不思議ではない。音楽に包まれているときの彼らは最も解放感にあふれ、最も平和な気分でいられた。パウル、ルートウィヒ、ヘルミーネ、レオポルディーネ、カール、その他家族の誰にしろ、彼らがともに歌ったり演奏したりしているときのいかにも充足した様子や熱心さを見たなら、どんな客でも、この気難しく激しやすい複雑な人々が、ハプスブルク帝国で最も幸福な、最も結束の固い家族を形成していると思ったとしても致し方ないだろう。彼らの演奏は真剣で、燃え立つように情熱的で、感極まった客人の一人がずっとあとになって――その壮大な屋敷が瓦礫になり、ウィトゲンシュタイン家の全員がこの世を去ってから――回想しているように、「ダンスのリズムに合わせて体を揺らしていた姿を見れば、彼らがどれだけ楽しんでいるかは誰の目にも明らかだった」。*6

11　もう一人の兄

一九〇三年のハンスの失踪とともに、家族からはクルトと呼ばれていたコンラートが自動的にウィトゲンシュタイン家の一番上の息子となった。他の兄弟姉妹と同じく、クルトにも恵まれた音楽の才があって、ピアノとチェロを粋に弾きこなし、母親と二重奏をするのを楽しんでいた。だが、他の兄弟と違って、彼は真面目さを高い美徳とは見なしていなかった。一七〇センチ足らずのクルトはルートウィヒやパウルよりも少し背が低く、金髪碧眼で、左頬にはっきりとわかる傷跡があった。ひょうきんなお調子者で、家族の見解によれば軽薄なところがあり、少しばかり幼稚だった。ハノーバー工科大学に学んで一八九九年に技師の資格を取得したあと、クルトは自ら志願して、一年間の徴集兵として見栄えのいい騎兵連隊に入った。軍人としては決して優秀ではなかった（陸軍士官学校での最終成績表では、戦地勤務には「不適格」と結論された）が、なぜか一九〇三年には予備軍の将校として登録されることに成功していた。軍隊を出ると、彼はまっすぐ鉄鋼業界に入り、一九〇六年に父親から二万クローネの援助を受けて、ムール川沿いのユーデンブルクにセバスティアン・ダンナーを共同経営者とする新しい圧延工場を設立した。ここは電気アーク炉を使った最初の圧延工場だった。この新型炉は、旧来の石炭火力型と違って調節可能な熱量を安定して発生させられたうえに、溶融した金属が熱源から入ってくる不純物に影響されることも阻止できた。創立から一〇〇年以上が経った現在も、クルトの製鉄所はいまだ操業中で、インターネットのウェブサイトでは、ユーデンブルク製鉄の名は「品質、柔軟性、信頼性、そして組織的な能力開発の象徴である」[*1]と誇らしげに語られている。いずれにしても、創立者の性格とはなかなか結びつかない代名詞である。

クルトは生涯独身を通した。二回求婚したが、どちらも成功しなかったとの話もある。

彼は大人の会話が苦手で、見知らぬ他人や客人を相手にするときは、ぎこちなく見えたり無作法に見えたりすることがあった。彼が幸せだったのはピアノを弾いているとき、狩りをしているとき、速い車を飛ばしているとき、玩具で遊んでいるとき、そして子供と一緒にいるときだった。家族は彼を、いつまでたっても子供のままだと嘆いた。ヘルミーネはルートウィヒへの手紙のなかでクルトについてこう書いている。「彼の性格にはまるで深みがないけれど、しょせん何もないのだと思っていれば、なくて残念だと思うこともありません」[*2]。死の床にある病んだ父親を見守る人間として、クルトはまったく理想的な人物ではなかった。

12　真ん中の姉

クルトが生まれてから一五ヵ月後の一八七九年八月、ウィトゲンシュタイン家に三番目の娘が誕生した。ヘレーネという洗礼名がつけられ、やがてレンカという愛称で呼ばれるようになった。「三番目」の娘といったのは、長女のヘルミーネと彼女のあいだにはドーラという娘がいたからだ。しかしドーラは生後一月足らずで合併症により死亡した。カールが死にかけていたころ、ヘレーネはウィトゲンシュタイン家の屋敷があるアレーガッセから数ブロック先のブラームスプラッツに面した大きなアパートメントに住んでいた。地味な顔立ちで、ふくよかで、よく笑うヘレーネは、オーストリアのプロテスタント社会の重鎮であり、財務省の大臣でもあったマックス・ザルツァーと一八九九年に結婚していた。ザルツァーは公職を退いたあと、ウィトゲンシュタイン家の財産管理を任されるようになった。後年、彼が老いてからも一家は彼に世話を任せつづけたが、彼の助言はもはやいっさい無視していた。マックスの弟のハンス・ザルツァー（ウィトゲンシュタイン家の親類と結婚していた）は世界的に有名な肺外科医だった。ヘレーネには四人の子供が生まれた。彼女は歌がうまく、ピアノも高い水準で弾きこなし、ウィトゲンシュタイン家の人間にしては珍しくよく笑った。外から見ているかぎり、彼女は兄弟姉妹のなかで最も安定した、くつろいだ人間に見えたが、実際には彼女も病的なまでの神経過敏に苦しんでいた。雷雨をひどく恐れ、貧血でもあった。母親としての彼女は、子供にひどく厳しかった。二人の息子のうち、長男は急性灰白髄炎（ポリオ）による麻痺のため十九歳で亡くなり、次男のフェリクスは有名な音楽学者になったが、若いころから両親とは疎遠にしていた。ザルツァー家の暮らしは必ずしも楽しいものではなかった。

13　パウルの修業時代

ハプスブルク帝国の末期数十年におけるオーストリア人の奇妙な心的傾向は、若者の能力をなかなか信用しようとしない社会の性格によく表れていた。ウィトゲンシュタイン家の子供たちと同時代のウィーン人である作家のシュテファン・ツヴァイクは、若者を一人前として認めようとしない「内なる欺瞞」に不満を述べている。「若者は『社会的地位』を確かにするまで認めてもらえない。つまり二十五歳や二十六歳になるまではまず無理だということだ」。[*1] 世の父親は娘が二十代半ばの男性と結婚することを許さず、雇用主も同じように重職を若者に任せるのは無理だと決めつける。ツヴァイクに言わせれば、「元気のよさ、自己主張、大胆さ、好奇心、生への渇望――こういった若者ならではの資質がすべて、『堅実さ』だけをよしとする時代においては、いかがわしく見られてしまうのだ」。[*2]

このような考え方は奇妙な現象を生んだ。たいていの社会では、人は年をとると実際よりも若く見せようと努力するものだが、ウィーンでは若者が必死になって自分を老けて見せようとしていた。たっぷりと顎ひげを生やし、丈の長い黒っぽい外套を着て、腹を突き出しながらステッキを手にして落ち着き払った歩き方をする。これらはすべて、ウィーンの若者が年長者からの敬意を勝ち得るために必要とした重要な仕掛けだった。商店は彼らに金縁の眼鏡を売りつけ（視力の点では必要ないのに）、いんちき軟膏の瓶を「たちまち顔ひげが伸びる」と宣伝して売りつけた。小学生でさえ、子供に見られないようにとランドセルを背負うのを嫌がった。

こうした理由から、ウィーン市民はコンサートに行くときでも四十歳以下の音楽家の切符をなかなか買おうとはしなかった。この街が生んだ最も偉大な二人の作曲家、モーツァルトとシューベルトが、その年齢になる前に死んでいることなど気にもかけなかった。偉大な音楽は成熟した芸術家によって演奏されなければならない――それが当時の人々の常識だったのだ。ある意味で、パウルのコンサートデビューの年齢が二十六歳と遅かったのも、こうした事情が関係していた。だが、当時の偏見よりもさらに厳しかった障害は、彼自身の家族だった。もし父親がまだ生きていたら、おそらく一九一三年十二月にパウルがデビューすることはなかっただろう。

パウルがコンサート・ピアニストになることについて、それがいいのか悪いのか、可能なのか不可能なのか、必要なのか不必要なのか、ウィトゲンシュタイン家のなかで長々と激しい論議が続いていたとき、ある人物が――おそらく他の誰よりも――パウルの望む方向に形勢を傾けてくれた。その人物こそ、テオドール・レシェティツキだった。当時、最も腕利きのピアノ教師として崇められていた、ポーランド生まれの八十代の好色家である。彼の弟子にはアルトゥル・シュナーベル、イグナツィ・パデレフスキ（のちにポーランド首相となる）、気まぐれだが腕は確かだったイグナツィ・フリードマンなどがいた。レシェティツキは若いころ、ベートーヴェンの弟子だったカール・ツェルニーに師事していた。そのレシェティツキの指導法は――そんなものがあったとしての話だが――美しい楽音を出すよう求めることで、それを弟子から引き出すにあたり、カメレオンのようにころころと変わる気分を遠慮なく弟子にぶつけた。指導中のレシェティツキは、独裁的で短気で、皮肉っぽく激しやすいときもあれば、かと思うと何の前触れもなく、いきなり大げさに優しくなったり、相手が困惑するほど温和で寛大になった。

レシェティツキは弟子の心に入り込むのが好きだった。弟子の私生活や内面をいろいろと探って、その心の奥底にある秘密を共有しようとした。弟子のなかでもとくに美しい女性は卑猥な会話につきあわされることになり、レシェティツキはそのあいだ、彼女たちの体からどうしても手を離しておけないのだった。この激しい情熱をもって、レシェティツキは自分の弟子と四人続けて結婚した。最後に結婚したとき（相手は「レシェティツキ夫人」として短い職業演奏家期間を満喫した）、彼は七十八歳だった。

レシェティツキに師事するためには、彼の前でオーディションを受けなくてはならなかった。「きみは神童だったかね？　きみはスラブ系かね？　きみはユダヤ人かね？」――弟子志望者が応接室に入ってくると、レシェティツキは決まってそう尋ねた。答えが「はい」「はい」「はい」なら、レシェティツキはにかっと笑って、その後のオーディションは順調に進む。あるとき、将来有望な青年が志願に来て、ベートーヴェンのピアノソナタを弾いた。演奏が終わると、レシェティツキは手を差し出しながら意地悪そうな冷たい笑顔で「はい、さようなら！」と言った。将来を嘱望されていた学生はあぜんとした。「さようなら！」とレシェティツキは繰り返した。「もう二度とピアノの前で会うことはあるまいよ。あの曲をあんな不快な感じで弾ける人間は、自分の母親だって殺しかねないからな」。しかし有望だと感じれば、レシェティツキは弟子志望者に一年間か二年間、自分の助手の一人と予備訓練をさせた。そうした助手のなかで最も格が高かったのが、マルヴィーネ・ブレーだった。パウルの場合は順序が逆に進んだらしく、まだレシェティツキのオーディションを受けてもいないうちから、十一歳でブレーに師事することができた。彼女も若いころにレシェティツキに学んでおり（そして彼に恋してもいた）、さらにリストの指導も受けたことがあった。その生涯のあいだにワーグナー、アントン・ルビンシテイン、マーク・トウェインを友人とし、一時的には有名な詩人だったウィーンの外科医、モーリッツ・ブレーを夫にした。パウルが初めて会ったころには、すでに未亡人になっていて、職業音楽家としての生活はすべてレシェティツキへの奉仕に捧げていた。師から預かった弟子を根気よく訓練し、ピアノの技法とともにレシェティツキへの尊敬を教え込んだ。一九〇二年にはレシェティツキの了解を得て、彼の教授法についての本を書いた。この本のおかげで、レシェティツキの世界的名声は彼の死後も何十年と生きつづけた。

一九一〇年九月、兵役も済ませたパウルはブレー夫人から、もうレシェティツキのもとに送り出しても大丈夫とのお墨付きを得た。すでに自宅では、親戚の有名なバイオリニスト、ヨーゼフ・ヨアヒムの伴奏を任せられるぐらいに腕を認められていたし、リヒャルト・シュトラウスがウィトゲンシュタイン家を訪れたときには、一緒に二重奏をさせてもらってもいた。レシェティツキもパウルの演奏家としての将来には高い期待を寄せていた。弟子のあまりに大胆なピアノ演奏技法にはときおりうんざりすることもあり（レシェティツキはパウルを「偉大な鍵盤粉砕者」と呼んだ）、パウルはパウルで、師の音楽的好みの狭さに憤然とすることもあったが（レシェティツキはバッハとモーツァルトを練習するに値しないと見なしていた）、子弟の関係は順調に固い友情に発展していった。パウルは最期の日まで、かつての師への確固たる敬慕を公言していた。「彼は芸術家であり、同時に教師でもあった」と彼は回想している。「知性と芸術的霊感という二つの資質（どちらも稀少なものである）を一人の人間がともに持っているというのは、日食と月食が同時に起こるぐらい稀有なことだ[*3]」。

パウルの人生において父親代わりの役目を果たした人物はレシェティツキ一人ではなかった。パウルも、そして弟のルートウィヒも、盲目のオルガニストで作曲家のヨーゼフ・ラーボアと交友を持ち、彼に心酔して褒めそやした。ラーボアは発育不全ではないかと思われるほど小柄で、たっぷりと口ひげをたくわえ、豊かな髪を無造作に肩まで伸ばしていた。半分閉じられたまぶたのあいだからのぞく白目は人をどぎまぎさせるような光をちらつかせ、顔の皮膚は土気色をしていた。長い顎と、鳥のくちばしのように尖った鼻は、悪夢や幻想ホラー映画に出てくる威圧的なフクロウのような印象をさらに固めさせた。しかしラーボアは、賢く、知性があって、親切な人間だった。ルートウィヒは彼を当代随一の作曲家と見なし、過去を含めても、ハイドン、モーツァルト、ベートーヴェン、シューベルト、ブラームスと並べて、史上最高の六人の作曲家の一人にラーボアを数えた。もちろんパウルもラーボアを、人間としても音楽家としても最高級に評価していた。「兄さんと僕を結びつけているのは」とルートウィヒはパウルへの手紙に書いている。「二人ともラーボアの音楽を買っていることだね」[*4]。

今日では、ラーボアの音楽は誰も聴かない。もし彼の名を知っている人がいたとしても、それは一時期アルノルト・シェーンベルクの師であった人物として、あるいは後年マーラーの妻となる、聴覚に多少障害のあった恋多き女性、アルマ・シントラーに作曲を教えた人物としてだろう。アルマがアレクサンダー・ツェムリンスキーにレッスンを志願したことに、ラーボアは傷ついた。アルマはラーボアとの最後のレッスンのときの気持ちを日記に書き残している。

ラーボア。彼とは永遠にお別れ。私は捨てられてしまった。「それはできない」と彼は言った。「ツェムリンスキーか私か、どちらかにしてくれ。だが、どちらもは――だめだ」。私は黙ってすすり泣いていた。それは彼もわかっていたはず。……このときを除けば、彼はとても優しかった――私の傷を和らげてくれた。私が深く傷ついているときに。彼のもとでは六年学んだ――たいしていい生徒ではなかったけれど、彼はいつだって心の温かい、人の気持ちをわかってくれる友人だった。芸術家としても本物。優しい素敵な人だった。[*5]

ラーボアは三歳のときに天然痘にかかって失明し、ウィーンの盲学校で教育を受けたのち、ウィーン音楽院でピアノとオルガンを学んだ。一時期はニーダーザクセンに住み、そこで好色なハノーファー王ゲオルク五世の宮廷オルガニストとなった。やはり盲目だったゲオルク五世との交友は深く、一八六六年に起こった普墺戦争で王がオーストリアに避難したときも、ラーボアはそれに同行した。

パウルはラーボアのところへ「音楽理論」を習いに行っていたのだが、その講義では、音楽、美術、演劇、哲学、政治、そして人生全般についての長々とした対話がなされた。ラーボアは雄々しくも、自分の目が見えないことを甘んじて受け入れていたが、彼には周囲の人々に同情の涙を禁じえなくさせるという能力があり、人々は時として、彼のために何か慈善的な行動をしなくてはならない思いに駆られるのだった。

「物心ついたときから、私はずっとオルガンが欲しかったのだが、とにかくお金がなかったんだ」とラーボアはアルマ・シントラーに語った。「あらゆる希望はもう捨てている――うまくいけば来世でかなえられるかもしれないし」。アルマはその晩の日記にこう書いている。「ああ、もし私にたっぷりと余裕があったなら――いの一番にラーボアにオルガンを買ってあげるのに！」[*6]。結局、ラーボアの新しいリーガー＝イェーガードルフのオルガンのためにお金を出したのは、パウルの母のレオポルディーネ・ウィトゲンシュタインだった。また、一九一二年六月のラーボアの七十歳の誕生日には、カール・ウィトゲンシュタインが彼の名作の多数をウィーンのウニヴェルザール・エディツィオン社から出版させる経費を出した。ルートウィヒも（成功はしなかったが）ケンブリッジの音楽家にラーボアの作品を演奏させようと働きかけた。ウィーンのウィトゲンシュタイン家では定期的に「ラーボアの夕べ」が催され、ラーボアの作品を演奏することだけに一晩が捧げられた。そのときはウィトゲンシュタイン家の使用人が――料理人も庭師も猟犬係も小間使いも――全員そこに出席させられ、グレートルの末息子のジーの言葉を借りれば、「めいっぱい盛大に拍手するよう命じられて（実際にがんばった!!）、それを聞いた盲目のラーボアは聴衆が大いに熱狂していることに喜んだ[*7]」。

「私はラーボアの曲をじっくり聴いていられたことがない」とヘルミーネは明かしている。「彼の曲を聴いていると泣けてくるから――私はその涙が頬を伝うままにさせておいた。だって彼には見えないのだから[*8]」。ウィトゲンシュタイン家の人々はラーボアに夢中だった。ラーボアは一家の財産となった。彼はこの家付きの作曲家であり、音楽顧問であり、一家の施しの受け手であり、友人であり、哲学面や精神面での全面的な導師だった。のちに「ラーボア同盟《ブント》」と称する公共慈善団体が発足して、彼の作品をもっと出版したり、演奏会を主催したり、コンツェルトハウスの前に銅像を立てたりするようになったとき、ウィトゲンシュタイン家の人々は大変な嫉妬を覚えた。

14　ルートウィヒの苦境

存命している三人の息子のなかから、カールは後継者を選ぶことができなかった。クルトは軽薄であり、パウルとルートウィヒはどちらも不安になるほど神経質で、根本的に商売に興味がなかった。しかもカールが死にかけているときに、まだ誰も結婚していない。少なくとも一人ぐらいは技師として成功してくれればとカールはかねて期待していたが、ひょっとしたらそれをかなえてくれそうだったのがルートウィヒだった。一九〇六年、学校を卒業したばかりのルートウィヒは、ウィーンの有名な物理学者、ルートウィヒ・ボルツマンが書いた『一般向け論文集《ポプレーアー・シュリフテン》』という本を読んだ。そこに航空学に関する一編が収められており、それによると、この新進の科学はさらなる発展のために「英雄と天才」の関心を引くことを必要としているという。前者は航空機の試験飛行をしてもらうため、後者は航空機が飛ぶ原理を理解してもらうためである。ヴァイニンガー騒ぎの真っ最中にこれを読んだルートウィヒ（大志を抱いていた若き英雄にして天才）は、そのヴァイニンガーもボルツマンの講義に何度か出ていたのを知っていたこともあって、さっそくウィーン大学のボルツマンのクラスに入ろうと願書を出した。もしも入学していたら、彼は大学の教室でエルヴィン・シュレーディンガー（一九三三年に量子力学の研究でノーベル賞をとった物理学者）と席を並べていただろう。だが、両学生の夢はついえた。一九〇六年九月五日、かの偉大な物理学者はトリエステに近い海辺の保養地ドゥイノで休暇を過ごしていたとき、妻と娘が海岸で温かい水をかけあっているあいだに、ホテルの寝室で首を吊って死んだのである。そこでルートウィヒは進路を変更し、ベルリンのシャルロッテンブルク工科大学に入って熱気球の研究をした。後年、彼はこの経験をまったくの時間の無駄だったと断じている。一年後、父からの勧めを受けてイギリスのマンチェスターに移り、最初はダービーシャーの荒野で凧の実験を行ない、のちにはマンチェスター大学に研究生として入ってプロペラの研究を行なった。マンチェスターの女子大生は、ルートウィヒをぞっとさせた。「僕の知っている女はみんなとんでもない馬鹿だ」[*1]と彼は言っている。教授といちゃつくような態度を見せる彼女たちには、苛立ちしか感じなかった。

一九一一年六月、ルートウィヒは当時のプロペラのちょっとした改良で特許を得ていたが[*2]、工学への熱意はすでに薄れかけており（彼はのちに、自分には工学に対する「愛着も才能も」なかったと言っている）[*3]、結局その年の終わりに、彼はケンブリッジのバートランド・ラッセルを頼ることに決めた。そこで自分が哲学の研究に向いているかどうかを確かめようとしたのだ。

ボルツマン、ヴァイニンガー、ベートーヴェンは、ルートウィヒが最も憧れ、最も手本とする偶像であった。彼にとってこの三人は、天才そのものであり、文学や芸術や科学の枠を越え、それぞれの個性の力によって天才の本質を具現化していた。たとえばヴァイニンガーの場合、ルートウィヒは彼の哲学のほとんどを認めていなかったが、それでもヴァイニンガーは天才だと主張しつづけた。「彼の偉大さは、他人が同意しない部分にこそある」とルートウィヒは言った。「彼のとんでもない誤り、それこそが素晴らしい」[*4]。大志がありながら、不安定で、自分を向上させなければとの神経症的な切迫感に突き動かされていたルートウィヒには、崇拝する天才がどうしても必要だった。そして同じぐらいの切実さで、自分もそうした天才の一人に数えられたいと強く願っていた。「この世界をよりよくするには自分を向上させるしかない」[*5]と彼は言った。

バートランド・ラッセルのもとに飛び込んだルートウィヒは、ほどなくして、自分がいまだ重要な哲学論文など一本も書きあげておらず、年齢もまだ二十代半ばなのに、ケンブリッジ大学の錚々《そうそう》たる知的エリートの多くから天才として認められていることに気がついた。「おそらく私の知るかぎり、情熱的で、深遠で、張り詰めていて、威圧的であるという、伝統的な天才のイメージの最も完璧な実例」[*6]と、のちにラッセルはルートウィヒのことを評した。

ルートウィヒがラッセルを魅惑した経緯は、ラッセルが「とても背の高い、馬のような細長い顔をした、不屈の勇気と鉄の意志を持つ女性」[*7]に送った一連の愉快な手紙に表れている。この女性とは、ビール醸造業者の妻となっていた公爵令嬢で、当時ラッセルと愛人関係にあったレディ・オットリーン・モレルである。ラッセルが彼女への手紙に初めてルートゥィヒのことを書いたのは、一九一一年十月十八日のことだった。彼はルートゥィヒを「無名のドイツ人で、英語はほとんど話せないくせに頑としてドイツ語を使おうとしない」[*8]と評し、この大志を抱いた若い哲学者がラッセルの部屋での個別指導を邪魔するのだと書いている。ケンブリッジで哲学に打ち込むべきか、それともマンチェスターに戻って航空学の実験を続けるべきかを決めかねていたルートゥィヒは、ともかくラッセルの有名な哲学のクラスに入れてもらいたいと主張した。師は寛大にもその願いを聞いてやったが、まもなく不安になりはじめた。気がつくと、大学内のどこに行ってもルートゥィヒがそこにいるのだ。ルートゥィヒはいきなりどこからともなくラッセルの部屋に現れて、ラッセルが夕食時に着替えをしようとしているときでも、あるいは真夜中にベッドにもぐろうとしているときでも、夜を明かして哲学の話をしたいと言い張り、もしラッセルが追い出すようなら自殺すると脅すのだった。しかたなく、ラッセルは何時間もルートゥィヒにつきあわされた。ルートゥィヒはそのあいだ、ラッセルの部屋のなかを「檻に入れられた虎のように」行ったり来たりして、ラッセルの忍耐力を最大限まで試すかのように、論理学と数学についての理解不能な独り言をつっかえつっかえ、いつまでもしゃべりつづけていた。

「わがドイツの友人は、恐ろしい苦痛の種となりつつある」と、疲れきったラッセルはレディ・オットリーンに書いている。「講義のあとに彼がまたやってきて、夕食の時間まで話し込んでいった――しつこくて強情だが、間抜けではなさそうだ」[*9]。そのつぎの手紙になると、ルートウィヒはこう評されている。「大変な議論好きで、うんざりする。……もう飽き飽きだ。……興奮しやすくて、可哀想なぐらいだ。……気が乗っていないときは、口ごもりながら、退屈なことをぼそぼそと話す。……わがドイツの技師殿は馬鹿だと思う。彼は、経験的なものは知りえない、と考えていて、この部屋に犀《さい》がいないことを認めるかと聞くと、認めないと言うのだ」。さらに二週間後の手紙には、こうある。「わが獰猛なドイツ人が講義のあとに私に議論をふっかけてきた。彼は装甲板をまとっていて、どんな理屈で襲撃しても屈しない。彼と話すのはまったくもって時間の無駄だ」[*10]。一方、ラッセルの同僚だった哲学教授のジョージ・ムーアは、ルートウィヒに当惑すると同時に興味を引かれ、いらいらしながらも彼があまりに面白かったので、「ウィトゲンシュタインについての感想」と題した日記をつけることを考えるようになった。

同じことがラッセルにも起こった。数ヵ月のうちに、ラッセルはこの若い学生にすっかり心を奪われていった。「彼のことが好きになりつつある。彼は文学に通じ、音楽の造詣が深く、態度も丁寧で、それに私の見るところ、本当に知的だ」[*11]。自分は哲学を続けるべきなのか、それとも航空学の勉強に戻るべきなのか――そう悩んだルートウィヒは、のちにラッセルが回想しているように、例によって馬鹿みたいな質問をした。

彼の最初の学期が終わったとき、彼が私のところに来て「僕がまったくの馬鹿かそうでないか教えてくれませんか」と聞いた。私は「なあきみ、そんなことはわからないよ。どうして私に聞く？」と答えた。すると彼はこう言った。「僕がまったくの馬鹿なら、飛行船の操縦士になろうと思ってるからです。でも馬鹿でないなら、哲学者になろうと思います」。そこで私は彼に、この休みのあいだに何か哲学の主題に関するものを書いてくるようにと言った。それを見て、彼がまったくの馬鹿かそうでないかを教えようと。次の学期の初めに、彼はこの提案に対する答えを持ってきた。一行だけ読んで、私はすぐさま彼に言った。「きみは飛行船の操縦士になってはいけない」。彼はそのとおりにした。[*12]

そのころウィーンでは、カールが苦々しい知らせを受け取って落胆していた。兄たちと同じように、最後の息子までもが立派な技師になる見込みを自らはねつけてしまったのだ。しかしケンブリッジのほうは大歓迎だった。ラッセルはとくに喜んだ。ルートウィヒの言うことの哲学的な意味については依然としてよくわからないながら、ラッセルはこの若い学生に惜しみない賞賛を与えていた。そして馬面の愛人にもその気持ちを伝えた。

彼にはこの上ない純粋な知的情熱がある。だから私は彼が大好きなのだ。……彼は本当に期待のかけられる青年だ。だが、その手の青年によくあるように、彼は不安定で、いつ精神的におかしくなるかわからない。……彼と議論するときは私も全力を出さなければならず、それでようやく互角というところだ。他の学生にそんなことをしたら、彼らはぺしゃんこにつぶれてしまうだろう。彼が立ち去ったとき、私は奇妙なほど彼に興奮させられていた。私は彼が好きだし、彼ならきっと、私がもう年をとりすぎて解けない問題を解いてくれると感じている。*13

ルートウィヒに対するラッセルの喜びようは、すぐにケンブリッジの他の学者の知るところとなり、なかでも経済学者のジョン・メイナード・ケインズや、批評家のリットン・ストレイチーなど、いわゆる「ケンブリッジ懇談会」のメンバーの関心を引いた。この会は一種の秘密結社で、メンバーは左翼の知識人、そして大半が同性愛者だった。彼らはルートウィヒを自分たち「使徒」の仲間に選出したがった。ラッセル（友人たちからはバーティーと呼ばれていた）は嫉妬を覚えてルートウィヒを用心深く守った。彼自身も懇談会の正式な「使徒」ではあったが、自分の「発見物」を他人と共有しなければならなくなるのが嫌だったのだ。一九一二年十一月、ストレイチーは同じく会員であるサクソン・シドニー・ターナーにこう書き送った。

あの哀れな男［ラッセル］は悲惨な状況にある。真っ白になった長い髪と、げっそりやつれた顔つきのせいで、もう九十六歳ぐらいに見える。ウィトゲンシュタインの選出が彼には大打撃だったようだ。彼は心の底からウィトゲンシュタインを自分だけのものにしておきたかったのさ。実際、みごとにうまくいきそうだったんだが、とうとうケインズが彼に会うと言い張り出して、一目見たとたん天才だと見抜き、彼の選出が不可欠だと判断した。……その決定がいきなりバーティーに告げられて、彼はもう少しで気絶するところだった。もちろん彼には反対する理由などこしらえられなくて、とんでもないことを言い出してきた。この会はすっかり堕落しているから、彼の大事なオーストリア人はまちがいなく所属を断るというのさ。……バーティーはまさに悲劇の主人公だよ。僕も心から彼を気の毒に思う。だが、彼のほうも大いに勘違いしているよ。*14

ルートウィヒは生涯、自己嫌悪と孤独感と自殺願望にさいなまれた。一九一二年にも、またもや自殺を考えていたが、その一方で、自分の研究が価値あるものだという確信はあった。ルートウィヒは航空学をあきらめてよかったと思っていたし、ケンブリッジの哲学界で発言権を得られたばかりか、小さいながらも影響力のある哲学者一派に褒めそやされていることを嬉しく思ってもいた。ルートウィヒの入ったトリニティ・カレッジにはデイヴィッド・ピンセントという賢くて気のいい数学科の学生がいて、この人物のなかに、ルートウィヒは初めて本物の友人を見たような気もした。彼のわびしい基準に照らせば、おそらく一九一二年はルートウィヒの生涯で最も幸福な時期の一つだった。

15 新婚夫婦

ジェローム・ストーンボローと結婚した一九〇五年から、父の病が末期となった一九一三年までの八年間は、グレートルにとっても決して幸せいっぱいな時期ではなかった。ルドルフが死んで以来、グレートルは姉のヘルミーネと親密に関わり合っていた。この姉に導きと友愛を求めただけでなく、心の支えと母親代わりの愛情も頼っていたのだ。結婚式後のある晩、グレートルは姉に手紙でこう伝えている。「[ジェロームと]結婚しても私たちのあいだは何も変わらないと思います。……私自身はまったく変わっていないのですから。……昼間はずっとアレーガッセであなたと暮らすのですし」[*1]。グレートルはひどく不安な心境でウィーンを発っていた。長い新婚旅行で最初に立ち寄ったのは、ウィトゲンシュタイン家の避暑地になっている、見晴らしのいい私有地だった。この一帯はホーホライトと呼ばれ、下オーストリアの中級山岳のあいだのトライゼン渓谷とシュヴァルツァ渓谷が交わる高い山の背に位置している。「お別れはとてもつらいものでした」とグレートルはヘルミーネへの手紙に書いた。「恐れていたよりずっと。私はそれ以来、本当にふさぎこんでいるのです。旅の途中でこっそり泣いてしまいました。……だから、最初の夜はまさしく奈落の底でした」[*2]。ホーホライトから、グレートルとジェロームはヴェネチアに向かい、そこからつぎはカイロに行って、ナイル川を舟でのぼり、アスワンとルクソールを訪ねた。ジェロームはスフィンクスやカルナックの大神殿に興奮したが、グレートルは無感動だった。「エジプトの遺跡は私にはまるで訴えず、ナイル川もむしろ退屈です」。ただ、少なくとも新婚の夫には満足していたらしい。「彼はすっかり変わりました。想像できますか、彼がもう嫉妬せず、朝から晩まで微笑んでいるなんて」[*3]。

一九〇五年の春の終わりにヨーロッパへ戻ってくると、グレートルとジェロームはすぐにベルリンに移った。ジェロームがそこで化学の勉強を始めることにしていたからだ。カールは二人への結婚祝いにと、ティーアガルテン近くに夫妻が借りたアパートに、良くも悪くも有名だったインテリアデザイナーのヨーゼフ・ホフマンとコロマン・モーザーによる室内装備をそろえてやった。その結果、純然たるモダン性と幼児的なキッチュさが混ざりあった部屋ができあがり、グレートルは大いに喜んだ。室内装飾が完了すると、グレートルはただちに自分も科学研究所の教育課程を取ることに決めた。ウィーンでは科学への強い関心を共有してくれる同性はほとんど見つからなかったが、驚いたことに、ベルリンの発生学と組織学のクラスには一〇名の女子学生がいた。しかし残念ながら、グレートルはその全員が大嫌いだった。「その女子学生のうち六人はロシア系ユダヤ人なの」と彼女は不満を漏らした。「みんな不潔で、がさつで、やたらと透けた服を着ているの。あとは金髪のドイツ人だけれど、四六時中にやにやしている。男の人と自然なつきあいができる人は一人もいない。貧しくて、醜くて、つまらない、哀れな人たち」[*4]。

一九〇六年、グレートルは息子を出産し、トーマスという洗礼名をつけた（愛称はトミー）。そして一年後、ストーンボロー家はベルリンを去り、グッゲンハイム家の姻戚を訪ねてニューヨークに行き、そこで長々と豪勢に滞在した。ヨーロッパに帰ってくると、一家はスイスに新しい居を構えた。ジェロームの神経症の特徴として、彼はひとところに長くとどまっていることがどうしてもできなかった。一家はつねに動きまわっていた。口実はいつも同じで、ジェロームが別の大学で別の教授に別の科学分野を教わらなければならないからだった。そうして各大学をめぐりながらも、ジェロームは一枚の修了証も得られなかったと思われる。スイスに来たジェロームは、連邦工科大学チューリッヒ校に入学し、クロロフィルの研究で一九一五年のノーベル化学賞をもらったリヒャルト・ヴィルシュテッター教授の教えを受けた。グレートルはチューリッヒ大学の物理学と数学の課程を取ろうとしたが、その前にまずアビトゥーア（高校卒業試験）に合格する必要があると言われた。彼女はその試験に合格したが、入学手続きをしたとたん、ジェロームからまたよそに移りたいと言われた。今度の行き先はパリだった。

フランスの首都で、一家はファザンドリー通りの贅沢なアパートを借り、グレートルはまた別の科学課程に申し込みをした。「私がどれだけ勉学を楽しんでいるか、とても言葉には尽くせないわ」とグレートルはヘルミーネへの手紙に書いた。「すべての人間に勉学を義務づけられたらどんなにいいかしら。勉学はあらゆる不満に効く万能薬だと思うの。夫や子供のいい代わりにもなるわ！」[*5]。トーマスが生まれてから六年後、グレートルとジェロームには二人目の息子ができた。この次男はジョン・ジェロームと名づけられ、ジー、またはジジという愛称で呼ばれた。

16　カールの意識喪失

ここでカールの臨終の場面に戻ろう。ヘルミーネが父親の枕元に座って彼の語る自伝を書きとめているところだ。時は一九一二年のクリスマスのころ、ウィトゲンシュタイン邸の二階の部屋で、カールの命はかろうじて一本の糸でつなぎ止められていた。ある人が疑いなく死にかけていて、周囲の誰もがそれを知っているとなると、その人をどんなに愛している人々でさえ、最後の幕が早く降りてくれないかと思うようになるものだ。ウィトゲンシュタイン家の人々も、しだいに忍耐が切れかけてきた。ルートウィヒは早くケンブリッジへ戻りたくてしかたなかった。新たな友人たちのもとへ、そして何より、自分の哲学のもとへ帰りたかった。「こちらに着いてみると、父の病状はひどく悪くなっていました」と彼はラッセルへの手紙に書いた。「もう回復する見込みはないでしょう。この状況は――恐ろしいことに――僕の思考を乱しつつあり、懸命に逆らってはいますが、僕は混乱しています[*1]」。しかしカールはすっかり弱っていたにもかかわらず、それでもクリスマスを生き延び、ボクシング・デーも生き延び、新年まで迎えた。一九一三年一月六日、ルートウィヒはとうとう、新学期の始まりにあわせてケンブリッジに帰るのは無理だと認めざるを得なくなった。「哀れな父の病状はとても急速に悪化しているので[*2]」。四日後には人文科の指導教官に手紙を出した。「父がもう治らないのは確実ですが、このあと病状がどれだけ早く進むのか、まだ何とも言えないのです。さしあたり、あと一〇日はここにいなければなりません。そのころには、いったんケンブリッジに帰るか、それとも最後までウィーンにいなくてはならないかを決められているといいのですが[*3]」。同じ日に、ラッセルにもこう報告した。

> 父はまだそう苦しんではいませんが、高熱が下がらなくて、気分はすこぶる悪そうです。そのせいですっかり無表情になり、誰が枕元に座っていても、どうしてやるこ

ともできません。とはいえ僕には付き添うことぐらいしかできないので、いまのところ完全に役立たずです。結局いつまでこちらにいるかは、そう軽率にウィーンを発てないほど病状が急速に進むかどうかしだいでしょう。*4

入れ代わり立ち代わり現れる見舞い客、枕元での寝ずの番――この虚栄の喜劇はさらに一週間続き、そしてとうとう一月二十日、カールは意識を失い、避けられない運命に身を任せて、従容と息を引き取った。

親愛なるラッセル

昨日の午後、父が亡くなりました。これ以上は望めないほどの穏やかな最期でした。ほんの少しも苦しむことなく、子供のように眠りについて！　僕はこの最後の数時間、ひとときも悲しみを覚えず、むしろ喜んでいたぐらいで、生涯を締めくくるにふさわしい最期だったと思っています。二十五日の土曜にはウィーンを発ちますから、日曜の夜か月曜の朝にはケンブリッジに着いているでしょう。再会を心から楽しみにしています。草々

ルートウィヒ・ウィトゲンシュタイン*5

17　カール・ウィトゲンシュタインを追悼して

当時の死亡記事の傾向にもれず、カール・ウィトゲンシュタインの死亡記事も、まばゆいほどの美辞麗句であふれていた。彼の行なった価格操作やカルテルや労働者の締めつけは、彼が引退したときには左翼系の新聞がさんざん書き立てたものだったが、今回はいっさい触れられず、代わって彼の行なった情け深い慈善行為がえんえんと綴られた。とくに取り上げられたのが芸術のパトロンとしての遺産についてで、カールの自発的な気前よさがなかったら、かの有名な分離派会館がフリードリヒシュトラーセに建てられることは決してなかっただろうと書く記事もあった。「カール・ウィトゲンシュタインは並々ならぬ創造的エネルギーと、強烈な組織作りの才能の持ち主だった」[*1]と《新自由新聞》は書いた。「三〇年前にはまるで発達していなかったオーストリアの鉄鋼産業は、こうして劇的な進歩が遂げられたことを彼に感謝しなくてはならない」[*2]。記事の最後は、こんな温かい賛辞で締めくくられた。

カール・ウィトゲンシュタインは豪胆な気性の持ち主で、話を理解するのが人並みはずれて速く、会話においてはみごとに臨機応変なウィットを示し、なおかつ微笑ましいユーモアのセンスがあった。短気ではあったが恨みがましくはなく、友人にはつねにすすんで手を差し伸べた。彼とは見解を異にする人々でさえ、彼の性格の特徴には一目置いていたものだ。慈善活動にも積極的で、しかもたいていそれを黙って行なった。若い才能を奨励し、芸術的な試みにはつねに支援を惜しまなかった。[*3]

カールがヘルミーネに書き取らせた自伝のメモは、とても出版できるような状態にはなかった。そこで家族はその代わりに、カールが書いた政治経済関係の小論や旅行記を私家版としてまとめ、追悼記念とすることにした。一九一三年一月二十五日、ウィーンの観光名所ともなっている広大な中央墓地《ツェントラールフリートホーフ》に、カールは埋葬された。彼と家族のために長いあいだ取っておかれた小さな区画は、身分によって厳格に区分けされているこの墓地の中心部にあって、そこに作られたウィトゲンシュタイン家の霊廟は、いまでこそ崩れかけているが、当時はモダンなデザインの八角形の建物だった。そこから四〇歩ほど進めば、ベートーヴェンやシューベルトやブラームスやヨハン・シュトラウスの墓もある。カールの死後まもなく、息子のルディの遺体が最初の埋葬場所からカールの隣に移された。ウィトゲンシュタイン家の五人の息子のうち、ここに埋葬されているのはルディだけである。いまではカールの隣に妻のレオポルディーネが眠っており、反対側にはロザリーという名の鷲鼻の元召使が葬られている。

18　パウルへの批評

この物語の幕開けとなった一九一三年十二月一日のパウルのコンサートデビューを、家族や友人は、そしておそらくウィトゲンシュタイン家の召使たちも、まだ新聞に最初の批評が出てもいないうちから大成功だと思っていた。親族の風変わりな大富豪、アルベルト・フィグドルは、コンサートの翌日にパウルに手紙を書いて、この成功を非常に嬉しく思っていること、そしてウィーンの誰もがパウルを賞賛していることを伝えた。「つまらないものを同封するので、私からのちょっとした気持ちとして受け取ってほしい」[*1]。そのプレゼントは、フェリクス・メンデルスゾーンの自筆によるユーモラスなカノンの手稿譜だった。

パウルは他人からの意見に過敏なほど反応した。不相応に褒め称えられていると思えば猛烈に怒り、少しでも批判めいた意見にはいちいち腹を立てた。パウルにとっては、むしろ自分の演奏を黙殺されたほうがよかった。とりわけパウルの気に障ったのは、弟のルートウィヒの意見だった。ルートウィヒは、パウルのテクニックが感服に値することは認めていたが、パウルの曲の解釈にはめったに心を奪われなかった。ルートウィヒはあらゆる音楽家に対して非常に厳しく、超一流とされる音楽家にも批判的だった（有名なロゼ弦楽四重奏団のリハーサルを途中でさえぎり、そのシューベルト四重奏曲の演奏はまるで間違っていると言ったこともあった）が、パウルの音楽的才能に対するルートウィヒの低い評価は、好みにうるさい彼の典型的な態度だったとはいえ、やはりパウルにとっては耐えがたいほど頭にきた。ある晩、パウルは自宅でピアノの練習をしていたが、いきなり中断すると、ルートウィヒが座って考えごとをしている隣の部屋に飛び込んでいき、弟に向かって叫んだ。「おまえが家にいるあいだは練習できない！　おまえの懐疑主義が扉の下をくぐって染み込んでくる！」。

「兄さんの演奏に対する僕の意見なんて、それ自体としては、まったくどうでもいいことではありませんか」[*2]とルートウィヒは抗弁したが、これをどうでもいいこととはまったく思えなかったパウルは、弟は自分の演奏に耐えられないのだという結論をくだした。

ルートウィヒは一度、ブルクリング沿いのフォルクスガルテン・カフェで、自分の見方を兄に説明しようとしたことがある。彼はできるかぎり気を配りながら、パウルのピアノ演奏を俳優の芝居の演じ方にたとえて話を始めた。彼によれば、優れた俳優のなかにも芝居の台本を一種の踏み台と見なし、それをもとに俳優自身の人格の一面を観客に見せようとするタイプがある。そしてパウルの演奏も、自我があまりにも強く音楽作品に入り込んでいる（と少なくとも彼には思える）ことで損なわれてしまっているという。「兄さんは音楽作品の陰に隠れることを望まず、音楽作品に自分自身を表現したがっているように思う。作品が自ら語るのを聴きたいのであれば（僕はたいていそうだが）、兄さんの演奏を聴こうとは思わない」[*3]。

大半の演奏家の例にもれず、パウルも職業批評家の意見を——のちには自分も批評家になるのだが——軽蔑しているようなふりをした。「芸術的な見地から言わせてもらえば、そんなものはどうでもいい」とパウルは代理人への手紙に書いた。「どこの誰それが何を思おうと、あるいはどう思っているように見せかけようと、そんなことは重要ではない。しかし残念ながら、実際的な見地から言えば、それはこの上なく重要なのだ」[*4]。そして実際、そもそもパウルが楽友協会でのデビューを企てたのは、専門家からの好意的な批評がほしかったからだ。最初の批評は、著名な評論家でブラームスの研究者でもある六十三歳のマックス・カルベックから寄せられた。十二月六日の《新ウィーン日報》に載せられた仰々しい賛辞がそれである。

ウィーン上流社会の一員である青年が、この一九一三年にピアノの名演奏家として世に出ようとするにあたってジョン・フィールドの協奏曲を選ぶというのは、この作曲家のよほど熱狂的なファンか、さもなくば、よほど自信のあるディレッタントに違いない。しかしながら、パウル・ウィトゲンシュタイン氏——ここで話題とする彼——はそのどちらでもなく、むしろ（われわれにとっては、そのどちらよりもよかったことに）真摯な芸術家である。彼はこの危険な冒険を、それがどれほど危ないことであるかを知らずに行なった。それというのも、演奏への純粋な愛があったからであり、その卓越した技能を聴衆の前で試そうという、確実だろうが稀有でもある、じつにあっぱれな意図があったからである。[*5]

カルベックの批評はまわりくどくて冗長で、不自然なほど気どった散文で、昨今ならとても印刷できるものではないと見なされるだろう。おそらくその理由から、彼が一八九八年から一九一三年までの一五年をかけて書きあげた八巻からなる詳細なブラームス伝は、いまでもブラームス研究の非常に重要な資料であるにもかかわらず、一度として英語に翻訳されたことがない。ともあれ、パウルのコンサートについて偉大な批評家はさらにこう続ける。

われわれの感情の光が薄れつつあるなかで、心から愛すべきいにしえの人々がわれわれの前に浮かび上がり、詩的なたそがれの秘密を教えてくれた。無味乾燥に書かれた曲が予期せずして詩へと花開いた。その一点の曇りもない巧みな技術は、今日のわれわれには無生物と同じぐらい冷淡に思われるだろうが、そのなかには優しく繊細な魂が息づいており、われわれはその温かな息遣いを感じたのである。[*6]

カルベックはウィトゲンシュタイン家とは友人の間柄で、アレーガッセでの夜の音楽会でも常連だったから、パウルの演奏に対する彼の絶賛の批評は最初から偏っていたのかもしれない。彼の評するパウルの「一点の曇りもない巧みな技術」や「このピアニストの繊細で柔らかい生き生きしたタッチの純粋な無傷の輝き」といった賛辞は、十二月十日の《フレムデンブラット》紙に載った別の無記名批評のコメントと比べてみるといいかもしれない。それには「さらなる研鑽を積めば彼の能力はもっと完成され、演奏も磨かれていくだろう」とあり、パウルの演奏は「ことのほか用心深く、きわめて慎重」だったという。しかし《フレムデンブラット》の評者はさらに続けて、「彼の鍵盤を叩く力と、健全なリズム感の気どらない正確さは、彼が人前で演奏するに足ることを示している」ともいい（前述の「慎重」という見解とは一致しないようだが）、かなり難しい曲目構成が選ばれていたことも「演奏家が確実に掌握しているため問題にはならない」[*7]とされていた。

誰もが一目置く《新自由新聞》の評論家、ユリウス・コルンゴルトは、最初の一曲を聴いただけでなぜかコンサート会場をあとにしていたが、最終的に、その行為を正当化しようとするかのような短い批評を同紙に寄せた。「若きピアニスト、パウル・ウィトゲンシュタインのデビューは鮮烈な関心を呼び起こした。……［彼の］習得したての技術、音楽を奏でることへの純然たる喜び、古典的に訓練された様式感覚は、これ以上の危険を冒さずとも充分に共感をもたれるだろう」。コンサートが終わってから三週間も経ったあとだったとはいえ、このコルンゴルトの批評は若きピアニストの自信をさらに燃え立たせた。また一つ加わったお墨付きを支えに、自分の選んだ職業をこれからも追求していこうという気にさせた。パウルはずっと家族の反対と闘ってきた。独裁的な父親に、あるときは反抗し、またあるときは譲歩もした。カールの強い勧めにしたがって、一九一〇年にはウィーンの工科大学に入り、その直後、ベルリンで銀行業の見習いの仕事も（大いに憤慨しながら）こなした。そしていま、とうとう彼は自分のピアノ演奏で勝利をつかんだのだ。コルンゴルトの批評は遅すぎたかもしれないし、それ自体はやっつけ仕事だったかもしれないが、そんなことはどうでもよかった。それはパウル・ウィトゲンシュタインの才能を保証する最終的な、そしてきわめて公的な言質であり、彼を希望と自信で満たしてくれただけでなく、家族の誰もが恐れていた、その年のクリスマスの憂鬱さを和らげてもくれたのだった。

大成功に終わったパウルのデビューから二日後の一九一三年十二月三日、アメリカに住むセルビア人移民向けに発行されているシカゴの新聞《スルボブラン》に、ある短い記事が出た。

オーストリアの法定推定相続人が来年早々にサラエボを訪問する予定であると発表

した。全スラブ人はこれを記憶しておかねばならない。……セルビア人よ、ナイフでもライフルでも爆弾でもダイナマイトでも、手に入るものをすべてつかめ。いまこそ神聖なる復讐を！　ハプスブルク王朝に死を、そして果敢に立ち向かった英雄たちに永遠の追悼を。[*8]

第二部　錯乱

19　お金の問題

カール・ウィトゲンシュタインの財産は、妻と存命中の六人の子供に等しく分配された。グレートルは莫大な現金の相続を希望して、さっそくオーストリア北部のグムンデンに屋敷と城といくらかの土地を三三万五〇〇〇オーストリアクローネで購入したが、新居を飾り立てるために建築家と室内装飾家を呼んだとたん、例によって落ち着いていられないジェロームがイギリスへの移住を主張しはじめた。そのため一九一四年四月、ストーンボロー家は荷物をまとめて、オックスフォードシャー州のアビンドンに近いベッセルズリーにあるジャコビアン様式のマナーハウスに移り住んだ。妻よりはわずかに事業の経験があったジェロームは、妻の少なからぬ投資資金に関して采配を振り、流動資産の大半をアメリカの株式市場に移した。パウルと他の兄弟姉妹は、亡くなった父親のオーストリア国内の不動産と、ニューヨークのセントラル・ハノーバー銀行、チューリッヒのクレディットアンシュタルトとブランカート銀行、アムステルダムのオランダ銀行ホープ&カンパニーに保有されていた外国株を分けあった。

ウィトゲンシュタイン家の子供たちは父親の死亡によってそれぞれが大金持ちとなったが、社会道徳に強くこだわる一家にとって、それは同時に多くの問題をもたらした。兄弟姉妹はみな気前よく、芸術や医学や友人や、その他もろもろの有益な目的に、相当の金額を――たいていは黙って――寄付した。ルートウィヒはオーストリアのさまざまな「芸術家」に一〇万クローネを分け与えた。そのなかには建築家のアドルフ・ロース、画家のオスカー・ココシュカ、詩人のライナー・マリア・リルケや、同じく詩人で、翌年にコカインの過剰摂取で自殺したゲオルク・トラークルなどがいた。ほかに一七人の貰い手があり、みなルートウィヒに礼状を書いたが、ルートウィヒはそのほとんどを「きわめて不快」とはねつけた。「下品で、詐欺師かと思うような調子」[*1]だったからという。ヘルミーネはある種の錯綜した哲学的信念から、自分にとって「倫理的」と見なせるお金と、「ブルジョワ的」としか言いようのないお金に区別をつけようとした。[*2]グレートルはお金のまったくない生活に心から憧れた。「それこそ健全でしょう」と彼女は日記に書いている。「運命が私を上流社会の贅沢な生活から追い出してくれないかしら。私には自分からそこを出ることなどできないのだから。もしかしたら、ひょっとして、そのとき初めて私は人間になれるかもしれない。でも私にそんな勇気はない。いまのままだと、私は自分の前に正しい道がはっきり見えていても、その道をたどる決意ができない」[*3]。

一方、個人にどれだけの資産があっても揺るぎない政府が確立されていなければ無意味だと思っていたパウルは、政治的な反共組織や反アナーキスト組織に多額の寄付をした。コンサート・ピアニストとして身を立てたいと願っている裕福な青年にとって、その状況は傍目から見るほど安楽ではなかった。クラシック音楽産業に携わっている人間は、金の匂いを嗅ぎつけると（それはめったにあることではない）、ジャムの瓶に群がる羽虫のようにそこに引きつけられる。演奏家に自分でコンサートを開けるぐらいの財力があると、その演奏家はどういう腕前であれ、いつのまにか不本意な状況に立たされる。基本的にギャラなしで演奏会に呼ばれるか、あるいはスポンサーになってもらう返礼として演奏させてもらえるかのどちらかしかなくなるのだ。これはパウルにとって悩ましい問題となったが、結局この問題はパウルの演奏家生活に最後までついてまわった。デビュー後の数ヵ月、パウルのまわりには彼の財力の恩恵にあずかろうとするプロモーターやエージェントがうるさくつきまとったが、賢明な盲目の恩師ラーボアの助言にしたがって、パウルはそうした連中をできるだけ寄せつけないようにした。ラーボアはアルマ・シントラーにこう言ったことがあった。

若い才能にとって何より危険なのは、その才能を成熟させてやらないことだ。若い芸術家はみな、ルビンシテインとゴルトマルクの例を最も悲惨な警告として頭に入れておくべきだ。この二人はあれだけの才能がありながら、それが熟するまで待たなかったために、その才能をだめにした。ルビンシテインはその若々しい萌芽を誰の目にも示したが、結局それを結実させなかった。[*4]

デビューから半年間、パウルは数回のコンサートしか行なわなかった。そのうちの一回では、ウィトゲンシュタイン家の友人でもある有名なバイオリニストのマリー・ゾルダート＝レーガーとともにメンデルスゾーンとラーボアの室内楽を演奏した。この室内楽の夕べに母や妹たちと一緒に出席したヘルミーネは、ルートウィヒに手紙を書いて、パウルの演奏が「とてもすばらしく、あらゆるところから賞賛を受けた」[*5]と知らせた。一九一四年二月にはグラーツでソロ・リサイタルが開かれた。このときの演奏では、《グラーツェル・ターゲスポスト》紙のうるさい評論家からも賛辞をもらった。続いて三週間後の三月にも室内楽のコンサートがあり、楽友協会ホールへの二度目のお目見えがかなった。今回はウィーン交響楽団とともに、スロバキア人ピアニストで作曲家のルドルフ・レーティによる指揮で、ヨーゼフ・ラーボアによるツェルニーの主題の変奏曲と、フィールドの心安らぐ夜想曲と、ショパンのエチュードを何曲か演奏した。こうした散発的な演奏会は、しょせんたいしたものではないように思えるかもしれないが、パウルにとっては経験として踏んでおかなければならない必要な段階だった。そうした経験が、長いあいだ夢見てきた多忙な国際的活躍という目標をいつかかなえてくれることをパウルは願っていた。しかしパウルにしても、ハプスブルク帝国下のウィーンの弛緩した空気のなかで呑気にコーヒーハウスに集っていた誰にしても、それを断ち切る大惨事がその夏に待っていようとは思いもしなかった。

20　戦争への序曲

一九一四年六月二十八日、ハプスブルク帝国の皇位継承者であるフランツ・フェルディナント大公がボスニアの街サラエボで首を撃たれて死んだというニュースがウィーンに届いたが、人々は嘆き悲しむこともなければ追悼のベールをかきむしることもなかった。オーストリア人はおおむねこの事件を冷静に受け止めた。というのも、この皇帝の甥は決して人気があるとは言えなかったからである。その理由は政治的なものではなく、考慮の上のものでもなく、ただの直観的な、感情的なものだった。この大公は肥えた醜い無作法な人物だと、国民はもうずっと前に決めつけていたのである。大公は貴賤結婚をしていた。

つまりハプスブルク家の典範のもとでは身分が低すぎて国家行事には参列させられず、その子供を将来の皇位継承者にすることもできないと見なされる女性を妻にしていたのである。彼女と結婚するために、フランツ・フェルディナントは生まれてくる子の皇位継承権をすべて放棄させられていた。皇帝がこの甥をひどく嫌っていることは誰もが知っていたし、老皇帝の生涯は悲痛の連続だった——弟はメキシコで銃殺刑に処せられ、弟の妻は頭がおかしくなり、自身の妻はジュネーブで無法者に殺され、一人息子のルドルフは恋人との心中と見られる謎の死を遂げていた——から、おのずと世間の同情は皇帝に集まり、鈍重で横柄な跡取りを敵視するようになった。作家のシュテファン・ツヴァイクは、大公が劇場の貴賓席に座っているところを何度か見かけたことがあり、そのときの様子を「どっしりと偉そうに座って、冷たい目で凝視していた」と回想している。

大公の笑顔は一度も見たことがなく、どの写真にもくつろいだ様子は見られない。大公には音楽を解する心もなければユーモア感覚もなく、大公妃にしても同じぐらい無愛想だった。この夫妻のまわりにはいつも冷たい空気が漂っていた。夫妻には友人もおらず、老皇帝も心底から大公を嫌っていた。この大公には、皇位継承を待ちきれない気持ちを隠すだけの充分な才覚がなかったからだ。*1

その運命の日にサラエボで撮られた写真を見ると、ツヴァイクの言葉に反して、大公と大公妃は二人とも満面の笑みを浮かべている。だが、その最後の——そしておそらく唯一の——笑顔は、固くなっていたウィーン市民の心を溶かすには遅すぎた。フランツ・フェルディナントの最後の言葉が伝えられたときも同様だった。笑顔を浮かべて車の後部座席にまっすぐ座っている妻を振り返り、大公はあえぎながら言ったという。「ゾフィー！　ゾフィー！　死んではいけない！　子供たちのために生きていてくれ……大丈夫だ！　なんでもない！　なんでもないぞ！」。その声はもう妻には聞こえなかった。彼女はすでに死んでいたからである。

歴史家によっては、ドイツ語圏の全男女の心理のなかに戦争願望があったと見る向きもある。画家や作曲家や作家は、絶えず現状を破壊したがる芸術家ならではの傾向を具現していたとも言われる。この本能が彼らを先祖がえりのような原初の野蛮性に駆り立てたのだと。戦争が勃発した直後、ドイツの作家トーマス・マンは、状況をこう解釈した。

この平穏な世界は、いまや強烈な響きを立てて瓦解した。われわれはみな、それに飽いてはいなかったか？　その快適さに世界は汚染されてはいなかったか？　腐敗する文明に膿んで、悪臭を放ってはいなかったか？　道徳的にも心理的にも、私はこの大惨事の必要性を感じていた。洗浄され、昇華して、解放される感覚を必要としていた。そしてありえないと思っていたことが実際に起こったとき、私はその感覚に満たされたのである。*2

とはいえ、サラエボ事件の直後の段階では、世間の関心はもっぱら葬儀の扱いに――これに、身分の低い大公妃の遺体が夫とともにカプツィーナー教会の皇帝納骨堂に納められるのかという厄介な問題に――集中し、ここから戦争に発展する可能性や確率などはほとんど考えられていなかった。しかし、それより上の政府レベルでは、話は若干違っていた。オーストリア＝ハンガリー二重帝国の参謀総長フランツ・コンラート・フォン・ヘッツェンドルフと外相レオポルト・ベルヒトルトは、この大公暗殺事件を好機ととらえ、セルビアに難癖をつけてバルカン半島におけるオーストリア＝ハンガリー帝国の影響力を強めようとした。セルビア政府はこの暗殺に加担したのだから処罰されてしかるべきである、と主張したわけだ。当然ながらセルビアは、七月二十五日にオーストリアからの受け入れがたい最後通牒をはねつけた。それを受けて二十八日、ウィーンはセルビアに宣戦布告した。

あとは知ってのとおりである。要は、名誉の名のもとに立ち上がった各国による異様な乱闘が始まったのだ。八月一日、セルビアの防衛に軍隊を動員していたロシアに対してドイツが宣戦布告した。するとフランスがロシアとの協定にもとづいてドイツに攻め入った。ドイツはフランスから自国を守るためにベルギーに侵攻した。するとすぐ、イギリスが

（セルビアの小競り合いにはいささかの関心もなかったが）ベルギーの中立を守るためにドイツに宣戦布告した。八月六日、オーストリア＝ハンガリー帝国がロシアに対して宣戦布告、同時にセルビアがドイツに対して宣戦布告した。八日、今度はモンテネグロがオーストリア＝ハンガリーとドイツに対して宣戦布告。十二日にはフランスとイギリスがオーストリア＝ハンガリーに対して宣戦布告した。二十三日には、ヨーロッパから遠く離れた日本が加わってきてドイツの敵に回り、そのためオーストリア＝ハンガリーが同盟国を守る使命にもとづいて、ただちに日本に宣戦布告した。サラエボ事件からわずか二ヵ月後の八月二十八日、オーストリア＝ハンガリーはベルギーに宣戦布告した。事態は恐ろしい速さで進んでいき、さらに多くの国が参戦したが、その最後の一団が騒動に加わってくる前から、すでに大きな不幸がウィトゲンシュタイン家を襲っていた。

21　参戦

徴兵に関して、ウィトゲンシュタイン家の存命中の三人の兄弟――クルト、パウル、ルートウィヒ――の事情はそれぞれずいぶん違っていた。戦争が始まったとき、三十六歳のクルトはニューヨークで暮らしていた。アメリカとカナダの鉄鋼産業への投資機会を探るため、建造されたばかりのドイツの定期船インペラトール号に乗ってクルトがアメリカに来たのは一九一四年四月九日のことだった。しばらくウォルドルフ・ホテルに滞在して、その後、東六二番街のニッカーボッカー・クラブに移った。上流社会で友人をつくり、高級自動車を購入し、バージニア州の温泉保養地ホットスプリングスにも何度か休暇旅行に出かけ、苦もなく新世界の生活様式になじんだようだった。ヨーロッパでの開戦の報が届いたとき、クルトはカナダのブリティッシュコロンビア州にある製鉄都市クランブルックからニューヨークに戻る途中で、七月初めにはオーストリアに帰るつもりでいたのだが、アメリカ当局は出国を認めてくれそうになかった。マンハッタンのオーストリア領事館に出向くと、総領事のアレクサンダー・フォン・ヌーバーはクルトに領事館の宣伝部の仕事をあてがった。そこでの務めはアメリカの国民、アメリカのマスコミ、そして何よりアメリカの行政部に、オーストリア゠ハンガリーの交戦の大義を支持させることだった。

一方、パウルとルートウィヒは、姉妹と母とともにホーホライトの山荘にいたときに開戦の知らせを聞いた。愛国心に高揚して、二人が急ぎウィーンに戻ると、街は興奮と熱狂にあふれていた。肉屋も靴屋も、医師も教師も、みなツヴァイクが「自我の高まり」と称した状態になって、自分が英雄になったところを想像していた。女たちは早く軍服を着てもらおうと夫をせっつき、階級の壁は崩れ、人々は店先で知らない人にも勢い込んで話しかけ、来るべきセルビア人の終焉について冗談を飛ばした。

ルートウィヒはノルウェーに向かいたがったが、オーストリアからの出国が禁じられていると知ると、民間職務に志願した。兄のパウルやクルトと違って、ルートウィヒは兵役に就かずにすんでいた。一八六八年にオーストリア政府は全男子に対する三年間の強制兵役を導入していたが、その経費は途方もない額だった。法律を撤廃する代わりに、あらゆる文言が書き換えられ（抽選の導入も含めて）、その結果、この面倒な義務をうまく回避できる男子も生じるようになった。徴兵された適格者のうち五人に一人だけが軍服を着ることになり、そのうちのさらに少数だけが法律で定められた三年間の義務を全うすることになったのである。兵役を務めた記録のないルートウィヒには出頭できる連隊もなかったし、前年に鼠径《そけい》部のヘルニアを二回患ってもいたから、いずれにしても戦地勤務には不適格だった。それでも自分にできる役割を果たそうと、ルートウィヒは志願兵として入隊することに決め、八月七日、守備隊の大砲部隊に兵卒として召集された。この隊はオーストリア＝ハンガリー第一陸軍に編入されて、ハプスブルク領ポーランドとロシアの国境、いわゆるガリツィア戦線に赴くことになっていた。

　一九一四年当時の多くのドイツ人青年と同じく、ルートウィヒも精神的に疲弊しており、何か劇的なものを必要としていた。その年の初めにルートウィヒはバートランド・ラッセルと仲違いをして、二人の友情はもう終わりだとラッセルへの手紙に書いていた。「僕のこれまでの人生はずっとひどい錯乱だった――これが果てしなく続かなくてはならないのだろうか」[*1]。いつもの逆上癖のせいで、ルートウィヒはケンブリッジの哲学者ジョージ・

ムーアの友情も失っていたし、最も親しい友人ディヴィッド・ピンセントとの関係も今後どうなるかわかったものではなかった。「一回すべてが爆発して、そこできっぱり自分が違う人間に変われるんじゃないかと、僕はずっと期待しているのだ」[*2]と彼は書いていたが、そんなときに戦争が起こった。六月二十八日の時点ではせいぜい面倒なものだとしか思っていなかった戦争が、わずか数日のうちに、喜ばしい変革と個人的解放の機会に変わったのである。「私にはよくわかっていた」とヘルミーネは書いている。「ルートウィヒは自分の祖国を守ることだけに関心があったのではなく、自らに何らかの困難な務めを負わせたい、純粋に知的な作業とは違う何かを達成したいという強い願望を持っていた」[*3]。

戦争の勃発で新たな活力を得ていたにせよ、ルートウィヒはオーストリア＝ハンガリーが勝てると思っていたわけではなかった。交戦中のどちらの側でも、一般大衆は勝利を信じて、ことあるごとにこう言っていたのだが――「クリスマスまでにはすべて終わるさ」。開戦直後に走り書きされた手記で、ルートウィヒは状況が「恐ろしく悲惨」なことを認めていた。「われわれがイギリスに勝てないことは確実だと言っていい。イギリス人が――世界最高の種族が――負けるわけがない。われわれのほうは負けてもおかしくないし、実際にも負けるだろう。今年でなくても、来年には。われわれの種族が負かされると考えると、僕はひどく気が滅入る」[*4]。

ルートウィヒが志願して入隊したことをデイヴィッド・ピンセントが日記に書いている。

「彼が入隊したのは、じつに立派なことだと思う――だが、とても悲しい、哀れなことだ。……僕らがいつか再会できるよう祈っていると彼は書いてきた。かわいそうに――僕も心からそう祈る」[*5]。その祈りはかなわなかった。一九一八年五月、乗っていた飛行機がフランスで墜落してピンセントは死んだ。

22 災難

パウルは大多数のオーストリアの同胞と同じようにオーストリア＝ハンガリーの君主制を支持し、ハプスブルク家の名誉を守るのが市民としての道徳的な義務であると信じて、そのために必要とあらば命を捨てる覚悟さえしていた。しかし弟と同様に、彼も国粋的な楽観論にそうたやすく流されはしなかった。そしてオーストリアの未来についても宿命論的な見方を持っており、奇しくも宣戦布告の数日前に皇帝がひそかに参謀総長に言ったのと同じことを、そのまま公言していた。つまり「君主制が滅びなくてはならないのなら、少なくとも品位を失わずに滅ぶべきである」[*1]と。パウルにとって、戦争は自己変革の機会をもたらすものではなく、個人的、国家的な名誉の問題だった。しかし姉のグレートルは、この国際危機をパウルのために歓迎した。「思わぬところから助けが来ました」と彼女は八月二十二日にヘルミーネに書き送った。「もしみんなが無傷で戻ってくるなら、この戦争は私の知っている多くの人にとって大いにためになるでしょう――パウルにとっても、「私の友人の」ヴィリー・ツィトコフスキーにとっても」[*2]。

パウルは宣戦布告の五年前に兵役を終えており、予備隊の下級将校として認められ、兄のクルトが入ったのと同じ騎兵連隊に配属されていた。全体として、彼の軍隊での成績は立派なものだった。一九〇七年の冬、彼は罰点を四つつけられ、「乗馬教習での注意の欠如と理論教育での怠慢さ」[*3]で罰金を科せられたが、一九〇九年の最終成績では、士官候補生――「独身で、財政が正常で、毎月の手当が六〇〇クローネ」の――としては「非常に高潔で、堅実な性格であり、寡黙で、真面目で、温厚である」と結論された。

オーストリアがセルビアに宣戦布告してから四日後、街中が熱狂に沸き返るなかで、パウルはふたたび第六騎兵隊の色鮮やかな連隊服に身を包んでいた。パウルは少尉だったので、その官位にふさわしい装備を着用した。鶏冠のついた黒いヘルメットには真鍮があしらわれ、前面に帝国の象徴である鷲の紋章が打ち出されていて、両側には蛇と激しくにらみあう獅子の姿が描かれている。乗馬ズボンは深紅色、上着は薄青色だが官位を示す赤いビーズがついている。その上に赤い弾薬帯を締め（これも士官であることのしるしだ）、俗に「肉屋の長靴」と言われる太腿まで届く黒革のブーツをはき、暗褐色の長いダブルの外套を着る。携帯する武器も軍服と同じように官位を象徴するもので、ロート・シュタイアー拳銃、マンリッヒャー・カービン銃、鉄の鞘に収められたサーベル、および銃剣からなる。こうした色彩豊かな正装で鞍にまたがったパウルら騎兵隊の将校は、じつに晴れがましく見えたかもしれないが、その装備一式は人馬ともに前世紀の遺物で、現代の戦闘の要件にはまるでかなっていなかった。きらきら光る金属の紋章や鮮やかな色彩は、敵の目にとまりやすい。ライフル銃やサーベルは重量がありすぎる。上着や外套は（他国の軍服と比べて）縫製が悪い。肝要な鞍でさえ、考えなしに組み立てられていた。騎兵が行進中に颯爽と馬に乗れるように設計されていたために、馬の背の皮膚との摩擦が激しすぎて、オーストリア騎兵の大部分は交戦して一週間もしないうちに戦闘能力を失った。何百人という将校が馬の手綱を引きながら徒歩で突撃から戻ってこなければならなかったのだ。

一九一四年のオーストリア＝ハンガリー陸軍は、装備も、能力も、訓練も、規模も、心構えも、すべて不充分だったが、戦闘意欲だけは異様に高かった。兵士たちのあいだに伝染病のように広がった戦闘熱は拙速な行動を生み、多くの重大な失敗を引き起こした。交戦から数日のうちに自軍の飛行機を三機も墜落させてしまったほどで、以後は飛行機に対して発砲するなとの命令が繰り返し出される始末だった。八月二十日のヤロスラヴェッツでは、並行して前進していたオーストリア騎兵の二個師団がぐるりと向きを変え、互いに交戦しはじめた。誇りが高すぎたのか活気がありすぎたのか、中断できずにオーストリア軍は仲間同士で戦いつづけ、ついにはそこにロシアの歩兵部隊が現れて、今度は三つ巴の戦いが始まった。しかしなんといっても、参謀総長コンラート・フォン・ヘッツェンドルフの迷走に勝るものはなかった。彼は軍隊を動員直後にどこに送るかで、迷いに迷った。その問題は、解決するのは難しくても、説明することなら簡単だ。オーストリアはこの戦争で、二つの前線に兵を送らなければならなかった。北東の戦線では、ロシアの五〇個の歩兵師団がオーストリア軍を待ち構えていた。そして南部では、セルビアが一一個の歩兵師団を配置していた。一方、オーストリア＝ハンガリー軍の総勢力は四八個師団しかなかった。つまりヘッツェンドルフの軍隊は、この戦争を――彼自身が戦うことに決めた戦争を――戦うには小さすぎたのだ。実際、この兵力はオーストリアがプロイセンに決定的な敗北を喫した一八六六年当時より小さかった。総人口はあれから二〇〇〇万人も増えていたにもかかわらずである。したがってヘッツェンドルフは、最初にセルビアを叩くために二〇個師団ぐらいを南に送り、残りの軍をガリツィアにまわしてロシア軍を牽制させるか、それとももっと多くの軍を北に送ってロシアと戦わせ、南はもっと少ない軍でセルビアを抑えさせるかの選択に迫られた。結局、彼は後者の道を選んだが、その前には何度も考えを変え、そうして迷っているうちに、オーストリア＝ハンガリー帝国の鉄道網は全面的に混乱してしまった。

パウルとルートウィヒはともに北のガリツィア戦線に送られた。パウルは第四方面軍、ルートウィヒは第一方面軍の配属だった。しかしヘッツェンドルフがぐずぐずしていたために、二人がそれぞれ所定の任地に着いたのは、予定より一週間近くあとのことだった

（しかもパウルの場合は違う任地に着いていた）。いくつかの列車は、分岐線に入ると徒歩よりも遅いぐらいの速さになった。また別の列車は、故障して動かなくなった。ある列車はウィーンからサン川まで、通常の三倍にもなる四〇時間をかけてたどりついた。移動用の調理設備を載せているにもかかわらず、六時間も停車して昼食休憩をとった列車もあった。混乱のなかで少なくとも一人の信号手が自分で自分を撃ち殺し、兵士を満載したある列車は、数日前に出発した駅に――トランペットが吹き鳴らされ、旗が広げられ、手が振られ、別れの抱擁がなされる大喧騒をあとにして出発した駅に――また戻ってきてしまった。

ルートウィヒは八月十九日に任地に着くと、さっそく軽い任務を割り当てられた。捕獲したロシアの河川船ゴプラーナ号に乗ってヴィスワ川を巡視する仕事だった。パウルのほうは、八月十二日にリヴィウ（ドイツ語ではレンベルク）近くのジュウキェフに着く予定だったが、混乱のせいでそこには着けず、八月二十日、西に一〇〇キロほど離れたサン川のほとりのヤロスワウで荷を下ろした。そこからオットー・シュヴェーア・フォン・シュヴァーテネッグ少将の指揮のもと、第五騎兵旅団の兵士とともに馬に乗って北東に向かい、二十日の午前中にルバチュフに着き、二日後の二十二日の夜にザモシチに着いた。敵将のヴェンツェル・フォン・プレーヴェ（ドイツ系のロシア軍司令官）はオーストリア軍の前進を阻むため、ロシア第五方面軍の三五万の兵を西方に動員していたが、ヘッツェンドルフはそれを知っていながら、無分別にもオーストリア＝ハンガリー軍の部隊が迅速にロシア領に入るだろうと思っていた。

八月二十三日、ガリツィアに来て四日目を迎えたパウルは、六名の部下とともに起伏の多い森林地帯を越えてイズビツァの村に向かうよう命令された。彼らの任務は敵陣を偵察して、その結果をイズビツァとクラスヌィスタフの中間地点に置かれた野営地に持ち帰り、騎兵大隊長のエルヴィン・シャーフゴッチェ大尉に報告することだった。パウルら一行は数キロ進んで北に向きを変え、トポラまで行き着くと、さらにロシア国境に向かって慎重に進んでいった。そこには急速に集結した敵軍の列が待っているはずだった。

トポラの先の森からは、グラボヴィッツの平野の先まで東方数キロにわたって見渡せた。膨大な数のロシア軍が南西のザモシチに向かって迅速に動いているのが観察できた。パウルたちは敵軍の数、装備、向かっている方向を注意深く書きとめた。この行動における役割に対してパウルに与えられた勲章を見るかぎり、単にパウルの拾い集めた情報が有益だっただけでなく、彼個人の傑出した武勇も認められたのだと察せられる。ロシア軍の前方に配置された斥候部隊や狙撃部隊が砲火を浴びせてくるなかで、パウルは勇敢にも二人の部下を救出し、さらにロシア軍を食い止めて敵陣を視察する時間をつくるため、逆襲をかけることも命じたという。「僕の英雄的な行為と言われているものについてですが」とパウルはのちに母親への手紙に書いている。「そんなものは何もありませんでした。信じないでしょうが、僕自身がわかっています」[*4]。

交戦中、パウルは負傷した――弾丸に右肘を打ち砕かれたのだ。後日パウルは、鋭い激痛を感じたときから野戦病院の簡易ベッドで目覚めたときまでのことを何も思い出せなかったが、実際は部下たちがパウルを引きずり戻し、急いで森を抜けて敵の砲火の届かないところまで退却していた。そこでパウルは一時しのぎの止血帯を上腕に巻かれた。イズビツァまでは数キロの道のりがあったが、そこに戻る途中でできるだけ早く救急隊か野戦病院を見つけなくてはならなかった。そのあいだのどこかの地点で、パウルか部下の誰かが、トポラで集めた重要な軍事情報を首尾よくシャーフゴッチェ大尉に渡すことができた。あとになってわかったのだが、その情報はオーストリア軍のザモシチ防衛になくてはならないものだった。

イズビツァから北に一〇キロほど離れた要塞都市クラスヌィスタフの城壁の内側に、野戦病院は設営されていた。そこに運ばれたときには、パウルはすでに意識を失っていた。そのせいか、あるいはその後のショックのせいか、パウルはことのしだいの記憶をすっかりなくし、さらに医師との相談があったのかどうか、自分の右腕が切断されなければならないことを聞かされたのかどうかも覚えていなかった。彼が覚えていたのは、意識を取り戻したときに自分の腕がないのを知って衝撃を受けたことと、それに加えてまた別の、同じぐらい大きなショックに襲われたことだった。手術中、つまり医師がパウルの肺を麻酔薬――モルヒネかスコポラミンか亜酸化窒素か塩化エチルか――で満たして、上腕の皮膚をぐるりと円形に切開し、肉を巻き返して皮膚弁をつくり、むき出しになった骨を切断し、切り離された腕を捨て、切断後の腕の基部を覆うように皮膚弁を戻して縫いつける――この一連の作業が進んでいるあいだ、ロシア第五方面軍は初めて大々的にポーランドのハプスブルク帝国領に侵入し、クラスヌィスタフの城壁に猛攻をかけていた。したがってパウルが意識を取り戻したときには、街は陥落して、弾の入った銃をかついだ敵兵であふれ、その耳障りでヒステリックな声が病院の廊下と大部屋を抜けて聞こえてきた。パウルは他の患者や医師や看護師や雑役係とともに、戦争捕虜として銃を突きつけられていた。いまや彼らは敵の政府の支配下にあり、その後まもなく、せきたてられるように敵の前線を越え、故郷から何千キロも離れたロシアやシベリアの捕虜収容所に送られた。

23　ロシア軍の捕虜

クラスヌィスタフの東に伸びる広大な野ざらしの土地に、鉄道路線は一本もなく、道路もほとんどないに等しかった。行進できるだけの体力があると見なされた捕虜はそうさせられ、ときに一日二〇キロ以上、ときにコサック兵のサーベルを突きつけられながら、ひたすら歩かされた。食べ物は毎朝一回、パン一切れとキャベツのスープ一杯をもらうだけだった。一行は二週間から三週間歩いたあと、軍事物資の集積所に到着した。そこからようやく鉄道が延びていた。最初のガリツィア攻撃で、ロシア軍は一〇万人のオーストリア＝ハンガリー兵を戦争捕虜にした。このほかに、大量の自軍の負傷兵と、食べ物と宿を探してあちこちをさまよっていた大勢のポーランド人難民がばらばらに加わり、打ちひしがれた人間たちの巨大な束となって東へ移動していったが、ロシア軍は彼らを世話するだけの心構えも装備も整えていなかった。

この内地までの長い行進について現在残っている談話を見るかぎり、たしかにロシア軍の医師は親切で思いやりがあり、ロシアの農民もおおむね捕虜に同情的で、一行が村にさしかかった際にはパンを与え、雨や泥でぼろぼろになった衣服の替えを用意してやったという。しかし同時に、ロシア軍の下士官兵の残忍さ、意地悪さ、強欲さを伝えている談話も多い。交戦国はすべてハーグ陸戦条約に従わなければならないのだが、その第四条には、戦争捕虜を人道的に取り扱うべしと明記されている。戦争捕虜は敵の政府の権力内にあるのであって、捕虜を捕らえた個人や部隊の権力内にあるのではない。武器や馬や軍事書類を除き、私有物はすべて捕らえられた軍人の所有に残しておかなくてはならない。しかし実際、自分たちも充分な支払いと食料を与えられておらず、恐怖にも駆られていたロシア陸軍の兵士たちは、捕らえた捕虜のポケットをあさり、お金も、手紙も、時計も、ノートも、フォークもナイフもスプーンも、気に入ったものはすべて奪い取った。戦争捕虜を収容する病院でも、ロシア人の守衛が手当たりしだいに衣服を持ち逃げした。コートもシャツもブーツも、毛布さえもが病室から消えた。また、病院は入退院する患者の数にもとづいて支払いを受けていたので、ずるい事務員が一計を案じた結果、重症の患者が必要もないのに一つの病院から別の病院へと移動させられた。そうした患者が這うようにして、裸足のまま、夜中に（ロシア人の同胞にそんな捕虜の姿を見せなくてもすむように）凍てつく鉄道駅やトラムの駅に行かされ、ロシアの都市から都市へと何週間も往復した結果、また最初の病院に戻ってくることもしばしばあった。

パウルもまた、捕虜となってから何ヵ月ものあいだ、ヘウムからミンスク、キエフ、オリョール、モスクワ、ペトログラード、オムスクへと動かされ、そのたびに悪臭のする超満員で窮屈な、ハエやシラミやネズミだらけの「列車」に乗せられた。これはロシアの家畜輸送車で、有蓋車や無蓋車や家畜車が四〇両から五〇両ほど連なっているのだが、基本的に戦争捕虜はこれで移送されるのだった。各車両の真ん中には鉄製ストーブと排泄用のバケツが置かれていて、両側には作りつけの板の寝台が二段式で並んでいる。別の離れた場所にも寝台があって、そこは武装した番兵が陣取っている。たいてい各車両には三五人から四五人の捕虜が詰め込まれ、一つの寝台に六人が寝かされることもあった。あるオーストリア人捕虜の回想によれば、「全員が右か左かのどちらかに顔を向けて、ぴったりと体を寄せあっていなければならなかった。寝返りを打つときはいっせいに行なわなければならない。全員の体をきっちり平行にしておかないと、与えられた空間には収まりきれなかったからだ」[*1]。

輸送車のむき出しの板の寝床に横たわりながら、見慣れない地形を一万キロ以上も運ばれていくパウルにとって、元気が出るようなものはほとんどなかった。何日も続けて横たわったままだし、他の捕虜の体がぶつかってくるし、傷口は膿んでくるし、寝ようとしても眠れないし、車両は害虫や害獣でいっぱいだった。彼はネズミに体中を這い回られたことをとりわけ不快そうに回想しているが、何年もあとになって親友に告白したことには、「あれはいまでも、ときどき悪夢となって出てくる」という。「しかし、僕の血は虫を寄せつけないので本当によかったよ。虫やシラミにやられっぱなしの捕虜もいたが、僕は刺されずに虫を払い落とせたから」[*2]。

それよりもパウルが振り払えなかったのは、手術後何週間も何ヵ月も苦しめられた身体的外傷と精神的外傷だった。自分が日常生活に適応できないことに直面させられて、傷はいっそう心をえぐった。突如として、彼は自分で靴紐が結べなくなり、食べ物を切れなくなり、朝の着替えをすることもできなくなった。パウルも知っていたハンガリーの作曲家、ゲザ・ジチーは、十四歳のときの狩猟事故でやはり右腕をなくした人で、その彼も最初に着替えをしようとしたときのことをこう語っている。「三時間かかったが、最後には成功した。ドアノブや家具を使い、自分の足と歯も使ってやりとげたのだ。食事のときは、自分で切れないものは食べなかった。それでも現在、私はリンゴをむけるし、爪も切れるし、乗馬もできる。射撃もうまいし、ピアノを弾くことさえ少しは習得できている」[*3]。

切断手術で手や足を失った人が必ずかかる「幻肢痛」と呼ばれる障害の原因は、まだ専門家にもよくわかっていない。一説では、脳がそもそも全身の青写真をもとにして働いているため、身体の一部が取り除かれても、脳の働きが変わらないからとされている。また別の説では、なくなった手や足からの反応が返ってこないことに脳がいらいらして、いっそう信号を送りつづけるので、そのなくなった部位につながっていた神経が刺激を受けすぎるためだともいう。いずれにしても、この症状はかなり深刻だ。なくなった部位に焼けつくような痛みが走り、ないはずの手首や肘がきつく締めつけられて破裂しそうになる感覚や、腕や脚全体がひどくねじれたり曲がったりしているような感覚を覚える。腕がもうないことを自分の目で見て確かめても、患者の救いにはならない。その痛みがありえないことを頭では確認しても、なお痛みは続くからだ。

捕らえられてから三週間後、ようやくパウルは家に手紙を書くことを許された。捕虜の手紙はすべてロシア軍の検閲にかけられることになっていたが、それらの手紙がたいてい快活な調子で書かれていたのは、それが理由ではなかった。自らの絶望的な状況を詳しく語って家族を心配させたくはないという明白な理由を別としても、多くの捕虜は自分が戦列を離れたことで、家族や軍隊の同胞を裏切り、面目を失わせたという恥辱感、果ては罪悪感まで覚えていた。「シベリアの天使」と呼ばれたスウェーデン赤十字の看護師、エルサ・ブランドストレームは、傷ついたオーストリア＝ハンガリー戦争捕虜の苦しみを和らげるために誰よりも尽くしたが、彼女はその回想録で、あるオーストリア士官候補生の哀れをもよおす話を伝えている。「隅のほうに青年が一人横たわっていた。彼のお父さんの農場にいる口のきけない動物だって、あんな不潔ななかで死んでいくことはないだろう。『母に愛していると伝えてください。でも、僕がどんな惨めな状況で死んだかは絶対に言わないで』。それが彼の最後の言葉だった」。[*4]

捕虜たちが自らの置かれた過酷な状況について真実を語りたがらなかったことは、手紙に関して別の問題を生んだ。発信される手紙はすべてロシア当局だけでなく、ウィーンの戦争管理局の検閲部門によってもチェックされていたのだが、ロシアからあまりに多くの明るい手紙が届くせいで（その年の十二月だけで七万五〇〇〇通）、ついに一九一四年のクリスマス・イブに、こんな通達が出されたのである。

敵国にいるわが国の戦争捕虜から手紙が届くようになってきた。その一部の手紙では、捕虜生活が非常に好ましい様子で記述されている。こうした情報が部隊内や入隊者のあいだに広まるのは望ましくない。したがって軍事検閲部は、その内容によっては有害な影響を及ぼすと思われる戦争捕虜の手紙を押収し、宛先に配達されないようにすべし。[*5]

八月半ばから十月の第一週まで、ウィトゲンシュタイン夫人はずっと不安な状態に置かれていた。少し前に静脈炎がひどい炎症を起こしたため、両脚をつねに水平に保っておくようにと医師から命じられた。それはすなわちピアノが弾けないということで、彼女にとって最も神経の和らぐ手段が奪われてしまっていた。パウルからは六週間も便りが来ていなかった。最後の手紙には、母親からの手紙が一通も届いていないという不満が綴られていた。十月四日、夫人はようやく心待ちにしていた手紙を受け取った。かろうじて読める程度の殴り書きだったが、パウルは無事に生きているという。パウルが母親に出した手紙は残っていないが、ウィトゲンシュタイン夫人がその知らせをルートウィヒに伝えた手紙が残っている。

愛するルートウィヒへ

あなたからもらった手紙や電報へのお礼状を封書と葉書で何通も出しました。無事にあなたのもとに届いているといいのですが。私からの心よりの挨拶とキスを、そして姉さんたちからの愛を、それらの手紙で伝えてあります。私たちはみな、ことグムンデンで元気に暮らしているので安心してください。かわいそうなパウルにはとても残念なことが起こりました。八月末に戦闘で右腕を失ったのです。パウルは九月十四日に自分の左手で手紙を書いて、ミンスクの将校用病院から送ってきました。こちらにその知らせが届いたのは三日前です。あちらでは、とてもよくしてもらっているとも書かれていました。あの子のもとに行けなくて、私がどんな思いでいるかはご想像がつくでしょう。神様があなたをお守りくださいますように。心から愛しています。私があなたを思うとき、つねにその思いがあなたに届くといいのですが。あなたからいただいた手紙は、すべて大切に読ませてもらっています。[*6]

レオポルディーネの葉書は、河川船に乗っていたルートウィヒには十月二十八日まで届かなかった。そのあいだに彼女はまた新たな手紙を出していた。「四日以来、パウルからの便りはありません。……六週間も待って、やっと四日に受け取ったミンスクからの手紙で、パウルが重傷を負ったことを知りました。かわいそうなパウルが右手をなくしたことを書いた葉書が、あなたのところにきっと届いていることと思います[*7]」。その直後のルートウィヒの反応は、彼の十月二十八日の日記に見られる。

今日、たくさんの手紙を受け取った。そのなかに悲しい知らせがあった。パウルが重傷を負って、ロシアで捕虜にされているという――だが、ありがたいことに、よく面倒を見てもらえているようだ。ああ、かわいそうなお母さん‼……やっとノルウェーから手紙が来たが、一〇〇〇クローネ必要だという。僕はこれを彼に送ってやれるだろうか？　いまやノルウェーは敵方についたのだ!!　いずれにせよ、ぞっとするほど悲しいことだ。気の毒なパウルのことを考えずにいられない。こんなにいきなり将来を奪われてしまうなんて！　本当にひどい話だ。どんな哲学があればこれを乗り越えられるのか！　自殺するほかに何か方法があればいいのだが！……これでもう終わりだ。[*8]

翌日、ルートウィヒはこう記した。「朝から頭痛と倦怠感。パウルのことを考えすぎた」。[*9]そのころウィーンでは、母と姉たちが、ひょっとしてパウルが自殺するのではないかと考えて、いっそう恐慌をきたしていた。

24　アメリカのクルト・ウィトゲンシュタイン

息子たちのことを心から案じていた一方、一家の名誉がつねに保たれていることも、ウィトゲンシュタイン夫人にとっては同じぐらい大事な問題だった。ルートウィヒが志願して軍隊に入ったこと、ヘルミーネとストーンボロー夫妻が志願して病院の勤務に就いたことに、彼女は誇らしさを感じていた。パウルの英雄的な行為を最初に聞いたときも、大いに誇りに思い、パウルがいつかこれで勲章をもらえるようにと願った。それを請けあうかのように、パウルの元指揮官、フォン・レティッヒ大佐からの手紙も来た。

一九一四年十一月十一日
親愛なるウィトゲンシュタイン夫人
　こちらのご住所をエルヴィン・シャーフゴッチェから教わりました。元第六騎兵隊大佐として、ご子息の深刻な負傷に関し心よりご同情申しあげます。ご子息が軍事偵察の指揮官として収集した情報により、ザモシチにおけるロシア軍のわが軍への攻撃が頓挫させられたことを、誇りに思っていらっしゃることと存じます。ご子息はすばらしい働きをなさいました。これにより、いずれご子息が公式に表彰されることを心より願っております。しかしながら現時点では、これはかないません。ご子息は負傷したことによって捕虜となりましたが、それがご子息自身の過失によるものではないと証明されなくてはならないからです。この件はすでに立証されているようですので、ご子息の帰国後に新たな障害が生じることはないと思われます。ご子息の傷は順調に快方に向かいつつあると聞いております。
　つねに変わらぬ最大の敬意を込めて。草々。

アルフレート・フォン・レティッヒ[*1]

だが、問題はクルトだった。「蚊帳の外に置かれた、かわいそうなクルト」と母親は嘆いた。この息子は戦場で自分の務めを充分に果たすことができずにいるのだ。彼がアメリカで無事に過ごしていることは、ウィーンの母と姉たちにとって慰めにならなかった。クルトからの手紙を読むかぎり、彼はどうにかしてオーストリアに帰り、ふたたび軍隊に入るため、アメリカで全力を尽くしているように思われた。年齢的にも問題はなく、かつての兵役で芳しくない成績をとっていたことも、妨げにはならないはずだった。このころアメリカはヨーロッパでの紛争に公式に中立の立場をとっており、したがって合衆国の住民は（居留年数に関係なく）、ヨーロッパの戦争のどちらか一方に積極的に肩入れすることを禁じられていた。オーストリア＝ハンガリー第六騎兵隊の予備将校であるクルトは、オーストリア陸軍に再入隊することを帰国の目的としていたため、当然ながらアメリカを出ることを許されなかった。

そこで彼は自分が帰る代わりに、オーストリア総領事館の同僚と手を組んで、偽造外国人パスポートを使った内密の違法行為に従事した。アメリカにはクルトと同じように、不本意ながらも大西洋の反対側に拘束されてしまっているオーストリア人が何人も住んでいた。そうした人々を偽造パスポートで本国に送り返したのである。クルトの手紙にはこの件について何も触れられておらず、ただアメリカでの仕事が退屈で、ヨーロッパにいて弟たちのように国のために戦えたらどんなにいいだろうとしか書かれていなかった。母親と姉たち——ことにヘルミーネ——は、クルトの不在をひどく不名誉に思っていた。「私がいま一番心配なのはクルトのことです」とヘルミーネはルートウィヒへの手紙に書いている。「他の誰もが自分の務めを果たして苦しんできたというのに、彼だけが除外されているとなったら、きっと居たたまれない思いをするでしょう！　自分の株が永久に下がったような気になるのではないかしら」[*2]。さらに、その後もこう書いている。「かわいそうなクルトのことを考えずにはいられません。彼がこの時期を私たちと同じように過ごしていないなんて、ひどすぎます。彼がいまアメリカでやっていることなど、全然やりがいがあるとは言えないのだから」[*3]。

しかしクルトのアメリカでの生活は、姉が思っていたよりずっと活気に満ちていたかもしれない。彼がやっていた——《プロビデンス・ジャーナル》が「フォン・ヌーバー総領事のニューヨーク諜報・ペテン局」と称したところでの——仕事は、クルトにさまざまな機会を与えた。エオリアン・ホールで行なわれたオーストリアとドイツの民俗音楽のコンサートでピアノを弾いたり、在米オーストリア人の士気をあおるキャンペーンの資金集めにニッカーボッカー・クラブで夕食会を主催したり、アメリカの各新聞社の取材を受けたりもした。しかし、そうした渾身の努力にもかかわらず、アメリカの世論はずっと英仏露を中心とする連合国支持のほうに振れており、ドイツと同盟国側にはちっとも振れてこなかった。「アメリカの親英傾向の理由はすぐわかる」——一九一五年一月の《ワシントン・ポスト》からの取材に、クルトは憤然としながらそう答えた。「ここではイギリスがさまざまな方法でそういう気運をつくってきたんだ。……しかし、いずれアメリカ国民も過ちに気づくようになると信じている」[*4]。

だが、そうはならなかったアメリカ国民もいる。マンハッタンのアッパーイーストサイドに住むドイツ系の老婦人、デリア・スタインバーガー（未亡人となっていたジェロームの母親）は、親英感情が非常に強く、逆にドイツが大嫌いだったため、自分の姓を英語らしい響きのストーンボローに変えていたほどで（息子が同じことをしてから一五年後のことだった）、合衆国の国勢調査が来たときも、自分の両親はイギリス生まれだと虚偽の回答をしていた[*5]。

アメリカの強い反ドイツ感情の流れに、クルトは果敢に逆らった。「私が故郷から聞いている報告は、とても満足のいくものだ」と彼は《ワシントン・ポスト》に語った。「よって私は、われわれが勝つと確信している」。ロシアは何ヵ月も前から「難攻不落も同然」のプシェムィシルの要塞を「せっせと」攻撃しているが、効果は皆無であり、この要塞がもちこたえているかぎり、敵に「勝ち目はない」[*6]。だが、愛国心からくるクルトの楽観視に正当な根拠はなかった。彼がこうして語っているころ、最初から動員されていたオーストリア＝ハンガリー陸軍歩兵部隊の死傷率は、八二パーセントにのぼっていた。そして二ヵ月後の三月二十二日、オーストリア＝ハンガリー軍司令官ヘルマン・クスマネクはプシェムィシルを明け渡し、彼の指揮下にあった一一万九〇〇〇人の兵士は、ロシアの捕虜収容所に向かって長い行進を始めた。

クルトはさらに二年、ニューヨークで仕事を続けたが、彼や領事館の同僚をアメリカから追放せよという一般大衆からの圧力は日増しに高まっていった。最初は偽造パスポートについてのスキャンダルが流れた。続いて、アメリカでの戦争宣伝のためにドイツを通じてひそかに数百万ドルがオーストリア外交官に流されていることが暴露され、一般大衆の激怒を買った。そして今度は、オーストリア領事館が資金を出して、アメリカの軍需工場で働くオーストリア人の生活を脅かす宣伝をしているという話が出た。そうした広告は、アメリカのいくつもの新聞に掲載されていた。

オーストリア＝ハンガリー帝国大使館は、本国政府の命令のもと、この告知によって全オーストリア＝ハンガリー国民に以下のことを通告する。この国において敵国のための武器弾薬を製造している工場に雇用されている全労働者は、故国の軍事的保全に対する犯罪を犯している。この犯罪は一〇年から一二年の収監に値するものであり、ことに状況が悪化した場合、死罪にもなりうる。この命令に背く者に対しては、帰国した際に法律の影響力が全面的に適用されることとなる。[*7]

こうしたスキャンダルが出るたびに、オーストリア＝ハンガリーの外交官全員をアメリカから追放せよという要求が高まった。一九一五年にワシントンに駐在していたオーストリア大使のコンスタンティン・ドゥンバが国外退去させられた以外は、とりあえず何の処置もとられていなかったが、一九一七年の春にアメリカが参戦すると、この二国間の外交関係はついに断ち切られた。

その年の五月四日の午後、クルトはホーボーケンの波止場にいて、ドゥンバの後任のオーストリア大使アーダム・タルノフスキ伯爵や、ニューヨーク駐在の総領事アレクサンダー・フォン・ヌーバー、その他二〇六名の「敵国役人」とともに、アメリカ諜報部員の一団による監視のもと、オランダとアメリカを結ぶ定期船ラインダム号に乗ってオランダへと向かった。船はハリファックスで五日間足止めされ、乗船していた全員がイギリス情報将校の尋問を受けた。その後、船は出港を認められ、戦時の通行の安全を保障する通行証に守られながら、潜水艦と機雷を避けるためフェロー諸島の北をまわって、ロッテルダムへ向かった。

一方ウィトゲンシュタイン夫人は、息子がアメリカから追放されたことを何も知らなかったらしく、クルトからの便りも何ヵ月も途絶えていたので、五月十七日付の息子からの電報を読んで驚くと同時に、大喜びした。電報にはこう書かれていた――「今日無事にロッテルダムに着いた。水曜ウィーン着。クルト」[*8]。

ヘルミーネのほうは、志願して入った外来専門病院での監督の仕事にすっかりうんざりしていたところで、弟の帰国の知らせを熱狂的に喜んだ。「いましがた、クルトがロッテルダムに着いたとの知らせを受けました」とヘルミーネはルートウィヒに書き送った。「本当によかったわ！　さもなければ戦後の彼の立場はひどく悪くなっていたでしょうから！」[*9]

25　シベリア到着

二十七歳の誕生日を迎えた一九一四年十一月五日、パウルは凍てつくような寒さのなかで、のろのろと進む家畜車に閉じ込められていた。片腕になって苦しみながら、三ヵ月も病院から病院へと移されてきたので、彼の乗った列車がウラル山脈を越えて西シベリアの何もない広大なステップに入ったころには、季節はもう冬で、身を切られるように寒い天候になっていた。気温は零下六〇度まで下がり、秋の初めには朝方に開けられていた列車の引き戸も――おかげで風通しがよく、ボルガ川の広大なヒマワリ畑のすばらしい眺めも満喫できたのだが――いまでは固く閉じられている。吐き気と絶望感と悪臭が、暗い車内に蔓延する。誰かが死んでも、その死体は次の番兵の交替までそのまま車内に置かれるのだが、交替が数週間後になることもままあった。一九一五年二月に南東の都市サマラに到着した列車の場合、二両の板張りの無蓋車に六五人の捕虜を乗せていたが、そのうち八人しか生きてはいなかった。列車が街を出て一キロ半ほど分岐線を進んだところで、斧と鋤をもったロシアの番兵が五七人の凍った死体を列車から降ろし、線路のわきに掘られた穴に投げ捨てた。これは決して珍しい光景ではない。モスクワとオムスクに到着した板張りの貨車は貴重品を積んでいると思われていたが、調べてみると、そこにはたくさんの凍った死体も詰め込まれていた。

ハーグ陸戦条約の第一七条にしたがって、少尉であるパウルは一ヵ月に五〇ルーブルの支給を受けられることになっており、それで食べ物や石鹸や、その他の必要品を買うことができた。しかし実際のところ、そのお金が払われることはめったになかった。ロシアの役人は支払いをしなくてすむように、所定の支払い日の前日に捕虜を収容所から出して別のところに移送していたのだ。移送の際に、捕虜に現金を支給する義務は各列車の輸送監督官に移される。正直な監督官もいたが、多くは金をくすねようとして、ぴったりの小銭がないと言い張った。そうした場合、捕虜は何も食べられなくなり、ときには続けて何日も、途中の各駅で用意されている無料のお湯だけで生きていかなければならなかった。

少尉のパウルは収容先でも、下士官に比べればかろうじて思いやりのある扱いを受けられた。同じ戦争捕虜でも将校はロシア人のために働く義務がなかったが、ただの兵卒は肉体労働に駆り出された。そうした下士官二万五〇〇〇人が、一九一四年から一五年の冬、ムルマン鉄道の建設中に死んでいった。

モスクワから東におよそ二五〇〇キロ、オミ川とイルティシ川の合流点に位置するアクモリンスク州のオムスクは、西シベリアの中心都市である。一九一四年、ここには一三万人が住んでいたが、四年のうちに、そこに九万六〇〇〇人の戦争捕虜が加わった。一九一五年八月までの一〇ヵ月間に、約一万六〇〇〇人の戦争捕虜がここで死んだ。オムスク駅に着いたとたん、パウルは猛吹雪のなかで列車から降ろされ、武装した番兵に護衛されて、近代的なウォッカ蒸留所に連れていかれた。そこは最近、戦争捕虜の病院に変えられたばかりだった。同じ列車で到着した他の捕虜は、市街から五〇キロ近く離れた捕虜収容所に護送された。凍えるような寒さのなかで、家を恋しがりながら、あまりに軽装だった多くの捕虜が、目的地に着く前に息絶えた。

パウルは病院の入り口で、新しい居場所を家族に知らせるための未使用の葉書を手渡されると、続いて一階の共同浴場に押し込まれ、ひげと髪を剃られたあと、入浴を命じられた。衣服は消毒にもっていかれていた。ひどく寒かったが、それでもオムスクの病院は、パウルがこれまで入れられてきた大半の収監施設よりましだった。ロシアの病院はどこも包帯や薬が不足していたが、少なくともオムスクの病院はオリョールの病院より清潔だったし（パウルはオリョールで腸チフスやジフテリアの患者と同じ病室に入れられていた）、モスクワの病院ほど混んでいなかったし（モスクワでは四〇〇〇人の患者が収容されていた）、正気とは思えないほど粗暴な番兵のいるペトログラードのニコライ病院よりも安全だった。そこでは将校用の病室にいたオーストリア人大尉がトイレに行こうとして背中を銃剣で突き刺されたのだ。番兵の剣は大尉の肺に穴をあけたが、その後のあわただしい裁判では、番兵が無罪とされる一方、重傷を負った大尉と彼に代わって証言した三人の病気の捕虜がそれぞれ六年間の重労働を言い渡された。

26　三つの活力源

右腕がなくてもコンサート・ピアニストとしてやっていこうとパウルが決めたのは、捕虜になってまもないころ、つまりオムスクの病院に到着するずっと前だった。成功以外に選びうる道は失敗ではなく死だったし、実際、母親や姉はロシアから届く手紙のどこかにパウルが自殺を考えているようなそぶりが見受けられないかと大いに心配しながら探したのだが、障害を負ったことに対する心の傷は、むしろこれまで以上に、なんとしてでも故郷に帰って演奏活動を再開するのだというパウルの決意を強くさせた。かねてパウルは父親から、恐怖に立ち向かい、自己憐憫を軽蔑するようにしつけられており、その教えは深く彼の心に刻まれていた。たった一人の意志の力で、彼は自分の状況の深刻さをできるだけ軽く考え、友人から同情されても、善意の支援を申し出られても、無礼なほどにそれをはねつけようと努力した。彼に万一、片腕のピアニストとしての将来に恐怖を感じるときがあったとしても、その恐怖を果敢に押さえ込む機会が得られたと、むしろ喜んでいただろう。彼の勇気を試す方法は、のちに友人たちを幾度となく狼狽させた。一本の腕で雷雨のなかを遠泳したり、ドーバーの断崖のふちから数センチのところを大またで闊歩したり、サウスウォルドの湿地を横切る高架鉄道の上をバランスをとりながら歩いていったりする彼に、友人たちは仰天するばかりだった。ニューヨークに暮らしていたときも、彼はアパートメントを訪ねてきた秘書に悲鳴をあげさせた。六〇メートル下はコンクリートの舗道というバルコニーの細い欄干の上に立って、綱渡りをするように歩いていたのである。

もちろん父親以外にも、手本とする人物はいた。そうした実例が、パウルにピアノを続ける決意を固めさせてくれた。一人は盲目の恩師ヨーゼフ・ラーボアで、もう一人がゲザ・ジチー伯爵だった。まだ面識はなかったが、この威勢のいい風変わりなハンガリー貴族のことは評判で知っていた。ジチーの片腕でのピアノ演奏は、あのリストをも感嘆させ、批評家のエドゥアルト・ハンスリックも、ウィーンの新聞でジチーのことを「現代のピアノ界における最大の驚異」[*1]と評していた。ジチーは一九一四年、手や足を切断されて戦争から帰ってくる人のあまりの多さとその窮状に心を痛め、そうした人々の自立を助ける本を書いた。実例の写真つきで、自分の歯を使ってザリガニを食べる方法や、肉を切るのではなく押しつぶして食べる方法や、一つしかない手に石鹼をつけて顎でこすって洗う方法や、下着を自分一人で穿いたり脱いだりする方法が示された。「下着を自分で穿く方法はぜひとも習得するべきだ」とジチーは主張した。「その手伝いを他人に頼まねばならないのは、あまりにも屈辱的だ」[*2]。ジチーのマニュアル本の序文はフォン・アイゼルスベルク医師が書いていた。一九一二年十一月にカールの腫瘍の手術をした外科医である。「この本は手足を失った人に励ましを与えるだろう」とアイゼルスベルクは書いている。「そして同時に、鉄の意志があれば、片腕を失った悲惨さも少しは耐えやすくなることを教えてくれるだろう」[*3]。一九一五年五月、ジチーはベルリンでピアノの独演会を開いた。聴衆はすべて片腕の軍人だった。パウルはこれを知らなかったが、ジチーの本はロシアにいたときに送られてきており、のちにようやく本人と会ったとき、ジチーの芸術性をまったく認めていないパウルも、彼の気概と情熱には大いに感銘を受けた。

囚われの生活のなかで、先が見えずに最も苦しんでいるときに、パウルに光を照らしてくれたのはレオポルド・ゴドフスキーだった。このリトアニア生まれの巨匠は、当代のピアニストのなかで最も卓越した技術をもつと多くの人から認められていた。ゴドフスキーは一九〇四年にウィーンでの初公演を行なって、センセーションを巻き起こした。自身で編曲したシュトラウスの『美しく青きドナウ』をみごとに演奏したほか、ショパンのエチュードの短い連作では、左手独奏用のすばらしい編曲が披露された。パウルはこのコンサートに行っていたのかもしれない。そうでなくとも、その評判は必ずや聞いていたはずだ。「私がウィーン中で話題になっているのはまちがいない」とゴドフスキーは友人への手紙に書いている。「私がもらった批評は、オーストリアの最も主要な日刊紙である《自由新聞》に載ったんだ。批評家は、ウィーンで最も恐れられている人物らしい。友人はみなその記事に大喜びして、これで私の名前はウィーンに定着すると言ってくれている」[*4]。

その後、ゴドフスキーはウィーンに何度も招かれ、一九〇九年初めには、帝国音楽学院（現ウィーン国立音楽大学）ピアノ科首席教授という名誉ある職に、ヨーロッパのどのピアノ教師よりも高い給与で就任した。いろいろと物議をかもしたゴドフスキー編曲によるショパンのエチュードの左手用練習曲は、一八九四年から一九一四年にかけて出版された。パウルは戦前にはこの楽譜を持っていなかったが、それらについてはよく知っていて、オムスクの病院で身体が回復してくると、ある日、空の木箱に木炭で慎重にピアノの鍵盤の図を描き、ゴドフスキーがどのようにしてショパンの激しい「革命的な」練習曲を左手だけで弾けるように編曲したのかを初めて探りはじめた。

パウルはかつて、このエチュードの両手によるオリジナル版をレシェティツキのところで練習しており、少なくとも二回は公演でも――一回は一九一四年二月のグラーツで、もう一回は三月の楽友協会ホールで――弾いたことがあったから、曲はすべて暗譜していた。問題は、右手が休みなく弾く激しい主題をどうやって左手の弾く急速な装飾につなげれば、主旋律と伴奏の両方を片手の五本指だけで同時に弾けるようになるのかだった。たいていのピアニストは、そんなことは不可能だと切り捨てるだろうが、ゴドフスキーが一〇年前に実現させているのを知っていたパウルは、是が非でもその方法を見つけてやると決意した。

毎日何時間も、この成功しそうにない困難な仕事にパウルは打ち込んだ。頭のなかに流れる曲を一心不乱に聴きながら、凍える指をぱたぱたと木箱に打ちつけているパウルの姿は、さながら混んだ病室の片隅で、一人で悲喜劇を演じているようなものだった。他の捕虜も、病院の職員も、誰もが同情と好奇心をかきたてられた。

27　希望の光

パウルが執拗に指で箱を叩いている姿は、定例業務の一環としてこの病院を訪問した三十二歳のデンマーク外交官、オットー・ワドステッドの目に留まるところとなった。この戦争で中立を保っていたデンマークは、オムスクに領事館を維持していたので、そこから捕虜の状態をチェックしてデンマーク赤十字に報告することができた。ワドステッド領事は専用の事務所を運営していて、シベリア当局の許すかぎり、骨身を惜しまず定期的にすべての収容所を訪問して、多くのオーストリア＝ハンガリー軍人やドイツ軍人の捕虜を心身両面で支援していた。とても教養のある人物で、フランス語もドイツ語も流暢に操り、読書家で、熱心なアマチュア画家でもあり、バイオリンを弾くのも大好きだった。パウルの事情を知って心を動かされ、身体的、精神的な状態も心配した領事は、オムスク軍政府長官のモーリッツ将軍に談判して、パウルが退院できしだい、ピアノの置いてある抑留施設に移してもらう約束を取りつけた。オムスクは開戦から数年のあいだ、西から急激に入ってきた大量の捕虜に対応しきれず、市外に建設中だった捕虜収容所もなかなか完成しないので、使える建物はすべて使って捕虜の収容場所に充てた。つまり一九一五年一月の時点では、サーカス小屋も、地下室も、売春宿も、使われなくなった食肉処理場も、そしていくつかのホテルと民宿も、捕虜の収容所となっていた。

ウィーンでは、ウィトゲンシュタイン夫人が甥のオットー・フランツを通じて、パウルとの連絡経路を開くことに成功していた。この甥はコペンハーゲンのオーストリア大使館に勤務する外交官だったのである。まずフランツがデンマーク外務省と直接連絡をとり、デンマーク外務省はワドステッドのいるオムスクの領事館から定期報告を受ける。この方法で、フランツは一九一五年二月二十日、ウィーンのおばにこんな電報を送ることができた。「一月半ばの時点でパウルはオムスクの小ホテルに移送。市内なら行動の自由あり。週に三回の報告義務[*1]」。パウルはすでに同じ知らせを書いた手紙を母に送っていたのだが、その二月二日付の手紙がウィーンに届いたときには、もう三月二十八日になっていた。

愛するお母さんへ

僕はすでに元気になって病院を出ています。デンマーク領事のありがたい仲介のおかげで、そのままこの市内で暮らすことになりました。新しい住居はとても快適です。何よりありがたいのは、コペンハーゲン経由でこちらに書留郵便が送れることです。宛先は以下です。パウル・ウィトゲンシュタイン少尉、戦争捕虜、ノメラ・ステパノフスカヤ、オムスク……。僕は元気です。ピアノだって弾いています。そちらからの知らせの一つ一つに大喜びしています。手紙をくれた全員に心から感謝を。どうぞみんなに僕からよろしくと！　そして親愛なるお母さん、あなたに真心からの抱擁を送ります。

あなたの息子、パウルより[*2]

二〇人の将校が同じホテルに割り当てられ、四人で一部屋を共有した。二人を除いて全員がオーストリア＝ハンガリーの軍人だった。ここの捕虜は市内に出ることを許された。当初は、帰ると約束しておけば自由に出入りができたのだが、彼らは「社交上の儀礼」を厳密に守ろうとして、つねに脱走を試みた。あまりにも脱走未遂が多いので、最後には腹を立てたシベリア当局が捕虜の外出を週二回に制限した。しかも出かけるときは六人で組になり、武装した番兵の厳しい監視をつけられることになった。

三ヵ月間、パウルは調律もされていない古ぼけたアップライトピアノで毎日練習を続けた。そのピアノは、同情したロシアの番兵によってホテルに持ち込まれたという説もあれば、使われないままホテルの物置にしまわれていたという説もある。パウルの目的は、自分が暗譜していた曲をできるだけ多く編曲して、左手のみで演奏できる曲に仕上げることだった。二月の末には、母親に「すばらしい」気分だと手紙を書けるまでになり、このままホテルにいることを許されればそれだけで幸せだとも書いていた。ウィトゲンシュタイン夫人はそれを末息子に手紙で知らせた。「パウルはとても熱心に練習しているようです。なんてありがたいことでしょう！」[*3]。一方、ヘルミーネはそこまで喜べなかった。ピアニストとして成功できなかったら、それこそパウルにとって致命的ではないかと恐れたのだ。「あなたの言ったとおり、パウルは自分の不運に関してすでに心を決めています」と彼女はルートウィヒに知らせた。「とはいえ、彼の唯一の目的がいまだ名演奏家になることなのだとしても、彼にとってはよかったと思います。まったく新しい活動分野をこれから探さなくてもいいわけですから」[*4]。

一九一五年四月の初めには、パウルもピアノを弾くことにすっかり自信がついていたらしい。ワドステッド領事を経由し、デンマーク外務省を経由し、オットー・フランツを経由して母親のもとに届いた手紙には、ヨーゼフ・ラーボアに左手用のピアノ協奏曲を作曲してくれるかどうか聞いてもらいたいと書いてあった。これに先立って、ルートウィヒは軍務でウィーンに来ていたあいだに、一月四日と五日の二日間をキルヒェンガッセのラーボアのアパートメントで過ごしていた。左手用のピアノ協奏曲の作曲（これまでなされたことのない試み）という着想は、このときからルートウィヒとラーボアのあいだで出ていたのかもしれない。ウィトゲンシュタイン夫人がパウルの希望をラーボアに伝えたとき、ラーボアは少し前からそうした曲作りに取り組んでいると答えたからだ。

盲目のラーボアは自分で曲を書き留められなかったので、鍵盤を叩いてその感覚をつかみながら各パートを記憶し、それを筆記者の前で弾いてみせて、曲を書き取らせた。かつてはラーボアの母親がそれをしてくれ、その後は姉のヨゼフィーネが、そして一九〇〇年ごろにはラーボアの溺愛するロジーネ・メンツェルという弟子が、その担当となった。五月半ばには、ウィトゲンシュタイン夫人がこう伝えている。「ラーボア先生がパウルのための作曲にすっかり没頭していました――あれだけの愛情と喜びをもって仕事に取りかかっていらっしゃる姿は、とても感動的です[*5]」。ラーボアが作っていた作品は、ニ長調の『コンツェルトシュテュック』という短い協奏曲のようなもので、序奏と、オリジナルの主題にもとづく五つの変奏曲と、間奏曲と、即興形式のカデンツァからなっていた。ラーボアとしては、これができしだいシベリアのパウルに送るつもりでいたのだが、状況が変わって、一九一五年六月に完成したこの楽譜は、結局パウルが帰ってくるまでウィーンに置かれることとなった。

三月の末ごろ、ワドステッド領事からペトログラードのデンマーク王国大使館に送られた一通の手紙が、途中でロシア軍に取り押さえられていた。そこにはオムスクでのオーストリア＝ハンガリー捕虜の取り扱い方についての不満が述べられていた。すでにワドステッドはその不満をオムスクの捕虜収容所監督官であるアレクセイ・プラフスキーに直接申し立てていた。この短気な老将軍は、自分の荒っぽい、違法でもある捕虜の扱い方が報告されれば上層部から目をつけられるのではないかと恐れ、ワドステッドを陥れる陰謀を働いた。彼がドイツのスパイとして活動していると告発したのだ。偽の目撃者も仕立てられた。パウルと同じホテルに収容されていた若いオーストリア将校は、結託の罪で死刑判決を受けた。ペトログラードのデンマーク大使館にも圧力が及び、オムスクの領事館を閉鎖してワドステッドを解任するようにと迫られた。そのさなか、たまたまこの一件を知ったのが、赤十字の戦争捕虜収容所調査官として志願勤務していたドイツ貴族のクニグンデ・フォン・クロイ＝デュルメン公女だった。正義感の強すぎる彼女は、自分の職務の権限を越えた運動を始めた。彼女が自前で雇った有名なロシアの弁護士は、みごとにプラフスキーの陰謀を暴き、オーストリア将校の死刑判決を二ヵ月間の投獄に減刑させた。

不運にも、この動きはいずれもパウルにとっては間が悪かった。パウルは他の将校とともに小さなホテルから出され、オムスク中心部の、もっと管理の厳重な、もっと不潔な収容所に移された。ロシア当局はスラブ系の捕虜をドイツ系の捕虜より優遇する方針を打ち出していた。それによってスラブ勢が味方につく側を変え、ロシア軍に協力し、ハプスブルク帝国を敵として戦ってくれることを期待したのである。当初の予定では、そのなかに裏切り者が出た場合にもすぐさま容易にガリツィア戦線の対オーストリア軍勢に配備できるように、捕虜全員をウラル山脈より西のヨーロピアンロシアにとどめておくつもりだった。ロシア人が「ゲルマンスキー」と呼ぶドイツ人とオーストリア人の捕虜は、シベリアや、さらに東の奥地に送られたが、捕虜のあまりの多さとロシアの欠陥だらけの無能なシステムのせいで、最終的には何千ものスラブ系の捕虜までもがゲルマンスキーと一緒にシベリアに送られた。この区域の軍政府長官であったモーリッツ将軍は、ワドステッド陰謀事件のさなかに、デンマーク領事館と結託してオーストリアやドイツの将校を最も待遇のいい施設に収容する一方、スラブ系捕虜を（公式の方針に反して）過酷で懲罰的な抑留施設に入れていると非難されていた。自分がドイツ系の姓であり、ワドステッド率いる領事館とも親密な関係にあったために、ロシア当局から疑いの目で見られるのではないかと恐れたモーリッツは、あわててゲルマンスキーの全員をホテルや民宿から追い出し、もっと厳しい収容所に移して、その空いた部屋にスラブ系の戦争捕虜を入れる命令をくだした。ノメラ・ステパノフスカヤのホテルにいたパウルと他の将校たちにとって、これは痛い打撃だった。

28 「死の家」クレポスト

パウルには知るよしもなかったが、モーリッツ将軍のスラブ系優遇目的の介入があろうとなかろうと、オムスクのホテルからの移送はおそらくなされていただろう。そのころプラフスキー将軍は、障害を負った戦争捕虜を街から排除しろと要求するオムスク市民からの包囲攻撃にあっていたからだ。脚や腕や耳や鼻を失ったゲルマンスキーに毎日あたりをうろうろされては、地元の士気にかかわるというのだ。そのためパウルは（同じく手足を失っていた他の八〇〇人の捕虜とともに）、繊細なオムスク市民の目に触れないように、市内の強制収容所に移された。

その「クレポスト」（ロシア語で「要塞」を意味する）は、十九世紀半ばに流刑に処されたフョードル・ドストエフスキーが入れられた監獄として、今日でも有名なところである。のちにドストエフスキーはここを舞台にして、小説『死の家の記録』を書いた。基本的に、その性質はドストエフスキーのころとほとんど変わっていなかった。一九一四年の戦争捕虜はここを「巨大ネズミ捕り」と呼んだ。究極の恐ろしい場所、ということだ。もともとは十八世紀に駐屯兵の宿舎として建てられたが、当時の建物の痕跡はほとんど残っていなかった。パウルが到着したとき、そこにあったのは木とレンガでできた丈の低い小屋がいくつかと、運動場と、それらを取り囲む高さ六メートル余りの木製のとがり柵と、その合い間合い間に立てられた、武装した番兵の立つ六つの監視塔だった。小屋はそれぞれ一部屋で、雨漏りがして暖房もない狭苦しい屋内に、他に行き場のない七〇人の捕虜が詰め込まれた。パウルがそこにいたあいだにクレポストを視察したブランドストレーム看護師は、ジュネーブの赤十字にこう報告した。「何週間も何ヵ月も、きわめて教養の高い人々が、胸が張り裂けるほど家を恋しがりながら、七〇年前のロシアの最も凶悪な犯罪者のように取り扱われている。……シベリアにおいてさえ、オムスクのクレポストは際立っているというのが普遍的な見方である」[*1]。ドイツの将校ユリウス・マイアー＝グレーフェは、一九一八年の春にベルリンで出版された回想録のなかで、この収容所をこう評している。「牛糞小屋とでも言おうか、氷の穴とでも言おうか、腸チフスやもろもろの病気をもらう場所であり、まさにシラミの天下である。クレポストは最低の、下劣な、ロシアにとって恥辱でしかないところだ[*2]」。

ロシアの戦争捕虜収容所がかろうじて耐えられる場所になるためには、収容所の所長か副所長がある程度の親切心と有能さを見せるしかなかった。そういう場合もときにはあったが、クレポストでは無理だった。ここの所長は、自分の支配下にある捕虜たちが自分よりよほど教養があり、社会的身分も高いことを知って、ひとえに自分の権力を見せつけるだけのために、つぎつぎと無意味で無慈悲な命令をくだした。所長は捕虜たちを「ドイツのブタ」と呼び、自分の前で裸にして鞭打たせた。絶えず軽い違反行為を探しては、コサックの革鞭による笞刑《ちけい》を科し、あらゆる種類の基本的欲求を捕虜から奪った。ある将校が赤十字の調査官に語ったところによれば、彼はちょっとした皮肉を——ドイツもクレポストぐらい不快な施設をロシア人捕虜のために建てるべきだと——言っただけで、照明も暖房もない独房に三〇日間も拘禁された。また別の捕虜は、クレポストの見取り図を油彩で描いたために、こっぴどく殴られ、三ヵ月間の独房入りとされた。パウルがここに来たころには、楽器はすべて押収されるようになっており、捕虜は歌うのも口笛を吹くのも禁じられた。「純然たる悪意だ」とパウルは思った。そして心のなかで所長連中に悪態をつきながら、しかたなく、仲間の捕虜にフランス語を教えることに専念した。

　クレポストには一〇〇〇人以上の捕虜が収容されていたが、もともと三〇〇人程度の犯罪者を収容していた建物だったから、その混み具合は常識をはるかに超えていた。硬い板の寝棚に空きを見つけられなければ、むき出しのアスファルトの床で寝るしかない。寝棚は端から端までいっぱいに詰められていて、そのあいだの通路は人一人がやっと通れるかどうかの狭さだった。座れる場所はどこにもなく、荷物を置ける家具もない。しかたなく、捕虜は横になって食事し、自分の寝台がなければ寝棚の梯子段に腰をかけて食事した。その食事もまたひどいものだった。捕虜は自分たちで給仕をしていたが、将校に許されている毎日の肉の割り当ては収容所の番兵から買わされ、番兵はここで儲けを得ようと、ゆでた羊の頭や耳や足など、安い肉の切れ端をあてがうのだった。お茶を淹れるための水でさえ、常軌を逸したクレポストの監視官の言いつけにより、街中の汚水が流されている川から捕虜たちがバケツで汲み上げてきた水を使わされた。用を足すときは、地面に掘った穴にするしかなかった。片脚や両脚をなくしていた捕虜は、仲間に助けてもらわないと用も足せない。そこで捕虜の代表団が進み出て、木箱で便座を作らせてほしいと頼んだが、その要求はにべもなく却下された。

こうして品位を貶《おとし》められ、家を恋しがりながら絶望するしかないような状況で、それでも身体に障害を負った将校たちの何人かは、かすかな希望にしがみついていた。パウルもその一人だった。彼は以前、ローマ教皇ベネディクトゥス一五世が各交戦国の首脳陣に呼びかけて、重傷者と身障者を対象に捕虜の交換を行なわせることを進めていると聞いていた。当初は、早ければクリスマスにも一部の捕虜が帰国できるのではないかと期待されたが、交渉は膠着《こうちゃく》し、進展があったという知らせは何ヵ月経っても入ってこなかった。

パウルが交換捕虜の候補に入っていたことは、彼自身もクレポストに移送されるずっと前、少なくとも二ヵ月も前から知っていた。一月三日以来、一報を求めて甥をせかしつづけた。ていなかったウィーンのウィトゲンシュタイン夫人は、息子から何の便りも受け取っワドステッド領事からフランツに折り返しの電報が来た。「吉報。交換される捕虜の予備リストに名前あり。まもなく最終決定。幸運を祈る」[*3]。ウィトゲンシュタイン夫人はすぐにルートウィヒに手紙を書いた。「私がどんなに喜んでいるかご想像がつくでしょう！このあとさらに大きな忍耐が要るのだとしても、こうして話が進められているかぎり、近い将来ふたたびパウルに会えるのだという希望が持てます[4]」。

バチカンから何も発表がないまま数ヵ月が流れ、ウィトゲンシュタイン夫人の忍耐は擦り切れる一方だった。五月末、夫人はルートウィヒにこう報告した。「パウルから、体調に関してはよい知らせがありましたが、交換については一言も書いてありません。もう絶望的です！[5]」。さらに、パウルが収容所長の前に引き出されて一ヵ月の監禁を命じられたと知って、ウィトゲンシュタイン夫人は逆上した。この懲戒処分の理由はわかっていないが、ちょうどこのころ、未遂となった脱走計画を報告しなかったかどで一一名の将校が処罰されているので、パウルがその一人だった可能性はある。理由はどうあれ、ピアノを奪われ、初めての過酷な収容所で意気消沈していたパウルにとって、これはさらなる打撃だった。ヘルミーネはルートウィヒにこう明かしている。

当然ですが、お母さんはこの件にひどく憤慨しています。でも幸い、パウルによるとデンマーク領事が親切にしてくださっているそうで、そのおかげでずいぶん優遇されているとのこと。それにパウルからの明るい言葉もたくさんあって、この悲しい話を少しでも和らげてくれているのがせめてもの救いです。[6]

もう一つの心配の種は、このところのパウルの手紙に、まるで破壊分子のような危険な言葉遣いが増えてきたことで、いずれこのせいで収容所のお偉方とまた問題を起こすのでは、とウィトゲンシュタイン夫人は危惧した。幸運にもロシアの検閲を潜り抜けて届いたと思われる一通の手紙では、いまのパウルの関心はこの戦争にオーストリアが勝つことだけにあって、オーストリア軍を支援するためなら喜んで一〇〇万クローネ金貨を寄付すると書かれていた。

一方、故郷の母に心痛を与えないようにと、パウルがあえて手紙に書かなかったこともある。ちょうどこのころ、捕虜のあいだで発疹チフスが大流行していたのだ。この無差別に人を殺す伝染病は、言葉に出すのもはばかられる恐怖となってクレポストを覆っていた。これを媒介するのはキモノジラミで、パウルは自分にその免疫があると信じていた。初期の症状は、筋肉と関節に激痛が走り、高熱が出ることで、続いて赤黒い発疹が臀部や肩から急速に全身に広がる。二週間もすると腸が制御不能となり、意識が混濁する。そして数日のうちに、患者はほぼ確実に死亡する。一九一五年のイースターには、この伝染病が完全に猛威をふるい、毎日二〇名から三〇名がクレポストから病院に運ばれていた。帰ってきた者は一人もいなかった。オムスクには二つの病院があったが、すでに医師や看護師や世話係も感染しはじめていたため、どちらも一帯の収容所から運ばれてくる患者をさばききれていなかった。クラスノヤルスクに抑留されていたオーストリア将校、ハンス・ヴァイラントの日記に、なんとも痛ましい話が残されている。

何列もの寝棚に男たちがすし詰めになって横たわっている。むっとする、むしろ甘いぐらいの悪臭を放つ空気は、刃物で切れそうなほど濃厚だ。水が絶えず天井から滴り落ちてくる。……やがて夜遅く、看守が私のところに収容所長からの命令をもってくる。この隊から至急五人を発疹チフスの病院へ手伝いに出せという。他の世話係は発病しているか死んでいるかだと。……いきなり沈黙が訪れる。誰もが考えをめぐらせている。誰もがひるんでいる。これは死ねということだ。親兄弟から、妻から、子供から、永久に引き離されるということだ。誰も志願しない。私は依頼を繰り返し、この義務が果たされなければならない必要性を説明する。どんよりした空気のせいで、室内は見渡せない。隣の男の顔さえほとんど見えない。沈黙のなかで、呼吸と脈拍の音だけが聞こえてくるような気がする。そのとき、ズデーテン地方出身の若い男が寝台から声をかけてきた。「僕が行こう。これは義務だ」。彼は私の前に来て、小声で言う。自分には老いた母がいるが、自分が死んでも弟が戦争から帰ったあと母の面倒を見てくれるだろうと。さらに四人が言葉少なに彼のあとに続く。彼らは病院に行き、看護の仕事を引き継ぎ、発病して、五人とも死んだ。なんという英雄たち！[*7]

29　脱出の機会

一九一五年の夏、何ヵ月も折り合わずに長引いていた交換交渉がようやく終わり、病気や怪我を抱えた捕虜の最初の一団がついにロシアを出たが、一月からずっとリストに名前の載っていたパウル・ウィトゲンシュタインは、その一団に入っていなかった。彼の母親は郵便物に多額の金銭を同封して送ってきていたため、それを途中で差し押さえて着服していたロシア人は、収入を失いたくなかったのである。そのころ、パウルとともにクレポストに収容されていて、今回の交換でオムスクを出られた二人の元捕虜が、ウィーンのウィトゲンシュタイン夫人を訪ねてきた。一人はカール・フォン・リール大尉といって、一九一四年九月に負傷して動けずに地面に横たわっていたところを敵に襲われ、右手の指二本と左手の指四本を切り落とされていた。「この驚くべき人は」とレオポルディーネはルートウィヒに伝えた。「義指をはめるために、ありとあらゆる手術を受けなくてはならないというのに、それでも元気を失っていないのです」[*1]。フォン・リール大尉はウィトゲンシュタイン夫人に、最後に会ったときのパウルが元気そうで明るかったこと、いまではすっかりロシア語がうまくなって、上達の遅い仲間たちに新聞を翻訳してあげていること、かつて同じ学校で学んでいた仲間にフランス語を教えていて、先生も生徒もとても真面目に授業に取り組んでいることを伝えた。

交換で帰ってきた将校さんが、どちらもパウルのことを深い尊敬と愛情を込めて語り、パウルの優しさや寛大さや理想主義を褒めてくださって、この上なく嬉しい思いをしています。フォン・リール大尉はパウルに、この戦争が起こらなければ腕をなくさずにすんだのにと思うか、と聞いたそうです。そうしたらパウルは、いまのままでいいと答えたのだとか。なんて立派なことでしょう！[*2]

オムスクから戻ってきたもう一人の将校、ギュルトラー中尉は、ウィトゲンシュタイン夫人にお金の件を話した。パウルが交換されていない理由を聞かされて、夫人は自問した。「もしそれが本当にパウルの解放の妨げになっているのなら、これはどうにか取り決めのしようがあるはず[*3]」。しかし夫人がその取り決めに成功したのだとしても、それにはかなりの時間がかかったに違いない。十月初めに届いた知らせによれば、パウルは交換される予定にはなく、オムスクから南方の別の収容所に移されることになっていた。「これをありがたいと思わなくてはならないのかもしれません。でも私たちはまだ、パウルがまもなく交換予定に入れられるかもしれないと希望をもっているので、だとすると、これにはとてもがっかりです！[*4]」

その十月の最後に、ついに夫人はオットー・フランツから電信で吉報を受け取った。パウルと他の六名の負傷した将校が、委員会の審査を受けるためにモスクワに送られたのである。「これで少なくとも、かすかな希望の光が見えてきました！」[*5]と彼女は手紙に書いた。もちろん、悲観する余地はまだ充分にあり、ヘルミーネは強くそれを感じていた。「パウルが交換されるかどうか？　私はかなり期待薄だと思います。そのときお母さんがどれだけ落胆するか、考えるだけで恐ろしくなります」[*6]。

交換捕虜の候補が送られる医療委員会は下劣なものだった。期待に胸を膨らませながら到着した負傷兵は、東方の収容所から何千キロもの距離を移動してきたというのに、そこであっさり、交換するには健康状態がそれほど悪くないから元の収容所に帰れと言われる。カザンでは、収容所の医師が負傷兵の帰途の費用を負担することになっていたので、当然ながら医師たちは、推薦する候補を最初から出し渋った。運よくモスクワやペトログラードまでたどりついても、そこでは悪辣な医療下士官が恐怖政治を敷いており、その一存で捕虜の運命も決まった。ペトログラードの検疫所について、「シベリアの天使」はこう報告している。

彼らは患者の食事を売っていた。捕虜がまだ結婚指輪や腕時計などを持っていれば、それを差し出さなければならなかった。拒否すれば医療委員から嫌われて、ずっと処罰の対象にされる。こうした委員がときどき決定的な審査を行なうものだから、ことによると捕虜は一〇ヵ月近くも病院に留め置かれ、そのあいだに交換捕虜の列車は定員の半分や三分の一の状態で出発してしまう。[*7]

モスクワに着いたパウルはさっそく医師の審査を受け、「今後永久に軍務に就けないほどの重傷あるいは身体障害を負った戦争捕虜」の条件に適合すると確認されたのち、さらに軍の取調官の尋問を受け、最後にこう警告された――もしもふたたびオーストリア＝ハンガリー軍に入隊して、戦闘中にロシア軍に捕まったなら、即刻死刑に処せられることになる。

パウルが交換捕虜の審査を受けると知った瞬間から、ウィトゲンシュタイン夫人はひどく不安になり、その状態はまるまる二週間も続いた。そのあいだに脚の痛みはこれまでになく激しくなり、いまでは気の置けない友人となっていた元召使のロザリー・ヘルマンが嫌な咳をしはじめた。しかし待ちに待った末、捕らえられた息子についての知らせがついにウィーンに届いた。そのときの夫人の様子は、ルートウィヒに送られた手紙に残されている。

私の可愛いルートウィヒへ

聞いてください。九日の早朝――パウルがモスクワで審査を受けていること以外、長いあいだずっと知らせがなかったところへ、ようやくパウルが交換される一団に入って、八日にフィンランドとスウェーデンの国境のハパランダに着いたとの知らせがありました。九日の午後にはスウェーデンのユースダルにいるパウルからも電報が来ました。昨日、一団はザスニッツを通過したそうで、パウルは今日にはもうライトメリッツにいます。今日、シュトラーデル夫妻とヴォルフラム夫妻からも報告をもらいました。真夜中に駅までパウルを迎えに行ってくれて、とても元気で上機嫌だったということです。パウルはしばらくライトメリッツの検疫所にいなければなりません。もしそれがあんまり長くなるようなら、ヘルミーネに会いに行ってもらおうと思っています。私の可愛いルートウィヒ、あとはあなたさえ戻ってきてくれたら、私にとってどれだけの恵みとなるでしょう。蚊帳の外に置かれたかわいそうなクルトがいないのが残念だけれど、あなたに関するかぎり、近い将来きっと戻ってきて私を喜ばせてくれるものと思っています。ちょっとしたカタルと私の足首を別にすれば、私たちはいたって元気です。

あなたの母より、真心からの抱擁をこめて*8

30　家族の再会

存命中の二人の兄弟は、捕らえられていたパウルが帰ってきた一九一五年十一月二十一日、どちらもウィーンにいてやれなかった。クルトはまだニューヨークでしおれており、ルートウィヒは、ザモシチから八〇キロほど東にあるウクライナの町、ソカリの鉄道駅に設置された大砲工場の技師として現役勤務に就いていた。ウィトゲンシュタイン夫人は脚の静脈を腫らしており、検疫所に一〇日間拘留されているパウルに会いにウィーンからライトメリッツまで往復六五〇キロの旅に出るには痛みが激しすぎたため、ヘルミーネが一人で出かけることになった。出発はしたものの、ヘルミーネの心は穏やかでなかった。パウルに会っても自分の弟だとわからないのではないかという恐れがあったのだ。痩せ細って意気消沈した、どこか損なわれてしまった人物に迎えられることを予想していたヘルミーネは、パウルの元気いっぱいな様子に安堵すると同時に驚きもして、すぐさま母と兄弟姉妹に手紙を書いた。「パウルは外見も中身もちっとも変わっていません（もちろん腕は別ですが）。しばらく長旅に出ていただけではないかと錯覚するような再会で、互いにありとあらゆる近況を伝えあいましたが、話は尽きませんでした」[*1]。

クレポストは人に生涯の傷を残すとマイアー＝グレーフェは書いたが、たしかにパウルもシベリアでの試練によって変わってはいたものの、少なくとも当面は、その最悪な部分を家族に見せずにいられた。ウィトゲンシュタイン夫人は息子との再会についてこう書いている。「パウルが穏やかで平静な心でいるのを見て、とても嬉しく思いました。……本当に元気そうで、驚くほど快活で、人をからかう才能もまるで昔のままです[*2]」。ヘルミーネの報告はこうだ。「彼は自分の不運をじつに客観的に語ります。彼と話をするときも、不用意なことを言って彼を傷つけないように気をつけなければと思わせられることがまったくありません。これは本当に助かることです[*3]」。

だが、表向きの穏やかさとは裏腹に、パウルは激しい身体的苦痛を感じていた。クラスヌィスタフの医師は務めを完璧に果たしたとは言いがたく、ロシア軍の動きに気をとられていたためか、皮膚弁を切ったときの大きさが足りず、むき出しになった右腕の骨が充分に覆えていなかった。そのため切断された腕の基部の傷跡がひどく引きつって、骨に接着しはじめていた。したがって神経末端が骨と皮膚に挟まれて、非常に過敏になっていたのだ。パウルはウィーンに帰ってくるとすぐ、これをフォン・アイゼルスベルク医師に見せて手術してもらおうと、リングシュトラーセの近くにある十八世紀の古ぼけた建物の二階を訪ねた。そこには志願して無給で働いている職員が八名いたが、そのうちの新顔が、禿頭の不機嫌なアメリカ人義兄、ジェローム・ストーンボローだった。

パウルの手術は、ジェロームが義母に説明したほど簡単なものではなく、あるいは彼が断言したように、腫瘍を単純に取り去るだけのものでもなかった。医師はまず傷口を開けなおさなければならず、それから骨膜という稠密《ちゅうみつ》な膜を骨の末端から切除し、内部から骨髄を一センチほどキュレットで掻き出した。そこで初めて、基部の末端の軟組織が骨の末端の上を自由に動けるようにして傷口を縫いなおした。手術後二週間、パウルはかなりの痛みを感じ、眠れず、食欲もなかった。医師は麻酔の影響だと説明したが、精神的な落ち込みも同じぐらい影響していたかもしれない。パウルは切断後の基部が癒えしだい、義肢を装着するつもりでいたのだが、それはかなわず、以後パウルは生涯、腕の入っていないジャケットの片袖をズボンの右の尻ポケットにきつく押し込めることとなった。

ふたたび人生の荒波にもまれても大丈夫だと思えるぐらい気力が回復してくると、パウルは精力的に日常生活に戻っていった。朝は毎日、バウムガルトナー・ヴァルトや、ウィトゲンシュタイン家のノイヴァルデックの私有地に広がる急な勾配の草地を散歩した。左手を使う練習として、ネクタイや靴紐を結んだり、ボタンをかけたり外したり、肉を切ったり、リンゴをむいたり、泳いだり、馬に乗ったり、字を書いたり頁をめくったりした。毎月前線から手足を失って帰ってくる何千という人々のために書かれた自立を助ける本を読んで、下男のフランツとともにやり方を研究した。午後には何時間もピアノの練習をし、一〇〇万クローネをオーストリア軍に寄付する考えも（クレポストからの手紙で誓っていたとおり）実行に移しはじめた。そうして少しずつ――モスクワでの審査のときに死刑になると警告されていたにもかかわらず――軍に再入隊してふたたび軍服姿で騒乱の東部戦線に戻る準備にとりかかった。

31　変貌

ルートヴィヒは一九一五年のクリスマスを家族と祝うために帰してはもらえなかった。少し前に「士官待遇」に昇進していたルートヴィヒは、しかたなくソカリに残って将校用の食堂で「きよしこの夜」を歌っていた。彼は七月に、すでに三週間の休暇をもらっていた。工場で爆発事故を起こし、自分で自分を吹き飛ばしてしまったのだ（衝撃は受けたが深刻な負傷ではなかった）。これまでルートヴィヒは前線に送られていなかったが、それを切望しており、なにかと危険な行動をとりたがって上官を驚かせていた。探照灯の操作係として河川船ゴプラーナ号に乗っていたときに、「小競り合い」と言えるものになら巻き込まれたことはあった。開戦から六週間後、ルートヴィヒと乗組員は船を捨てて逃げなければならなくなった。ロシア軍がいきなり前進してきたからだ。「僕は撃たれることを恐れてはいない」とルートヴィヒは書いている。「それよりも、自分の義務をきちんと果たさないことを恐れる。神よ、僕に力を！　アーメン。アーメン。アーメン」[*1]。敵は続々と現れた。ルートヴィヒと同志たち（彼が以前は「信じられないほど粗野で、間抜けで、意地の悪い……ブタども*2」と呼んでいた人々）は三〇時間一睡もせずに退却を続けた。「悲惨な光景をいくつも潜り抜けた。……気力はすっかり萎えて、どこにも希望が見えない。もう最期が近いなら、しっかりと、立派に死ねますように。決して自分を見失いませんように*3」。二日後、彼はこう付け加えた。「僕たちと敵のあいだには何もない。……いまこそ僕が立派な人間になれる機会だ。僕は死と真正面から向かい合っているのだから。魂が僕に光をもたらしてくださいますように……*4」。

マイアー＝グレーフェの回想録には、ロシアの番兵にシベリア移送の話をしたときのことが書かれている。番兵は哀れそうに彼を見て、体を震わせながら言ったという——「シベリアでは、誰もが神様を探すんだ*5」。パウルの場合、神のようなものの存在を仮定する必要を感じたことがなく、シベリアにおいても神を見つけたり探したりすることはなかった。パウルはカトリックとして育ったが、彼の宗教に対する基本的姿勢は、崇拝していたアルトゥル・ショーペンハウアーのそれと同じだった。パウルはショーペンハウアーの多くの著作をそらで引用できるぐらいに読み込んでいた。「宗教は動物調教術の傑作だ。どう考えればよいかを人に教え込むのだから*6」。この見方からパウルは決してぶれなかった。

それに対して、論理と言語の哲学者でありながら、そして無神論者のバートランド・ラッセルやジョージ・ムーアとも仲直りしていながら、ルートウィヒは迷える魂だった。開戦後まもなく、意識的に神を探していたわけではなかったかもしれないが、彼はクラクフの東四〇キロほどにあるバロック都市、タルヌフの小さな本屋にいた。そこで彼は一冊の本を買った。単にその店にはその本しかなかったからだが、これ自体が前兆だったのだとルートウィヒは信じていた。それはレフ・トルストイの『要約福音書』のドイツ語版だった。新約聖書の四つの福音書の簡約版で、トルストイが賛同しないオリジナルの部分をすべて除外したものだ。具体的にはイエスの誕生と系図、イエスの起こした奇跡（水の上を歩く、水をワインに変える、死者を生き返らせる、等々）、イチジクの木を枯らすイエス、旧約聖書の予言をかなえるイエス、そしてイエスの復活が語られている。ルートウィヒはこの作品をむさぼるように読んで深く影響を受け、どこへ行くにもこの本を持ち歩いた。「僕はこの本のおかげで生きていられたようなものだ[*7]」と、のちに友人に語ってもいる。当時の同志たちは、この異常なのめりこみをからかって、ルートウィヒに「福音を携帯する男」というあだ名をつけた。

トルストイのビジョン（とでも呼ぶべきもの）は、おおむね反教会的だった。トルストイの考えでは、キリストの教えは聖書解釈によって堕落させられており、本来のキリスト教（つまりトルストイの考えるキリスト教）とは「ただの啓示でも歴史の一面でもなく、人生に意味を与える唯一の純然たる教義[*8]」だった。その教えはいたって明快で、人はもともと「父なる神のご意志」から生まれたものであり、それこそがすべての人間の生命の源なのだ。人はそのために仕えなくてはならない。そうすれば、おのれの欲望を満足させる必要などなくなり、神の意志に仕えることが人に「生命を与える」過程となる。したがって真のキリスト教徒は、イエスに倣って物理的な満足を断ち、自らを謙虚に律して、霊魂に寄り添わなければならない。これをルートウィヒは厳密に実行しようとした。だが、つねにうまくやれたわけではなかった。彼はノートにこう記している。

ときおり、僕は動物になってしまう。そうすると、食べることや飲むことや寝ることしか考えられなくなる。最低だ！　そして本当に動物のように、内面の救済など望むべくもなく、ただただ自分の食欲や嫌悪感の言いなりになる。これでは真の人生など得られるわけがない。[*9]

短い哲学論文『論理哲学論考』のまえがきで、ルートウィヒは自分の考えの一部に他の本の影響があるかもしれないと認めたうえで、「私の考えたことがすでに他のひとによって考えられていたのかどうかなど、私には関心がない」[*10]〔野矢茂樹訳、岩波文庫、二〇〇三年より訳文引用。『論考』については以下同〕と述べている。たしかにこの作品とトルストイの『要約福音書』には多くの共通点がある。どちらも六部からなっており（ルートウィヒは『論考』に第七部を加えたが、それはいまや有名な、ただ一つの宣言からなる――「語りえぬものについては、沈黙せねばならない」[*11]）、どちらも一連の金言的な発言が番号を振られてつなげられている。たとえばトルストイはこんなぐあいだ。

一・一　すべてのものの土台と始まりは、生命の悟りである。
一・二　生命の悟りは神である。
一・三　すべては生命の悟りのうえに築かれ、この悟りなくして生きているものは何もない。
一・四　そこに真の生命がある。
一・五　この悟りが真理の光である。[*12]

一方、こちらはルートウィヒの『論考』の冒頭のページだ。

一　世界は成立していることがらの総体である。
一・一　世界は事実の総体であり、ものの総体ではない。
一・一一　世界は諸事実によって、そしてそれら事実のすべてであることによって、規定されている。
一・一二　なぜなら、事実の総体は、何が成立しているのかを規定すると同時に、何が成立していないのかをも規定するからである。

一・一三　論理空間の中にある諸事実、それが世界である。[13]

両方のテキストに共通しているのは、永遠の世界が現在のみに所属しているという考えだ。たとえばトルストイはこう言う。

七　一時の生命は真の生命の糧である。

八　ゆえに、真の生命は時間を超越している――それはつねに現在のなかに在る。

九　生命の欺きは、時のなかにある。過去と未来の生命は、人の前に、現在の真の生命を隠蔽する。[14]

ルートウィヒの『論考』も同じ考えを表明しているが、表現はもう少し簡潔かもしれない。

六・四三一一　死は人生のできごとではない。ひとは死を体験しない。
永遠を時間的な永続としてではなく、無時間性と解するならば、現在に生きる者は永遠に生きるのである。[15]

ルートウィヒの突然の変わりように、家族は驚き、とまどい、理解ができなくて困惑した。ヘルミーネとグレートルとパウルは、弟をどうにか理解できないものかと、トルストイの『福音書』を読んでみた。つねづねルートウィヒの知性に圧倒され、彼に追いつこうと必死に努めていたヘルミーネは、さらにトルストイの他の著作も何冊か読んでみた。グレートルは評価の高いエルネスト・ルナンの『イエス伝』を熟読して、トルストイの本と矛盾がないのかどうかを確かめた。パウルはからかうような、意地が悪いような、まったく同情的とは言えない態度を示した。「万が一パウルがルートウィヒと同じ本を気に入ったしても、パウルはいつだってその本に、本質的に違うものを探して見つけているのです」[*16]とグレートルはヘルミーネに語った。兄や姉たちのなかで、グレートルはルートウィヒの新たな精神性に最も理解を示したが、トルストイ流のキリスト教は、一般的な信徒たちが共有している意味での宗教ではなかった。しかし『要約福音書』はルートウィヒに、すなわち自己愛と自己嫌悪への相反する衝動に挟まれて動きがとれなくなっていた若者に、長いあいだ求めていた根本的な自己改革の機会をもたらした。自分の人格の最も嫌な部分をすべて洗い落として、意識的に自己を高め、いずれ死ぬだけのただの人間から、死を超越した、イエスのような、預言者のような、完璧な人間に変容するのである。「神性には二つある。世界と、僕の独立した自己だ」とルートウィヒはノートに書いた。一九一六年七月のことだ。「現在ある生にとって、死は存在しない」[*17]。一九一五年の秋にソカリでルートウィヒとともに将校として勤務していたマックス・ビーラーによれば、「ルートウィヒは預言者のありとあらゆる特徴を備えていた」[*18]。

ルートウィヒの『論考』が戦後になって出版されたとき、彼の論理やその他もろもろについての考えに感嘆するようになっていた少数の人々は、予想を裏切られて混乱した。バートランド・ラッセルもその一人で、彼は『論考』の「神秘主義への衝動」を理解できないもの、むしろうんざりするものと見なした。これは哲学の小論文ではなく、理解不能な、言ってみればルートウィヒによる福音のように思えたのだ。

六・五二一　生の問題の解決を、ひとは問題の消滅によって気づく。
（疑いぬき、そしてようやく生の意味が明らかになったひとが、それでもなお生の意味を語ることができない。その理由はまさにここにあるのではないか。[*19]）

32　グレートルの問題

開戦当初、ストーンボロー夫妻はイギリスに戻ることを望んでいた。しかしグレートルは――ジェロームとの結婚によりアメリカ国民となっていたものの――ウィトゲンシュタイン家の一員として、オーストリアへの義務を果たしたいという強い愛国心に駆られた。母国のためにできることがあれば、華々しくその務めを果たしたかったし、自分の心の広さと頭のよさと莫大な資産によって、この戦争でオーストリアを勝利に導くためにただ手を貸すだけでなく、何か大きな影響力を及ぼしたかった。「持てる力をすべて使って、身体的にも精神的にも最大の努力を払って」[*1]関わりたかったのである。したがって、イシュルの小さな病院で毎日八〇人から一〇〇人の患者の食事を用意する仕事を志願して引き受けたものの、それだけではとても満足できなかった。彼女はヘルミーネへの手紙にこう書いている。

私もあなたと同じように、この戦争に大きな影響を受けています。私は何も、まったく何も達成できていません。でも、この戦争のために何かができるなら、何でもしたいと思っています。そうしたことをやりとげられる力がありながら、実際にやりとげないのは恐ろしいことのように思えます。[*2]

グレートルは患者の一人から感染症をうつされて病院を辞め、医師から復職を禁じられた。これで彼女はもっと高い理想に専念できるようになったが、最初のうちは、あまりうまくいっていなかった結婚生活の重荷と格闘しなければならなかった。彼女の問題は、彼女が人を苛立たせる人物であることだった。彼女の考えも、その言い方も、服装も、すべてがたいてい相手の神経にさわった。母もルートウィヒもパウルも、そして夫のジェロームも例外ではなかった。ヘルミーネも、ときどきグレートルの顔をひっぱたきたくなることがあると認めていたが、それでも彼女は妹の最も揺るぎない味方で、グレートルの「心のすばらしさ」をいつも周囲に気づかせようとしていた。たとえばルートウィヒには、こんな手紙を書いている。

> 私がどれほどグレートルを愛し、尊敬しているか、とても言葉では表せません。それなのに、なぜ彼女はああいう性格なのでしょう。あの性格だから、彼女ほど行動もせず、彼女ほどあらゆることに寛大でもない人がたくさんいるのに、そういう人たちには向かないような激しい非難が彼女に向かってしまう。私はそのたびに、とてもつらくなるのです。[*3]

だが、グレートルの結婚生活がうまくいかなかったのは、彼女のやり方や、性的な面での素っ気なさだけが原因ではなかった。ジェロームもまた、気難しく、怒りっぽく、偏執狂的で、誇大妄想にとらわれやすく、とても夫としてふさわしい人物ではなかった。一九一六年の初めには、それがとくに悪化し、この戦争にアメリカが参戦してオーストリアの敵にまわるという考えに取りつかれて怯えるようになった。話すことも考えることも、ほとんどそればかりだった。何日も続けてふらりといなくなっては、また戻ってくるのだが、場合によってはそれが真夜中で、体は震え、鬼のような形相で虚空を見つめ、ものも言わず動きもせず、かと思えばいきなり激しく怒り出す。ジェロームのふるまいはグレートルの神経を極限まで試練にさらした。どう対処していいかわからないまま、とりあえずグレートルはこの問題を合理的に解釈してみようと、夫の人格が分裂しているのだと見なし、彼の「内面」は「かつては明晰だったが、いまは混濁している」のであり、「外面」は「もはや（かつてのように）事物には向かわず、人に向いている」[*4]のだと考えた。だが、そうした無理やりな断定をしても状況の改善にはほとんど役立たず、一九一五年の十月にグムンデンからクルーガーシュトラーセの贅沢なエルデーディ邸に移ってみても効果はなかった。グレートルはもちろん離婚を願い出ることもできたが、その話が持ち出されるたび、ジェロームは息子のトーマスとジーをアメリカに連れて帰ると言って脅すのだった。いったいどうしてジェロームがこうなってしまったのか、当初グレートルは自力でそれを理解しようとして、心理学や精神医学の本を読んでみた。しかし得られるものはなく、何年も経ってから、彼女は人に言われてジェロームを有名な神経科医のユリウス・ワグナー＝ヤウレッグのところに行かせた。当時、ワグナー＝ヤウレッグは物議をかもした治療法

（精神疾患患者に対するツベルクリンやマラリア原虫の投与）でノーベル賞をとったばかりで、たしかにこの療法は梅毒による麻痺性痴呆の症状に効果があった。ジェロームが梅毒にかかっていたかどうかは不明だが、彼の奇矯なふるまいや病的なまでの猜疑心は、この病気の典型的な症状の一つではある。孫のピエール・ストーンボローはその可能性を断固否定しているが、ジェロームの異常な状態を説明する他の説は出されていない。いずれにしても、ワグナー＝ヤウレッグの治療は効を奏さず、ジェロームの症状はその後も断続的に続き、最後まで治ることがなかった。

33　パウルの片腕でのデビュー

一九一六年の初めの数ヵ月、ウィトゲンシュタイン家の人々はみなそれぞれ健康上の問題に悩まされていた。ウィトゲンシュタイン夫人はあいかわらず脚が「ひどく痛んで」いた。ちょうど手術をしたところで、回復するまで何週間も車椅子での生活を強いられた。さらに、視力にも心配があった。おそらく黄斑変性の一種だったと思われるが、最終的に夫人を完全に失明させることになる中心視力の低下が急速に進んでいた。ヘレーネは胃けいれんと「それに付随する症状」のせいで寝ついていた。グレートルは激しい心臓の動悸に悩み、ルートウィヒは東部戦線で正気を失っており、ヘルミーネとパウルとジェロームは三人とも指をおかしくしていた。たまたま同時期に、ヘルミーネとジェロームは感染症で右手の指を腫らして、志願して働いていた病院をともに辞めなければならなくなった。パウルは浴室で滑って転び、手をついたときに指の骨を折ってしまった。これは痛い打撃だった。ほぼ一ヵ月間ピアノを弾けなくなったうえに、何よりそのころ、パウルはラーボアに特別に作曲してもらった新しい曲を試演するのを楽しみにしていたからだ。ラーボアも演奏会が延びたことに落胆したが、三月十一日（骨折から二ヵ月半後）、ようやく「私の使徒、パウル」が彼の作品の初めての演奏を披露できることになった。場所はウィトゲンシュタイン邸の音楽室で、内輪だけの演奏会だった。レシェティツキの若い弟子がセカンドピアノでオーケストラのパートを担当したが、当の偉大なポーランド人教師は、その場に出席できなかった。レシェティツキは四ヵ月前、パウルがライトメリツの検疫所から解放されるのを待っていたころに亡くなっていた。演奏会は大成功だった。パウルがみごとに演奏し、全曲アンコールを求められたことにラーボアは喜びを隠せなかった。

十月二十八日、パウルはふたたびラーボアの別の作品の演奏を披露した。今回は四重奏で、ピアノのパートは、ラーボアにいつも付き従っているロジーネ・メンツェルによって片手用に編曲されていた。今回もウィトゲンシュタイン邸での内輪の演奏会で、そして今度もパウルは「とてもみごとに、大変な温かみと情熱を込めて」演奏した。ラーボアは天にも昇るような気持ちで喜んだ。ふだんはパウルの演奏に対して否定的だったヘルミーネでさえ、メンデルスゾーンの二つの小品に対するパウルの解釈を大いに気に入り、パウルがこれを「とても上手に、情感たっぷりに」[*1]弾いたと感じた。彼女はそれをルートウィヒに伝えている。

今回のパウルには本当に驚かされました。私としては、あまりにも多くの困難を思うとパウルには音楽を追求する権利をあきらめてほしいのですが、一方で、あのように感情を込めて弾いてもらえる曲のためにも、喜んで彼にその権利を与えたい気もするのです。[*2]

このときの聴衆のなかに、フーゴー・クネープラーの痩せた優雅な姿があった。彼はウィーンの有名な興行主で、戦前にパウルの室内楽演奏会の開催と宣伝を支援していた。このクネープラー（一九四四年にアウシュヴィッツで殺されることになる）が、ラーボアの『コンツェルトシュテュック』の初めての公開演奏の主催を任された。そして一九一六年十二月十二日、ちょうど三年前にパウルが両手でデビューしたときに使ったのと同じ会場（楽友協会の大ホール）、同じ指揮者（オスカル・ネドバル）、同じオーケストラ（ウィーン・トーンキュンストラー管弦楽団）で、人々は初めてオーケストラと左手しかないピアニストのために作曲された音楽を聴いた。

パウルはこの演奏会に並々ならぬ努力と決意をもって臨み、ときには七時間もピアノの前に座って練習した。「あれは山に登るようなものだった」と、のちに彼は認めている。「あるルートからでは頂上に到達できなかったら、いったん降りて、また反対側から登りはじめるんだ」[*3]。パウルはジチー伯爵と、かつての教師のマルヴィーネ・ブレーから、いくつかの有益な助言を受けていたが、手を二つどころか三つも四つも使って弾いているかのように錯覚させる巧みなペダル遣いと指遣いの技術は、パウル自身が発明したものだった。彼はピアノの鍵盤の前で、両手のピアニストが通常座るように中央に座るのではなく、かなり右寄りに座った。そうすれば体をひねらずとも一番高いキーを叩けるからだ。たゆまぬ練習によって、パウルは指と手首と上腕の強さを驚異的なまでに発達させた。とくに強い音を出すために、ときには拳や二本の指を使って一つのキーを叩いた。親指と人差し指で主旋律を奏で、中指と薬指と小指で音量の異なる伴奏を奏でることも習得した。彼の最も重要な発明は、ペダル遣いと手の動きを組み合わせた技法で、これによって片手のピアニストには絶対に弾けないような和音を奏でることができた。まず、右足で「ハーフペダル」の技法を繊細に駆使しながら中音域の和音を大きく弾き、そのあと即座に、かろうじて聞こえる程度のピアニッシモで低音域の一、二音を弾く。これにより、どんなに耳の鋭い批評家にも、鍵盤上で八〇センチ近くも離れている複数の音を同時に左手だけで弾いているように思わせることができた。

パウルが直面した最大の課題は、自分の演奏を完全な音楽として聴かせることだった。

「両手のピアニストの半分ぐらいうまい」では意味がなかったのはもちろんだが、それ以上に問題だったのは、右手がないとは思わせないぐらいの驚異的な技術を身につけても、それが新しい下劣な問題を生む結果につながるということだった。たとえば広告板に「パウル・ウィトゲンシュタイン」の名前を見て、人々は音楽を味わうために切符を買うだろうか。そうではなく、見世物を見に来るような気分で切符を買うのではなかろうか。それならパウルは場末の奇術師や祭りの出し物と変わらない。実際、それが理由でルートウィヒは兄の公演を聴きに行くのが耐えられなかった。

だが、ものごとには逆の面もある。パウルは自分の困難な境遇――天才的な芸術の才能がありながら戦争で負傷した若き英雄――が女性を深く魅了することを発見して、まんざらでもなかった。もともとウィーンほど成功したクラシック音楽家がもてはやされるところは世界中のどこにもないうえに、同情を誘う境遇、男らしい不屈の決意、それにおそらく莫大な預金残高もあいまって、パウルは街中の心優しい婦人たちのアイドルとなった。あらゆる年齢、あらゆる性格、あらゆる体格の女性がピアノのまわりに群がってパウルと話し、パウルの演奏を賞賛した。それも決まって彼の才能を心から認めてのことだった。「昨日は高齢の病弱な女性ばかりでしたが」とヘルミーネはルートウィヒに知らせた。「彼には若い綺麗な女性もついています。ご婦人たちにとって、彼はたいそう感じがよくて魅力的なのです（男性に対してはあれだけ無愛想で傲慢になれるのに、女性に対してはあれだけ下手に出られるんだから）」[*4]。内心、ヘルミーネは少しばかり嫉妬していたのではないかと思われる。「最近、あるご婦人から涙ながらに言われました。パウルの演奏がじつに感動的だったと。誰だってそう思ったでしょうよ！　でも喜ばしいわ、私たちが間違っていたわけだから！」。

パウルの左手でのコンサートデビューを宣伝したポスターは、メインの演奏家が片腕をなくしていることには触れておらず、演奏予定の曲目だけを一覧にしており（ラーボアの協奏曲、ゴドフスキー編曲によるショパンのエチュード三曲、バッハとメンデルスゾーンの小品、リストの「リゴレット・パラフレーズ」）、その下に小さな字で、一部の作品が左手用の編曲で演奏されるという但し書きがつけられていた。少し前に予備軍の士官候補生に昇進していたルートウィヒも、このときばかりは出席できた。パウルは明らかに神経質になっており、ひどい演奏だった、たくさん間違えたと終演後にこぼしたが、ラーボアは――つねづね「パウルのことになるとすっかり興奮し、恐ろしく真剣になる」[*5]だけに――パウルの演奏を手放しで賞賛した。一週間後、ユリウス・コルンゴルトのなんとも微妙な批評がウィーンの《新自由新聞》に掲載された。

パウル・ウィトゲンシュタインのピアノ奏法は、普通はその演奏をするのに二つの手が必要とされる世界で弾くときの弾き方ではなく、人が一つしか手をもたない世界で弾くときの弾き方である。その意味で、彼の演奏はあくまでもそういうものとして評価されるべきだろう。……ウィトゲンシュタインによる演奏は、才気あふれる繊細な音楽家のそれである。今回のデビューが大成功に終わったところで、われわれはその勇気ある手を固く握りしめようではないか。彼はその手をじつに巧みに使いこなすことに成功している。彼の左手から奏でられる音だけを聴けば、右手を失ったことに対する彼の憂愁など微塵も感じられず、むしろ、その喪失をものともしていないことに対する勝利の喜びが感じられるのである。[*6]

34　激化するヨーロッパ戦線

片手でのコンサートデビューの準備に長時間を費やしていたにもかかわらず、パウルはそのあいだの時間をやりくりして「福祉」活動も行なっていた。オーストリア軍のために一〇〇万クローネを寄付すると誓っていたパウルは、その誓いを適正に果たすために、大量の軍用外套を作って配布することにした。自分がロシアに送られたとき、パウルはオーストリア軍の上着が敵の着ているものに比べてずっと質が悪いことに愕然とし、八ヵ月にわたるシベリアの冬を戦争捕虜にとって耐えがたいものにしている原因の一つが、この軍服にあると確信したのだ。そこでボヘミアから丈夫で暖かいグレーの生地を何千梱と取り寄せたが、困ったことに、計画は仕立て屋の不足によって頓挫した。仕立て屋のほとんどは死んだか、負傷しているか、あるいは前線でいまも戦っていた。しかし持ち前の決意の固さで、パウルは全国の都市に広告を出し、引退していた老齢の仕立て屋を復帰させてこの仕事にあたらせた。こうして計画は完遂し、何万枚もの外套がついにテプリツェの倉庫に届けられ、そこからスウェーデンを通じてロシアやシベリアの戦争捕虜に配布されることになった。一九一六年にパウルが出した一〇〇万クローネは、その年に戦争捕虜の衣類支給に充てられた国家の全支出の二〇分の一を占めていた。

ルートウィヒも、オーストリアの戦争費用に一〇〇万クローネを寄付することに決めたが、彼は現役勤務中だったため、その使い道を監督できなかった。ルートウィヒが考えたのは――パウルのアイデアよりは実際的でない――新しい巨大な迫撃砲を作ることだった。当時のオーストリア軍が持っていた最大の臼砲《きゅうほう》は、重量二二・九トンの巨大なシュコダ製三〇五ミリ砲で、八四二ポンドの弾を一時間に一〇発の割合で一二キロ先まで飛ばすことができた。これは戦時中に製造された最も上等な重榴弾砲だったが、頑固なルートウィヒはこれでも不充分だと考え、ウィーンのある基金に自分の資金を移して、さらに性能のいい武器の開発に充ててもらおうとした。しかし、その資金が使われることはなかった。ルートウィヒはその後を追いかけることに関心がなく、何年ものちになってヘルミーネが弟の寄付金の行方を追跡してみたところ、すべて一九二〇年代の超インフレーションで消滅したと告げられた。

　一九一六年三月末、ルートウィヒは前線で自分の能力を証明する機会を与えられた。砲兵隊の技官に任じられてクラクフの東のサノクに行かされたのである。だが、その新しい職務も、仲間の戦闘員との関係を和らげはしなかった。ルートウィヒはあいかわらず自己嫌悪にとりつかれ、周囲の連中に対しても激しい嫌悪感がぬぐえなかったからである。「僕のなかには憎悪が満ちあふれていて、霊魂の入る余地がない。神は愛なり」[*1]。ルートウィヒに言わせれば、隊の兵士たちは、ルートウィヒが志願兵というだけで彼を毛嫌いしていたらしいが、むしろルートウィヒの異様な自己執着と、人を見下したような態度が彼らを遠ざけていたのではないかと思われる。ルートウィヒはノートにこう書いている。「だから僕はいつも、僕を嫌う人間に取り囲まれるのだ。そしてそれは、僕がいまだにどうしていいかわからないことの一つだ。ここにいるのは、意地の悪い、心ない人たちばかりだ。彼らのなかに人間性の形跡を少しでも見つけるのは不可能に近い」[*2]。

　こうした内面の葛藤を抱えながらも、ルートウィヒは兄と同じように戦場での勇気を証明した。もちろん、絶望的に恐ろしくはあったが、すでにルートウィヒは死に直面することの恐怖を「虚偽のしるし、すなわち悪い生のしるし」と結論していた。六月から八月にかけて、ルートウィヒは「ブルシーロフ攻勢」――アレクセイ・ブルシーロフ率いるロシア帝国陸軍による、周到に計画された大々的な進攻――で捕まって敵側にいた。この戦闘でオーストリア＝ハンガリー軍は一五〇万の兵を失い（うち四〇万人が捕虜となった）、以後、オーストリア＝ハンガリーは終戦まで守勢に立たされた。

敬神の念にとりつかれていたころ、ルートウィヒは将校への昇進を絶対に受けないつもりでいたが、家族に心から嘆願されて、しかたなくその考えを撤回した。「あなたは私が思っているほど変人ではないのでしょう」とヘルミーネはルートウィヒに手紙を書いた。「けれど、私は心配なのです。あなたが昇進を勤労からの一種の逃げと見なして、それが生死を分ける問題かもしれないことを見落としているのではないかと……これは笑い事ではないのです！」[*3]。パウルは敵に捕まったときの危険性を弟に思い出させた。「僕がシベリアにいたとき、捕虜になった下士官になされるような扱いを受けていたなら、確実に死につながっていたはずだ」[*4]。結局、ルートウィヒは運命に身を任せ、予備軍の中尉に昇進した。だが、彼はその後もしつこく、最も危険な戦闘が行なわれている場所に自分を配属してほしいと上官にせがんだ。彼が新たに獲得した精神性は、彼に自分を最大限まで試すこと、自分の考える最高基準につねに従うことを求めるのだった。たとえば一九一六年五月には、監視塔に立つことを当然のように志願した。そこは絶えず敵の砲撃にさらされる場所だと知っていたからだ。「死の近くにいることが僕の人生に光をもたらしてくれるのではないか」[*5]とルートウィヒは考えていた。一年後にも、パウルのつてを頼って、現在の砲兵隊から、もっと危険な歩兵隊に移してもらえるようさまざまな上官に訴えようとした。パウルはウィーンの将校クラブに属していたので、そのつてを弟の大義をかなえるのに使えたが、結局は成果がなかった。一方、そのころイギリス軍と交戦していたルートウィヒは、砲火のなかでの「勇気ある行動、平静さ、落ち着き、英雄的行為」を認められて、刀剣があしらわれたリボンつきの軍事勲功章を授与された。終戦までに、彼は何度もこのような勲章を受けることになった。

一九一六年三月、パウルもついに、開戦後すぐの戦場での武勇を認められて軍事勲章（第三等級）を授与され、官位も中尉に昇格した（一九一五年九月にさかのぼって有効とされた）。十月にもまた勲章（第二等級）を受けた。この勲章をパウルの胸につけてくれた三十五歳のドイツの貴族、メクレンブルク大公は、失恋の悲しみからか、この儀式の一五ヵ月後、ノイシュトレーリッツの近くの森に犬の散歩に出たときに、そこで頭を撃って自殺した。

35　アメリカの参戦

ウッドロー・ウィルソン大統領は二年以上ものあいだ、アメリカの参戦を交戦国それぞれの側から要求する各ロビー団体や、完全な静観を要求するロビー団体に挟まれながら、そのあいだの道をとるために全力を尽くして舵取りをしていた。しかし一九一七年三月十八日、アメリカの三隻の商船がドイツ軍の潜水艦に沈められたのをきっかけに、連合軍側への加勢を考えはじめていた大統領はついに決意を固めた。四月二日に特別国会が開かれ、二日後に参戦決議が九〇対六で上院を通過した。下院では一七時間に及ぶ討議を経て、三七三対五〇で是認が決まった。両院の公開傍聴席では動議可決とともに歓喜の叫びが沸き起こったが、ホワイトハウスに戻ってきた大統領は、両手で頭を抱えて涙を流した。「私は若者に死んでくれと言ったようなものだ。それを喝采するとはなんと奇妙な話であることか」。

アメリカ参戦の知らせを聞いて、ジェローム・ストーンボローはさっそく家族にオーストリアを離れようと言い張った。グレートルはためらいがちに、ウィーンですることがあるから移住はしたくないと反対したが、夫は聞く耳をもたず、ウィルソン大統領の宣戦布告から八日後の四月十四日、一家は中立国スイスのチューリッヒのホテルに到着した。オーストリアから離れることは、グレートルの支配的な性格になじまなかった。彼女はつねに自分がものごとの中心にいて、人の役に立つことをしていると思いたい人間だった。オーストリアでは、彼女のまわりに政治家や、野心的な外交官や、有名な画家や作曲家や演奏家がぐるぐると渦巻いており、彼女はそうした社交生活から離れるのがひどく嫌だった。スイスに来てからグレートルは憂鬱でふさぎこみ、何週間ものあいだ、一日中ベッドから出られなかった。起きるのは短い散歩のときと、購入を考えていたピカソの絵を検分に行くときだけだった。ときおり胸を刺すような孤独感とホームシック、それに激しい愛国心が彼女を襲った。ストレスが心臓の細動を引き起こし、それが起こるたびに、「『ああ、神様！　また始まった』と気が気ではなくなる。そして情けないことに、そのたびに、死んでしまうのではないかと怖くなる」[*1]のだった。心気症と偏執狂的な死の恐怖のせいで、憂鬱はいっそう悪化した。「私はいつも死のことを考え、自分の最期を思い描いている」とグレートルは日記に書いた。「故郷に帰ることはあえて考えないようにしている。たどりつく前に死んでしまうに違いないのだから」[*2]。ルートウィヒと同じように、彼女もトルストイ流のキリスト教に救いを求めた。「持病を別にすれば、私は元気です。なにしろ意識は明瞭ですから。トルストイもこう書いています。『肉体に囚われていても、魂はそこから自由である』と」[*3]。

一方ジェロームにとっては、スイスに移ったことで、元来の神経症的な落ち着きのなさにふたたび火がついてしまった。数ヵ月のうちに、彼は家族をチューリッヒから湖畔の要塞都市ルツェルンに移し、ホテル・ナショナルに滞在した。だが、どこか新しい場所に移ったかと思うと、すぐにまた別のどこかに移動する計画を立てはじめる。これでは定住など望むべくもなく、一家はサンモリッツからバート・タラスプ＝ヴルペラへ、ベルンへ、ローザンヌの近くのウシーへと足早に移り、そのあとまたルツェルンへ戻ってきた。こうしたことを繰り返しているうちに、グレートルとジェロームの緊張した関係はまたもや限界近くまで達した。

ジェロームは長男のトミーをアメリカに連れていって二度と帰さないと言い張った。グレートルは全力を尽くして夫の挑発に乗るまいとした。当時十一歳の長男は情緒不安定の兆候を見せはじめており、息子をドイツ語圏の学校から引き離して英語圏の学校に入れるのは、グレートルとしてはどうしても避けたかったからだ。しかし、生涯つきあっていくしかない相手と喧嘩をしてもしかたがないと思ったグレートルは、何の行動もとれなかった。「私に何ができるでしょう？」と彼女は姉への手紙に書いた。「もし私が逆らえば、あとは離婚しかありません。ジェロームはいつも離婚のことを持ち出すけれど、私は子供たちのためにも離婚するつもりはありません。子供たちだけでなく、彼のためでもあります。彼は自分が何を言っているかわかっていないのだから」[*4]。

一九一七年四月にスイスに移ってしまったためにグレートルは会えなかったが、その直後に、兄のクルトがニューヨークから念願の帰国を果たした。「クルトは三年前に出ていったときと変わらない、大きな子供のままで帰ってきました。けれど、いまはそんなことはどうでもいいの」とヘルミーネが報告している。「彼は日曜のたびに家に帰ってきて、子供たちとそこらじゅうを駆けずりまわっています。……彼にとってすべてが円滑に進むように祈りましょう！」[*5]。クルトの歩兵隊将校としての最初の訓練は、ウィーンの北一六キロほどのドナウ川沿いの街シュトッケラウで二ヵ月にわたって行なわれた。一九一七年七月十五日、クルトは後方での六週間の訓練キャンプに送られた。ウィトゲンシュタイン夫人は息子と別れた悲しみを決してこぼしたりしなかったが、ときおり脚の痛みが耐えがたくなると、つい感情を抑制できないこともあった。ウィトゲンシュタイン家では、美しい音楽を奏でることで厄介な感情を包み隠すのが慣例だった。クルトが戦場に行く直前にも、クルトとウィトゲンシュタイン夫人は何時間もピアノの前に座ってシューベルトの四重奏の練習をした。「こういうものが存在していることを神に感謝するわ」とヘルミーネは手紙に書いた。「人生に何が起ころうと、こうした恵みがあるのだから！」[*6]

36　パウルの変化

パウルはシベリアから帰還して家族と再会したときに装っていた快活さを、いつまでも保ってはいられなかった。悲しみをじっとこらえる決意はしていたものの、いろいろなものが少しずつ心に積み重なるうちに、やがて裂け目が見えはじめた。父の思い出や、自殺したハンスとルディの思い出、クレポストに同志を置き去りにしてきた罪悪感、腕を失った現状に対する厳しい認識、打ち砕かれた未来についての憂慮、ルートウィヒの不安定な精神への懸念、ウィーンに襲いかかりつつある飢餓と病気への不安、あらゆる種類——芸術に関して、家族に関して、性に関して——の挫折感、そして言うまでもなく、いつ終わるとも知れない、少しずつ、ゆっくりと敗北に近づいている戦争への苛立ち。これらがしだいにパウルをむしばんで、ついに彼の倫理的平衡を破壊した。

十一月にウィーンに帰ってきて以来、パウルはロザリー・ヘルマンが少しずつ弱っていく過程にもつきあっていた。ロザリーは背の高い、骨ばった、パウルの祖母の元召使だが、非常によくできた女性で、パウルは子供のころから彼女ととくに親しかった。パウルはウィトゲンシュタイン家の子供たちのなかでも一番のロザリーのお気に入りで、パウルのほうも、多くの息子が母親に対して抱くような愛情をもって接していた。もともとロザリーはウィトゲンシュタイン夫人の母親の小間使いとして、五二年間勤めてきた。カルムス夫人は亡くなる際に、ロザリーが一人での暮らしに困らないようにと、彼女に充分なお金とブラームスプラッツの豪奢なアパートメントを遺してやった。しかしロザリーに咳の発作が出るようになり、体調が悪化してくると、ウィトゲンシュタイン夫人は彼女をアレーガッセの屋敷に呼び寄せ、広い寝室に住まわせた。ここで毎日、パウルはロザリーに新鮮な花を届け、枕元に座っていろいろな話をしたり、冗談を言ったり、本を読んで聞かせたり、音楽を奏でてやったりした。何ヵ月も続いた高熱と、見るのもつらい腫れ物で、彼女の死が近いことは覚悟できたものの、こうして死を前にしてもなおロザリーが平静を保っている様子に、一家の誰もが心を打たれた。一九一六年五月、ロザリーは病院に入った。彼女の死後、ウィトゲンシュタイン家は敬意をもって彼女を一家の墓所に入れ、カールの隣に埋葬した。ロザリーのマットレスの下からは、ウィトゲンシュタイン夫人に宛てた感謝の手紙が出てきた。彼女は気難しい人間たちのあいだの緩衝材だった。パウルは彼女の死を深く悼んだ。

ロザリーが亡くなってから、パウルはますます興奮しやすくなり、怒りっぽくなった。家族といても、他人や客人といても、苛立ちを抑えられずに激しい衝突を引き起こした。ヘルミーネとウィトゲンシュタイン夫人はパウルの「尋常でない機嫌の悪さ」がしきりに現れることを心配し、グレートルはチューリッヒに発つ直前、パウルを徹底的に叱責した。意外なことに、弟はそれに対して謝罪と悔恨を見せてきた。自分の短気さが自分でもつらい、叱られたことを本当にありがたく思っていると、パウルはグレートルに胸が痛くなるような弁解をした。ヘルミーネはそれをルートウィヒに手紙で知らせた。「必要とあらば、またグレートルにきつく叱ってもらいます。すでにパウルが自ら頼んでいるように、今度はたぶん、もっときつく」[*1]。ルートウィヒは驚いた。「まったく想像できません。でも、この世には想像できないことがいろいろあるものです」[*2]。さしあたり、グレートルの大目玉は効いたようで、ヘルミーネは弟が「すっかり変わった」と報告したが、ストーンボロー一家がチューリッヒに発つと、パウルはまたすぐに元に戻ってしまった。

ルートウィヒが提案した解決策は、パウルが屋敷を出てウィーンのどこかのアパートメントに移ることだったが、母親と二人きりになるのをどうしても避けたかったヘルミーネは断固として反対した。「私とお母さんとのあいだには摩擦しかありません」と彼女は手紙に書いた。「もしこの家に私しかいなくなったら、それこそおしまいです」[*3]。機嫌がいいときのパウルは、ウィトゲンシュタイン夫人とヘルミーネにはできないやり方で、家を明るくすることができた。女二人はどちらも必要以上に遠慮がちで、心配性だった。ヘルミーネの寡黙さは――彼女自身が言うには――他人に伝染したし、ウィトゲンシュタイン夫人は「子供の知り合いでもないかぎり、他人といても楽しくなれない」たちだった。一方、パウルは元気があって社交的だったから、彼がいれば面白い人々がつぎつぎと訪ねてきて、生活に活気を与えてくれた。パウルは母親とピアノの二重奏をすることで、母親を元気づけてもやれた。したがって、彼が出て行くのは問題外だった。たとえときどき荒れることがあっても、彼が家にいてくれるのはとてもありがたいことだった。結局のところ、「家で刺激的な人たちと時間を過ごせるなら、ときおり（ことによっては何度も）不快な場面を目にするとしても、それほど痛手にはならないから」[*4]とヘルミーネは考えていた。

そこでパウルは屋敷の三階に自分専用の続き部屋をこしらえた。独立した階段から上がれるようになっていて、階段の途中には中庭と庭園を見下ろせる窓があり、階上にはダイニングテーブルの置かれた居間と浴室と寝室がある。パウルはそこに食事を運ばせて、好きなだけ引きこもることもできた。屋敷にある七台のピアノのうちの一台が運び込まれ、

「荒れた日」には、パウルはそれで誰にも邪魔されることなく練習し、何時間も何時間も、左手で猛烈に鍵盤を叩きつづけた。その様子は、ヘルミーネに父親を思い出させた。「残念なことに、私は本当に嫌なのだけれど、「お父さんの」落ち着きのなさがそのままパウルのピアノの弾き方に表れている。彼が三階で練習しているのが聞こえてくると、一小節だって私の考え方や感じ方とは合わなくて、まるで拷問のように、私を悲しませつづけるのです[*5]」。

　父親と同じように、パウルも自分のかんしゃくを抑えることが不得意で、そしてそれは、兄も弟も同じだった。男兄弟が三人そろうと、決まって最悪の喧嘩が起こった。互いにののしりあい、ときには午後いっぱい、部屋から部屋へと場所を移して怒鳴りあった。ウィトゲンシュタイン夫人は兄弟が勢ぞろいするのを嬉しいことだとは思っていたが、実際に勢ぞろいしてみると、それは彼女の神経をいたく擦り減らした。その責任はたいていパウルにあった。

　ルートウィヒと同じく、パウルも忙しくしているときが一番幸せで、家を離れているときがとくに好きだった。軍への再入隊を待つ一年のあいだに、彼は何度かウィーンの外でコンサートを開いた。ラーボアの協奏曲のおかげで機会が開け、いまや彼の演奏は、低下していた士気を高めるものとして当局からも認められていた。むろん、障害を負った兵士がみなパウルのように幸運なわけではなかった。砲弾で顔を破壊されて前線から戻ってきた兵士は、人々がその姿を見ることがないよう、錠を下ろした病院の門の奥に閉じ込められた。しかしながら、パウルはその不屈の精神を誇りにするよう励まされ、一九一七年の初旬には、ブロツラフ、クラドノ、テプリツェ、ブルノ、プラハをまわって、兵士や傷痍軍人や鉄鋼労働者を招いての演奏会を開き、大好評を得た。そのうちの少なくとも三回でラーボアの新作が演奏され、喜んだラーボアは、夏までの完成をめざして二作目の左手用ピアノ協奏曲にとりかかった。

一九一七年三月、パウルはベートーヴェン・ザールにて、ドイツの首都ベルリンでの初公演を行なった。当時のベルリンは世界有数の音楽の中心地の一つで、ベルリン市民の音楽好きはとどまるところを知らなかった。一九三九年までに、この都市には少なく見積もっても八一の交響楽団と、二〇〇の室内楽団と、六〇〇以上の合唱団ができていた。コンサート・ピアニストとしてベルリンとウィーンで好評を得るということは、世界の舞台で成功したことにほかならなかった。パウルがベルリンを訪れるのは、かつて銀行家の見習いとして数年を過ごしたとき以来で、彼はこの街に複雑な感情を抱いていた。もちろん音楽は大好きだったが、クアフュルステンダムやタウエンツィーンシュトラーセに並ぶ下宿屋については「安っぽい小間物と安っぽい絵画でいっぱいの、とても住めたものでないくせに使い古されているという、じつにお粗末なところで、最低の意味でのミドルクラス」[*6]と嘲笑していた。

宣伝がいいかげんだったせいで客席は半分も埋まらないだろうとパウルは思っていたが、意外にも会場は満員で、違いのわかる、耳の肥えた聴衆で埋まっていた。ウィーンに帰ってきたパウルに、ヘルミーネと母親はしつこくどうだったかと尋ねたが、パウルが病的なまでに干渉を嫌うので、二人は知りたいことをずっと知れずにいた。しかし五日もすると、そのあいだにぽろぽろと出てくるパウルの楽しげな様子から、演奏会は大成功だったことがわかった。ヘルミーネは弟のことを思って非常に喜んだ。ベルリン市民はパウルを完全に演奏の質で評価してくれたのだ――それに比べて、おぞましいウィーン市民はいつだって彼の音楽よりも、彼の右腕の基部がどうなっているかに関心があるのだ。「これは本当にたいしたものです！」[*7]とヘルミーネは言った。

37　勝負の終わり

一九一六年十一月二十一日のフランツ・ヨーゼフ皇帝の死によって、オーストリアの士気は完全に損なわれた。皇帝は六八年の長きにわたって帝国を統治してきた。革新的なことは嫌いな君主であったし、つまらない宮廷儀礼にこだわりすぎて嘲笑されもしたが、その長い治世によって、この皇帝には親しみと習慣が育てたある種の権威が備わっていた。何かをなしとげたというよりは、象徴としての意味のほうが強かったが、少なくとも彼はオーストリアとその一六の属国を、長いあいだ平和で安定した状態に保ってきた。シュテファン・ツヴァイクは、自分が育った第一次世界大戦前の時代を「安泰の黄金時代」と称したが、一九一六年当時、人々の記憶するオーストリアはまさにそのようなものだっただろう。しかし、この年の十一月には、もう国民は戦争に疲れ果て、すっかり気力を失っていた。どんなにトランペットが吹き鳴らされても、華々しい葬儀がなされても、もはや人々を暗い無感覚状態から覚ますことはできず、人々に以前の誇り高い愛国心を取り戻させることもできなかった。軍隊が戦うことによって守り、支えようとしてきたものはすべて、取り戻すことが不可能なまでに失われてしまっているように見えた。かつての心地よかった、つねに変わらない、快楽主義的で楽観主義的だったオーストリア人の暮らしは、すでに二年間の戦争の嵐によって掻き乱されてはいたが、この八十代の皇帝の死によって、決定的に「昨日の世界」へと変わってしまった。

ウィトゲンシュタイン家は、気質的にはおおむね君主制を支持していたが、貴族でもなければ宮廷の人々とつきあいがあったわけでもなかった。カールの子孫のなかには、彼が貴族を表す「フォン」の称号をもらえることになったが道徳的な理由から固辞したと信じている人もいる。しかし実際のところ、カールはオーストリアの上流社会から見くびられていると感じており、ハプスブルク家から少しでも関心を向けられると大いに興奮した。乗馬中の姿勢のよさを皇帝に気づいてもらえたときは大喜びしたし、自分の工場を皇族が訪問してくれることを最高の誉れとしていた。息子たちが幼かったころは、息子を呼ぶのに耳をつかんで引っぱり、それで息子が声をあげなければ「ホーホゲボーレン（血統がいい）！」と褒め、痛さに泣いたり叫んだりすれば「ニヒトゲボーレン！（下層階級――文字どおりには「生まれていない」）」と怒鳴った。

ヘルミーネとパウルが皇帝の死に際して時代の移り変わりを感じたとしても、二人がそれを口に出すことはなかった。しかし、二人は意識的に過去を切り離そうと、アレーガッセとノイヴァルデックの二つの屋敷に改装と改築を加えた。ヘルミーネは家のデザインが一新することで、母が少しでも「父から解き放たれる」ようになればと思っていたが、最終的には兄弟姉妹の全員が、カールの高圧的な人格の名残だった装飾物が家からなくなったことに安堵を覚えた。

宮廷では、亡くなった皇帝の甥の甥にあたる大公カール・フォン・ハプスブルク＝ロートリンゲンが皇位を継承し、その短い治世においてカール一世と称した。新帝はただちに講和を求めようとしたが、結局は一九一七年の末までに、オーストリアの軍事指揮権のほとんどをドイツに譲り渡している始末だった。一方、そのころ東部戦線では、士気を失って崩れかかっていたオーストリア軍が奇跡的にロシア軍を打ち破っていた。これはオーストリア軍が優れていたからというよりも、むしろロシアの内政事情が関係していた。ロシアでは二月に革命が起こって帝政を倒しており、新たに組織された臨時政府は国内での人気を高めるために、ガリツィア方面全土に対する大攻勢を命じていた。一〇日にわたって華々しく領土を獲得したのち、疲弊したロシア兵は急激に熱意を失い、これ以上の戦闘を拒んだ。オーストリア＝ハンガリー軍は猛烈な逆襲でロシア軍を総崩れにし、二四〇キロ東の陣地まで退却させた。この壊滅的な屈辱で、モスクワでは戦争をただちに終結させよとの声が大々的に沸き起こり、臨時政府首相のアレクサンドル・ケレンスキーが降伏を拒否すると、首都は大混乱に陥った。ラトビア人、エストニア人、リトアニア人がロシアからの独立を叫びはじめるなかで、力をつけていた休戦支持のボリシェヴィキが十月革命であっというまに支配権を掌握した。二ヵ月後の十二月十五日、レーニンの送ったレフ・トロツキーがブレスト＝リトフスクで中央同盟国との休戦協定に署名して、この戦争へのロシアの関与を正式に終わらせた。

これらの重大なできごとは、ウィトゲンシュタイン家の兄弟それぞれの人生にも必然的に影響を及ぼした。ルートウィヒは七月の大攻勢のあいだ、オーストリア軍の同志とともにブコビナの前方陣地からロムニツァ川の西側に退却していたが、ロシア軍の士気が急速に衰えてオーストリアが攻勢に転じると、この反攻に参加して、最初はチェルノフツィの、ついで八月末にはボヤンの奪回に貢献した。この功績で、彼はふたたび勲章を授与されている。ロシアがとうとう戦争から撤退すると、オーストリア軍は東部戦線から南部戦線に集中できるようになり、一九一八年の春、ルートウィヒはビツェンツァのアジアーゴ近くのアルプス戦線に配属された。

一方パウルは、処刑されると脅されたことなど気にもせず、一九一五年の十一月にウィーンに戻ってきたときから軍に再入隊することを決めていた。そして弟と同じように、状況が最も危険な場所に配属されることを求めていた。ただしルートウィヒと違って、パウルがふたたび戦闘勤務に就くことを望んだ動機は完全に愛国心からで、精神的な自己向上とは何の関係もなかった。一九一六年三月に勲章を授与されたとき、パウルは年間一六九六クローネの恩給をもらって退役することを命じられたが、彼はその恩給をいっさい受け取らなかった。彼の戦いつづける決意は固く、ウィーンの将校クラブで将軍たちに訴えたり、赤い鼻をした退役軍人のおじ、ヨーゼフ・フォン・ジーベルト騎兵隊将軍に無理を言って頼んだりした結果、ついに一九一七年八月に召集令状を受け取った。母と姉たちも、彼が正しい決断をしたということで基本的には同意していたが、ヘルミーネはパウルがあまり前線に近いところには送られないように祈った。「パウルのために何を祈るのが一番なのか、誰にわかるでしょう」と彼女は手紙に書いた。「彼がさらに怪我を負ったら、もう話題にものぼらない半人前の人間になってしまう。彼はあんなに熱烈にピアノを弾くことを愛しているのに。彼はそれだけのために、それだけを通じて生きているというのに」[*1]。

ケルンテン州フィラッハの陸軍本部に出頭せよとの命令が送られてきたとき、パウルは「ちっとも危険じゃないと不服そうだった」という。

パウルは数週間、フィラッハの西の小さな街ヘルマゴールでつまらない事務作業を与えられ、それにいらいらしていたが、一九一七年九月の末、ウクライナ西部のウラジーミル・ウォリンスキにある第四陸軍司令本部に任じられ、そこの通信部に勤務することになった。ここで彼は、自分がヒューズの印刷電信機を片手で操作できることを発見した。この電信機はピアノの鍵盤とそっくりの小さなキーボードがついていて、それぞれ一四本ずつの白いキーと黒いキーからなっていた。パウルの同僚の将校たちは、パウルが片手でありながら、自分たちが二つの手で打つよりも速く通信文をタイプできることに驚愕した。

一九一八年の二月末、パウルは数週間の休暇を与えられた。そのころオーストリア＝ハンガリー第四方面軍は崩壊しかかっていた。司令官のカール・グラフ・フォン・キルヒバッハ・アウフ・ラウターバッハは有能だったが、それでもどうしようもなかった。家に帰ってきたパウルを見て、ヘルミーネは「とても上機嫌で近づきやすい」と思った。このときばかりはパウルとクルトのあいだに衝突はまったく起こらなかった──少なくともヘルミーネは気づかなかった──が、彼女がルートウィヒに言ったように、「あなたがいなかったのは幸いでした。あなたは鋭いからちょっとした火花でも感知して、結局それを燃え立たせていたに違いないもの。あの二人の兄弟はあまりにも違いすぎます」[*2]。

軍務に戻ると、パウルはガルダ湖北岸の要塞都市リーバに送られ、五十五歳のアントン・フォン・シーサー将軍の副官を務めることになった。街は一九一八年十一月にイタリア軍に攻略されたが、シーサーは勇気ある決然とした防衛によって（その功績で爵位も授けられ）国民的英雄となった。退役してインスブルックに暮らしてからは、彼が街を歩くたびに人々が敬礼し、一九二六年に亡くなったときは、リーバでの偉業を称えた記念の飾り板がシェンケンフェルデンの生家に取り付けられた。一九一八年からのシーサーについての軍の公式報告は、彼を「非常に有能で、才気煥発の精力的な将軍。任務に忠実で……頑健で、意志の強い司令官」[*3]と評している。

パウルがリーバに配属されたことによって、ウィトゲンシュタイン家の兄弟は三人ともイタリア戦線に――互いに一六〇キロほどの範囲内で――いることになったが、これはそう長くは続かなかった。理由は不明だが、一九一八年八月にパウルは陸軍を除隊しているのである。軍役に対するパウルの決意は固かったし、戦後も自分の軍務記録に誇りを持っていたから、パウルが解任された、あるいは何らかの不名誉な理由で除隊させられたとは考えられない。ひょっとすると健康上の問題が関わっていたのかもしれない。というのも、七月半ばに休暇をもらってノイヴァルデックで家族と過ごしていたときに、パウルは高熱に倒れ、何週間か寝込んでいたからだ。そして回復したころには、リーバの状況はあまりにも混乱していてパウルには戻るすべもなく、終戦まであと数ヵ月というその時期に、新しい任地を指示されることもなかったのかもしれない。

もう一つ考えられるのは、パウルのかかった病気（猛烈なインフルエンザ）が、その後ヨーロッパ全土を巻き込む大流行となって二〇〇〇万人の命を奪った悪性の感染症、いわゆるスペイン風邪と同種のものだったということだ。公式記録では、この病気がウィーンに達したのは十月で、そのときの死亡者のなかには二十八歳の画家エゴン・シーレと、妊娠中だった妻のエディットもいた。この病気にかかった人間が全員死んだわけではなく、これに感染しながら生き残った人の血液を輸血するのが最善の治療法であることもまもなくわかった。しかし最悪の場合、犠牲者は顔が青ざめ、喀血し、まもなく肺が自分の体液でいっぱいになる。エディット・シーレの最初の症状が現れたのは十月二十六日で、二十八日に彼女は死亡、その三日のあいだ妻を看病していたエゴン・シーレは二十八日に顔が青ざめ、三十一日に死亡した。同じ月、ウィトゲンシュタイン家でも五人の召使がウイルスに感染した。ウィトゲンシュタイン夫人とヘルミーネは幸い難を逃れた。

ウィーンでシーレとその妻が死にかけていたのと同じころ、イープルでイギリス軍と戦っていたアドルフ・ヒトラー伍長は、その戦列に仕掛けられた塩素ガス攻撃によって目も見えなければ口も利けなくなっていた。「このとき、私は自分の未来を見た」と彼は一九二三年のインタビューで語っている。「こんな問いが頭をよぎった。『おまえはまったく死を恐れていない――なぜだ？　まわりの誰もが倒れているのに、おまえはまだ生きている――なぜだ？』。そしてそのとき、私は思った。それは私が選ばれた人間だからだ。私に何かをなさせるために、運命が私を選んだのだ。私は自分の生涯を祖国に捧げようと決意した――敵を駆逐して国境の向こうに追いやるのが私の務めだと決意した」[*4]。
　一方イタリア戦線では、オーストリア＝ハンガリー軍が士気を失い、敗北主義に襲われていた。北イタリアのロンバルディア、トレンティーノ、ピアヴェ川下流域を越えて進軍しようとして、すでに一〇万の兵力が失われていた。西部戦線のドイツ軍も苦戦していたから、こちらに援軍を送る余裕はとてもなかった。ピアヴェ川の南では、イタリア軍司令官アルマンド・ディアズ将軍が、モンテ・グラッパからピアヴェ川の河口に五個の軍隊を一直線に進攻させて、オーストリア軍を二つに分断する計画を立てていた。十月二十七日には、キャバン伯率いるイギリス軍の応援を得て、ディアズ将軍がピアヴェ川の左岸に戦略拠点を確保した。これが成功したことで、オーストリア軍の兵卒のあいだに指揮官への謀反が勃発し、二十八日にオーストリア軍最高司令部は一斉退却を命令した。これで自信を得たイタリア軍はさらに前方へとなだれ込み、目的だったオーストリア軍の分断に成功する。十一月三日、パドヴァ近くのヴィラ・ジュスティで講和条約が結ばれた。署名から条約の正式な発効までの二十四時間にも、イタリア軍はできるだけ多くの土地を領土交渉に先駆けて攻略しておこうと、猛烈な勢いで進攻を続けた。多くのオーストリア兵が、休戦協定が結ばれたことなど何も知らずに、イタリア軍の猛攻に対する防衛戦で無駄に命を落とした。報告されたイタリア軍の死傷者数は三万八〇〇〇人、しかしオーストリア＝ハンガリー軍では三〇万人が捕虜となり、そのうちの一人がアントン・フォン・シーサー将軍であり、ルートウィヒ・ウィトゲンシュタインであった。そしてこの大混乱のさなか、どこかの時点で、クルト・ウィトゲンシュタインが最期を迎えた。

ウィーンのウィトゲンシュタイン家の人々は、クルトの死を十二月になるまで誰も知らなかったらしい。ルートウィヒが最初にそれを知ったのは、母親がコモ湖近くの捕虜収容所にいたルートウィヒに宛てて書いてきた十二月二十七日付の手紙でだった。

私の最愛の息子へ
あなたのことを恐ろしく心配していましたが、あなたからの十一月六日付の葉書を十二月六日にようやく受け取り、この上なく安心しました。そして今日、最新の情報が電報で届いて二重の嬉しさを感じています。私たちがどれほど大喜びしているか、あなたには想像もつかないでしょう。家族全員が喜んでいます。これであなたが帰ってきたらどうなることでしょう？　私たちは元気で、ザルツァー家もみな元気にしています。ですが、つらい別れもありました。私たちの愛するクルトが、十月末、戦争の最後の数日になって戦死しました。私の最愛の息子であるあなたに、心からの愛を込めて抱擁を送ります。あなたが元気でいてくれること、そしてそう遠くない将来に帰ってきてくれることが、私のただ一つの望みです。
あなたのことばかり考えて今日を過ごしている母より[*5]

ウィーンの家では十二月六日以来ルートウィヒからの連絡がなかったために、彼も戦死したのではないか、あるいはひょっとして自殺したのではないかとの心配があったに違いない。というのも、母親と同じ時期にヘルミーネもルートウィヒに手紙を書いているからだ。「あなたが生きていると知って、言葉にならないほど幸せです！　クルトは十一月二十七日に戦死しました。お母さんはひどく悲しみましたが、雄々しく耐え、あなたからの知らせで元気も戻ってきました。こちらはみな元気です。ストーンボロー家からもいい知らせが来ましたし、心配させるようなお知らせはありません……」。[*6]

お気づきかもしれないが、ヘルミーネとウィトゲンシュタイン夫人はそれぞれ別の日をクルトの「戦死」した日としている。ウィトゲンシュタイン夫人が言うには「十月末」で、ヘルミーネが言うには「十一月二十七日」だ。さらに一九一九年一月十日付のヘルミーネの手紙では、「クルトは九月二十七日に戦死しました。とても残念です」[*7]と書かれている。最も事実に近そうなのは、ウィトゲンシュタイン夫人が最初に言ったとおりの十月末、それもおそらく十月二十七日だろう。この日、連合軍のキャバン伯とディアズ将軍がピアヴェ川に橋頭堡を確保して、オーストリア軍の兵卒が反乱を起こしているからだ。イタリア戦線での戦闘は十一月二十七日には終わっていたから、おそらくヘルミーネの日付は誤りである。

しかしクルトが死んだ日付より、さらにわからないのは、彼がどのようにして亡くなったかである。ヘルミーネの回顧録によれば、「弟のクルトは第一次世界大戦の最後の数日に、イタリアから退却する途中で不明の理由により拳銃自殺した」[*8]と書かれている。この記述ではわからないが、じつは当時、家族はクルトの自殺の理由を調べており、それについてのさまざまな矛盾する話が一族のあちこちから漏れ出ている。一つは一九二〇年代にパウルが友人のマルガ・デーネケに語った話で、それをデーネケが一九六一年、パウルの死後まもないころに書き残している。これは一応、パウルの話として受け取れるかもしれない。

クルト・ウィトゲンシュタインの死は、痛切の極みだ。彼は合衆国で安全に仕事に就いていたのに、家族に応援されて再入隊のためにあらゆる手を尽くし、オーストリアでふたたび軍務に就くことになった。軍の命令は、彼の大隊を全滅するまで敵の砲列の前にさらすことだった。そんなことをしても軍事上の大きな利点は何もないと知っていた彼は、その命令に従わなかった。軍法会議にかけられる恐怖が、彼の頭にとりついた。その恐怖が大きくなりすぎて、彼は耐えられずに自殺した。一九一八年の降伏直前のことだった。当時の混乱した状況では、査問は行なわれなかっただろう。まったくやるせない無駄死にだった。[*9]

しかし、これと矛盾するのがグレートルの息子のジー・ストーンボローによる説明だ。彼が聞かされたという（おそらく母親からの）話では、クルトが自殺したのは十一月三日の講和条約の署名直後から二十四時間のあいだで、このとき彼のほかにも多くのオーストリア軍将校が、イタリアの捕虜になるのを拒んで自殺したという。もしこれが事実なら、話はルートウィヒの面目を失わせないように改変されたのかもしれない。同じころ、ルートウィヒはイタリア軍への降伏を受け入れて捕虜になっていたからだ。

また別の説は、パウルの娘のヨハンナが記録しているもので、一九八〇年代にオーストリアの一族に取材したときの聞き書きがもとになっている。これはおおむねデーネケの説明と一致しているが、いくぶん詳細が付け加えられている。それによると、クルトは部隊を率いてピアヴェ川を越えるようにと命令された。そこで彼と上官とのあいだに激しいやりとりが起こり、クルトはこう叫んだ。「私は部下を無駄に差し出すつもりはありません。この戦いはすでに負けています」。その時点で彼はホルスターから拳銃を抜き、上官に向かって、ただちに自分の前から消えなければ撃ち殺すと脅した。仰天した上官は後ずさりして、軍法会議にかけてやるとわめき散らしながら出て行った。それからクルトは部下を呼び集め、全員に帰郷せよと指示してから、数分後に自殺した。

そして四つめの説では、反乱を起こしたのがクルトではなく、部下たちということになっている。戦闘を命じたのがクルトであって、部下たちはそれに従わず、クルトを戦場に置いて去ってしまった。一人取り残されたクルトは、ガッサーの一一ミリリボルバーを手にして立ち尽くした。味方はなく、イタリア軍の激しい砲撃が目の前に迫っている。クルトは三つの腹立たしい選択肢のなかから急いで決断をしなければならなくなった。部下たちと一緒に脱走するか、一人で戦って敵に殺されるか捕らわれるか、さもなければ弾丸を自分の頭に撃ち込むかだ。クルトは最後の選択肢を選んだ。突発的な怒りにまかせて自分をさっさと殺したのだ。

これらの説のどれが最も歴史的事実に近いのかは、いまとなってはもはやどうでもいいことだろう。その一九一八年の十一月、当時存命中だったウィトゲンシュタイン家の人々から見るかぎり、クルトは——子供っぽくて、お気楽で、軽薄だったクルトが、少なくともそのときは——一家の英雄だった。第一次世界大戦で犠牲となった八五〇万もの兵士と同様に、クルトは葬儀もしてもらえず、その遺体はどことも知れないピアヴェ川の岸辺にいまもそのまま横たわっている。四男でありながら突如一家の長になってしまったパウルにとっても、イタリアの捕虜収容所に捕らわれていたルートウィヒにとっても、スイスで亡命者のような思いをしていたグレートルにとっても、ウィーンの自宅にいたウィトゲンシュタイン夫人とその娘のヘルミーネとヘレーネにとっても、クルトの死の知らせは彼らの心の奥底から、口に出せない数々の抑圧されていた悲劇の記憶を呼び覚ました。だが今回は、少なくとも一つの違いがあった。この悲しい知らせには、かすかな安心もついてきたからだ。ハンスとルドルフの哀れな運命と違って、クルトの自殺は「名誉の死」と考えることができたのだ。

クルトの死を英雄的と信じるパウルとルートウィヒの思いに揺らぎはなかったが、ヘルミーネはなぜかそうとは思えなかった。彼女のおとぎ話のような回想録では、立派なおじやおばへの大仰すぎるほどの賞賛や、一家の交友関係や、彼女の大切なロザリーについての記述に多くのページが割かれている。ルートウィヒについてもまるまる一章が充てられて、「私の弟たちのなかで最も興味深く、語りがいがある」[*10]と評されている。若いころのハンスについても愛情と困惑の感じられる記述がなされているが、パウルとルドルフについてはほとんどない。そしてクルトの描写はただ一つの段落で済まされていて、そこでヘルミーネはクルトのことを「くつろいだ」人物、「真面目な義務を何一つ持たない典型的な金持ち独身男性」、「害のない快活な気性」で「天性の輝かしい音楽的才能を持つ」が、にもかかわらず、彼には「心の奥に生への嫌悪感の芽」があったように思えると書いている。一九一八年の英雄的行為を賞賛するような言葉は一つもない。むしろ、彼女はクルトの自殺を弱さのしるしとして嘆いている。弟たちは激しく反発していたが、彼女はしばしば弟たちを父親と比較して、低い評価を与えていた。「お父さんならきっとこんなふうにはしなかった。もしお父さんさえいてくれたら、お父さんはきっと……」。彼女が思うに、クルトは「結局、『固い信念』がなかったから死んだのだ。それこそ父が息子たちになんとかして授けたがっていたものだった。それとも、あれは単に忍耐の欠如だったのだろうか。それがきちんとできていたときもあったし、しかも戦争中ならとくに難しいことでもないはずなのだが[*11]」。彼女にはそれが最後までわからなかった。

多くの者は死ぬのが遅すぎ、またある者は死ぬのが早すぎる。「しかるべきときに死ね！」——この教えはいまだに耳新しく響く。しかるべきときに死ね——そうツァラトゥストラは教える。[*12]

第三部　新しい無秩序

38　余波

一九一八年十一月半ばに、戦いはようやく終結した。帝国の防衛のために、二〇〇万人のオーストリア＝ハンガリー軍の兵士が命を落とした。イタリア北部のアルプス山脈の壁から起伏の多いポーランド中西部の一帯まで伸びた戦線で、ロシア軍、イタリア軍、セルビア軍、ルーマニア軍と、激しい衝突を繰り返した結果だった。二〇〇万人以上が捕虜となってロシアやシベリアに捕らわれ、三〇〇万人が重傷を負った。その名誉を守るためにこれらの戦闘が行なわれていた強大な君主制は瓦解し、それとともに、オーストリアの長きにわたる壮麗な時代が物悲しい結末を迎えていた。十一月十一日、オーストリア皇帝にしてハンガリー・ボヘミア国王であったカール一世は、「国家行政へのあらゆる関与」を放棄して、公式の退位もしないまま、黒い服を着た妻のツィタ皇妃とともに列車に乗ってスイスの国境駅フェルトキルヒに向かい、亡命生活に入った。彼の短い治世は平和の模索に費やされていた。好戦的な国家の指導者のなかで唯一、毒ガスの使用を禁止したのがカール一世であった。一九二一年、彼は大西洋上のマデイラ島に追放され、一年後、そこで肺炎のために死んだ。

最後の皇帝の死とともに、オーストリアに新しい時代が生まれた。かつての誇り高かった国家は、不安定な弱小共和国へと姿を変えた。新しくできた政党はどれも国家の独立を支持しなかった。この国は自力で生き残っていくには弱すぎると、誰もが恐れていたからである。一部には、たとえばアドルフ・ヒトラーのように、アンシュルス（独墺合邦）を訴える者もいたが、これは休戦協定の条項ではっきりと禁止されていることだった。あるいはまた、パウル・ウィトゲンシュタインのように、旧秩序の回復を願う者もいた。しかしチェコ人、ポーランド人、南スラブ人、ハンガリー人は、ハプスブルク家の統治に戻る案に難色を示し、オーストリアと経済連合を組むことも拒否した。この国はいまやあまりに貧しすぎるという理由だった。

かつては君主国の自由貿易地帯の中枢であり、ヨーロッパ中に広がる帝国の心臓部であったウィーンは、この思いもよらなかった時勢の変化に不意をつかれた。ハプスブルク帝国の経済を支えていた旧来の鉄道網は、新たに形成された各国がそれぞれに車両の所有権を主張するなかで、ぎしぎしと音を立てて止まった。これまでハンガリーからウィーンに入ってきていた食物や原材料は、ブダペストの新しい行政府が供給を止めてしまった。もっと有利な貿易条件を引き出すためであり、かつての不当な待遇に報復するためでもあった。ボヘミア地方から鉄道でウィーンに運ばれてきていた石炭も、プラハの新しいチェコスロバキア政権により、同じように禁輸とされた。一九一八年から一九年にかけての厳冬で、多くのウィーン市民が命を落とし、街を覆う飢餓に二〇〇万の住民のほとんどが苦しめられた。終戦から一年もしないうちに、オーストリアの子供の九六パーセントが公式に「栄養不良」と判定された。街路を歩く飢えた住民の痩せこけた顔は、街全体の活気に暗い影を落とし、寡婦のかぶる黒い網のベールは、勧誘のしつこい売春婦のしるしと認識されるようになった。

田舎では、政府の税法による高い関税を逃れようと、農民が都会から来た人間に貴重品のパンやミルクや卵をひそかに売って、法外な儲けを出していたが、その農民が現金をたっぷり握りしめながら上機嫌で商店に行ってみると、がっかりすることに、買おうと思っていた工具や金槌や鎌や鍋ややかんは、店主が自分のパンやミルクや卵の支払いをするために、値段が四倍に吊り上げられていた。熱病のような超インフレの空気のなかで、まもなく都市住民も農民も、貨幣が何の役にも立たないことを知るようになった。品物は別の品物との交換で手に入れるしかないのだ。骨董品、革装の本、宝石、芸術作品などが都市住民から農民に流れて、都市住民はそれらと交換に毎週の食料を手に入れた。戦争中に、オーストリアクローネの価値は一六分の一に下がっていた。政府が支払いをするために見境なしに銀行券を刷っていたからだ。そして一九二二年の八月には、紙幣は無価値も同然となっていた。消費者物価が戦前の一万四〇〇〇倍にまで跳ね上がっていたのである。

クルトが亡くなって、彼のユーデンブルクの鉄鋼会社の株は共同経営者のセバスティアン・ダンナーに譲られ、オーストリアの不動産と、一家の信託財産のうちの彼の持ち分は、兄弟姉妹のあいだで分配された。残った一〇〇万クローネは慈善に使われることになり、パウルは遺言執行人として、これをすべて貧しい人のための耕作用貸付地に充てることを考えた。土を耕すことは心を癒す仕事だし、ウィーン市民の道徳の向上と健康の改善にも役立つだろう、飢えと闘う助けにもなるし、ボリシェヴィズムに代わるまっとうな道を与えることにもなる、と確信していたパウルだが、やってみると数々の問題にぶつかった。土地を購入するにしろ、その土地をどう分配するかを決めるにしろ、どうにも手に負えない問題だったから、結局パウルは一〇〇万クローネを市議会の偉い代議士たちに一任した。しかし、それはまったく有効には使われなかった。

スイスでは、グレートルが孤独感に不満を募らせていた。家族から切り離され、有意義な仕事にも就けず、愛国心を発揮する場もなくて、もどかしさに腹が立った。しかし実際のところ、彼女は多くの友人を作っており、その一人に、当時ルツェルンの同じホテルに滞在していた、ギリシャ王子ゲオルギオスの妻で、ナポレオンの甥の孫にあたるマリー・ボナパルトもいた。ジェロームとグレートルの多くの友人と同様に、マリーも著名な外交官や政治家とのつきあいがあった。一時期はフランス首相のアリスティード・ブリアンの恋人だったこともあり、のちにグレートルを自分の崇拝するジークムント・フロイトに紹介したのもマリーだった。ちなみにマリーがフロイトと知りあったのは、自分の不感症についで相談したのがきっかけだった。ジェロームとグレートルは、ウィーンであれベルリンであれロンドンであれベルンであれ、たいていどこにいてもその土地のアメリカ大使やアメリカ領事と交友をもった。そうした結びつきが――夫妻にそこはかとなくスパイの疑いをかけさせもしたが――あとになって非常に役立つことになる。

スイスでのストーンボロー夫妻の友人の一人が、アメリカの外交官で全権大使のプレザント・ストーバルで、グレートルはこのストーバルに、かつての帝国の飢えた子供たちのために一六万一四七二缶の（一万ドル相当の）コンデンスミルクを積んだ特別列車をスイスからウィーンに走らせる計画の支援を頼んだ。当初、アメリカの役人は難色を示した。中立国の国内で、ドイツやオーストリアを利することになるような行為には関わりたくなかったからだ。ジェロームも、これを売名行為と見なしてグレートルを厳しく叱りつけた。アメリカの外交官はストーンボロー夫妻がギリシャ王家のマリーと親しくつきあっていることにも疑いの目を向けたが、グレートルとジェロームはホテル・ナショナルから出ることを約束して、最後にようやく信用された。飢えたオーストリア国民に食糧供給をするにあたっては、アメリカの行政府にも自分たちなりの動機があったので、スイスのアメリカ公使館は最終的にグレートルに手を貸すことを了承した。グレートルが自費で購入したコンデンスミルクは、少なくとも数字のうえでは、一ヵ月に四〇〇〇人の子供に栄養を行き渡らせるだけの充分な量があった。だが、オーストリア行政府は最後まで受領の通知をしてこなかったので、略奪と深刻な飢えが蔓延する時代においては、それが本当に所定の送り先に届いたかどうかは何とも言えないところである。

そして一九一九年八月には、弟のパウルに大反対されながらも、グレートルは「アメリカ救援局（ARA）」の特使に就任していた。この合衆国政府の公認組織は、もともと第一次世界大戦時の連合国側に、「食糧がこの戦争を勝たせる」の旗印のもと、アメリカの余剰食品を供給するために設立されたものだった。グレートルはウィーンに戻るとただちにARA局長のハーバート・フーバー（のちの第三一代合衆国大統領）に会った。フーバーは飢えたオーストリア国民に五〇万トンの食糧を分配することを考えていた。多くの人は、このアメリカの行動を、単なる戦勝国のおためごかしと見ていたかもしれない。打ち負かしたばかりの敵に対して、自分たちが気持ちのよい、愛他的で人道的な国であることを見せつけているだけだろうと。しかし実際のところ、ワシントンには別の動機があった。この食糧支援の裏には、東側から共産主義革命が波及してくるのを食い止めるという、表立っては言えない政治的な目的があったのである。ホワイトハウスの論理では、飢えた国民は栄養の行き渡った国民よりも、社会主義的イデオロギーを喜んで受け入れる傾向があるのだった。そこで一九一九年十二月、グレートルはARAの計らいで、オーストリアの飢餓救援のための資金集めを手伝いにアメリカに行かされ、そこで（知ってか知らずか）アメリカ政府の代理人として、ボリシェヴィズムのヨーロッパへの広まりを阻止しようとする合衆国のひそかな企みを推進することになった。

39　家族の確執

一九三八年の初めに、ケンブリッジの教え子の一人であるセオドア・レッドパスと雑談していたルートウィヒが、ふと相手にこう尋ねた。「きみはこれまでの人生で悲劇に遭ったことがあるか？」

「どういう悲劇かによりますけど」とレッドパスは答えた。

「それは、きみのおばあさんが八十五歳で死んだとか、そういうことではない」とルートウィヒは言った。「僕が言っているのは、自殺とか、発狂とか、不和とかだよ」。[*1]

この定義にしたがえば、ルートウィヒ自身の人生は悲劇に満ち、そしてウィトゲンシュタイン家の誰の人生も同じだった。この一家では自殺も発狂も続出し、不和もまた続出した。ルートウィヒとグレートルは互いに競争心をもっていた。ルートウィヒはグレートルが支配的で恩着せがましいと言って怒り、グレートルはルートウィヒが無礼で手に負えないと言って怒った。ノイヴァルデックの屋敷からカールの面影を一掃したときも、グレートルはルートウィヒを改装に関わらせるべきでないと主張した。彼の頑固な趣味には「どうしたって手を焼かせられる」に決まっていたからだ。スイスにいたときにグレートルはパウルから手紙をもらい、その左手で書かれた長い手紙に心を打たれた一方、一九一九年六月にウィーンに帰ってくる前から、早くもパウルと激しく仲違いする理由を見つけていた。

パウルの失態は、一家の国内資産の大部分を戦時国債に投資するのを独断で許可し、グレートルに何の相談もしなかったことだった。グレートルの財産のほとんどはアメリカの株式市場に投資されていたが、彼女はクルトの資産の割り当て分も相続しており、それはそのままウィーンにあって、一家の名目上の家長であるパウルが監督していたのだ。そして債券価格は急落し、グレートルが初めてこれを聞いたころには、利札より価値のない手形にまで成り下がっていた。ウィトゲンシュタイン家の国内資産はほとんどが水の泡となって消えた。グレートルはこの無駄遣いに激怒したが、それ自体は、彼女としてはどうでもいいことだった。パウルが「まったくの考えなし」と非難されたのは、この話が新聞に載せられるのを放置していたからで、これにより、アメリカ市民である自分とその夫が、アメリカ当局との深刻なトラブルに巻き込まれるのではないかとグレートルは恐れたのだ。自分が忠実なアメリカ市民であることをベルンの外交官に必死になって証明しようとしているときに、自分とその家族が戦争中に中立国のスイスから、敵方を経済的に支援していたなどと知られるのは、グレートルがなんとしても避けたいことだった。グレートルはかんかんになってヘルミーネに手紙を書いた。「どうしてあのパウルはこう次から次へと馬鹿みたいなことをしでかしてくれるのかしら。お父さんの真似をして偉そうにしているけれど、頭のなかにはこれっぽっちの考えもなくて、私をとんでもなく困った立場に追いやるんだから」[*2]。一方ジェロームは、スイスのホテルの寝室をぐるぐると歩き回りながら、野牛のように吠えていた。「こんな失態があるか！」[*3]

「彼の言うとおりよ！」[*4]とグレートルも言い張った。「それにもちろん、私はいつだってジェロームの味方よ」。

　グレートルとパウルの関係は、六月にグレートルがウィーンに戻ってきても緩和されなかった。もともとジェロームは行きたがらず、スイスから直接アメリカに向かいたがっていた。結局はグレートルが言いくるめてウィーンに戻ったが、着いてみると、雰囲気はやはり重苦しかった。二年ぶりに帰ってきたグレートルは、日記にこう書いた。「アレーガッセではすべてが以前のままだった。……夜にパウルと政治のことで大喧嘩」[*5]。パウルはグレートルのコンデンスミルクの慈善活動を批判し、彼女がアメリカのために働いていると言って激しく非難した。政治的にグレートルは反ボリシェヴィキだったが、この新しい左寄りの社会主義的な共和国のことは支持していた。「オーストリア人は自暴自棄になっている」と彼女は不満を漏らした。「昔のいいかげんさのほうが、この新しい無秩序よりいいと思っているのだ。でも昔と違って、いまの新しい無秩序には新しい種子が宿っている……」[*6]。グレートルは帰国前にヘルミーネへの手紙でこう語っていた。「私は昔から左寄りのところがあったけれど、いまではさらに左派的になっています。ただ、私の考え方はあなた方みんなとは違うようで、自分に口をつぐんでいられるだけの理性があるかどうか自信がありません」[*7]。たしかに口をつぐんでいるのはグレートルの任ではなく、彼女のあけすけな「左寄りのところ」は、パウルの右派的君主制への揺るぎない支持と激しい摩擦を起こした。とはいえ、ウィトゲンシュタイン家の兄弟姉妹が仲良くできないのは政治だけが原因ではなかった。どんなことを話題にしても――美術でも、音楽でも、本でも、お金でも、個人的な計画でも――彼らは何らかの理由を見つけては喧嘩を始め、しかも兄弟姉妹が五人そろうと、事態は最悪となった。ルートウィヒがヘルミーネへの手紙でこう書いている。

本質的に、僕ら五人は互いに対する協調性がないのです。あなたは僕ともグレートルとも会話できますが、僕ら三人が一緒になると、もう会話は難しくなる。パウルとグレートルではさらに悪い。ヘレーネは僕らの誰とでもうまくやっていますが、あなたと僕とヘレーネが一緒になれば、きっとそうはならないでしょう。僕らはみな固くて縁の鋭い角材のようなものだから、一緒に心地よく収まることができないのです。……誰か友人が混じって緩和してくれないかぎり、僕らが仲良くつきあっていくのは難しい。[*8]

互いに仲良くつきあえないために、彼らは自分の家をホテルのように使わざるをえなかった。誰かとかちあいそうなところには入らないようにして、それぞれが客人を招いたときは、自分とその客だけで過ごせるように部屋を確保する。たとえばパウルに招かれてアレーガッセの屋敷に滞在した友人は、邸内の不穏な空気を実感した。昼食後、ルートウィヒが彼の客人のマリー・バウマイヤーに、自分のために食後のピアノを弾いてほしいと頼むと、彼らは二人で隣室に引っ込んでしまったという。

すぐ隣の部屋から音楽が聞こえてきて、ぜひもっと近くで聴きたいと思ったが、きっと「ルッキー」は闖入者を我慢してくれないだろうと思った。それがパウルの友人となれば、何より嫌がるに違いない。愛国心と一家の誇りがウィトゲンシュタイン家を結束させていたけれど、兄弟姉妹はそれぞれ自分の考えを決して譲ろうとしなかった。[*9]

ルートウィヒは、他の数万のオーストリア兵とともに、休戦後も長らくイタリアに捕らわれていた。イタリアは戦争捕虜を領土交渉での取引材料に使って、議論の的になっていたピアヴェ川の北の領土を獲得しようとしていた。そしてまた、「罪の赦《ゆる》し」を求めるルートウィヒの私的な探求も、休戦によって終わることはなかった。捕虜収容所においてさえ、ルートウィヒはあいかわらずキリストのような決意で自分にありとあらゆる試練を課した。将校の特権はすべて拒否し、自分を将校用の収容所から、腸チフスが流行りだしていた近くの下士官用の収容所に移してほしいとも要求した。有力な縁故のいるスイスの友人がバチカンに頼んでルートウィヒを解放するための口利きをしてもらったが（彼の母親はすでに三人の息子を亡くしていて、家に一人だけ残っている息子も身体に障害を負っているという哀れむべき事情を理由にして）、医療審査局に引き出されたルートウィヒは、仲間の捕虜たちより先に解放されるつもりはないと明言した。彼の強い道徳心、一心不乱な真面目さ、人目を引く風貌、そして生まれながらに持ち合わせた人を引きつける魅力によって、戦場と同じく収容所でも、ルートウィヒには弟子がついた。その一人、モンテ・カッシーノでルートウィヒと一緒に捕まったフランツ・パラクは、この若い哲学者を崇拝し、その一言一言にいちいち追従的なため息をついた。これにルートウィヒは苛立って、この兵士を見ていると母親を思い出すと言い、さらにパラクには気の毒なことに、解放後は二度と会いたいと思わなかった。

一九一九年の八月末にウィーンに帰り着いたルートウィヒは、その足で銀行を訪ねると、もう自分の預金はいらないから、すべてなくしてほしいと担当者に告げた。相手は仰天した――「経済的自殺ですよ！」――が、ルートウィヒは一銭たりとも自分の所有に残らなくなるように必要書類を作成すると言い張るので、これには一家の資産管理を担当していたトレンクラー氏もお手上げだった。同じ日に、ルートウィヒは友人への手紙にこう書いていた。「精神状態に関するかぎり、僕はあまり元気ではない」[*10]。たしかに彼は明らかに悲惨な状態にあったが、彼の決意は揺るぎなく、誰もそれを変えられなかった。家族もルートウィヒの意向を聞いて驚愕し、ひどく心配したが、ヘルミーネは弟が自ら貧乏になろうとしていること以上に、彼が選んだ新しい職業に動転した。「あなたのように哲学の素養のある頭のいい人が小学校の教師を仕事にするなんて、木箱を開けるのに精密機械を使うようなものでしょう」と彼女は言った。するとルートウィヒはこう答えたという。「それはね、閉じた窓から外を見ているから、通行人がどうして奇妙な動きをしているのか説明できないようなものだよ。外で嵐が吹き荒れているのに気づいていないから、通行人が必死にがんばって倒れないようにしているだけなのがわからないのさ」[*11]。

ルートウィヒが自分の財産を捨てて教師になることを決意した背景には、トルストイの影響があった。このロシアの大作家は自らも五〇年前に貴族の財産を投げ捨てて、禁欲的に自己を制し、謙虚にこつこつと働く人生を選んだ。財産を放棄せよというイエスの教えは『要約福音書』の第四章にも命令として出てくる。「地上に蓄えを積んではならない。地上では虫が食い、錆びがつき、泥棒が盗む[*12]」という部分だ。しかし奇妙なことに、トルストイの簡約版には、イエスが個人の財産を貧しい人に与えるよう求めた聖書のくだりが一行も含まれていない。たとえば最も有名なところでは、マタイによる福音書に出てくる、ある裕福な青年にイエスがこう語る部分だ。「もし完全になりたいのなら、行って持ち物を売り払い、貧しい人々に施しなさい。そうすれば、天に富を積むことになる。それから、わたしに従いなさい[*13]」。

ルートウィヒは自分の財産を三人の裕福な兄と姉、パウルとヘルミーネとヘレーネに渡すことにした。この施しからグレートルが外されたのは、彼女が他の三人よりもずっと裕福だったからだ。彼女の財産の大半はアメリカの株式市場に無事に投資されていて、オーストリアの超インフレの害毒に侵されていなかった。しかし、この理由は当時は明らかにされなかった。たとえばヘルミーネなどは、グレートルが外されたのは単に彼女とルートウィヒの仲が悪かったためだと思っていた。ルートウィヒが財産を貧しい人々にではなく、自分の兄と姉に与えたのは、便宜上のことではないかとも言われた。彼の財産の大部分は共有不動産の一部だったからだ。ある意味ではそのとおりだったかもしれないが、ルートウィヒがお金は人を堕落させると思っていたことも事実だろう。その点、すでに彼の兄と姉は充分に金持ちだったから、これ以上堕落させられることはないと考えたのだろう。

ルートウィヒの財産をめぐっての騒動は、一族全体を巻き込んだ。カールの長兄にあたる伯父のパウルは、ルートウィヒのお金を受け取った兄と姉に激怒して、明らかに病気である弟を彼らが利用していると非難し、弟が考えを変えて自分の金を取り戻したくなったときのために、どこかに内緒で蓄えておくべきだったと言い張った。しかし、「細かいところまで何もかも、ルートウィヒの望みどおりにしてやった」[*14]というヘルミーネは、弟の精神状態を伯父よりもずっとよくわかったうえで、ルートウィヒの望みをかなえてやるしかなかったのだと反論した。伯父のパウルは、所持品のいくつかを自分の棺に入れるようにと指示を残すほど自分の持ち物を愛している人間だったから、甥や姪の考えがとうていわからず、またわかろうともせずに、ただ道徳心から腹を立て、ルートウィヒの狂気を利用して金儲けをしたに違いない甥や姪と絶縁した。

40　反ユダヤ主義

ウィーンがボリシェヴィキに乗っ取られるのではないかとの恐れは、非常に現実味をもって感じられた。パウルに言わせれば、ロシア革命は「ユダヤ人から始まった。……彼らはロシア帝政のもとで抑圧されていたのだし、少なくとも貧しいユダヤ人は、この転覆で利益を受けた。そしてこのウィーンに見られるように、ユダヤ人は指導者層のかなりの部分を占めている」[*1]。ウィーンには戦前から多くの——人口の一〇パーセントとも言われる——ユダヤ人がいたが、今回の紛争とその後の何ヵ月かで、ユダヤ人の数はさらに増えていた。ガリツィア地方にいた大勢のユダヤ人がロシアのポーランド侵攻で難民となってウィーンに逃げてきたうえに、一九一九年にハンガリーでユダヤ人ボリシェヴィキ指導者クン・ベーラの政権が倒れると、さらに大勢のユダヤ人がハンガリーから流れてきた。短命に終わったクンの政権は保守層を弾圧していたから、彼が排除されるとハンガリーのユダヤ人は——政権に関わった人々だけでなく全員が——容赦ない報復の的となった。そのためクン自身も含め、多くのユダヤ人がオーストリアに逃れたのである。クンはウィーンとベルリンでマルクス主義革命を起こそうと煽動したが失敗に終わった。最終的に、クンはソ連でスターリンの刺客に殺された。

共産主義革命を画策するクンとその仲間たちがウィーンに現れたことで、ボリシェヴィキ運動をユダヤ人が主導しているというウィーン市民の疑念はますます募った。いつかユダヤ人にオーストリアを掌握されてしまうのではないかとの恐れから、ウィーンでは急激に反ユダヤ感情が広まった。ヒトラーの『わが闘争』にもこんな一文がある。

怪しげな企みや、あらゆる不潔な行為に、一人でもユダヤ人が関わっていないものがあるだろうか。その種の膿瘍に注意深くメスを入れてみれば、腐敗しかかった体に蛆虫が見つかるように、すぐさま数人のユダヤ人が急に光を当てられて眩しがっているのが見つかるだろう。[*2]

ヒトラーは一九二四年に著した自伝のなかで、自分は若いころからユダヤ人の「反道徳的な害毒」が新聞や芸術、文学、演劇、そして白人奴隷の人身売買に蔓延している（「昔の『黒死病』よりひどい」）と気づいていたが、ウィーンの政治事情にユダヤ人がどれだけ関わっているかを知ってから、自分のなかで一八〇度の転換が起こったと書いている。「この真実を目の当たりにして、目からうろこが落ちた。……私の心のなかでずっと渦巻いていた葛藤がようやく消えた。……これ［ユダヤ人こそが共産主義の根源であること］を知ったとき、私の内面で、それまで経験したことのないような大きな革命が起こった。私は心優しい世界主義者《コスモポリタン》から、純然たる反ユダヤ主義者になったのである」。[*3] というわけで、上オーストリア出身の自称「心優しい世界主義者」は、第一次世界大戦後の数年のあいだに、その「有害な病原菌」を世界から駆逐するのが自分の生涯の使命だと決意するにいたった。

もしユダヤ人がマルクス主義の助けを得てこの世の人間を征服してしまったら、人類の葬儀の花輪が彼《か》の者の王冠となるだろう。……したがって今日、私がしていることは、万能の創造主のご意志にかなうものであると確信する。ユダヤ人の前に立ちはだかることによって、私は神の御業をお守りしているのだ。[*4]

今日では「反ユダヤ主義」というと、ユダヤ人を種にした世間一般での軽いジョークや悪口と、中世の「アウトダフェ（宗教裁判所による異端者の火刑）」やナチスの強制収容所に代表されるイメージが、たいていひとまとめにされている。昼のあとには必ず夜が来るように、前者のあとには必ず後者が続くのだと主張する意見もある。だが、とりあえずそうした主張はさておいて、事実だけを見てみると、ヒトラーが力をつけて影響を及ぼすようになるずっと以前のウィーンでは、前者のような反ユダヤ主義（つまりユダヤ人に対する世間一般のぼやき）はきわめてありふれたものだった。実際、オーストリアの行政府は今日でも、ヒトラーのチンピラ的な反ユダヤ主義と、世紀の変わり目にウィーン市長を務めたカール・ルエーガーの「紳士的な反ユダヤ主義」とに明確な区別をつけている。だからこそルエーガーは現代のウィーンでもドクトア・カール・ルエーガー・リングや中央墓地内のドクトア・カール・ルエーガー教会、ドクトア・カール・ルエーガー広場などにその名をとどめ、シュトゥーベンリングの入り口に立派な銅像を建てられてもいるのだ。

ウィトゲンシュタイン家の兄弟姉妹は、ヒトラーのような意味での反ユダヤ主義は持ち合わせていなかったし、彼らの崇拝する反ユダヤ主義者のユダヤ人オットー・ヴァイニンガーと同じく、迫害はいかなるものであっても遺憾に思っていたが、それでもやはり当時の気風から、現代の基準に照らせば決して褒められたものではないユダヤ人観を持っていた。祖父のヘルマン・クリスティアン・ウィトゲンシュタインは子供がユダヤ人と結婚するのを禁じていたし、父のカールは「ユダヤ人にものを相談するなど名誉に関わる」[*5]と言っていた。ヘルミーネも、ルートウィヒに宛てた手紙にある何気ない一言――「あの人はとても好ましい女性だけれど、ただしユダヤ人だから」[*6]――に表れているように、「アーリア人とユダヤ人はそれぞれの美点と欠点において対極にあるから、大っぴらにであれひそかにであれ、どうしても争わざるをえない」[*7]と考えていた。パウルも、父と同じように「ユダヤ人はみな腹黒い」[*8]と信じており、友人のマルガ・デーネケに言わせれば、「彼がユダヤ人の名前を挙げるときは、必ず狼に対する犬の憎悪のようなものがつきまとっていた」[*9]。ルートウィヒは、ヴァイニンガーの妙に複雑な反ユダヤ主義に大いに影響を受けていたこともあって、自分は「ユダヤ人共産主義者とは何の関わりもない」という立場をとっており、[*10]ユダヤ人全般に関しては「別の国で、別の法律と別の生活環境と別の制約のもとに」生きている「不自然な生き物」と見なし、[*11]さらに（やはりヴァイニンガーや、前世紀のリヒャルト・ワーグナーと同じように）ユダヤ人には「独創的」な（つまり「再生産的」ではない）芸術が作れないと断じていた。彼は一九二九年十二月に、車を運転していたユダヤ人が通行人に機関銃を発射し、自転車に乗っていた人と若い貧相な娘を殺した夢を見たと記録している。その夢のなかで、ルートウィヒはこうつぶやいた。「おぞましいことの背後には必ずユダヤ人がいるのだろうか」[*12]。

ルートウィヒは、ヒトラーが『わが闘争』で用いているようなレトリックを不快に連想させる文章で、ユダヤ人をオーストリア社会の「ボイレ（Beule＝こぶ、へこみ、でこぼこ）」だとたとえている[*13]。彼がこのドイツ語をどういう意図で用いたかについては、ウィトゲンシュタイン研究家のあいだでもずっと論争になっている。これは「膿疱」や「腫瘍」、「こぶ」や「腫れ物」を意味していたのだろうか？　いずれにしても、褒め言葉でないのは明らかである。

41　性生活

ウィトゲンシュタイン家の三姉妹の性生活を簡潔にまとめれば、まずグレートルは性的に冷淡で、ひょっとしたら友人のマリー・ボナパルトと同様に、その件でジークムント・フロイトの助言を仰いでいたのかもしれない。ヘルミーネは（推測だが）一度もその機会がなく、おそらく考えるだけでしりごみしていた。一方ヘレーネの性生活は、八人の兄弟姉妹のなかで最も普通だったと思われる。彼女は全部で四人の子を産んだが（最初の子は一九〇〇年生まれ）、マックス・ザルツァーと結婚してから二〇年も経って、一九一九年にまた妊娠したときには本人も大いに動転した。

パウルについては、一九三〇年代初頭までの性生活はほとんど知られていない。いつか自分の伝記が書かれるかもしれないと察知していたからか、神経症的なまでに私的な部分を見せたがらないパウルは、将来どう調べられても跡がつかないように、自分の生活の大半を兄弟姉妹にも秘密にしていた。甥のジー・ストーンボローはのちにこう語っている。「実際のところ、彼には二つか三つの生活があって、われわれ家族はそのうちの一つしか知らなかった」[*1]。一九五〇年代に、パウルはハリウッドの大立者から、彼の映画を作りたいとの話を持ちかけられたことがあった。パウルは即座に断り、さらにその後、弟のルートウィヒの伝記を書くつもりだという作家から助言を求められたときも、それを冷淡にあしらい、最小限の協力しかしなかった。

弟の伝記についてですが、ルートウィヒが生きていたならいかなる伝記も阻止していただろうと私は心から確信しています。伝記というのは、秘密を漏洩するものだからです。秘密の漏らされていない伝記など価値がありません。しかし、著名な人間はいずれも伝記を書かれずにはすまないようですから、弟もきっとそのような侮辱を受けざるを得なかったでしょう。いずれにしても、誤ったことを書かれるよりは正しいことを書かれたほうがましですし、ただの愚かしい噂だけが流されるなどもってのほかです。[*2]

パウルは自分の伝記が書かれるなら、それは彼の芸術家としての側面だけを扱ったものしか認めないと明言していた。彼のもとに届いた書簡は（作曲家や音楽家からの手紙、および弟のルートウィヒからの不完全な一揃いを除いて）一通も発見されていない。ひょっとしたら個人的な書簡もいくつかは残っていて、まだ出てきていないだけなのかもしれないが、おそらくプライバシーを守りたいとの彼の意思にしたがって破棄されているのではないかと思われる。では、一九三〇年以前のパウルの性生活はどのようなものだったのだろう。まず、彼は間違いなく異性愛者だった。そしてルートウィヒ宛てのヘルミーネの手紙にぽつぽつと残されている手がかりから察するに、パウルは非常に多くの女性と、魅惑し、魅惑される関係にあったようだ。

二十世紀の初頭、すなわちパウルが思春期に達したころのウィーンの女性は、ことのほか異性をそそる存在であったと思われる。たとえばマリア・ホーナー・ランズデールの一九〇二年版のガイドブックでは、ウィーンとウィーン女性についてこのように記述されている。

ウィーンの街で道行く人々を注意深く眺めてみると……女性はいかにもスラブ系の快活さにあふれている。髪は豊かで、きれいに並んだ歯は牛乳のように白い。姿かたちも美しく、ほっそりと引き締まっている。足のかたちも可愛らしく、甲がきれいに弓なりになっている。バイエルン女性の鵞鳥《がちょう》のような足や、プロイセン女性の象のような足とはまったく違う。[*3]

ジー・ストーンボローによれば、パウルには「絶えず、あちこちの下劣なところから拾ってきた愛人がいた。召使たちはそうしたことを全部わかっていたが、われわれ家族はほとんど何も疑っていなかった。彼は愛人のために家まで買ってやっていた」[*4]。家族が何も疑っていなかったというのは、ストーンボローの嘘なのかもしれない。もし本当なら、彼はどうして知ったのだろう？　後年、ジーはこのように認めている。「私はパウルが大嫌いだったし、もっと言えば、ルートウィヒもたいして好きではなかった」[*5]。

パウルが愛人に家を買ってやったのは、おそらく事実だろう。その時代、それはウィーンの裕福な独身男性にとって当たり前の習慣だったからだ。戦前にパウルが売春婦を訪ねていたというのも（証拠はないが）ありうることだ。当時のウィーンでは「女性が商品として、どんな時間でも、どんな値段でも売りに出されており、男性にとってはそれを一五分買うのも一時間買うのも一晩買うのも簡単なことで、そこらで煙草や新聞を買うのと何ら変わらなかった」[*6]——そう書いたのはパウルと同じ世代で、同じ街に育ち、同じような教育を受け、同じような社会背景をもっていたシュテファン・ツヴァイクである。彼は自伝の『昨日の世界』で、まがいものの道徳のベールがいかにしてウィーンの若い男女間の正常な性的関係を抑圧し、この街に売春婦と梅毒の急増を呼び起こしたかを記している。

若いころ、青い顔をして困った様子で私を訪ねてこなかった仲間が一人でもいたかどうかを懸命に思い出そうとしても、一人も思い浮かばない。そうして切羽詰まっている連中は、一つには病気をしているか、病気を恐れているかで、二つめには堕胎のことを脅迫されているかで、三つめには、家族に知られずに治療を受ける費用がないかで、四つめには、子供をはらませられたと言い張る女給に口止め料を払わねばならなくなっているかで、五つめには、売春宿で財布を盗まれたのだが警察にそれを言いに行くことができないでいるかだった。[*7]

さらにツヴァイクによると、ある程度の階級の家庭では父親が息子を売春宿に行かせないために、きれいな小間使いをあてがって性の手ほどきをさせていたという。ウィトゲンシュタイン家でも、カールがこのようなやり方をハンスやクルトやルディやパウルやルートゥィヒのために採用していたかどうかは知りようがない。これはもう推量に頼るしかないことだ。

ルートウィヒの性生活については、彼が亡くなったあとに熱い激論の的となったことがある。姉のグレートルと同様に、ルートウィヒも性的興奮を煩わしいものと見なしていたらしく、トルストイの『要約福音書』を知ってからは、その第四章に書かれている戒律を喜んで忠実に守ろうとした。「性的享楽を求めてはならない。……すべての肉欲は霊魂を滅ぼす。ゆえに、おのれの生命を滅ぼすよりは、肉の快楽を断つほうがよい」[*8]というくだりである。一九三一年、ルートウィヒはマルガリート・レスピンガーというスイス女性に結婚を申し込んでいるが、そのときも性行為をしなくていいことを条件にしていた。

ルートウィヒの死後、彼の業績の継承者たちや著作権の保持者たちは、残された文献のなかに散見される、ルートウィヒが同性愛者であったことを示す証拠を隠匿した。そのうちの一人は当時、「ボタンを押すことによって［ルートウィヒの］私生活が確実に放っておかれると保証されたのなら、迷わずボタンを押しただろう」[*9]と書いている。一九七三年、カリフォルニア州立大学の研究者、ウィリアム・ウォーレン・バートリー三世が、ウィトゲンシュタイン家に無断でルートウィヒについての本を出版した。それによると、ルートウィヒはウィーンで教員養成講習を受けていた時期に、有名なプラーター公園に定期的に通っていたという。そこには「彼を性的に歓待してくれる荒っぽい青年たちがそろっていた。ひとたびこの場所を見つけると、ウィトゲンシュタインは恐怖を感じながらも、そこに足を向けずにはいられなかった」[*10]。この本により、バートリー教授には轟々たる非難が滝のように降りかかった。その騒ぎに参戦した一人がジー・ストーンボローで、彼はこの本の出版差し止めを法廷に訴えようとする一方、定期刊行誌の《ヒューマン・ワールド》に大げさな文書を送り、そのなかで出版者の帽子に反吐をもどしてやると脅し、この本を「わいせつな誹謗中傷であり……嘘の寄せ集めで、すべてたわごと」と断じ、著者を「仕事のずさんな、いやらしい悪党」だと切り捨てた[*11]。しかしストーンボローがいくら憤慨しても、問題は決着しなかった。ルートウィヒの包括的な伝記『ウィトゲンシュタイン：天才の責務』を著した研究者のレイ・モンクは、いわゆる「暗号化」されたルートウィヒのノートを無制限に調べることを許可されていた。そのノートのなかに、ルートウィヒとその友人、フランシス・スキナーとの肉体関係が告白されている部分があった。一九三七年のその記述には、「彼と二回か三回、寝た。いつも最初は、何も間違ったことはしていないと感じるのだが、あとになって恥ずかしさが襲ってくる」[*12]とある。もちろん、ルートウィヒがその一七年前にプラーター公園で荒っぽい青年たちと同性愛行為をしていたことがこれで裏づけられるかといえば、それはまた別の問題だ。当時、バートリー教授はこの話の出所を明かすのをうんざりしたように拒んでいたし、現在ではすでに故人となっている。したがって、いまでもこれを信じようとしない人もいるにはいるが、それ以外の見方では

（レイ・モンクをはじめとして）、もしルートウィヒが本当にやむにやまれず公園を訪れていたのだとしても、彼はそこで自ら行為に及んでいたのではなく、観淫症的なことをしていたのではないかと考えられている。

42　短い教師生活

ストーンボロー夫妻によるアメリカでのオーストリア飢餓救援キャンペーンは、大成功というわけにはいかなかった。一九一九年十二月にアメリカに到着すると、ジェロームはさっそく《ニューヨーク・タイムズ》に長文の声明を出し、グレートルは《シカゴ・トリビューン》でオーストリアの伯爵夫人と紹介された。たしかに楽しめる記事にはなっていたが、この資金集め運動のおもな対象となっていたドイツ系アメリカ国民のほとんどは、キリスト教徒にしろユダヤ教徒にしろ、かつてのアメリカの敵にお金を出すのを嫌がった。さらに、自分の生まれた国に帰るのをあれほど切望していたジェロームが、ニューヨークに着いて数日のうちに、深い憂鬱に沈み込んで偏執狂的な神経過敏を見せるようになった。ことあるごとに、ジェロームは自殺すると脅かした。苛立ちを募らせたグレートルは、精神科病院の用務員に夫を四六時中監視させた。ジェロームの神経症的な行動は二ヵ月にわたって続いた。二月になってようやく回復の兆しが見えてきたが、グレートルは「彼の状態がとても心配」なままで、「昼間はほとんど普通なのだけれど、夜になると、あいかわらずひどい」[*1]とヘルミーネに書き送った。

このアメリカ滞在時に、ストーンボロー夫妻はついに破局が来たと結論を出したに違いない。一九二〇年七月にウィーンに帰ってくると、グレートルはシェーンブルン宮殿の一室を借り、ジェロームはアメリカ大使のアルバート・ヘンリー・ウォシュバーンが住んでいたエルデーディ邸に部屋を借りて、別居を始めた。しかしジェロームはすぐにウィーンに飽きて、パリの豪勢なアパートメントに移った。この時期に、ストーンボロー夫妻のあいだには多くの秘密が生まれた。ヘルミーネの回想録によれば、理由は明かされていないが、このころグレートルの家に「少しばかり頭のおかしそうな」恐喝者が来て、金をよこさなければ彼女にダイナマイトを投げつけると脅した。ただし、この話はヘルミーネの妹の果敢さを示す実例として出されているもので、グレートルはその恐喝者に、自分は怖がってなどいないから、どうぞ爆弾を投げてちょうだいと言い放ったという。

ジェロームがパリで芸術品を買いあさり、長男のトーマスがケンブリッジ大学で学んでいたころ、グレートルは十一歳になる次男のジーのために、遊び相手となる養子をもらおうと考えた。一九二四年一月、彼女はベルリンに行き、帰ってきたときには一人でなく、二人の貴族の子息を連れていた。このフォン・ツァストロウ兄弟の父親は戦争で亡くなり、母親は財産をなくして病気にもなっていた。このときヨッヒェンとヴェディゴは十二歳と十三歳だったが、ジーはそのどちらとも、すぐには仲良くならなかった。そしてジェロームは、グレートルのしたことを聞いて激怒し、ツァストロウ兄弟には言葉をかけようともせず、その後六年近くも、その存在を無視しつづけた。

グレートルはウィーンに帰ってきてもヘルミーネとはほとんど会わなかった。自分に自信のないヘルミーネは、誰の助言も聞き入れたがらなかったからだ。過去には結婚して家庭を持つことを真剣に考えたことがあったとしても、すでに自分が時機を逸したことはわかっていた。一九一九年十二月の時点で、ヘルミーネは四十五歳であり、自分が未婚のまま生涯を終えるであろうことは、もはや決定的に感じられた。このあとの人生は、老いた母の世話をし（その母にはつねにいらいらさせられていた）、妹や弟に精神的な支援を与え（彼らには少しばかりの嫉妬を感じていた）、いつでも客人を迎えられるように屋敷を整え、ザルツァー家やストーンボロー家やツァストロウの甥や姪が長い夏休みを楽しく過ごせるように、ホーホライトの地所を管理することで終わってしまうのだろう。ヘルミーネは自分の孤独な人生に寂しさを感じ、憤りを覚えた。自分の描いた絵に弟や妹がたいして感心もしない様子を見ると、やけになってその絵を引き裂き、しょせんこんなものは「意味のない自己満足的な」娯楽だと、しばらくのあいだは絵筆を持つのもやめた。家に引きこもっている自分を無理やりにでも外に出し、人生に目的らしきものを持たせるために、戦争で両親を亡くした子供たちのための保育学校で教師の見習いのような仕事もしてみた。その流れでグリンツィヒの元陸軍病院の建物に、自らが主宰する男子用の職業訓練学校も設立した。以後一六年、ヘルミーネはこの事業に数十万クローネを費やした。生徒が自分の手に余ることもしょっちゅうだった。しかし、それでもこの仕事のおかげでヘルミーネは母から離れられたし、この仕事を決して愛しているわけではなかったにせよ、自分の空虚な人生に慰めと気晴らしが与えられたのは確かだった。

一方、ルートウィヒは自分に誓ったとおり、慎ましい教師となって戦後の数年間を過ごした。クントマンガッセの教員養成所の課程を修了したルートウィヒは、一九二〇年の夏休みのあいだに、クロスターノイブルクの修道院で庭師見習いの仕事に就き、鉢植え用の納屋で寝起きした。そして九月初旬、ライヒェナウの教師の職に偽名で志願し、採用もされたが、結局はこれを断った。彼の素性が知られてしまったからである。頭のいかれたルートウィヒが家族との縁を切ったという噂がすぐに広まった。パウルはこれを聞きつけると、慈愛に満ちた叱責の手紙を弟に送った。

それは無理というものだ。この名前を持ち、千歩先からでも育ちのよさがわかってしまうような人間が、この家族の一員だと見なされないなんてことは、どうしたってありえないのだ。きみが最後の手段として名前を変えたとしても、それでどうにかなるものでもない。これは事実であり、どんなにつらく感じようと、きみはこの事実とつきあっていかねばならず、厳しい言葉に聞えるかもしれないが、きみもいずれはこの事実に慣れなくてはならない。[*2]

ルートウィヒが返事を出しそこねている一方、パウルは三日後、さらに「補足」を送った。

きみの素性と、きみの属する家がいずれ人々の知るところとなるのは避けられない……これはすでに前の手紙で言ったとおりだ。もしモートナー［カール・ウィトゲンシュタインのかつての雇い人の妻］がいなかったとしても、ホーホライトのうちの地所で働いている木こりが出てきていただろう。あるいは、前にアレーガッセで雇われていた教師が出てくるかもしれないし、前にクラドノのホテルやミーゼンバッハの旅館で働いていた給仕が、いまはどこかの酒場で給仕をしているかもしれない。あるいは、かつてコリーチャンやフリーザッハでルイスおじさんに雇われていた工場労働者や、トラウフで乳搾りをしていた農婦が、きみのことを覚えているかもしれない。そんな可能性はいくらだってある。自分に立派な教育やら何やらがないふりをしたり、逆にないものがあるふりをしても無駄なのだと、これは僕がわざわざ言うまでもないだろう。だからこそ、自分が誰なのかを正直に言っておいたほうが賢明だったのだ。そうすれば最初から、こんな誇張された噂に苦しめられずにすんだだろう。[*3]

兄の手紙を受け取ったときには、ルートウィヒはあらためて学校の教師として（今度は本名で）採用されており、一九二〇年十一月から二年間、そのトラッテンバッハの小さな山村の学校で過ごした。その後、わずかのあいだノインキルヒェンに近いハスバッハで教職を務めたのち、プッフベルク・アム・シュネーベルクでさらに二年を過ごして、一九二四年十一月から一九二六年四月までは、下オーストリアのオッタータルという街の小さな小学校で教師をした。

この時期ずっと、ルートウィヒはごくわずかしか飲食せず、かつての軍服を毎日のように着用しつづけた。「なぜ衣服に気を使う必要があるか」とトルストイの『要約福音書』には書かれている。「自分のことで思い悩んではならない。何を食べ、何を着るかについて考えなくてはならないなどと言ってはいけない」。[*4]ウィーンの兄や姉とすぐに喧嘩をする自分の性格を自覚していたルートウィヒは、家族ともほとんど連絡を取らなかった。なにしろ『要約福音書』には、こうも書かれているのだ。

しかし言っておくが、おのれの兄弟に腹を立てる者はみな罰に値する。兄弟をののしる者はさらに罪が重い。……かくして、これが第一の戒律である。怒ってはならない、ののしってはならない。だが、もし言い争いになった場合には、すぐ和解して、誰も怒らせないようにせよ。[*5]

ルートウィヒにとって、このころはつらい時期だった。これまでにないほど悪霊に苦しめられ、戦争の忌まわしい記憶に心を掻き乱され、親友の死を知らされて悲嘆にくれた。「毎日、ピンセントのことを考えています。僕の命の半分は彼と一緒に奪い去られてしまいました。あとの半分は悪魔に奪い去られるのでしょう」。[*6]この荒涼とした精神状態は、ルートウィヒが軍隊時代の知性ある友人、パウル・エンゲルマンに送った一連の告白の手紙にも見てとれる。「僕は昔からずっと自殺することを考えてきたが、その考えにいまでもときどき取りつかれる。僕はいま、どん底の状態にある」。[*7]「僕のいまの精神状態は、われながら恐ろしい」。[*8]ルートウィヒは、教師の仕事がこうした苦しみから自分を救ってくれるのではないかと期待し、救ってくれるはずだと信じた。彼にとっては毎日働いていることが必要で、「さもないと僕のなかの悪魔がすべて解き放たれて、あふれ出てくる」[*9]ような気がした。例によって、ルートウィヒは自己嫌悪にさいなまれ、エンゲルマンに自分のことを「道徳的に死んだも同然」「卑しい」「愚かで腐りきった」と評し、トルストイの戒めにもかかわらず、周囲のほとんどの人間を嫌悪せずにはいられなかった。トラッテンバッハの住人は「不快で、役立たずで、無責任」、オッタータルの住人は「非人間的」、ハスバッハの住人は「ぞっとするような虫けら」だった。[*10]

一九二二年十一月、ルートウィヒが戦争中に断続的に綴っていた神秘主義的な哲学論文、『論理哲学論考』がついに出版された。このドイツ語版には、英文テキストとバートランド・ラッセルによる序文がつけられていた。ルートウィヒの哲学界の友人たちは、この論文に一瞬は面食らったものの、深く感銘を受け、彼に教師を辞めてケンブリッジに戻ってくるよう熱心に訴えた。しかしルートウィヒは、この短い簡潔なつくりの論文が、誰からも誤解されていることに痛いほど気づいて、その事実に苛立たしさを覚えた。『論考』が難解である大きな理由は、ルートウィヒが用語の意味を明確に定義したり、要点を具体例で説明したりするのを無愛想に拒否したからだった。彼はそれらの意味をパウル・エンゲルマンに説明しようとしたが、のちにエンゲルマン自身が認めているように、それは彼の「理解力を超えていた」。[*11]かつてのケンブリッジでの同僚、ジョージ・ムーアも、ルートウィヒがこれを一行一行説明してくれたときは理解したような気になっていたのだが、著者と別れたとたん、やはりわかっていないことに気づき、つぎに誰かに説明することもさっぱりできないのだった。ムーアは最終的に、自分がこれに納得したのはルートウィヒの不屈の意志の力によるもので、自分が理解できているかいないかにかかわらず、この友人は正しいに違いないと思い込まされたためだと認めている。

ルートウィヒが一九一九年の夏に『論考』の写しを送っていたドイツの偉大な論理学者、

ゴットロープ・フレーゲでさえ、最初のページから先に進むことができず、苛立たしげにルートウィヒにこう書いてきた。「きみが何を言いたいのか私には最初からさっぱりわからず、その先に進みようがない」[*12]。ルートウィヒはラッセルに不満をぶつけた。「彼はこれを一言も理解してくれない……誰一人としてこれを理解してくれないなんて、そんなはずがあるものか！」[*13]。しかしラッセルも、これを何回か読んでみて、それでもまだ理解できない「重要な」点がたくさんあると認めざるを得なかった。ルートウィヒはラッセルに説明を試みたが、完全に成功したとは言えなかった。のちにルートウィヒは、ラッセルの説明的な序文を最初の版から削除しようとしている。少なくともドイツ語訳では、その序文は「表面的な誤った理解」[*14]しか示していなかったからだ。ルートウィヒのノートには、このころ彼が見た悪夢のことが記されている。人々は彼の言わんとすることを理解できないのだが、彼自身もまた、自分の考えを人々に明確に伝えることができずにいるのだ。ルートウィヒの苛立ちは果てしなく続いた。『論考』の中心的なテーマは言語の限界についてだったが、この論文自体が理解されないことに、そのテーマがこの上なく明白に表されているような気がした。いみじくも、『論考』の最後にはこう書かれている。

私を理解する人は、私の命題を通り抜け――その上に立ち――それを乗り越え、最後にそれがナンセンスであると気づく。そのようにして私の諸命題は解明を行なう。

（いわば、梯子をのぼりきった者は梯子を投げ棄てねばならない。[*15]）

ルートウィヒは文芸界の友人であるルートウィヒ・フォン・フィッカーにも『論考』について説明しているが、まるで理解の助けにならない説明だった。「この論文は二つの部分からなっている。一つはここに書かれていることで、もう一つは僕が書いていないことのすべてだ。そして、その二つめの部分こそが重要なのだ」。[*16]ケンブリッジの若い哲学者であり数学者のフランク・ラムゼイは、この論文を検討しにわざわざプッフベルクまで出向き、ルートウィヒ本人と一緒に一日四時間か五時間、要点を一つずつ押さえながら丹念に検討した。二日後、二人は七ページしか進んでいなかった。ラムゼイはオーストリアから母親にこう書き送っている。

ひどいものです。彼に「わかったかい?」と聞かれ、僕が「いいえ」と答えると、「くそ、また最初からやり直しか」と言われるのですから。彼はときどきこんなふうにも言います。「ここはちょっとわからなくなったから、とりあえず放っておこう」。自分で書いたことの意味を五分で忘れてしまうこともしばしばです。……彼の文章のいくつかは故意にあいまいにされていて、通常の意味と、もっと難解な、しかし彼にとっては自明な意味が含まれているのです。[*17]

ようやくラムゼイは仕事を終え、考え込んだまま疲れきってケンブリッジに帰ったが、いまや彼はウィトゲンシュタインのお墨付きの弟子となっていた。哲学学術誌《マインド》の一九二四年七月号に絶賛の批評を載せ、さらにその夏、母への手紙にこう書いている。「われわれは思想にとって本当にすばらしい時代に生きています。……アインシュタイン、フロイト、ウィトゲンシュタインがみな同時代に生きていて、しかも彼らはみな、文明の敵たるドイツやオーストリアの人間なのです！」[*18]。

ラッセルやムーアやエンゲルマンらと同様に、ラムゼイもまた、ルートウィヒの印象的な風貌や態度、人をなぜか納得させずにはおかない非凡な人格にすっかり魅惑されていた。こうした小さなきっかけから、ウィトゲンシュタイン解釈という非常に大きな研究分野が生まれた。以後、『論考』の意味を説明するために何千もの本が書かれ、そのたびに新しい解釈が加えられた。ルートウィヒ自身はのちにそれらとの関わりを、死後に出版された『哲学探求』のなかで否定しているが、この第一次世界大戦中に書きあげられた短い格言的な論文は、まだまだしゃぶりがいのある骨のように、今日の哲学界にも依然として課題を与えつづけており、少なくともその意味で、哲学者ウィトゲンシュタインの影響力は大変なものであったと言えよう。

もちろん、当時は（現在もだが）これに否定的な人も数多くいて、あきれたように目を丸くしながら「裸の王様じゃないか！」と毒づいていた。ルートウィヒのおじやおばなど、オーストリアの親族たちも、これにまったく感心できずにいる人々の一部だった。多くの親戚は、変わっているとしか思えないルートウィヒの行動にただ困惑し、一族きっての愚か者――なんと小学校の教師――が外国で偉大な哲学者と崇《あが》められているとは、何たる奇妙なことかと思っていた。「彼らは頭を振りながら、一族の道化者に世間がだまされて、あの役立たずがいきなりイギリスで有名な知の巨人になっているとはお笑い種《ぐさ》だと面白がっていた」[*19]。

ルートウィヒの親きょうだいもあいかわらず彼を心配していたが、当人はあえて家族との連絡を絶ち、もらった手紙に返事も書かなければ、パウルやヘルミーネから送られてきた食品の小包を封も開けずに送り返すこともしばしばだった。したがって家族がルートウィヒに何かをするには、ルートウィヒの友人たちとのひそかなつきあいを通すのが最善策だった。その一人が、ルートウィヒがイタリアの捕虜収容所で知りあったヘンゼル博士で、いまのルートウィヒは彼を師のようにも、そして従卒のようにも扱っていた。彼に道徳的な助言を求める一方で、本や必要品を送ってくるよう命令したり、毎日のように使い走りをさせたりもしていたのだ。ウィリアム・バートリー教授のもう一つの罪は、ウィトゲンシュタインについての本のなかで、この非常に道徳的なヘンゼル博士が『青年と肉体的愛(Die Jugend und die leibliche Liebe)』という論争集の著者である事実を暴露したことだった。

この本は、同性愛と自慰行為を激しく非難するものだった。そのような本を決して読むことのないヘルミーネは弟のことで定期的に彼と連絡をとっており、自分を安心させてくれる彼の返事にいつも感謝していた。「聖人の弟をもつのは厄介なものです」とヘルミーネはヘンゼルに書き送った。「イギリスには『死せる獅子より生ける犬』ということわざがありますが、私はそれに加えて、弟にするなら不幸な聖人より幸福な人間、と言いたいと思います」[20]。

一九二三年十一月、頭よりも心のほうが大事だとかねて思っているパウルは、ルートウィヒが痛みのともなう結腸潰瘍を患っていると知って心配しながらも、弟に直接的には何もしてやれないため、恐る恐るルートウィヒの別の友人に相談を持ちかけた。その友人はルドルフ・コーダーといった。

親愛なるコーダー殿

折り入ってお願いがありまして、ご協力いただけたら大変ありがたく存じます。現在、弟のルートウィヒが結腸炎を患っており、長く放置しておくと体が弱って神経に障り、非常に危険なことになります。とくに本人が疲労やストレスを抱えていれば、病状はさらに悪化するでしょう。このため弟はひどくやつれ、衰弱し、消耗していますす。これは特別な食事で治すことができます。医師の助言では、たとえば薄粥や大麦のスープなどをたっぷり摂って、あまり動かず、安静に休んでいるのがよいとのことですが、ルートウィヒによれば、価格が高く、手に入れるのも容易ではないといいます。

そこで親愛なるコーダー殿にお願いなのですが、その影響力を振るって弟にこの食事を摂るよう言い聞かせていただけないでしょうか。もちろん、私がお願いしたことは弟には内密に願います。どうか友人として弟に調子を尋ね、何を食べるべきかを話して、その後の経過を注意深く見守っていただけませんか。もし弟の使用人が適切な粥を作れないようでしたら、こちらで必要な材料をすべて用意してお送りします。弟はそれをコーダー殿ご自身が作ってくださったものと思うかもしれません。このような単純な料理の材料がそれほど入手しにくいものとはどうしても思われません。貴殿の交渉手腕を信頼しております。ご尽力には私どもの最大の感謝を送ります。お手を煩わせて申し訳ありませんが、ほかに頼るすべが思いつきません。貴殿なら、私や姉には及ぼせないすばらしい影響力を及ぼしてくださることと存じます。

どうぞよろしくお願い申しあげます。

P・W・[*21]

数年後、ルートウィヒはキルヒベルクのある老人に、「小学生に高等数学を教えたがった完全に頭のいかれた男」[*22]として記憶されていた。しかし一方、頭のよかった生徒などはとくに、彼が非常にすばらしい教師だったと親愛の情を込めて回想した。ルートウィヒは生徒に建築様式や植物学や地質学を教え、ウィーンから取り寄せた顕微鏡を使わせ、蒸気エンジンの模型を作ってみせた。リスの解剖のしかたも教えたし、キツネの肉を煮沸して骨から剝がし、骨格をふたたび組み立てるやり方も教えた。だが、そうした熱心さや有能さもあったとはいえ、ルートウィヒは専制的で辛抱の足りない、そしてしばしば暴力を振るう教師でもあった。ある女児は、怒ったルートウィヒに思いきり髪を引っ張られ、その晩に櫛をあてたら髪がごっそりと抜け落ちた。また別の女児は、耳の後ろから血が出るほど強く殴られた。一九二六年四月、体も頭も弱い十一歳の男児にルートウィヒはいらいらして、その頭を何度か叩いた。すると男児は、意識を失って床に倒れた。あせったルートウィヒは男児を抱えて教室を飛び出し、校長室へ向かったが、その途中で、前に耳を叩いて出血させたことのある女児の父親に出くわした。その父親は激怒して、ルートウィヒを教師ではなく動物の調教師だとなじり、警察を呼ぶと言い張った。相手が急報を告げに飛び出していくと、ルートウィヒは意識を失った男児を床に下ろし、その足で村から逃げ去った。法の手はすぐに迫り、五月十七日、ルートウィヒはグログニッツの地方裁判所に呼び出された。法廷の尋問でルートウィヒは嘘をつき――それを彼は死ぬまで深く後悔した――判事はルートウィヒが自分の行為に責任を取れないほど精神が錯乱しているのではないかと判断して、被疑者が精神鑑定を受けるまでのあいだ休廷を命じた。ルートウィヒはウィーンで医師からの呼び出しが来るのを待った。「精神科医が僕に何と言うのか、ぜひ知りたいものだ」とルートウィヒは友人のコーダーに手紙で言った。「だが、精神鑑定なんて考えただけでも吐き気がするし、この一連の不快な事件には心底うんざりしている」[*23]。

43　パウルの出世

パウルの不用意な国債投資によって家族の財産を大幅に失ったとはいえ、ウィトゲンシュタイン家はそれでも――ウィーンの中産階級の大半の基準が下がったので――飛び抜けて裕福だった。その理由は外国への投資にあった。父親と三人の兄からの遺産に加え、一九一九年のルートウィヒからの財産分与もあったので、パウルの総資産は相当な額になっていた。彼はウィーン一区のお洒落なコールマルクト通り沿いに、店舗や事務所や集合住宅の入った広大な区画を所有しており、プランケング通りにも大きなビルを持っていた（一度取り壊されて近代的なホテルに再建されていた）。二区にもシュトゥーヴァーシュトラーセ沿いの一区画に集合住宅を持ち、七区のマリアヒルファーシュトラーセ五八番地にも、一階に店舗が入った集合住宅を持っていた。家族の住居に関して言えば、アレーガッセの屋敷の半分がパウルの所有で（あとの半分はヘルミーネの所有）、ノイヴァルデックの屋敷も三分の一を所有していた（あとの三分の二はヘルミーネとヘレーネ）。しかし戦後の困窮した数年間は、それらの家賃収入がパウルの資産を支えていたわけではなかった。政府が家賃の値上げに厳しい制限を設けていたので、あらゆる物価が一万四〇〇〇倍に跳ね上がっていたにもかかわらず、賃料は超インフレの前のレベルに据え置かれていたからだ。一九二二年の時点で、パウルの所有する集合住宅の一年間の総家賃収入は、平均的な価格のレストランで夕食を一回とれる程度のお金にしかならなかった。

一九一二年の時点で、国家の崩壊をいち早く嗅ぎつけていたのか、父のカールは私有財産のかなりの部分を外国株に投資していた。カールの死後、その資産管理を相続人に代わって担当したのが、信仰心の篤いカールの兄のルイスだった。彼はオランダの銀行ホープ&カンパニーで、いわゆる「匿名組合」契約でカールの資産を運用した。これは節税のために取られた措置だった。銀行側は、管財人であるルイスの名前だけは知っていたが、信託財産の個々の所有者については内情に通じていなかった。一九一九年、オーストリアでのボリシェヴィキ蜂起を懸念したルイスは、ちょうど自分の所有する地所が新しく建設されたユーゴスラビア王国との国境にまたがっていたので、外国の市民権を取ることにした。これにより、ルイスは一族の資産の管財人として、その資産をまるごと外国に移せるようになった。この賢明な措置のおかげで、やがてオーストリアの自国通貨がほとんど無価値となったときにも、ウィトゲンシュタイン家はスイスフランやアメリカドルでものを買える力があった。

一九一八年に退役して帰ってきてからのパウルは、家にこもって、ピアニストとしての将来を慎重に考えていた。彼が髪を剃り落として邸内の奥の部屋に鍵をかけて閉じこもり、そこで一日九時間ひたすら練習するのみで、誰にも会おうとせず、食事を運んでくる使用人にさえも、室内には入らずに扉の隙間から食事を差し入れるよう厳しく命じているという噂まで立った。これはもちろん大げさだったが、パウルがシベリアにいたときと同じように、髪を短く刈り込んでいたのはたしかだった。また、片手でピアノを弾かなければならない苦労が彼の演奏技法を根本的に変えたのも事実だし、一九一八年八月から一九二二年四月まで、パウルは一度も人前で大規模な演奏をしなかった。ヘルミーネはおそらくこの時期のことを書いていたのだと思われるが、それによればパウルは自殺ぎりぎりのところにあったという。彼が「いまでもこの世にいて、どうにか人生と折り合いがつけられるようになったのは、本当にたまたまと言えるのだろう」[*1]。

片手でピアニストになろうとすることが果たして成功するのかどうか、パウルの頭には疑念があふれた。彼はこの時期、アレーガッセの屋敷で何度か内々に演奏を披露し、つねに前向きな恩師のヨーゼフ・ラーボアからさかんに応援された。ラーボアはつぎつぎとパウルに新作をもってきた。いくつかはパウルの障害にあわせて特別に書かれたもので、あとはもともと両手用に作曲したものを、あらためて片手用に作り直した曲だった。そのなかには三重奏が二作、四重奏が一作、五重奏の嬉遊曲《ディベルティメント》が一作、ピアノ協奏曲の第三番、ピアノソロ用の幻想曲などがあった。

とはいえ、ラーボアの作品だけで生き残っていくのは無理だった。それはパウルもわかっていたが、ほかに弾ける曲があるわけでもなかった。どうにかして演奏会で弾ける曲を増やすため、パリやウィーンやベルリンやロンドンで、古い楽譜を扱っている店を訪ね歩き、左手での演奏用に書かれた作品を捜し求めた。予想されたことだが、そのような作品はほんの少ししか見つからなかった。スクリャービンが右手の手首を捻挫したあとに作曲した二つの小品、ブラームスがクララ・シューマンのために編曲した作品、サン＝サーンスの六つのエチュード、ゴドフスキーによるショパンの編曲、シャルル・アルカンの作品が一つと半分、あとはアレクサンダー・ドライショクやアドルフォ・フマガッリやジチー伯爵など、名声も才能もそれほどない作曲家による凡庸な作品がいくつかだった。パウル自身もモーツァルトやメンデルスゾーンやリストやワーグナーを自分で編曲してみたが、曲作りには多大な時間と労力がかかるばかりで、技術の向上には役立ったが、できた作品がとくに優れてもいないことは誰に聞かなくてもわかった。しかも、それらは編曲であるゆえに、当然ながら原曲との妥協の上にできたものだった。「興味深くはあるけれども、しょせん原曲ほどよくはない」――人々はきっとそう言うだろう。パウルが片手のピアニストとして成功できる望みが少しでもあるとするなら、偉大な作曲家に新しい作品を作ってもらうことが必要だった。

一九二二年六月二十九日、ヨーゼフ・ラーボアは八十歳の誕生日を迎えた。ウィーンでは、これを祝って一週間にわたるラーボアの音楽の宴が開かれ、その最後を締めくくったのがザンクト・ヨーゼフ・オプ・デア・ライムグルーベ教会での特別演奏会だった。ラーボアが一九一八年に作曲したミサ曲が演奏され、ウィトゲンシュタイン家も全員が出席した。その四日前にも、パウルはホーフブルク宮殿の儀式の間《ま》で行なわれたラーボア記念コンサートを手伝っており、二十三日にはウィーン女性交響楽団とともにユリウス・レナートの指揮のもと、ラーボアに特別に作曲してもらった協奏曲を「とてもみごとに」演奏した。しかしながら、当の作曲家は体調がすぐれず出席できなかった。友人たちは、ラーボアはひょっとしたら危ないのではないかと心配した。

ラーボアの健康状態は数年前から着実に悪くなっており、ウィトゲンシュタイン家がいかに彼の作品を応援していても、ラーボアが存命中に国際的な名声を得るのは難しそうであることが、いまや（もっと早くからではないにしても）明らかとなっていた。そして、もう新しい曲をたくさん作る時間がラーボアに残されていないいま、パウルが彼の曲を――彼の曲だけを――演奏してピアニストとして生きていくのも明らかに難しくなっていた。もともとコンサートのプログラムにヨーゼフ・ラーボアの名前があれば、それは興行的な破滅を意味していたし、いくらパウルが破格の情熱を込めてラーボアの曲を演奏しても、たいてい聴衆はとまどうばかりだった。ルートウィヒさえも、ラーボアの音楽は「何にもまして妙味がある」が、ゆえに「ことのほか理解しにくい」と認めていた。[*2]
しかし、誰もが彼の死を予期していたころ、この年老いた盲目の巨匠はホメオパシー（同種療法）医の助言で食生活を変え、そのとたんにみるみる回復した。ウィトゲンシュタイン家は大喜びした。「ラーボアが元気になりました！」[*3]とヘルミーネは歓喜し、ウィトゲンシュタイン夫人も感極まったように語った。「今回ホメオパシーが起こした奇跡はいくら賞賛しても足りません。食生活を完全に変えたら、心身ともにたちまち回復して、ラーボアはすっかり以前のように、若々しい音楽家になりました」[*4]。
実際、ラーボアは新しい食生活に大いに気をよくして、さっそくパウルのための新しいピアノ協奏曲にとりかかった。

親愛なるラーボア
ふたたび私のために作曲を始めてくださったと聞いて、この嬉しさをどうにかして表現しなければと思い、喜んでいただけることを願ってつまらないものを進呈いたします。どうか同封の包みを受け取ってくださいますように。
いつまでも忠実なあなたの元弟子、パウル・ウィトゲンシュタインより[*5]

この包みには、ベートーヴェンの髪が一房入っていたと言われている。しかし、このいかにも気前のよい行為にもかかわらず、盲目の作曲家にはやはり嫉妬心があった。ウィトゲンシュタイン家にはラーボアを「自分のもの」と思っているふしがあったが、その説にいくばくかの真実があったとすれば、逆もまた同じであったに違いない。ラーボアにとってパウルは「自分の」神童だったから、その「いつまでも忠実な」弟子が、自分より有名なあまたの作曲家に新作を頼もうとしていることを、ラーボアはどうしても認められなかった。その抵抗感を乗り越えるには時間がかかったが、パウルのための最後の協奏曲を作っているうちに、八十歳の老作曲家は、自分が左手用の大規模な作品を作るのはこれで最後になるだろうと認め、誰でも好きな作曲家に作曲を委託すればよいと厳粛にパウルに許可を与えた。

一九二二年十二月から一九二三年のイースターにかけて、パウルは三人の著名な作曲家と、あまり知られていない一人の作曲家に声をかけ、多額のアメリカドルを報酬として、ピアノとオーケストラのための（左手用の）協奏曲を書いてもらえないかと誘ってみた。そして一九二三年の春の終わりには、その四人（パウル・ヒンデミット、エーリヒ・ヴォルフガング・コルンゴルト、フランツ・シュミット、セルゲイ・ボルトキエヴィチ）がすべてパウルのために熱心に仕事にとりかかってくれていた。そもそもこれらを委託したのはパウルがピアニストとして成功するためだったから、作曲家の選定は注意深く行なう必要があった。パウルが好む音楽は――それについてはパウルはかなりの目利きだった――ロマン派初期、古典派後期の音楽だった。パウルは現代音楽と言われているものがひどく嫌いで、アルノルト・シェーンベルク（彼もラーボアの弟子だった）をはじめとする新ウィーン楽派の人々とも個人的な親交はあったが、彼らに作曲を委託しようとは露ほども考えなかった。

エーリヒ・コルンゴルトは、《新自由新聞》の首席音楽批評家ユリウス・コルンゴルトの息子で、パウルが作曲を委託したときにはまだ二十代だったが、ウィーンの大衆はすでに彼をモーツァルト以来の最も楽才ある神童と認めていた。マーラーは十歳のエーリヒを天才と宣言し、リヒャルト・シュトラウスはエーリヒが十四歳で作曲した二つの作品を聴いて、感嘆と恐怖の入り混じった複雑な感情を覚えたと告白した。一九二〇年に初演されたオペラ『死の都』で、コルンゴルトは世界的な名声を獲得した。彼の音楽はパウルの本来の好みよりも少しばかり現代的であったかもしれないが、少なくとも三〇〇〇ドルと引き換えに、その作品が幅広い聴衆の耳に届くことは確実だった。「僕の新しい作品ならドイツの全指揮者が自動的に演奏してくれる」[*6]と、この早熟な作曲家自身が請けあっていたからだ。

フランツ・シュミットの作品は、当時もいまも、オーストリアでは非常に高く評価されており、その美しい独特の自然で直観的な音楽が、世界のほかのところでめったに演奏されないのは残念としか言いようがない。シュミットに新作を委託することで（報酬は六〇〇〇ドルだった)、最初からドイツ語圏の主要な会場はおさえられたも同然だった。

一方、前衛的なドイツの新進作曲家、ヒンデミットを選んだのはやや冒険的な挑戦だった。音楽は心に訴えるべきだというのがパウルの持論だったが、その時期のヒンデミットの作品は、はなはだ理知的なものだった。パウルが初めてヒンデミットに会ったのは、一九二二年十二月、ウィーンで開かれた演奏会でのことで、このときのヒンデミットはヴィオラ奏者として自作の弦楽四重奏曲第二番を弾いていた。この苦しくなるほど濃密な作品が、パウルの保守的な好みに訴えたというのは意外なことではある。パウルが提示した金額で、ヒンデミットはフランクフルトのザクセンハウゼン地区にある十五世紀の望楼、クーヒルテン塔を買って復元する計画を立てた。その計画は成功したのだが、塔は一九四三年、連合軍の爆撃によって破壊された。

パウルが選んだ四人目の作曲家、セルゲイ・ボルトキエヴィチは、チャイコフスキーやリストやラフマニノフを思わせる、旋律の美しいロマン派的作風の魅惑的な楽曲を作っていた。ボルトキエヴィチはウクライナのハリコフの地主階級出身で、不穏な時期をベルリン、ロシア、トルコと移って過ごしたのち、一九二二年の夏からウィーンに定住した。一九五二年に故人となってから、ボルトキエヴィチの音楽は少数の熱烈なファンが必死に宣伝するのみで、一般的にはすべて忘れ去られている。

この四人がそれぞれ協奏曲の作曲にとりかかったころ、パウルはパウルで、初演の手配に同じぐらいの精力を傾けた。ヒンデミットの作品（『管弦楽つきピアノ音楽』）は新シーズンの初めにワイマールとウィーンで発表する予定とし、ボルトキエヴィチの作品は一九二三年十一月にウィーンで初演、シュミットの作品（ベートーヴェンのバイオリン・ソナタ『春』から主題をとった一連の変奏曲）は三ヵ月後の一九二四年二月、そしてコルンゴルトの協奏曲は同年九月と決まった。こうして舞台が整えられ、パウルはこれを非常に楽しみにしていたが、その前に、まずはラーボアのピアノ協奏曲第三番の初演に集中しなくてはならなかった。この楽曲は一九二三年十一月十日、建てられたばかりのウィーンのコンツェルトハウス大ホールで、ウィーン交響楽団とともにルドルフ・ニリウスの指揮によって演奏されることになっていた。これはラーボアが八十一歳で作曲した、彼の最後の完成作品であり、パウルはこれに心から敬服していた。

四人の作曲家はそれぞれ楽譜を提出してきたが、そこで衝突が起こった。ヒンデミットなどは、第一稿を送ってくる前からすでに悶着を予想していた。一九二三年五月四日付の手紙で、ヒンデミットはあらかじめパウルにこう断っている。「来週末にはすべて整っていることと思います。最初はひょっとしたら微妙に感じるかもしれませんが、私はこれを非常に愛情込めて作りましたし、自分ではとても気に入っています」[*7]。その手紙で、ヒンデミットは報酬を半額でもいいから前払いしてくれないかと頼んでいた。そうしてもらえれば購入する望楼の再建が始められるからということだった。パウルは返信で、自分が彼の新作を果たして理解できるかどうか不安があると伝えた。その後まもなく、ヒンデミットは最初の草稿を送ってきた。それにはこんなメモがついていた。

この楽譜をごらんになって、あなたの不安が和らぐことを祈っています。これは平易で、まったく複雑なところのない作品であり、しばらくすれば——最初は手をつけるのが少しばかり恐ろしく感じるかもしれませんが、それはともかく——きっと喜んでいただけるものと確信します。あなたはこの作品を必ずや理解してくださるでしょう。*8

例の報酬についてだが、パウルはこれを全額前払いで支払ってやるという寛大なところを見せ、それと引き換えに、手稿譜とオーケストラの各パート譜と生涯独占演奏権を受け取った。しかし、パウルはヒンデミットの楽曲を見てぞっとした。何時間もかけて必死に練習したのち、パウルはこの作品を理解するのは無理だと結論し、初演の予約を取り消した。このヒンデミットの作品『管弦楽つきピアノ音楽』は、そのまま長らく発見されず、したがって演奏もされず、ようやく日の目を見たのは二〇〇四年十二月のことだった。
コルンゴルトとシュミットの作品に関しても、やはり作曲家とのあいだで議論が生じた。どちらの場合も、パウルは作品が大仰になりすぎていると感じた。作曲家が楽曲を書き込みすぎているあまり、ピアノの音がオーケストラの音にかき消されてしまうと思ったのだ。ヨーゼフ・ラーボアも、つねづねパウルが自分の作品に削除を入れることに気を悪くしていたが、ラーボアが作るのはつねに小規模な室内管弦楽だったため、バランスの問題が取り沙汰されたことは一度もなかった。依頼者を喜ばせたがっていたシュミットは、パウルの要求を黙認し、多くの変更を許容した。一方、コルンゴルトはそれを侮辱と受け取った。彼の協奏曲は大規模な楽団のための楽譜となっていて、ホルンが四つ、トランペットが三つ、コントラバスーン、ハープ、チェレスタ、鉄琴、木琴までが想定されていた。「ピアノの音とオーケストラの音のコントラストが激しすぎて、これではピアノがコオロギの鳴き声のようになってしまう」[*9]とパウルは不満を漏らし、自分の気に入らないパートに遠慮なく太い赤線を引いた。コルンゴルトが自分の作品を骨抜きにされたと憤慨すると、パウルはなだめるような手紙を書いた。

親愛なるコルンゴルト殿

作っていただいた協奏曲の第二稿を同封します。私が書き入れた括弧の部分についてですが、もしこれがまったくお気に召さないとしても、一緒に写しをとってくださるようお願いします。私がこの作品を演奏するにあたって、もしあなたが指揮をとってくださるなら、あなたのご判断しだいで、この括弧の部分をそのまま演奏することもできます。ただ、あなたのいないところでこの作品を演奏するときには、この括弧の部分を外させてもらいたく思います。これを破壊行為と戦慄なさいませんよう、そしてどうぞ私にお怒りになりませんよう。

パウル・ウィトゲンシュタイン*10

一九二四年二月二日に行なわれたフランツ・シュミットのベートーヴェン変奏曲の初演は、この上なく盛り上がった。シュミットは《新ウィーン日報》の批評家から「最高の音楽的才能」の持ち主と褒め称えられ、「両手が必要な多声音楽《ポリフォニー》を片手でなしとげたパウル・ウィトゲンシュタインも、自らが呼び起こした嵐のような喝采のなかで指揮者とともにアンコールを求められた」。*11

そしてコルンゴルトの作品は、さらに大きな成功を収めた。豊かなノイズと故意に醜悪にしたエロチシズムの緊迫した融合を見せるこの新作は、作曲家自身の指揮のもとに楽友協会の「黄金のホール」で初演された。このほかプログラムには、カール・プロハスカ、フーゴ・カウダー、アルマ・マーラーの新作も含まれていたが、やはり新聞の見出しを飾ったのはコルンゴルトの協奏曲だった。《新自由新聞》の批評家はこれを「簡潔にして要を得た、まさに霊感を受けて作られたかのような驚異的な作品」と激賞し、さらに（バランスの問題をめぐるパウルとコルンゴルトの口論を知っていたかのように）「パウル・ウィトゲンシュタインの気迫のこもった演奏は、彼のピアノが当然の優位性を保持していることを示してみせた[*12]」と特筆した。《新ウィーン日報》の批評家は、熱に浮かされたような絶賛の評を八日後の紙面に載せた。

戦争中に愚かしい一撃によって右腕を奪われた――ある意味では命より大事なものを奪われた――パウル・ウィトゲンシュタインは、にもかかわらず純然たる英雄的な芸術の資質をもって運命を乗り越え、残された左手での演奏の名手となり、その片手だけでの演奏を、とうてい到達不可能と思えるような完成の域にまでもっていった。そしていま、真の芸術家同士のすばらしい兄弟愛が、彼の味方についた。コルンゴルトはこの協奏曲を彼に捧げ……パウル・ウィトゲンシュタインはその「専用」の作品を、喜びが翼を与えたかのような技術でもって弾きこなした。目をつぶっていれば、これは必ず両手を使ってなされた演奏だと思うに違いない。われわれは一人残らず、偉大な才能を目の当たりにした喜びに満たされていた[*13]。

パウルは楽譜の所有権を手にしており、全作品の独占演奏権についても交渉していた。演奏会のプロモーターはみなこれらの作品を上演したがったので、パウルはたちまちヨーロッパ中のコンサートホールで引っ張りだことなった。これに自信を得たパウルは、当時存命中の作曲家のなかで最も成功していたリヒャルト・シュトラウスをコルンゴルト作品の初演に招き、こうした左手のためのピアノ協奏曲を作ることをシュトラウスも検討してくれないだろうかと頼んでみた。

パウルはシュトラウスとはまったく知らない仲ではなかった。戦前、シュトラウスはウィーンを訪れる機会があると、ときどき両親と一緒にアレーガッセのウィトゲンシュタイン邸に滞在していたからである。とはいえ、それを理由に安い取引ができるわけではなかった。「シュトラウスは相当に強欲だ」とパウルは人に伝えている。「彼は間違いなく金儲けのことを考えている。ただし、それは彼が作曲する前後のことで、作曲している最中ではない。そこが重要なところだ」[*14]。最終的に、シュトラウスはこの委託を二万五〇〇〇ドルの前払いという破格の契約で引き受け、緊迫した陰鬱な協奏曲の作曲に着手した。その『家庭交響曲余録』というタイトルに示されているとおり、これはシュトラウスが二〇年前に作曲した交響曲の付加作品にあたるものだった。一九〇三年の『家庭交響曲』と新たに作られた『余録』は主題の素材が同じで、音楽業界の仲間うちでは、シュトラウスが古い作品を再加工するだけでパウルから一財産巻き上げようとしているとの噂がたちまち広まった。しかしパウルはシュトラウスを擁護し、その批判は「不当」なもので、この協奏曲には「大変な美しさ」があると主張した。ただし、それでも楽譜に不備があると思われれば、パウルはうるさくシュトラウスに注文をつけた。今回もパウルからすると、オーケストラが重厚すぎてピアノのパートが聞こえなくなると思われた。数々の煩わしい協議を重ねた結果、シュトラウスはしぶしぶパウルに同意して重要な主題をオーケストラ譜からピアノのパートに移し、パウルの好きなように削除を行なって楽曲の質感を薄くしてかまわないと許可した。こうしてできた『余録』には、とてつもなく多様で技術的に難しい休止なしのソロパートが含まれているが、パウルはそれでも完全にすばらしいとは言えないと思っていた。彼はセンセーションを巻き起こすようなもの、もっとはるかに幻惑的なものを求めて、シュトラウスにしつこく手直しを迫った。パウルはのちに『余録』について、得意の三ヵ国語を混ぜ合わせた言い方で、「これを、それなりの協奏曲――ein brauchbareres Konzert――にするには、フランス語で言うところの上から下まで――de fond en comble――変更を加えなくてはならなかった[*15]」と明かしている。

シュトラウスはパウルの批判を寛大に受け入れたようだが、パウルが要求した変更のいくつかはあまりに複雑すぎて、一九二五年十月六日に予定されていたドレスデンの初演までの短い期間では解決できなかった。そこで代わりに持ちかけたのが、もう一つの左手用の協奏曲『パンアテネの大祭』で、たしかにこちらのほうがパウルの要求にかなっていたかもしれなかった。シュトラウスがこの作曲に二万五〇〇〇ドルを追加要求したかどうかは定かでないが、おそらくそうしただろうと思われるのは、ベルリンでの初演からほどなくして、シュトラウスがウィーンのヤッキンガッセに「リヒャルト・シュトラウス城」と呼ばれた大邸宅を建てはじめたからである。

『パンアテネの大祭』は、ジャズのような雰囲気のある魅惑的でユーモラスな作品だが、これもパウルの見方では、やはりオーケストラとのバランスが悪かった。「片手しかない僕にどうやって四倍の数のオーケストラと対抗しろというのだ？」[*16]とパウルは嘆いた。一九二八年一月十五日にブルーノ・ワルターの指揮でベルリン・フィルハーモニー管弦楽団とともに行なわれた初演は、決定的な大失敗に終わった。パウルは「ドクトア・シュトラウスの左腕」と冷笑され、ベルリンの批評家たちは皮肉たっぷりに、少なくともこの作品は前々から疑われていたことを証明した、この六十四歳の作曲家はやはり早期の認知症に侵されていたのだ、そしてピアニストは金持ちの好事家《こうずか》以外の何物でもない、と断じた。とくに辛辣だったのは《ベルリナー・ツァイトゥング・アム・ミッターク》の批評家アドルフ・ヴァイスマンだった。「不運にも戦争で右腕をなくしたこのピアニストが、どうにかしてスポットライトの下にとどまろうと必死になっているのはよくわかる。しかし、シュトラウスがなぜこのような完全なる失敗作を生み出せたのかは理解に苦しむ。……この『パンアテネの大祭』はわれわれの忍耐の限度を越えている」[*17]。

このベルリンの批評に、パウルは肩をすくめて「カトリックの無謬《むびゅう》の教皇のごとき傲慢さと推測だけで書かれた、どうでもいい連中のどうでもいい意見」[*18]と受け流したが、シュトラウスはパウルに慰めの手紙を書いた。「ベルリンの批評家がきみと私の作品を酷評したことを非常に遺憾に思う。もちろん『パンアテネの大祭』は悪い作品ではないが、しかし、満場一致の拒絶という栄誉を受けるほど優れた作品だったとは私も思っていなかったよ」[*19]。二ヵ月後、『パンアテネの大祭』はウィーンでも披露されたが、こちらは批評家からも聴衆からも大絶賛で迎えられた。パウルは《新ウィーン日報》で数面にわたって「驚異的な演奏技術」を賛美され、《新自由新聞》のユリウス・コルンゴルトも熱狂的に褒め称えた。

パウル・ウィトゲンシュタインはここに、そのすばらしい左手のじつに多彩な動きを見いだしている。彼の左手は鍵盤を支配し、オーケストラを支配する。この演奏家のエネルギーと技術は驚異的であり、もし目をつぶっていれば、そこに両手のピアニストがいるものと錯覚させられ、ときに鍵盤が力強く叩かれたりすれば、両手のピアニストが二人いるのかとさえ思わせられる。彼は聴衆の熱狂的な支持を勝ち得た[*20]。

これらの作曲委託料は途方もない額にのぼったかもしれないが、その効果はまさしくパウルが狙っていたとおりのものだった。五年もしないうちに、彼は国際的な舞台で活躍する本格的な芸術家として立派に認められるようになっていた。シュトラウスへの委託のニュースは世界中の新聞で報じられ、一九二〇年代の末までに、パウルは各国の演奏会場でさまざまな著名指揮者と舞台に立つようになっていた。ベルリンではエーリヒ・クライバーやブルーノ・ワルターやヴィルヘルム・フルトヴェングラーと組み、ドレスデンではフリッツ・ブッシュと組み、アムステルダムではピエール・モントゥーと組み、ロンドンではサー・ヘンリー・ウッドと組み、バーミンガムではエイドリアン・ボールトと組み、バーゼルではフェリックス・ワインガルトナーと組み、パリではルネ＝バトンと組み、トリエステ、トリノ、プラハでは、指揮棒を持ったリヒャルト・シュトラウスと共演した。一九二八年十月にはアメリカでのコンサートツアーも企画された。《ニューヨーク・タイムズ》が「これまでずっと待望されていたパウル・ウィトゲンシュタインのアメリカ・デビュー」[*21]を報じ、聴衆もパウルに感嘆した。舞台上でのパウルの存在感は堂々たるものだった。優しく弾けば、聴く者すべての心を溶かし、一転して鋭く叩きつけるようにフォルティッシモを弾けば――これを自宅で練習しているときは家族をひどく苛立たせたが――広いコンサートホールのかしこまった場にぞくぞくする破壊的な空気をもたらした。鍵盤を端から端まで自在に行き来する左手の指の速さは、それこそ息もつかせぬものだった。ある意味で、パウルは名声を金で買ったとも言えるかもしれないが、その努力と技術と芸術性は同時代のピアニストの誰にも劣らず、その意味で、彼の成功は彼が自力で勝ち得たものだった。一九二八年には、彼は一本の腕で音楽界の頂点にのぼりつめていた。みごとに自分の夢をかなえたパウルは、少なくともさしあたり、幸せそうに見えた。一九二七年九月、彼はこう書いている。「やるべき仕事があって、しかもその仕事で金を稼げる――しかもそれがよい目的にかなっているなら――こんなすばらしいことはない[*22]」。

44　ウィトゲンシュタイン夫人の死

第一次世界大戦後、ウィトゲンシュタイン家は数々の不幸に見舞われた。まず一九二〇年に、いつもコニャックの匂いをさせていたカールの義弟、ヨーゼフ・フォン・ジーベルト将軍が亡くなった。それからまもなく、その妻のリューディアが自らガスオーブンに頭を突っ込んだ。耳が聞こえず口も利けない娘を一人で世話していくことに耐えられなかったからだ。明けて一九二一年の七月には、ヘレーネの十九歳の息子、フリッツ・ザルツァーが急性灰白髄炎にかかり、発症してから数日で四肢と肺臓と心臓が弛緩性麻痺を起こして、あっというまに死んでしまった。そして一九二四年四月二十六日には――よりによってルートウィヒの誕生日だったが――高熱で一週間伏せっていた親愛なるヨーゼフ・ラーボアが、キルヒェンガッセの自宅で亡くなった。ヘルミーネはラーボアの死の床で、目に涙をためながら老作曲家をスケッチした。パウルのために途中まで作曲していた七重奏曲が未完のまま机に置かれていた。それから一年もしないうちに、カールの兄のルイス伯父が息を引き取り、ウィトゲンシュタイン夫人の姪の一人が登山中の事故で亡くなった。これらすべてのできごと、とくにラーボアの死が、ウィトゲンシュタイン夫人の心身に悪影響を及ぼした。しかし本当のところ、夫人は一九一八年のクルトの自殺に衝撃を受けて以来、ずっと立ち直れていなかった。

三人の息子に自殺されては、どれほど鋼《はがね》のような母親でも神経をやられるに違いない。ハンスとルディの死で、ウィトゲンシュタイン夫人の心には悲しみや恥辱や罪悪感が深く根を下ろしていたが、クルトのときに彼女にのしかかった重荷ははるかに大きかった。彼女はアメリカにいたクルトに自ら積極的に帰国を促して、いまや消えてしまった帝国の名誉を守るため、弟たちと同じように戦争に行かせていたのだ。クルトの訃報は夫人の心を粉々に打ち砕いたようだった。その瞬間から夫人は心身ともに急激に衰え、そのままゆっくりと、二度と元に戻ることなく弱っていった。四年のうちに脚は動かなくなり、目もほとんど見えなくなって、頭も老衰によってぼけはじめた。人生に対する興味はすべて失われた。家族はどうにかしてかつての輝きを取り戻させようと、マリー・フィルンガーという、以前は有名なソプラノ歌手だった無愛想で一風変わった女性と親密につきあわせた。そのために、ラントシュトラーサー・ハウプトシュトラーセに部屋を借りて彼女を住まわせ、そこから毎朝ウィトゲンシュタイン夫人を訪ねてもらって、ブラームスやヨアヒムや、その他もろもろの懐かしい話で夫人を元気づけてもらうようにした。ウィトゲンシュタイン夫人がフィルンガー嬢に初めて会ったのは、カールが死んでからのことだったと思われるが、ルートウィヒが学生時代から彼女を知っていた可能性はある。彼がマンチェスターの学校に通っていたころ、フィルンガー嬢はロイヤル・マンチェスター音楽学校で声楽の教師をしていて、ウィルムズロー通りのルートウィヒの下宿から数ブロック先のところで、同性の恋人だったオイゲーニエ・シューマン（作曲家ロベルトの娘）と暮らしていたからだ。無愛想なフィルンガー嬢との交際は、一時的にウィトゲンシュタイン夫人を活気づけ、すっかり視力の衰えていた目も、シューマンやブラームスの歌を歌うフィルンガー嬢の伴奏をするときだけは輝いているように見えた。ウィトゲンシュタイン夫人のピアノ演奏はもはや正確ではなく、フィルンガー嬢の堂々たる声も、かつてブラームスをとりこにして多くの偉大な作品の初演を任せられたころの張りを失ってはいたが、ヘルミーネに言わせると、この二人の老婦人の関係はとても気持ちのよいものだった。「母は、この見かけは無愛想だけれど本当はよい人の堅苦しい外側をなんとか友情とユーモアで溶かそうと努めていて、フィルンガー嬢もそんな母に、まったく感傷的でない愛情で応えてくれていた」。[*1]

一九二六年の春、ルートウィヒがオッタータルで生徒を気絶させる不祥事を起こしたころには、もはやそれを不名誉とは感じられないほどウィトゲンシュタイン夫人の病状は悪化していた。医師や家族や見舞いに訪れる友人たちをまじまじと見つめはするのだが、その瞳に相手の顔は映っておらず、その先を見ているので、相手はどう反応していいかわからなくなった。興奮の発作が起きると、家族は彼女を落ち着かせるためにレコードをかけて聴かせてやった。ひとときの優しい音楽は緩和効果をもっていたが、それでも衰弱がひどくなると、夫人はもう蓄音機の音と生演奏の音を区別できなくなった。演奏家が室内にいるものだと錯覚して、曲の途中でお礼を言い出したり、もう充分だと思うと蓄音機のほうを向いて、精一杯の丁寧な口調でこう言ったりした。「すみませんけれど、私はもう年寄りで、具合も悪くて、疲れやすいものですから、途中でやめてくださいとお願いしても、どうぞ悪く思わないでくださいませね」[*2]。

五月半ば、夫人はノイヴァルデックにあるウィトゲンシュタイン家の真っ白で明るい風通しのよい邸宅で寝起きしていたが、そのころ具合はさらに悪くなっていた。二十二日には、一人で何もできず怯えるばかりなので、ヘルミーネが午後中ずっと手を握ってやっていた。二十六日にもふたたび状態が悪化して、誰かが自分を殺そうとしていると一日中叫びつづけ、ぶつぶつ不平を言ったり、めそめそ愚痴を言ったり、必死に慈悲を求めたりを繰り返した。家族も集まってきた。二日後の午後、夫人は眠りについたが、翌朝目覚めると発熱していた。それから三日間、昏睡状態が続いた。この数日が「私にとっては非常にありがたかった」と、グレートルはのちに長男への手紙で明かしている。「不思議な感じでした。母はぐっすり眠っている。もう母の魂ははるか彼方にあるようでした。私たちはベッドのわきに座っていましたが、半分死んだような母を見ていると、いいことばかりが思い出されて、母がとても美しく見えました」[*3]。六月二日、夫人の脈拍が急激に上がったので、子供たちは夜通し傍らについていることにした。そして翌朝七時、夫人は息を引き取り、子供たちは全員疲れきって這うように自室に引き上げた。パウルは母が死んだ瞬間、もう生涯二度とホーホライトには行かないと心に決めた。そして実際、その誓いを終生守った。ルートウィヒは友人への手紙に「穏やかな最期だった」[*4]と書き、グレートルは息子への手紙に「とても美しい夜でした！」[*5]と書いた。ヘルミーネは回想録にこう綴っている。

たしかに私の母は、多くの点で、聖人のような人だったと言えるだろう。数えきれないほど多くの人から、愛され、称えられ、その死を悼まれたことでもわかる。けれど、それだけでは母のすべてを言い尽くしたことにはならない。母には多少変わったところがあって、そのせいで母自身も苦しい思いをしていたし、私たち子供も、母といるだけで苦しい思いをさせられることがしばしばあった。[*6]

45　好況から不況へ

ウィトゲンシュタイン夫人は七十六歳で亡くなり、二日後の一九二六年六月五日の暖かい午後、棺に納められた遺体がウィーン中央墓地のウィトゲンシュタイン家の墓所、三二b区画の二四番に埋葬された。すでに隣には夫のカールと、元召使のロザリー・ヘルマンが眠っていた。そのすぐそばの向かい（一五e区画の七番）には、生前の彼女に活力を与えてくれたヨーゼフ・ラーボアの遺骸があった。

　同年九月、パウルはフランツ・シュミットのベートーヴェン変奏曲を、作曲家本人の指揮のもと、ウィーン・フィルハーモニー管弦楽団とともに演奏した。ピアニストのマリー・バウマイヤーはヘルミーネへの手紙でこう伝えた。「今日のパウルの演奏はとてもみごとで、これまで以上に美しいものでした。本当に堂々としていて、フィルハーモニーの演奏もすばらしかった。お母さまが生きていらしたらどれほど喜ばれたことか」[*1]。しかし残念ながら、晩年のウィトゲンシュタイン夫人の意識はすでに彼方に飛んでいて、パウルがどこのコンサートホールで成功を収めても喜ぶことはなく、ルートウィヒの不祥事に心を痛めることもなかった。夫人が亡くなってから二ヵ月後にヘンゼル博士がルートウィヒに送った手紙によると、ルートウィヒがオッタータルで生徒に脳震盪を起こさせた四月の事件は、まだ公判が続いていた。しかし以後、この裁判はぱったりと立ち消えになっている。中止されたか、あるいは記録が人為的に削除されたかのどちらかだろう。いずれにしても、その隠蔽《いんぺい》にパウルやグレートルやヘルミーネやヘレーネ、そしてウィトゲンシュタイン家の財力が関わっていた可能性は大いにある。主要な証人である当の気絶させられた少年、ヨーゼフ・ハイドバウアーも、その後まもなく血友病で亡くなっている。ルートウィヒがもう一度教職に戻りたいと思っていたとしても、彼に別のところから誘いが来ることはもうなかっただろう。

ウィトゲンシュタイン夫人は末息子にも遺言でいくらかのお金を遺していたが、ルートウィヒは例によって一銭たりとも受け取らなかった。オッタータルの学校を去ってから、ルートウィヒはふたたび庭師見習いの仕事に就いた。今度の場所は、ウィーン郊外のヒュッテルドルフにある慈悲の兄弟会の修道院だった。ルートウィヒはここで、今後について二つの道を考えた。修道僧になるか、それとも自殺するか。弟の苦境を察したグレートルは、ちょうど建築家のパウル・エンゲルマンとジャック・グロークに依頼してクントマンガッセに豪勢な現代様式の自宅を建てようとしていたので、それを手伝わないかと弟に持ちかけてみた。また姉や仕事仲間と喧嘩することになるのが怖くて、ルートウィヒはいったんは断ったが、あとになって考えを変えた。「建築家ルートウィヒ・ウィトゲンシュタイン」と誇らしげに名乗ると、さっそく建築にうるさく注文をつけ、錠前や放熱器のミリ単位の大きさをめぐって口論し、漆喰が塗られたばかりの天井をゼロに戻してもう数センチ上げろと言い張った。すべてが完了したときには、時間も費用も予定を大幅に超えていて、関わった誰もが沈鬱な気分になって疲れ果てていた。錠前屋はルートウィヒに怒鳴られて「怖くて飛び上がり」、ジャック・グロークは手紙に不満を漏らした。「ひどい喧嘩をして、言い争って、腹を立てて、一日が終わって帰ってくるころには、もう気分は最悪だし、頭も痛い。これがしょっちゅう起こるのだ。たいていは僕とウィトゲンシュタインのあいだで」[*2]。費用のかかる修正をつぎつぎと求めるルートウィヒに、ついにグレートルがもう一銭も出さないと断ると、ルートウィヒはふらりと出ていって宝くじを買ってきた（かつてサー・ウィリアム・ペティが「運がないくせにうぬぼれだけは強い愚か者にかかる税金」と呼んだものだ）。もちろん、建築費用を自分で捻出するためのはかない希望をもってのことだった。

完成した邸宅は、外から見ると、何の飾りもないむき出しの三つの直方体ブロックからなっていた。ヘルミーネはこれをまったく気に入らず、回想録のなかでこう記している。「二人の偉大な人間［ルートウィヒとグレートル］が建築家と注文主として一緒に仕事をしたのなら、完璧な建築物ができあがってもいいはずなのに」[*3]。これは妹の趣味にはぴったりなのだろうとヘルミーネは考えていたが、グレートルの息子のトーマス・ストーンボローが母親の死後、これを売却したときに言った理由は（反対意見があったので）、グレートルがずっとこの家を嫌悪していたからだった。

グレートルの新居の直角をなした平坦な外郭は、たしかに万人の好みにあうものではなかった。パウルはこれを最低の出来と思っていたし、ジェロームも同様だった。新居は一九二八年に完成し、その年のクリスマスイブは家族全員がそこに集まって祝うことになった。グレートルにとって、このクリスマスは「最低」の「ぶざまな失敗」に終わった。ジェロームはわざとらしく全員にプレゼントを手渡しながら、ツァストロウ兄弟だけは無視した。彼はいまだにこの二人の存在を認めようとしなかった。翌日、ジェロームはパウルの誘いを受けて、アレーガッセ（改称してアルゲンティーニアシュトラーセ）のウィトゲンシュタイン家での夕食に参加した。グレートルは嫌な予感がしていた。あの家の空気はジェロームを苛立たせ、そのあと決まって彼をおかしくするのだ。予感は的中した。食事のあいだ、ジェロームはずっとグレートルの大仰な新居の悪口を言っていた。ちょうどその向かいに「建築家ルートウィヒ・ウィトゲンシュタイン」が座っていたため、グレートルは居たたまれず、非常に苦しい思いをした。家に帰る車のなかで、グレートルは「いったいなんだってあんなことを言ったの！」と夫に当たり散らした。だが、それはガソリンの缶に火のついたマッチを投げ込むようなものだった。グレートルはあとで息子のトミーに説明した。「彼が自分に感じていた怒りがすべて私と世界に向かってぶちまけられました。私はしまったと思ったけれど、あまりに腹を立てていたので黙っていられなかったの。かわいそうに、ジーは必死に涙をこらえていました[*4]」。

ルートウィヒは繊細だった。家族との争いは好まなかったし（たとえその原因が自分にあることが多かったとしても）、哲学界の同胞たちからの抗いがたい誘いもあったので、ついにケンブリッジに戻ることを決断し、「視空間やその他のこと」を研究するため、一九二九年一月初めにウィーンを離れた。同じころ、ルートウィヒとすっかり和解していたパウルも、ボルトキエヴィチの協奏曲を演奏するためにミュンヘンに旅立った。グレートルはウィーンに残って上流生活を続けた。重要人物と懇意になり、自宅での内々の演奏会や接待パーティーの企画に明け暮れた。それから一〇ヵ月ほどは順調に過ぎ去ったが、十月末、ニューヨークからの一通の電報ですべてが崩れ去った。ウォール街の大暴落でグレートルのアメリカの株が一気に下落し、財産のほとんどが失われたのだ。

もちろん、これはすべてジェロームの責任だった――と、少なくともグレートルの姉や弟はそう言った。ジェロームはお金の扱いに向いてもいないし能力もない、彼をグレートルの財産に近づけるべきではなかったのだ。家族はグレートルがジェロームに厳しい態度で臨むはず――得意の「お目玉」を食らわせるに違いないと思っていたが、逆に彼女はこう断言した。「彼は私の夫であり、お金の問題で人との関係を壊すなんて私にはできません」。[*5] グレートルはさっそく計算をして、自分に年間三万ドル前後の収入が残ることを確認したうえで、必要なことを実行した。ウィーンの新居を賃貸に出し、使用人は三人を残してすべて解雇し、その支払いのためにパウルとヘルミーネに絵を売って、自分はもっと小さなアパートメントに移った。初めは姉や弟からの援助はいらないと宣言したが、最終的には受け入れて、ルートウィヒが一九一九年に兄や姉に与えた資産の一部をパウルとヘルミーネとヘレーネからもらった。この贈与にグレートルは最初からあずかっていなかったのだ。

グレートルはこのころ「まったく不幸ではない」と言い切っていた。そもそも自分は

「本来あるべきより」お金を持ちすぎていた、と彼女は言った。もともと困難に立ち向かうのが好きだったから、これは願ってもない機会だ。「自分が強くいられるなら、人生が楽になればなんて思う必要はない」というのが彼女の持論だった。しかし、ジェロームにそのような気概は備わっていなかったし、妻ほどの強さも持ち合わせていなかった。妻の財産を失わせてしまったことで——そのためパリの住居も贅沢な生活もあきらめるしかなく——ジェロームはふたたび精神的な落ち込みの悪循環に陥った。グレートルは彼をシュテルンヴァートシュトラーセの療養所に入院させ、そこで数週にわたってワグナー＝ヤウレッグ博士のショック療法を受けさせた。そして退院後は、予後保養のためにエジプトに連れていった。

その年（一九二九年）のクリスマスについては、誰もが神経質になっていた。なにしろ前年のクリスマスがひどい終わり方だった。ルートウィヒは早くも十一月からヘルミーネとパウルに手紙を書いて、緊張を和らげるために互いの友人を招いたらどうかと提案していた。誰もジェロームには来てほしくなかった。この恥さらしは妻の財産を失わせたばかりか、ちょうど一年前にも無作法きわまりない態度で一家に接してきたのだ。グレートルは夫に対する自分の家族のむき出しの敵意に慄然としたが、どうにかルートウィヒを説得して夫を招待させることに成功した。とにかく騒ぎを起こすなという妻からの指示を受け、ジェロームは立派にふるまった。その結果、今回ばかりは平和で親密なクリスマスとなり、ジェロームは初めてツァストロウ兄弟に挨拶する優しさまで見せた。

46　さらにパウルの性格について

一年に一回か二回、必ずパウルはイギリスに住む友人のマルガ・デーネケを訪ねていた。二人は親しい間柄だったが、おそらく恋愛関係ではなかっただろう。マルガは額に入れたパウルのシルエットを机に飾っていた。それはパウルが「この僕は非常に間抜けに見えると思う」と書き添えて送ったものだった。マルガはパウルより五歳年上で、ドイツの出身だがイギリスで育っていた。職業は音楽学者だが、若いころにクララ・シューマンの前でピアノを弾き、オイゲーニエ・シューマンとともに学んだ名ピアニストでもあった。彼女と妹のヘレーナは、投資銀行家だった裕福な父親からかなりの遺産を受け継いでおり、成長してからは、オックスフォード大学の女子学寮レディ・マーガレット・ホールに近い「ガンフィールド」と呼ばれるゴシック様式の邸宅に二人で暮らしていた。そこの広々とした音楽室で、姉妹はオックスフォード室内楽ソサエティの演奏会を主催した。デーネケ家とウィトゲンシュタイン家を結ぶ線はいくつもあり、パウルとマルガの初めての出会いは、そのどれででも説明がつきそうだ。まずはもちろん、オイゲーニエ・シューマンとマリー・フィルンガーのつながりがあった。また、マルガはメンデルスゾーンの手稿譜のコレクターでもあり（パウルもいくつかを所有していた）、彼女の母親はカールの親戚にあたるバイオリニストのヨアヒムの友人で、さらにマルガはクラリネット奏者のリヒャルト・ミュールフェルト、バイオリン奏者のマリー・ゾルダート＝レーガーと親交があり、その二人はウィトゲンシュタイン家の屋敷を定期的に訪れ、演奏会にも参加していた。

もう長いあいだ、パウルはマルガやその友人たちの小さなグループに加わって休日を過ごしていた。音楽を楽しむこともあれば、オーバーストランドやドーバー近くのセント・マーガレット・アット・クリフ、北海沿岸のサウスウォルドなど、自然景観のなかを散歩することもあった。パウルは自然に対する感性が豊かで、自然のことをよく知っていた。動物名や植物名をドイツ語と英語とフランス語で言うこともできた。日没や海を愛し、細かいところまで注意深く観察した。マルガによれば、散歩は彼の神経を落ち着かせたという。この点で、パウルは弟のルートウィヒとは違っていた。ルートウィヒが散歩をするのは運動のためでもなければ自然を愛していたためでもなく、彼の考えを討議するためだった。ルートウィヒは同行者にただ話を聞くだけでなく、参加することを求めた。友人の一人は「そうした散歩がどれほど精神的に大変で、疲れるものだったことか[*1]」と回想している。一方、パウルは自然を満喫することを無駄な雑談で妨げられるのを嫌い、「三人で話すのは疲れる」という理由で、連れて歩くのはつねに一人までとしていた。マルガはこう回想する。

雨など問題ではなかった。身体に何の障害もないくせに雨のせいで予定を変えるような人を、彼はいつも軽蔑していた。私たちはドーバー城に向かって完全にずぶぬれになりながら、家から遠く離れた吹きさらしの断崖を歩いていった。おしゃべりはもう充分と彼は言った。セント・マーガレット・アット・クリフまではまだ相当の距離があったが、彼は先に立って歩き出し、私はそのあとを水を滴《したた》らせた犬のようについていった。*2

パウルは毎日長い距離を歩くことを決まりとしていて、もし彼に同行するような勇者がいれば、その同行者はマンハッタンのレストランまでの五キロの道のりを行くときであろうと、ニューハンプシャー州のホワイト山脈を行軍するときであろうと、あるいはツェル・アム・ゼーの高さ二〇〇〇メートルの山シュミッテンヘーエの頂上に向かって這い登っていくときであろうと、つねにパウルと歩調を合わせて、黙ってついていくことを求められた。機会があれば、朝方には水泳にも出かけた。毎週火曜日は食事を我慢することにしていて、食欲を紛らわせるためにたいてい映画館や劇場やコンサートホールに足を運んだ。映画の上映中、彼はじっと座ったまま夢中になって見ているが、終了の数分前になると、その映画をどれほど楽しんで見ていようと、必ず立ち上がって映画館を出ていった。パウルはドイツ語で言うところの「ヴェルトフレムト［weltfremd］」――つまり独自の世界に生きている、まったく浮世離れした人間で、日常生活がどう動いているかなどほとんど考えていなかった。彼の教え子の一人はこう回想している。

彼のような人は私のまわりには一人もいませんでした。ニューヨークに来たばかりの彼が一時的に滞在していたミッドタウンのホテルで、レッスンを受けたことがあります。終わってから、一緒に部屋を出ました。エレベーターで降りていると、ひどく困っていることがあると彼が言ってきました。靴がもう一組ほしいのに、ウィーンの事務所「ウィトゲンシュタインのスタッフ」がなかなか送ってこないのだとか。「それなら五番街で買えばいいんじゃないですか」と私が言うと、彼は心底驚いたようにまじまじと私を見ました。「なんていい考えだ。ちっとも思いつかなかった」。*3

パウルのとぼけぶりを物語るエピソードはいくつもある。正面玄関の鍵を使ってエレベーターを操作しようとして、なぜそれで動かないかをまったく理解しようとしなかったり、紐を首にかけて、そこから学術書をぶらさげていたり、入っていた箱をくっつけたままの帽子を、そうと気づかずかぶって街に出たりした。アメリカでの代理人バーナード・ラバージュにモントリオールの空港で出迎えてもらう際に、きちんと顔を確認せずに通りがかりの誰かについていってしまい、ラバージュが狂ったように空港中を探し回っているあいだ、呑気にその晩のコンサートについてしゃべりながら相手の男の車に乗り込もうとしたこともあった。また、パウルを主賓にしてのディナーパーティーで、グラーシュ〔ハンガリー風シチュー〕の大きなキャセロール鍋を持って食堂に入ってきた女主人が誇らしげに「これはあなたのために特別に作らせたものですの」と宣言すると、パウルは丁寧にお礼を言って、その鍋を自分の前に置くと、まるごと一人で食べはじめた。残りの客は――無礼になるので抗議するわけにもいかず――驚愕と苦悶の入り混じった表情でその光景を見つめていた。パウルは生真面目な人間だったが、ユーモアを解さないわけでもなかった。彼には自分の作ったいいかげんな言葉をめちゃくちゃな文章にして早口で発することができるという才能があった。一九四〇年代末にパウルに師事していたアメリカの学生の一人、レナード・カッスルがのちに言うには、パウルは「誰よりも魅力的な人で……僕の芸術的、精神的な父であり、疑いなく、僕の人生に最も影響を与えた人」[*4]だった。

パウルは本心を偽れないたちで、いつも思ったとおりのことを口に出すので、それが問題を起こすことも多かった。マルガはパウルのことを知っていたから怖がりもせず、パウルが変わったことをしても冷静に受け止めていたが、それでも彼が「難しい」人間であることは認めていた。「とはいえ、彼と私の関係は単なる知り合いから仲のいい友人同士に順調に発展していった。彼は友人には誠実だったし、私は彼より年上だったから、彼が短気を起こしても黙っていられた」[*5]。パウルがいつ、どうして短気を起こすかを予測するのは決して簡単ではなかったが、危険の前触れはそこかしこにあり、彼の信頼する親友にして一番の調停者であるマルガは、当然ながら「やるべきことがたくさん」あった。パウルとホテルの支配人、パウルとバスの車掌、パウルと自分の多くの友人とのあいだに起きる誤解を、そのたびに丸くおさめてやった。その一例が、こんな笑い話として伝えられている。

ある晩サウスウォルドで、私はパウルに会衆派の牧師様を招くからピアノを弾いてほしいと頼んだ。その親切な牧師は私にピアノを貸してくれていて、それでパウルもそのピアノを使えたのだ。牧師夫妻が来たが、パウルは読んでいた本から目を離さず、非常に不機嫌な様子で、いかにもしかたなさそうにピアノの椅子に座ると、ショパンとゴドフスキーのワルシャワ練習曲をかなり荒っぽく演奏した。弾き終わると、これで礼は尽くしたとでも言わんばかりに、さっさと部屋を出ていった。妹は体を震わせながら「あれは失礼の極みだったわ！」と言った。翌日、私が彼の態度を叱ると、パウルはこう言い返した――僕は頼まれたとおりに弾いたのであって、きみたちのくだらない噂話に参加するとは言ってない。和解を取り持つのが私の役目なので、私はパウルからのカーネーションの花束を抱えて牧師館を訪ねた。牧師夫妻はたいそう親切に私を迎え、謝るには及ばないと言ってくれた。その晩はとても楽しく、演奏も最高だった。彼らは寛大にも、ああいう態度は単なる強がりの一種だとあっさり受け流してくれた。[*6]

パウルは自分が他人とすぐに打ち解けられないことを自覚しており、そのために、魅力があって博識でもあり、人生に対して貪欲でもありながら、孤独な人生を求めざるを得なかった。他人の家には決して泊まらず、つねに近くのホテルに自分と下男のフランツ・カルヒシュミットの部屋を予約して、そこにピアノを運び込ませ、気が乗らなければ友人にも会わなかった。列車で旅行するときは、たとえ家族と一緒でも、必ず個室を予約した。パウルの弟子だった指揮者のスティーヴ・ポートマンは、パウルが「鎧のような殻をまとっていて、そのせいで他人と打ち解けられなかった――彼にはそこらの人間には出せないような威厳があったから、誰も彼には逆らえなかった」と回想している。ポートマンはニューヨークの貧困家庭に育っていた。パウルは彼に無料でレッスンを授けた。ある年のクリスマス、ポートマンはパウルから高価なネクタイをもらい、「こんなもの持ったことがありませんよ！」と感激して言った。するとパウルは「僕はつまらないものはあげないからね！」と答えたという。「僕はパウル・ウィトゲンシュタインについては本当にいい思い出しかありません」とポートマンは言う。「彼はこの上なく率直で、親切な人でした」[*7]。

一九二九年四月、パウルはオランダでのツアーにマルガを誘った。マルガが友人であるベーリアル学寮長のマイケル・リンゼイ（のちのリンゼイ・オブ・バーカー卿）も連れていってもいいかと聞くと、パウルは頷いた。おおむね一行はとても楽しく過ごしていたが、パウルの下男が一人で退屈そうにしているのをマルガが見て、彼を映画に誘ったところで、状況は一変した。

パウルは憤慨した。本気で怒った顔をして私を見ると、私がマイケルを連れてきただけでも気に障っていたのに、今度は彼の下男と仲良くなろうとするなんて、まったくもってありえないと言うのだ。「僕はかまわないが、フランツと僕のどっちを取るつもりだ」と彼は叫んだ。私はあわてて彼をさえぎり、「そういうことなら、もちろんあなたと一緒に行くわよ」と言った[*8]。

パウルやルートウィヒの率直な態度のせいで、多くの人が彼らに反感を持つであろうことは容易に察せられる。だが、二人の性格にはたしかに人を惹きつける魅力があり、どちらにも熱烈な賛美者がついている。著名な批評家でもある作曲家のドナルド・フランシス・トーヴィーは、ある友人への手紙で、ウィーンに行ったらパウルとルートウィヒを訪ねるといいと勧めた。

この二人はどちらも本当にすばらしい人物だと思う。彼らのあふれんばかりのバイタリティはディケンズにも劣らないぐらいだ（この作家の作品をパウル・ウィトゲンシュタインはすべて列挙できるのではないだろうか）。私はルートウィヒとは一度しか会っていないが、パウルとは、もしも私の誤解でなければ、かなり親しい友人だ。何やら慎重な物言いになってしまったが、私のような年寄りは、何でも真に受けて信じる若い人たちの素直さにつけ込んではならないのだ。*9

パウルと親しくなり、彼がただ神経質で怒りやすいだけの人間ではないことを知った人は、彼を誠実で、寛大で、心の温かい人間だと見なすようになる。パウルには、友人にいきなり郵便で楽器や貴重な原稿や食料の小包やお金を送って驚かせる癖があった。彼は弟子たちに熱心にレッスンを授けたが、指導料は決して取らなかった。それどころか、ある学生に数千ドルを渡して、イタリアのスポレート音楽祭に行けるようにしてやったこともある。

一九四四年、当時パウルの愛弟子だったレナード・カッスルは、学校の文集でこう書いている。「僕がほんの少しでも失敗すると、彼はいまだに僕を震え上がらせる。だが、その怒りの奥には、いつでも優しい心が隠れているのだ[10]」。その三年前、もう一人の学生のフィリパ・スカイラーは自分の日記にこう書いた。「彼に怒鳴られて、つい涙が出てしまった。そうしたら彼は言った。『どうか僕が少しばかり怒鳴っても気にしないでくれたまえ。きみの先生は自分を抑えられないんだよ！』と。そして生徒が帰り支度をすると、彼はいつもキスしてくれる[11]」。パウルの死後ほどなくして書かれた愛情に満ちた回顧録で、マルガはこう結論している。

パウルの性格は忘れがたいものだ。彼に会った人なら誰でもすぐに感じただろうが、その印象で、つきあいを避けてしまう人も多かった。彼は自分の身体的な障害をよくわかっていたから、何でも自分一人でできるようにして、自分なりの生活のルールを定め、不屈の精神で悲劇に立ち向かった。自分が友人と認めた相手に対して、彼はこの上なく忠実な友人だった[12]。

47　ロシアとラヴェル

一九二七年九月、マルガはオックスフォード大学レディ・マーガレット・ホールの資金集めのためにニューヨークに行ったが、そのときに、パウルがバイオリニストのマリー・

ゾルダート＝レーガーとともに演奏したヨーゼフ・ラーボアの楽曲を収めたレコードを何枚か持っていった。このレコード製作を後援したのはクララ・ウィトゲンシュタインだった。叔母のクララ（カールの三歳下の妹）は非常にやり手の未婚女性で、甥や姪の行く末をことのほか心配していた。グレートルと同じく、彼女も作曲家や芸術家をもてなし、ザレジオナーガッセの広々とした私邸や、ラクセンブルクの旧王室の狩猟小屋や、夏の別荘にしているトゥマースバッハの田舎家などで、私的な演奏会を主催していた。彼女の持論によれば、レコードは芸術家の将来にとって非常に重要なものだった。

マルガはニューヨークで順調にパウルのアメリカツアーの下準備をした。ツアーのクライマックスは、指揮者のジョージ・ザスラフスキーが率いるベートーヴェン交響楽団とともにカーネギーホールで演奏されるシュトラウスの『パンアテネの大祭』になる予定だった。一九二八年十月三十一日、パウルはアメリカへの出発を二日後に控えて、ブカレストでボルトキエヴィチの協奏曲を演奏していた。だがそこへ、完売になっていたカーネギーホールでのベートーヴェン交響楽団のコンサートが急に中止になったとの知らせが入り、演奏旅行は取り止めとなった。このニューヨークでの演奏会の中止には二つの理由が告げられた。一つはザスラフスキーが心臓発作を起こしたとするもので、もう一つはザスラフスキーが呼び物にしていたバイオリン独奏者のパウル・コハンスキが、出演料の未払いを理由に出演を取り止めたからというものだった。この二つは互いに関係していたのかもしれない。いずれにしても、ザスラフスキーは切符を買った客の不満をよそに、払い戻しをいっさい拒んだ。そして数週間のうちに、彼と彼の楽団は破産を申請した。

　パウルの作曲委託の成功は、多くの若い作曲家に刺激を与え、彼らは頼まれてもいないのにつぎつぎとパウルに左手用の楽曲を提案してきた。なかには完全にできあがった自作の楽譜を送ってくる者もあった。そしてこの勢いを受け、もっと著名な人物までもがウィトゲンシュタイン狂騒曲に参加してくるようになった。一九二四年六月にレオポルド・ゴドフスキーは六〇〇〇ドル（半分は契約時、半分は完成時の支払い）で契約書に署名して、左手用の協奏曲を作ることになったが、管弦楽法の経験が皆無だった彼はどうしていいかわからなくなり、狼狽したすえに、ヨハン・シュトラウスの『ジプシー男爵』の主題にもとづいた名手らしい奇想曲を三〇〇〇ドルで提供した。ゴドフスキーは妻への手紙にこう書いている。「これはすばらしい曲だ――おそらくウィトゲンシュタインにはもったいないぐらいだ」[*1]。パウルはこれを一度しか演奏しなかった。

　コルンゴルト、シュミット、シュトラウス、ボルトキエヴィチと契約するにあたって、パウルは契約の詳細を明かさないようにと念を押していた。音楽界では大金が動いていると噂されていたのかもしれないが、そうしたことを何も知らない若い作曲家でさえ、パウル・ウィトゲンシュタインとの仕事には興奮を感じていた。そして実際、彼らの作品のいくつかは演奏された。一九二五年二月にはエドゥアルト・シュットによる『ウィーンの森の物語』のピアノとオーケストラのためのパラフレーズが楽友協会ホールで初演され、盲目の作曲家ルドルフ・ブラウンによるセレナーデと常動曲は本格的な協奏曲の委託につながり、ハンス・ガルによる四重奏曲はパウルに「傑出したものはない」と評されながらも一九二八年三月に初演され、カール・ヴァイグルによる協奏曲は却下された。だが、これらの作曲家は当時もいまも大家ではなく、もっと高名な候補者を求めて、パウルはつねに目を光らせていた。

一九二九年二月二十四日、パウルはパリで『パンアテネの大祭』を演奏することになっていた。そこで彼は代理人のゲオルク・キューゲルに指示して、モーリス・ラヴェルに手紙を書かせた。そのころ名声の絶頂期にあった作曲家に、パウルに協奏曲を書くことを検討するため演奏を聴きに来てもらえないかと頼んだのだ。すでに別のピアノ協奏曲に取りかかっていたラヴェルは、残念ながら行けないと断り、しかしパウルさえよければパリから四〇キロほど離れたモンフォール・ラモリーの自宅——多様な装飾品に彩られた小さな邸宅、ベルヴェデール荘——を訪ねてくれと誘った。その会談は順調に進んだらしい。ラヴェルはサン＝サーンスやショパン＝ゴドフスキーの練習曲など、左手用のピアノ作品をいくつか研究してみると約束した。彼は期待に胸を高ぶらせていた。「難しそうだがやってみよう（Je me joue de difficultés）」[*2]と言って、この三月にウィーンを訪れたときには必ずパウルの『パンアテネの大祭』を聴きに行くと約束した。

一九三〇年の夏、パウルは演奏旅行でソビエト連邦に行った。モスクワ、レニングラード、バクー、キエフと、各地のコンサートホールをまわり、ハリコフ（セルゲイ・ボルトキエヴィチの出身地）ではボルトキエヴィチの協奏曲を演奏して、狂喜する聴衆から大喝采を浴びた。キエフでは聴衆のあまりの熱狂に、急遽二日後に再度同じプログラムを演奏することになった。パウルは片言のロシア語を話せたが、ロシア人とロシア文化は大嫌いで、戦争中に捕虜となって過酷な日々を過ごしてからずっと憎んでいた。一九五〇年代にニューヨークでとある礼儀正しい紳士から、彼が新しく作ったという「ロシアン・ルーム」にあるすばらしいロシアの遺物のコレクションを見に来ないかと誘われたときも、パウルはきっぱり断った。「けっこうです。私はロシアのものはすべて嫌いだから」。

何よりパウルは新しい共産主義政権が嫌いだった。この政権を支えるためにあらゆるところで使われているプロパガンダも、この政権のおかげで民衆のあいだに生じた貧困も、胸がむかつくほどおぞましかった。彼の好きなウィーンの詩人、フランツ・グリルパルツァーの言葉そのまま、「陰険な嫉妬がさも平等のような顔をしてまかりとおれば、打倒特権がときの声となる」[*3]と感じていたに違いない。「どこに行ってもロシア人が待っていると思うと絶望的な気分になり、激しく悪態をついた」[*4]とのちに彼は語っている。ハリコフでは、ホテルの自分の部屋の寝室から椅子を持って階下の朝食会場に降りなければならなかった。充分な席さえないような粗末な会場だったからだ。食事には二時間近くかかった。

いつまでたっても何も出てこないからで、注文自体がまた悪夢のようだった。

「カフェ・オ・レ」と頼むとミルクがない。「ならレモンティー！」と言ってもレモンがない。「卵料理を卵二つで！」と言えば卵がない。「ではパンとバターを！」と言うとバターがなくて、チーズならあるという。近くにいた政府の役人が言うことには、彼はバターがどんな味だったか、もう覚えていないのだそうだ。農業国ウクライナの首都がこのざまだ！[*5]

ロシアにおいても、パウルはいつものように共産主義政権への侮蔑を思ったとおりに口に出した。モスクワでは演奏会の代理人に「いまでも帝政を続けていれば、この現状よりはるかにましだったのにな！」[*6]と毒づいた。代理人は困ったように額を手で叩きながら部屋を出ていった。いくら外国からの客人でも、一九三〇年代のスターリン主義のロシアでそのような発言をするのはあまりにも危険だった。しかしパウルはまったく意に介さず、のちに書いたレニングラードへの旅行記でもこう明言している。

このグレート・ホールにも、あらゆる公共のビルや劇場やコンサートホールや銀行と同じく、赤い垂れ幕がかけられている。何枚もの幕が建物の上から下まで垂れ下がっていて、そこにこう書いてある――「われわれは資本主義諸国に打ち勝つ！」。私は思った。もしこういう戯言や布の無駄遣いの代わりに、数えきれないほどのレーニンの胸像や写真の代わりに、この上っ面だけの莫大な支出の代わりに、一つでも清潔な公衆便所が作られれば、そのほうがよほど人々にとっては便利で有難いことだし、資本主義諸国に「打ち勝つ」ことにもなるのではないか。*7

ちょうどパウルがロシアに発とうとしていたころ、大仰な口ひげを生やした代理人のゲオルク・キューゲルがよい知らせを伝えてきた。現在フランスに住んでいる有名なロシア人ピアニストで作曲家のセルゲイ・プロコフィエフが、パウルのために協奏曲を作ることにおおむね合意したというのである。このキューゲルは、パウルから給料をもらっているお抱え代理人だったが、この年の初めにプロコフィエフの代理人のミシェル・アストロフに接触したときから、じつはパウルには黙って勝手に上前をはねようとしていた。パウルが不在のあいだに、キューゲルはこっそりアストロフに手紙を書いた。

現在ウィトゲンシュタイン氏は演奏旅行でロシアに行っており、七月初旬にウィーンに戻る予定です。この件については氏の帰国後に検討しまして、結論をお知らせいたします。ちなみに、プロコフィエフ氏はオーケストラと左手のための協奏曲を完成させるのにおよそどのくらいの時間が必要とお考えか、あらかじめお聞かせ願えれば幸いです。

ウィトゲンシュタイン氏は五年間の独占演奏権をいただくことを希望しております。楽曲の性質につきましては――一楽章なのか三楽章なのか、あるいは一連の変奏曲なのかといったことですが――もちろんすべてプロコフィエフ氏にお任せいたします。この依頼に作曲料五〇〇〇ドルで合意いただけることを祈りますとともに、私の仲介手数料としまして通常一〇パーセントを頂戴するようになっていることも申し添えておきます。

では、よいお返事を楽しみにしております。

ゲオルク・キューゲル*8

ウィーンに戻ってきたパウルは、家族からロシア旅行のことをあれこれ尋ねられても何も答えようとせず、帰国祝いの夕食会の席でも、旅先のことやコンサートのことや音楽のことに触れられるたび、すぐさま年をとったクララ叔母を誘導して話題を変えさせた。ウィーンでの滞在も束の間、パウルは今度はロンドンに向かい、そこからノーフォーク州のクローマーに近いオーバーストランド・ホテルに移動して、海岸での休暇をマルガと過ごした。そこへ、プロコフィエフとの最終契約が決まったとの知らせが入った。パウルはパりのプロコフィエフに手紙を書いた。「親愛なる先生、この私のとてつもない喜びをお伝えすることをお許しください。あなたが私のために作ってくださる協奏曲をいつかこの手で演奏できるのだと知って、大変に嬉しく思っております」[*9]。八月二十九日、期待と興奮に胸を躍らせながらパウルはパリに飛び、プロコフィエフに初めて会って、それからラヴェルの協奏曲の進みぐあいを見に行った。

モンフォール・ラモリーに着くと、ラヴェルはパウルをピアノ室に招き入れた。そこかしこにキッチュな装飾品や小ぶりの骨董品がきれいに並べられていて、鵞ペンやらゴシック様式の水晶の燭台やら貝殻などのほか、金箔塗りの鳥かごに入った機械仕掛けの鳥もいる。ラヴェルはそれを「ジジ」と呼んでいた。ラヴェルはここで、両手でピアノを叩いて苦労しながらオーケストラのパートとソロのメロディーを同時に作っていた。その楽曲の出来に、パウルは失望の色を隠せず、ラヴェル本人にもそう言った。彼の不満の一つは、楽曲の最初に入る伴奏のない長いカデンツァについてだった。「オーケストラなしで演奏したいのだったら協奏曲をお願いしてはいませんよ！」[*10]とパウルは言った。「ラヴェルは落胆したと思うし、僕も残念だったが、僕には自分の気持ちを偽るなんて真似はできないのだ」[*11]。パウルはいくつかの変更を頼んでラヴェルの家を辞去したが、はたしてラヴェルがその変更をするかどうかは定かでなかった。九月二日、パリのヴァランタン・アユイ通りに住むプロコフィエフを訪ねたパウルは、ラヴェルの状況について興味深そうに聞かれたが、沈黙を守った。そして九月末、変更は必ずするとラヴェルが請けあってくれたので、ようやくパウルはプロコフィエフに説明ができた。「ラヴェルの協奏曲は、あと数週のうちに完成すると思います。先日お宅を訪問したときは、まだ状況が不透明だったのです。私が何か隠そうとしているのではないかと思われてはいけませんので、こうしてお伝えしているしだいです[*12]」。

この契約は、最終的にパウルとラヴェルのあいだで取り結ばれ、ラヴェルは作曲料として六〇〇〇ドルを受け取り、パウルは契約日から五年間の『左手のための協奏曲』独占演奏権をもらった。ただし、問題もあった。フランスでの初演は一九三二年四月にパリのサル・プレイエルでラヴェル本人の指揮により行なわれる予定だったが、世界初演はそれより早く、ウィーンの楽友協会大ホールでロベルト・ヘーガーの指揮するウィーン交響楽団とともに、その年の一月に予定されたのである。とはいえ、例によって本当の初演はウィーンのウィトゲンシュタイン家での私的な演奏会で、オーケストラのパートをセカンドピアノが担当して行なわれた（一九三一年十一月二十七日）。協奏曲の完成が発表されてから数ヵ月のうちに、世界各地のコンサートホールで——ベルリン、ロンドン、ワルシャワ、アテネ、ブルノ、レンベルク、ポズナニ——パウルの出演が決まった。

一月五日のウィーンでの初演をラヴェルは聴きに来なかったが、《新自由新聞》の批評によれば、このときの「パウル・ウィトゲンシュタインの名演奏は嵐のような喝采を呼び起こした」[13]。初演から数週後の同月三十日、ラヴェルはパリから列車でウィーンにやってきた。ピアニストのマルグリット・ロンとともに、完成したばかりの『ピアノ協奏曲ト長調』の演奏旅行に出ていたのである。ラヴェルとロンはフランス大使館に滞在した。その夜、パウルは二人のために晩餐会を開いた。フランツ・シュミットやフランス大使のベルトラン・クローゼル、その他さまざまなウィーンの高官も列席した。パウルは夕食後にラヴェルの協奏曲を披露するつもりで、ピアニストであり作曲家でもある友人のヴァルター・ブリヒトにオーケストラのパートをセカンドピアノで弾いてもらうことにしていた。夕食中に、パウルは協奏曲の一部に改変を加えたことをロン女史に話した。彼女はこれを聞いて驚き、ラヴェルの反応が心配になって、あらかじめ本人に断っておいたほうがいいとパウルに勧めた。だが、パウルはそうしなかった。演奏が始まると、ラヴェルの表情はみるみる曇って、激怒に変わった。彼からすると、パウルは彼の傑作をまさしく破壊していた。オーケストラパートのメロディーがソロパートに移され、ハーモニーが変えられ、パートが追加され、小節が削除されて、しまいには新しく作られた一連のめまぐるしいアルペジオが最後のカデンツァに付加されていた。ラヴェルは驚愕と憤慨に我を忘れた。自分の作品の魂が破壊され、自分の権利が侵されたとしか思えなかった。マルグリット・ロンがそのときのことを語っている。

演奏が終わったところで、私は揉め事になるのを避けるため、すぐにクローゼル大使と一緒に話題をそらそうとした。けれど残念ながら、ラヴェルはゆっくりとウィトゲンシュタインのほうに歩いていって、「これはまったく違うではないか！」と叫んだ。ウィトゲンシュタインはこう弁解した。「ピアノ演奏は僕の専門です。あなたの作曲したものは適切でない」。それはまさに言ってはならないことだった。「私は管弦楽法の専門家で、これは完全に適切だ！」とラヴェルは言い返した。このときの居たたまれなさといったら！　ラヴェルは相当にぴりぴりしていたので、大使館の車を送り返し、私と徒歩で帰路についた。私も彼も、身を切るような寒さが彼の神経を落ち着かせてくれることを祈っていた。[*14]

歩いて帰る途中、ロン女史はパウルを擁護してみた――ああいうことをしたとはいえ、彼がこの作品を敬愛していることは感じられたのだ――が、ラヴェルは聞く耳をもたなかったようで、パウルがこの作品をパリで演奏することに断固として反対するようになった。世間では、パウルがこの協奏曲に変更を求めたのは、難しすぎて彼には弾けなかったからだという噂が広まった。パウルとラヴェルの反目は、爆発寸前の状態で二月いっぱい続いた。パウルはパリのラヴェルに手紙を書き、演奏家にはある程度の自由が与えられてしかるべきだと抗議した。「演奏家は奴隷であってはなりません！」と彼は訴えたが、それに対してラヴェルは「演奏家は奴隷だよ」と返した。晩年に近づくにつれて着実に意識障害が悪化していったラヴェルにとって、この最後の言葉は彼のマントラのようになり、パウル・ウィトゲンシュタインの名前が出るだけで反射的にこれを繰り返すようになった。

三月七日、ラヴェルはふたたび怒りの手紙をパウルに送り、今後はこの作品を楽譜どおりに演奏するという正式の誓約をパウルに求めた。これを読んだパウルは、当時の手紙の文字から察するに、かなり興奮した状態にあった。ストレスを抱えているときのパウルはたいてい荒っぽい、かろうじて判読できるような走り書きになるのだ。作曲家のカール・ヴァイグルへの手紙には、この作品を公共の場で演奏するのはあきらめようと思うと書いてある。[*15] マルガへの手紙では、「パリのコンサートを取り止めにした。理由はいくつかあるが、長すぎてこんな手紙一通ではとても書ききれない」[*16]と説明している。一九三二年三月十七日付のラヴェルに対する返信には、もう少し詳しいことが書かれている。

あなたの作品をこれ以後は楽譜どおりに演奏するという正式の誓約についてですが、これはまったくもって問題外です。自尊心をもつ芸術家がそんな条件に応じられましょうか。ピアニストは誰でも自分の演奏する協奏曲に、多かれ少なかれ、改変をするものです。そのような正式の誓約は受け入れられるものではありません。私が十六分音符を不正確に弾いたり、四分休符を抜かしたり入れたりしているのは、すべて私の責任でやっています。……あなたはお怒りになって、私が「脚光を浴びる」ことを求めているのだろうと皮肉をおっしゃいました。ですが先生《シェール・メートル》、それはまさにおっしゃるとおりです。なぜなら、それこそ私があなたに作曲をお願いした理由ではありませんか！　もちろん私は脚光を浴びたいと願っております。それ以外にどんな目的があるでしょう？　ですから私には、この目的を達するのに必要な修正を依頼する権利があるのです。……前にも書きましたとおり、私は提案した修正の一部を認めていただきたいだけで、全部を認めろと申しているのではありません。あなたの作品の本質を変えるようなことは、いかなる意味でもしておりません。私はただ器楽編成法を変えただけです。ちなみに、パリでの演奏はお断りしました。不可能な条件を呑むことはできませんので。[*17]

こうして討議は、協奏曲の真ん中の二ページにわたる部分に的が絞られた。ラヴェルはそこをオーケストラで作曲していたが、ピアノでの演奏にしたほうがいいとパウルは主張した。「それでは協奏曲が破壊される」[*18]とラヴェルは言った。しばらく抵抗していたパウルだったが、ついに折れて、結局はラヴェルが正しいと認めた。この作品を練習していた数ヵ月のあいだに、パウルの姿勢は変化していた。彼はいまやこの曲に「魅了」され、「偉大な作品」と称するようになった。「これは驚くべきことだ。現代音楽と呼ばれるものはことごとく嫌いなのに、この八分の六拍子の、全体のなかで最も不協和な部分が、僕は一番好きなのだ！」[*19]

パリの初演は新たに予定が組み直され、一九三三年一月十七日にラヴェル本人の指揮のもと、パリ交響楽団とともにサル・プレイエルで行なわれることが決まった。ラヴェルとパウルのあいだにはやはり摩擦が残っていたものの、コンサート自体は大成功を収め、公的には二人が和解したものと報じられた。「ラヴェルとの喧嘩はもう長らく前に収まっている」とパウルは一九三四年十一月に《ニューヨーク・タイムズ》の記者に語っている。「私たちはとてもいい関係にある」[*20]。だが、この一件は両者にほろ苦い後味を残した。四月にモンテカルロで二度目のコンサートが行なわれたが、ラヴェルは健康上の問題を理由にして出てこず、パウルが加えた楽譜の改変にはあいかわらず不満を感じていた。その年の夏、ラヴェルは友人とともにサン＝ジャン＝ド＝リュズに滞在していたが、プールで泳いでいるあいだに腕を動かせなくなって、周囲があわてて救出した。それはピック病という珍しい認知症の最初の症状だった。ラヴェルはしだいに衰弱していき、心身の協調にかかわるあらゆる面に障害が生じて、最後には自分の名前も書けなくなった。パリの病院で脳の手術を受けたが成功はせず、一九三七年十二月二十八日に亡くなった。

48　プロコフィエフ

パウルはプロコフィエフとの初対面にとても興奮した。顔合わせはパリのホテル・マジェスティックのロビーで行なわれ、プロコフィエフの誘いにより、レストランで代理人のミシェル・アストロフもまじえて昼食をとったあと、ヴァランタン・アユイ通りのプロコフィエフ邸に行くことになった。ちょうど高名な舞台演出家のフセヴォロド・メイエルホリドと妻の女優ジナイーダ・ライヒも滞在しているという。パウルはメイエルホリドのことを――ソ連教育人民委員部の演劇部門を統括する役人であり、正式な共産党員であることを――多少は知っていたに違いない。プロコフィエフに自宅に誘われたときにしばらくためらったのち、「私はボリシェヴィキには耐えられません！」[*1]と叫んでいるからだ。しかしプロコフィエフは、メイエルホリドが優れた芸術家であり、ソ連国内で当局に煩わされずに仕事を続けられるようにするため共産党員になっているだけだと説明した。それでパウルはようやく同行した。

プロコフィエフの代理人は、「ウィトゲンシュタインの冴えない風貌にはがっかり」[*2]したと後日プロコフィエフに語り、五〇〇〇ドルも出して協奏曲を作らせる人間がいることに驚きを隠そうともしなかった。しかしプロコフィエフは、パウルが片手でじつにうまく昼食をとることに感心していたので、「きみは何を期待していたんだ――彼がフロックコートを着て勲章をつけてくるとでも？」[*3]とパウルをかばった。その晩、プロコフィエフ邸で、パウルは作曲家とともにピアノの前に座った。パウルが自分の技術を示すためにショパンやモーツァルトやプッチーニの作品を弾いてみせると、プロコフィエフはこう尋ねた――「こういう音楽があなたの好みなら、なぜ協奏曲の委託を私に？」[*4]。パウルはプロコフィエフのピアノの作曲法が好きで、技術的に興味深い作品を希望しているからだと答えた。そこでプロコフィエフは鍵盤の前に座り、協奏曲に組み込もうと考えているという二つの主題を弾いてみせた。そして、これらを何度かよく聴いてみてから意見を述べてほしいと念を押した。だが、一回目を聴いたとたんにパウルは口走った。「あなたはこれを二ヵ月間弾きつづけてこられたのでしょうが、私には理解できそうもない！」[*5]

こうして初っ端から不安はあったものの、この委託に関してはプロコフィエフの判断で好きなように作曲してくれてかまわないとパウルは言って、プロコフィエフを安心させた。メイエルホリドの妻はパウルの楽才にうっとりして、のちにプロコフィエフに「彼の演奏にはとても愛情がこもっていました。こんな気概のある人が戦争で片腕を失っているなんて、本当にお気の毒」と語った。しかしプロコフィエフはそうは思わなかったようで、彼女にこう答えた。「彼の左手に特別な才能があるとは思わないな。ある意味で、彼の不運はじつのところ幸運だったのかもしれない。左手の演奏家ということで独特の存在となっているが、もし両手があったら、そこらの凡庸なピアニストの群れから傑出してはいなかったかもしれないよ」[*6]。

ボリシェヴィキに偏見をもっていたにもかかわらず、パウルはメイエルホリド夫妻が好きになったが、彼らとは以後二度と会うことがなかった。一九三八年、スターリン政権はモスクワのメイエルホリドの劇場を閉鎖させ、ジナイーダを殺害した。メイエルホリドは逮捕され、拷問されたすえに、「トロツキスト活動」を行なった罪により獄中で銃殺された。

プロコフィエフとの初顔合わせから四ヵ月後の一九三一年一月、パウルはウィーンの街頭でうっかり滑って大腿部を骨折し、血管が破裂して血腫をつくった。二十日のウィーンでの演奏会では脚を包帯巻きにしてコルンゴルトの協奏曲を弾き、三月に新聞でプロコフィエフがウィーンに演奏旅行に来るとの報を読んだときも、まだ添え木の当てられた脚を引きずっていた。パウルは即座にプロコフィエフに手紙を出して、ぜひホテル・インペリアルではなくウィトゲンシュタイン家の邸宅に滞在するよう誘った。

ピアノのついた専用のお部屋を用意しますので、誰にも邪魔されずにお過ごしになれます。この家では、客人は朝起こしてほしいとき、コーヒーや紅茶が飲みたいとき、夕食を一緒にとりたいときなど、もし必要があればそう言ってくださるだけでいいようになっています。それ以外は、ホテルやペンションにいるのとまったく同じように過ごしていただけます。*7

プロコフィエフはウィトゲンシュタイン家でパウルとともにシューベルトの二重奏などを弾きながら楽しく過ごし、パリに帰るとすぐに左手のための協奏曲作りに専念しはじめた。パウルはプロコフィエフに「シュトラウスよりも明快で、フランツ・シュミットより（技術的な意味で）幼稚でない」*8ものを頼んでいた。『ピアノ協奏曲第四番』と題された作品は、一九三一年七月末には草稿ができあがっていたが、プロコフィエフはこれにまったく満足していなかった。感情的なものが稀薄で、聴く人によっては、プロコフィエフの心がまるでこもっていないと感じるだろう。じつは最初から、プロコフィエフはこの作品を（初めパウルには内緒で）ウィトゲンシュタインの独占契約の期限が切れた時点で両手用の協奏曲に書き換えるつもりでいた。九月十一日、プロコフィエフはパウルに楽譜を送ったが、一緒に添えられた手紙には、パウルがこれを気に入るかどうかはわからないと書かれていた。

この協奏曲が、あなたのピアニストとしての視点から、また、ピアノとオーケストラとのバランスという点からも、満足のいくものになっていればよいのですが。正直なところ、これがあなたにどのような音楽的印象をもたらすか測りかねております。これは難しい問題です！　あなたは十九世紀の音楽家で――私は二十世紀の音楽家ですから。私としても、これをできるだけ単刀直入なものにするよう心がけましたので、どうかあなたのほうでも、すぐに判断なさらず、もし一部の楽句が最初は理解しがたいように思えましても、結論を急がないで、少し時間をおいて見ていただけますように。もし作品の改善のためにご意見があれば、どうぞ遠慮なくおっしゃってください。[*9]

もしプロコフィエフの自伝が信じられるものなら、パウルはこれにぶっきらぼうな返事を送っている。「協奏曲をありがとうございました。ただ、私はこれを一音も理解できませんので、この楽曲を演奏することはないでしょう[*10]」。この手紙はその後消失しており、パウルが手紙にそう書いたのは事実かもしれないが、おそらくそれだけではなかったに違いない。というのも、プロコフィエフとパウルはこのあとも良好な温かい関係を維持しているからだ。三年後の手紙のやりとりで、プロコフィエフはこの作品を両手用の協奏曲に書き換えてもかまわないかとパウルに尋ねている。「私たちのあいだにはせっかくいい関係が築かれていることですし、私もあなたの気に染まないようなことはしたくないので、この件については、まずあなたにご相談すべきと考えたしだいです[*11]」。一方パウルは、もし自分がこの協奏曲を気に入っていないとプロコフィエフに思われているのだとすれば、それは間違いだと言っている。「そうではありません。あなたの協奏曲は、少なくともその大部分は、私にも理解できるものです。しかし、私が気に入らない詩と、完全には意味を理解しきれない詩とでは、とてつもなく大きな違いがあります[*12]」。

パウルはプロコフィエフから楽譜が届けられた時点で、委託料の二回目の支払いとして三〇〇〇ドルを送ることを確約した手紙を書いた。それに対してプロコフィエフは金額を訂正してきた。「あなたにお支払いいただくのは三〇〇〇ドルではなく二二五〇ドル――つまり二五〇〇ドルからキューゲル［パウルの代理人］の取り分一〇パーセントを差し引いた金額です[*13]」。これを読むまで、パウルはプロコフィエフとアストロフが五〇〇〇ドルでこの委託を引き受けていたことをまったく知らなかった。代理人の言葉を真に受けて、委託料は六〇〇〇ドルの二回払いだと思い込んでいたのだ。代理人が一〇〇〇ドルをくすねようとしていた事実を初めて知って、パウルは激怒し、その場で代理人を馘にした。その後しばらく、パウルは音楽評論家で興行主でもあるパウル・ベッヒェルトと契約していたが、一九三二年十二月にベッヒェルトが借金をすべて踏み倒してアメリカに逃げ去ってからは、一時的にすべてを一人でやらなければならなくなった。

多くの時間をかけてプロコフィエフの楽譜を検討してみたものの、結局パウルはこの楽曲を理解できなかったので、必然的にこれを演奏することは一度もなかった。この作品の初演が行なわれたのは一九五六年九月のベルリン（ピアニストはジークフリート・ラップ）で、作曲家プロコフィエフが亡くなってから三年半後のことだった。提案されていた両手用への書き換えについては、結局プロコフィエフがその時間を見つけられず、楽曲の質についても最後まで曖昧なままだった。「私はこれについて自分でも明確な意見が持てていない」とプロコフィエフは自伝に書いている。「好きなときもあるが、そうでないときもあるのだ[*14]」。

49　恋物語

ラヴェルとの一件のときにパウルがなぜあれほど興奮状態にあったかには、じつは意外な理由があった。ちょうど彼の恋人が深刻な状態に陥っていたのである。その彼女、バーシア・モスコヴィッチは、ルーマニア出身の若く美しい娘で、一説には歌手だったとも言われているが、彼女が公共の場で歌った記録はいっさい残っていない[*1]。父親はブカレストの慎ましい宝石・時計職人で、ひょっとするとパウルが彼女と初めて会ったのは一九二八年十一月にさかのぼるかもしれない。そのころパウルはボルトキエヴィチの左手のための協奏曲を演奏するため、ブカレストのアテネ・パレス・ホテルに滞在してリハーサルを行なっていたからだ。一九三〇年の秋にウィーンに移ってきたバーシアを、パウルはウィーン一九区のヴェガガッセ沿いの家に愛人として住まわせた。パウルに結婚する気があったとは思われない。バーシアは裕福でないユダヤ人家庭の出身だったたし、神経質なパウルは基本的に結婚生活に向かない人間だったからだ。しかし一九三一年、バーシアの名前はウィーンのユダヤ人コミュニティの脱退記録に登録されていて、二月二十五日に自発的にユダヤ教を棄てたことになっている。したがって、彼女がその後ローマ・カトリックに改宗してパウリーネという堅信名をつけているのも、パウルとの結婚の障害を取り除こうとしてのことだったのかもしれない。しかし結局、残酷な運命のいたずらは彼女にそれを許してはくれなかった。

一九三一年の夏、バーシアはパウルの子を身ごもっていることに気づいた。パウルがあせって姉たちに相談すると、グレートルが持ち前の寛大さと姉御肌の気質を発揮して、この危機の対処に乗り出し、二十一歳のルーマニア娘に内密に非合法の堕胎手術を受けさせる手はずを整えた。バーシアは子供を産みたいと言って激しく抵抗したが、威圧的なグレートルに脅されて、堕胎が唯一の取りうるべき妥当な道なのだと観念させられた。ただでさえ時期の遅い危険な手術だったうえに、設備も腕もないもぐり医者によって行なわれた堕胎は、悲惨な結果を招いた。

バーシアはひどく具合が悪くなり、一九三一年の秋の終わりになってもまだ完全に回復せず、肩の部分に横紋筋肉腫による腫れが生じていた。この悪性腫瘍は、彼女の上腕の筋肉全体に広がっていた。十一月の初旬に肩から腫瘍を切除する手術を受けたバーシアは、その後、回復するまでのあいだウィーンを離れて静養するようにとグレートルに言われた。グレートルに別の目的があることを疑ったバーシアは、パウルのそばを離れたくないと言い張ったが、例によって自分のやり方をどうあっても押し通そうとするグレートルは、ウィーンから西に八〇キロ離れたデュンケルシュタイナーヴァルトのマウアー・バイ・アムステッテンにある療養所に予約を取って、ヴェガガッセのバーシアの家に救急車を送り、有無を言わせず彼女を入院させた。この療養所は、一九〇二年に皇帝フランツ・ヨーゼフの「馬鹿はマウアーのなかにいるのが一番だ」という悪名高い一言によって創設され、神経や精神に疾患のある患者の受け入れで知られていたところで、当然ながらバーシアが気に入るわけもなかった。数日後、彼女は勝手に退院してウィーンに戻り、グレートルは悪魔のようだとパウルに泣きついた。このころには腫瘍が肺にまで広がっており、さらに手術の傷口から菌が入って高熱も出た。グレートルが無理やり子供を堕ろさせ、わざと不潔な病院に入れたから、そこで病状が悪化したのだとバーシアは言い張り、子供を産むのを許されてさえいたら、こんなことは一つも起こらなかったのにと訴えた。

この時点で、バーシアが悪性腫瘍で死にかけていることを知っていたのはグレートルとパウルだけで、医師も患者本人には病状の深刻さを知らせていなかった。パウルは心配でたまらなくなり、姉から見ても「感動的なほど優しく」なった。グレートルも（たとえ罪悪感からではないにせよ）それまでの険悪な関係を修復する気になったらしく、バーシアを一ヵ月ほど世話するつもりでクントマンガッセの自宅に呼び寄せた。一九三二年の一月半ばには、もうバーシアが余命わずかであることは本人も含めて誰の目にも明らかで、グレートルの家から動かすことなどできない相談になっていた。一月、二月、三月と、バーシアの病状はますます悪くなっていったが、バーシアとグレートルの関係は少しずつ改善されていき、ときおり微笑を交わすようにさえなっていた。グレートル自身も体調はすぐれず、心臓の細動で鋭い痛みが走るので、一日のほとんどを横になって過ごした。このころ彼女を見舞いに来たマルガ・デーネケが、その様子をこう記している。「［グレートルは］腕を伸ばして私を迎えてくれたが、胸の病気について医師から言いつけを守るよう厳しく注意されているそうで、鮮やかな色とりどりの花に囲まれた部屋で、赤と金色のショールをぐるぐる巻きにして、彫像のように、体を半ば横向きにして伏せっていた」[*2]。

バーシアの世話をするときだけ、グレートルは起き上がった。バーシアが心穏やかに死を迎えられるようにしてやりたかったが、どうすればそのような精神的、哲学的な導きができるかわからなかった。死を前にしてのバーシアの異様な恐れは滑稽ですらあり、それをもっと真面目に受け取ってやれない自分をグレートルは申し訳なく思った。三月も半ばになると、バーシアはすっかり痩せ衰え、顔からは血の気が失せていた。かつての美貌はもはや跡形もなかったが、病魔と闘う彼女をパウルはすぐそばで片時も離れず見守っていた。四月二十二日、ルートウィヒの友人のマルガリート・レスピンガーが見舞いに来て、ルートウィヒにこう伝えた。「バーシアは昨晩からずっと苦しんでいます。もう時間の問題でしょう。パウルのことだけが心配です……」[*3]。その夜、病状は急激に悪化し、バーシアは一晩中パウルに手を握られながら、そのままこときれた。翌朝、レスピンガー嬢はあらためて弔問に訪れた。「とても印象的な光景でした」と彼女はルートウィヒへの手紙に書いた。「死んだ人の顔を見て怖くなったからではありません。あれほど安らかな表情で横たわっている人を見て、どういう人間ならこんな顔になれるのだろう、と思ったのです。すばらしいことです」[*4]。

ヘルミーネがホーホライトから戻ってきて弔問に行くと、バーシアの母親のエステル・キルヒェンが来ていて、死んだ娘の手を握りながら、娘がまだ生きているかのように話しかけていた。幼いときの娘がどれほど可愛らしかったか、最近は美貌が衰えてどれほど哀れだったかと、優しげに語るその姿を見て、ヘルミーネは感動すると同時に、ぞっとする恐ろしさも感じた。パウルとは少し話をしただけだったが、後日、ヘルミーネはルートウィヒに短くこう報告した。「パウルはめっきり弱っており、自分でもそれは認めているようですが、はたして本当にわかっているのかどうか……」[*5]。

パウルは必要な手配をすべて済ませ、二日後の一九三二年四月二十五日月曜日、バーシアはウィーン中央墓地の正門に近い一等地に葬られた。遺言は残していなかったが、一万四〇〇〇オーストリアシリング（当時の平均月給の二八倍にあたる額）が彼女の名前で残されていた――おそらくパウルからもらっていたものだろう。葬儀後、パウルは明らかに憔悴した顔で、バーシアを世話してくれたお礼としてグレートルにきらびやかなティアラを贈り、姉の家の召使たち一人一人にも「この上なく気前のよい贈り物」を渡した。だが、彼のグレートルへの不信はついに消えなかった。最終的に彼女はできるかぎりのことをしてくれたかもしれないが、それでもやはり、彼女の余計な手出しが不幸の始まりだったと思えてならなかった。二人は互いの関係についていろいろと話し合ったが、解決はつかないとあきらめた。パウルとグレートルの人生に対する姿勢が正反対であるという単純な事実をさておいても、この二人のあいだに不穏な空気が流れていることはヘルミーネにも察せられた。「ここにいるとパウルは駄目になるばかりですが、私たちにはどうしようもありません*6」。

50　アメリカ進出

バーシアが亡くなって、もともと決して強靭ではないパウルの神経は極限まで張りつめ、それがピアノにもろに響いて、当時の彼の演奏は不正確で攻撃的なものになっていた。その年の終わりに行なわれたポーランドへの演奏旅行は、批評家から散々な評価を受けた。《ワルシャワ・ガゼタ》のパヴェウ・リーテルは「この芸術家への賞賛は惜しまないが、それでも演奏に欠点があることは強調しておかねばならない」[*1]と評し、《ワルシャワ・クーリエ》も同じような論調で「片手のピアニストによる演奏を両手の演奏家に対するのと同じ見方で判断するべきではないが、それでもやはり、ペダルが使われすぎだと言わざるをえない」[*2]と評した。《ポルスカ・ズブロイナ》の批評家からは「片手は両手の代わりにはならないようだ」[*3]と評され、《ロボトニク》誌には「これらの楽曲が彼のために特別に作曲されていることからして、パウル・ウィトゲンシュタインの演奏は完璧であってしかるべきと思われたが、全体的な印象は決してよくなく、そのおもな理由はぞんざいなペダリングと技術の不足にある」[*4]と書かれた。しかし批評家は認めなかったとしても、聴衆はパウルの荒っぽい演奏にとくに不満は抱かなかったようだ。ポーランドでも彼の演奏は大喝采を浴びた。聴衆を催眠術にかけるかのような舞台上での圧倒的な存在感はあいかわらず健在で、いかに演奏が荒っぽく神経質で不正確でも、それを覆い隠すのに充分だったのである。

パウルのピアノが復調するまでには、バーシアの死から二年近くがかかった。そして復調したとき、帰ってきたパウルの演奏はじつにすばらしいものだった。一九三四年十一月の北米ツアーで、パウルはボストン、ニューヨーク、デトロイト、クリーブランド、ロサンゼルス、モントリオールをまわった。どこへ行っても彼の名前は驚くほど知れ渡っていて、会場は満員、批評は絶賛の嵐だった。ニューヨークのコンサートでは、アンコールに応えて五回も舞台に再登場することになった。パウルの演奏に批評家も聴衆も驚嘆した。《ニューヨーク・ヘラルド・トリビューン》の批評がその熱狂をよく表している。

有名な片腕のピアニスト、パウル・ウィトゲンシュタインはまさしく最大の賛辞に値する――彼の演奏を聴けば、もはやこう言うしかないだろう。最初のうちは、よくもここまでのことを達成できたものだと驚嘆するばかりだが、しかし気がつけば、この演奏家の右袖が体のわきにだらりと垂れ下がっていることなどすっかり忘れて、その演奏に聞き惚れている。この芸術家のフレージングの感性、その信じがたいほどの技術もかすませるほどに深く伝わってくる音楽的な思索に、聴衆はいつしか心を奪われているのだ。*5

パウルのしていること、すなわち両手がそろっていないのに、それでもピアノを弾くことに価値があるのかどうかをあえて問おうとする者はほとんどいなかった。その珍しい例外の一人が、イギリスの著名な評論家、アーネスト・ニューマンだった。イギリスのプロムナード・コンサート（「プロムス」）でパウルが演奏したラヴェルの協奏曲を聴いて、ニューマンは《サンデー・タイムズ》に記事を寄せ、パウルが――ヘルミーネとグレートルが折々にほのめかしていたように――不可能なことを試みているのではないかとの疑問を呈した。

パウル・ウィトゲンシュタインが戦争で片腕をなくしたことには全面的に同情するし、その後、片手での技術をここまで磨いた彼の勇気にも心より敬意を表する。しかしながら、それでも作曲家が彼のために片手用の協奏曲を書くのはやめてもらえないかと思うのだ。ともかく、それをわれわれに押しつけるのは勘弁してもらいたい。……ものごとにはしょせん無理なこともあるのだ。作曲家はピアニストの限界との兼ね合いで作品のオーケストラ部分に制約を課せられるのみならず、純粋にピアノだけの部分に関しても、やはりその場しのぎの間に合わせでごまかさなければならず、そうした細工はすぐに鼻につくようになる。この協奏曲は、急速に低下しつつあるラヴェルの評価を見直させる助けにはまずならないだろう。視点を変えれば、たしかにウィトゲンシュタイン氏の遺憾なる身体的障害は、この作品の協奏曲としての価値を半分だけ救ってはいるかもしれない。ものごとの本質として、手が一つだけであれば、不出来の度合いも二つあった場合の半分ですむという意味でだ。*6

アメリカで多忙な三ヵ月を過ごしたのち、一九三五年二月二日にパウルは疲れきってウィーンに帰ってきたが、それからわずか一週間でフランツ・シュミットの新作の準備を済ませなければならなかった。この作品はシュミットの六十歳の誕生日を記念した演奏会の一環として、ウィーン・フィルハーモニーとともに楽友協会大ホールで初演されることになっていた。ヘルミーネはパウルがこれを自室で練習しているのを聴いて、自分にはたいして関心が持てない曲だとルートウィヒに報告している。「昨今では聴いたことのあるような曲ばかりが作られているような気がします。残念ですが、彼はこのところ、本当にいいものをなかなか作ってもらえないように思います」[*7]。しかしパウルの見方は違った。「この曲の第一楽章と第二楽章は本当にすばらしい音楽だと思う」[*8]と彼は友人のドナルド・フランシス・トーヴィーへの手紙に書いている。ただし第三楽章は少しばかり軽いと思ったため、音を厚くするためにシュミットの了解を得て多少の改変を加えた。コンサートは大成功した。ひょっとするとパウルの全キャリアのなかでも最大の成功だったかもしれない。シュミットは、偉大な傑作『交響曲第四番』の初演を含め、すべて自作で構成されたプログラムの指揮をとり、ドイツ語圏の一四紙の新聞に、協奏曲とパウルの感動的な演奏を絶賛する批評が載せられた。ラヴェルの協奏曲、北米ツアー、そして今回の広く賞賛された演奏で、紆余曲折を経ながらもパウルはふたたびキャリアの絶頂に立っていた。しかしそのころ、パウルの私生活はまたしても大きな危機を迎えようとしていた。

51　さらなる紛糾

四十七歳になったパウルは一九三四年十月二十四日、シェルブールの港からニューヨーク行きの客船マジェスティック号に乗り込んだ。このとき彼は知らなかったが、彼のピアノの生徒の一人で、ベートーヴェンの熱烈なファンである十八歳の半盲の魅力的な黒髪の娘が、パウルの子供を身ごもっていた。

その娘はヒルデといった。父親のフランツ・シャニアはピアノとチターをたしなむ左翼のローマ・カトリックで、最初はウィーン近郊のシュヴェヒャートにある大きなビール醸造所で働いていたが、その後、ウィーン市電の衛生指導員となった。彼が小さな部署で責任者を務めていたかどうかはわからないが、いずれにしてもパウルの家とは「身分相応でない《ニヒト・シュタンデスゲメース》」と見なされる階級であり、ウィトゲンシュタイン家に言わせれば、彼はどこぞのバスの車掌だった。「市電の乗車切符を確認するだけの、まったくつまらない小物」[*1]――のちにジー・ストーンボローは彼のことをそう評している。第一次世界大戦時、イタリア戦線でのイゾンツォの戦いで、大砲と岩肌のあいだに挟まれて身動きがとれなくなった経験をしたシャニア氏は、戦争が終わると熱烈な社会主義者になるとともに、深刻な鬱状態に陥った。伐採会社の秘書をしていた妻のシュテファーニエもやはり鬱になった。彼女は一九三三年に夫と別れており、一九三六年一月に自ら命を絶ったとの説もある。ヒルデは姉のケーテとともに最初はランナースドルフで育ち、のちには「赤いウィーン（オーストリア共和国時代の社会主義市政）」が新たな社会主義的住宅実験の一環として用意した、ウィーン一五区のガイシュレーガーガッセの公営アパートで育った。

ヒルデは五歳のときに麻疹とジフテリアにかかったことが原因で、視神経に損傷を受けた。それからしだいに視力が衰え、最終的には全盲となった。パウルが初めて彼女と会ったころは、まだ部分的に視力が残っていたが、そもそも外から見ただけでは健常者とまったく変わらなかったので、パウルは彼女の目が悪いことにちっとも気づかなかった。後年、視力がかなり衰えてきてからも、ヒルデはまっすぐ人の目を見ることができて、ピアノもしっかり弾けたし、家のなかを何にもぶつからずに足早に歩き回ることもできた。訪問客はたいてい彼女の目が見えないことに気づかなかった。見えないふりをしているのだろうと信じ込む人さえあった。視力が弱いせいで、彼女はいつも大きな黒い眼を見開いて相手の顔を凝視した。男性にとってはそれが魅力だった。ちょうど一世代前にマーラーやツェムリンスキーやクリムトやココシュカやヴェルフェルやグロピウスが「ウィーン最高の美女」と言われたアルマ・シントラーの魅力に夢中になったのと同じことで、アルマの場合もわずかに聴力が弱かったため、相手の男性が話しているときにじっとその唇を見つめて動きを読んでいたのである。

一九三四年の秋、ヒルデは新ウィーン音楽院のピアノ科に入学した。パウルは一九二九年六月にルートウィヒの友人のルドルフ・コーダーで成功して以来、ずっとレベルの高い生徒を教えたいと思っていた。演奏会の予定が詰まった生活は気苦労が多いうえに、そもそもパウルはくつろぐのが得意ではない。いつも神経をすり減らしていたパウルにとっては、練習と舞台との隙間を埋める補助的な仕事が必要だった。一九三二年から、パウルは無償で《新ウィーン・ジャーナル》の音楽批評の手伝いを引き受けていた。彼の乱暴な批評は折々に編集者が制御しなければならなかったが、パウルは決して請求書を送らなかったので、雇い主としてはありがたい書き手だった。

批評家に対しては軽蔑するふりをしていたパウルだが、レシェティツキやラーボアへの敬愛から、「偉大な教師」に対しては「偉大な演奏家」と同列に見ることができた。さらにルドルフ・コーダーを教えた経験から、何人かの内弟子を取ろうかと考えたこともあった。一九三〇年十月、フランツ・シュミットの応援を受けて、パウルは国立音楽大学の無給の教職に志願した。エーリヒ・コルンゴルトの勧めで教授会の事務局宛てに正式な願書も送った。

私は戦争で右腕を失い、左手のピアニストとして独自の鍛錬をしてこなければなりませんでした。その限られた能力のなかで、この何年ものあいだに国内外で何度も演奏会を行なってまいりました。かつてレシェティツキに指導された標準的なピアノの技術を、必要に迫られてやむをえず修正したところは多少ありますが、それでも両手の生徒を正しく教えるだけの能力は備えていると自負しております……。[2]

パウルはあらかじめフランツ・シュミットから、大学にはすでに大勢のピアノ教師がいるので断られる可能性は高いと警告されていた。そして実際、教授委員会の議事録にはこう記録されている。「マルクス博士とマイレッカー教授の両委員は、ウィトゲンシュタインの優れた音楽的才能に言及し（これには学長も同意）、彼がすでに教育能力を実証していることにも触れたが、他の委員は、ほぼ病気の域にまで達する彼の神経質な面に懸念を示した[3]」。

予想されたとおりパウルは不採用となったが、一年後、新ウィーン音楽院に採用されて無給のピアノ教授に就任した。この私立の音楽教育機関は、ウィーンの有名な音楽団体「楽友協会《ゲゼルシャフト・デア・ムジークフロインデ》」からヒンメルプフォルトガッセに建つ協会の建物の部屋をいくつか借りて、そこで生徒に個人指導をしていた。教師としてのパウルは、どこをどうとっても型破りだった。生徒が休暇を取ることを許さず、音楽院が閉められているあいだは自宅に呼んでレッスンを受けさせ、夏休みにはノイヴァルデックの別荘も使った。「私は教えるのが大好きなのだ」と彼は言っている。「才能のある学生を教えているとき、私は無上の幸せを感じる」。[*4]ルートウィヒと違って、パウルは生徒の髪を引っ張ったり耳を殴ったりはしなかったが、生徒に対して腹を立てることはしょっちゅうあった。生徒が誤った弾き方をすると、その手を鍵盤から払いのけ、楽譜を投げたり破ったりした。そして何より、いったん間違いを修正してもらったところをまた間違える生徒には激しく叱責した。ある生徒はこう回想している。

レッスン中、生徒が弾いているあいだ、教授はいつも歩き回っていて、広い音楽室のなかを行ったり来たりしていた。ノイヴァルデックの夢のようなサマーハウスでは、レッスン中に、周囲に広がるウィーンの森にまっすぐ入っていって姿を消してしまう。これではもうピアノの音も聞こえないだろうと思っていると、こちらが自分のパートでちょっとでも不注意なことをしたとたん、たちまち彼が靴を泥だらけにして戻ってきて雷を落とす。彼は靴の汚れなど気にしなかった。そもそも靴が汚れていることにまったく気づいていなかった。[*5]

レッスンのほとんどの時間は適切な指遣いを習得することに費やされ、パウルが目を閉じて考え事をしながら切断された腕の先をぴくぴく動かしているあいだ、生徒はずっと黙って座っていなければならなかった。パウルはいまだに右手の指の感覚を思い出すことができ、その指が鍵盤上を動いているのを頭のなかで想像することによって、最適の指遣いを見つけ出すことができた。新しい作品を選ぶときは、生徒が初見で低音部の旋律を弾かせられ、その横でパウルが右手のパートを左手で弾く――そしてつぎに、役割を逆にして同じことが繰り返された。おそらくこのような練習の時間に、パウルはヒルデ・シャニアを誘惑したのだろう。ヒルデはのちに、ヘルミーネがお目付け役としてレッスン中に黙って同席していたことが何度かあったと語っているが、毎回いられるわけでもなかったということだ。

　三年前のバーシアのときにグレートルが介入して子供を堕ろさせたことが深い心の傷となっていたパウルは、今度こそは堕胎はさせない、子供は産む、そして姉や弟には絶対に何も知らせないと決意していた。ヒルデはテュルケンシャンツプラッツを臨むゲルストホーファーシュトラーセの小さな家の一室に移り住んだ。この部屋はヒルデの父親の名義で借りられていたが、家賃を払っていたのはパウルで、ヒルデの世話をする小間使いもパウルが用意した。そして一九三五年五月二十四日、娘のエリーザベトが誕生した。この名は「シシィ」と呼ばれたオーストリア皇后、一八九八年九月にジュネーブのレマン湖で蒸気船に乗ろうとしたときに無政府主義者に刺殺されたエリーザベトからとられていた。ヒルデが初めて公式にピアノのレッスンを受けたときから、二人の関係が非公式な成就を果たしたときまでの時間を計算すると、その期間はかなり短かった。彼女が音楽院に入学したのは一九三四年の秋で、赤ん坊を出産したのは一九三五年の五月末である。したがってエリーザベトを身ごもったのは、ヒルデが初めてパウルのレッスンを受けてからまもなくであったに違いない。

ヒルデと生まれたばかりの赤ん坊のことは、厳重に秘密にされていた。ウィトゲンシュタイン家の使用人だけがこれを知っていて、彼らはそうした秘密を守ることにかけては非常に訓練が行き届いていた。パウルのお抱え運転手はほとんど毎晩、ウィトゲンシュタインの屋敷とゲルストホーファーシュトラーセのヒルデの家とを往復した。自分がどこへ行けばいいかは言われなくても知っていた。エリーザベトを産んでから一ヵ月後、音楽院で行なわれたパウルの生徒の演奏会で、ヒルデはベートーヴェンのソナタを弾いているが、以後はレッスンもあきらめ、人前で演奏する野心も捨てたものと思われる。約二年後の一九三七年三月十日、あいかわらず関係を秘密にしたまま、ヒルデは次女のヨハンナを産んだ。

ヒルデの父親はこれを快く思っていなかった。無口で人づきあいが悪く、腹の底に沸き返るような苛立ちと短気を抱えていたフランツ・シャニアは、パウルより三歳半年下で、激しくパウルを嫌っていた。娘を誘惑して妊娠させておきながら結婚はしようとしないパウルを決して許さず、のちに自分のためにウィーンに立派な家を買ってくれなかったことでもパウルを恨んだ。パウルのことを口に出すときは、決まって蔑むように笑いながら

「伯爵様《ヘル・グラーフ》」と呼んだ。そしてパウルのほうも、ヒルデの家族には近づこうとしなかった。

52　高まる緊張

男女を問わず人を魅了するルートウィヒの影響力はあいかわらず健在で、人々は彼の哲学を理解できないことにいくら挫折感を味わわされても、それでも彼に影響されずにはいられなかった。マルガがルートウィヒに初めて会ったのは、ウィトゲンシュタイン家の屋敷でパウルと一緒に二階からパウル専用の三階につながる階段を上がっていたときだった。ルートウィヒは脂汚れでてかてかした軍服を着て、クラリネットを長靴下に入れて抱えていたが、それでも彼は「ギリシャ神のような首をした――血色のいい――大変なハンサムで、ぼさぼさに跳ねた金髪は炎の冠のよう、そして深い青い瞳には並外れた生真面目さがうかがえた」[*1]。この記述は、やや同性愛的な香りのする別の描写とも共通点がある。こちらは哲学科の学生で、のちに著名な仏教思想家となったジョン・ニーマイヤー・フィンドレーが残したものだ。

「ルートウィヒ・ウィトゲンシュタインは」四十歳のときでも二十歳そこそこの青年に見えた。神のように美しく、つねにケンブリッジの重要人物だった。……まるで彫像から抜け出て生身の人間となったアポローンのようであり、その青い眼と金色の髪は北欧神話の光の神、バルドルのようでもあった。……彼のまわりには特別な空気が流れており、その哲学の聖人のような雰囲気は、非常に冷淡で非人間的にも感じられた。いわば彼は「太陽の哲学者《フィロソフェ・ソレイユ》」だった。……彼と飲むお茶は神の酒《ネクタル》の味がした。[2]

一九三三年から一九三五年まで、ルートウィヒは――メディナでコーランを布教したときの預言者ムハンマドのように緊張して、汗をかき、口ごもりながら――哲学書二冊分をケンブリッジの学生に口述筆記させた。これがいわゆる「青色本」と「茶色本」で、ルートウィヒ自身が「これを理解するのは非常に難しいと思う」[3]と認めていたものである。少数ながらも熱烈に彼を崇拝していたケンブリッジの弟子たちにとって、ルートウィヒはまさに神だった。彼の言葉を理解できないなどというのは些細なことで、なぜなら彼らにとって重要なのはルートウィヒのそばにいて、彼を取り巻く内輪の集団の一員となり、彼の思考するさまをわくわくしながら見ることだったからである。ルートウィヒの講義は一部の選ばれた学生にしか許されない特権的なイベントであり、そのなかで回覧されていた「青色本」と「茶色本」は、古代ローマの衰退期にキリスト教徒がトーガの下に隠してこっそり受け渡ししていた啓示の福音書と同じぐらい、崇高で神秘的な魅力をもつようになった。

パウルはおそらく、ルートウィヒがケンブリッジの哲学者のあいだでキリストのように崇められていることも、彼がフランシス・スキナーという二十三歳年下の青年とつきあっていることも知らなかった。だが、いずれにしても気にしなかったに違いない。彼は他人のことにうるさく口を出す人間ではなかったからだ。兄弟が会うことはめったになかったが、会えば二人は仲がよかった。この時期にやりとりされた二人の手紙はくだらない話題ばかりだった。相手が面白がりそうな新聞の切り抜きや写真や論文を送りあったりもした。パウルはルートウィヒにイギリスで手に入らないウィーンの珍味を送り、あるときは、つまらない作曲家マックス・オーベルライトナーの妻からもらった手紙を送った。彼女が編集している音楽家の料理本にパウルのお気に入りのレシピを寄稿しないかとのお誘いの手紙だった。パウルは自分の一番の好物がコショウをたっぷり入れた煎り卵であることを彼女に明かすのを拒否したが、ルートウィヒはこれに対する返信（「ドクター・ルートウィヒ・ウィトゲンシュタインよりご挨拶申しあげます」）を面白おかしく書いてみた。ルートウィヒはその手紙でオーベルライトナー夫人に、哲学者である自分が彼女のアンソロジーに寄稿することを許してもらえるだろうか——「これは哲学的音楽であり音楽的哲学ではありませんか？」——と聞いている。「ちなみに私の好物はマヨネーズがけトマトです。……もし私をあなたの本に加えていただけるご決断ができましたら、どうか私の名前はフルネームで記載してください。ピアニストのパウル・ウィトゲンシュタインと混同されたくないからで、彼もあなたのパンテオンに入っているかもしれませんが、私は彼とはまったく関係ありませんから」[*4]。

兄弟の関係がかくも良好だったのは、政治と哲学の話題には決して触れないという暗黙の了解があったからだ。この二つに関しては、両者のあいだには深い溝があった。ショーペンハウアーの熱烈な信奉者であるパウルからすると、ルートウィヒのやっている言語哲学の分野はまったくの無意味としか思えなかったし、さらに当時のオーストリア人が総じて極左と極右に分かれていたように、パウルとルートウィヒも政治的な見解においては完全な対極に位置していた。

ケンブリッジのルートウィヒの教え子の何人かは、ルートウィヒをスターリン主義者だと思っていた。たしかにルートウィヒはスターリン政権下のロシアについて、「重要なのは国民に仕事があることだ。……僕は専制政治には怒りを覚えない」[*5]と語っていた。一九三三年からルートウィヒはロシア語を学びはじめ、約二年後には、フランシス・スキナーと一緒にソ連に住みたいとまで思うようになっていた。それ以前から、ルートウィヒにはケンブリッジでソ連のスパイの勧誘活動をしているのではないかとの噂があった。決定的な証拠はなかったが、彼が多くの有名な共産主義者や共産党諜報員と親密につきあっていたために、ずっと疑惑の目で見られていたのである。一九三五年に友人の計らいで、ルートウィヒはロンドンのソ連大使館で駐英大使のイワン・マイスキーに会い、自分がロシアのビザを必要としていることを切々と訴えて、大使にそれを認めさせた。九月に三週間ソ連を訪れたルートウィヒは、集団農場の肉体労働者になろうと試みたが、ある説によると、「ロシア人は彼に自分自身の仕事をしたほうが世のためになるからケンブリッジに戻れと言った」[*6]という。帰ってきたルートウィヒはこう言った。「自分の思ったことを決して口にしないとつねに気をつけていないかぎり、あそこには住んでいられない」[*7]。だが、この経験だけでは彼の気持ちは離れなかった。「僕は心底コミュニストだ」[*8]とルートウィヒは友人のローラント・フットに言い、その後も何年か、ソ連に移住する考えを心のなかでめぐらしつづけた。

対照的に、パウルの政治姿勢はずっと右寄りだった。当時、エルンスト・リュディガー・フォン・シュターレンベルクという若い無鉄砲な貴族が「護国団《ハイムヴェーア》」というオーストロ・ファシズム系の民間軍事組織を率いていたが、パウルはそれに肩入れして、「護国団」の独裁をめざすシュターレンベルク公の活動にひそかに資金援助をしていた。巨大な広告板をウィーンのそこかしこに立てる資金も出し、一九三四年二月の「赤の蜂起」後、愛国的なオーストリア人にシュターレンベルク公を支持するよう訴えた新聞広告の資金も出した。さらにシュターレンベルク公の準軍事司令官カルク＝ベーベンブルク男爵のためにサナトリウムの資金も出してやった。

オーストリアの経済は、一九二〇年代半ばに貨幣がクローネからシリングに一万分の一の比率で置き換わってから、いくぶん持ち直していた。しかし失業率はあいかわらず高く、いまにも爆発しそうな危うい政治情勢が続いていて、いくつもの民間軍事組織の存在がつねに脅威となっていた。左翼系には、社会民主党傘下の「共和国防衛連合《レプブリカーニッシェ・シュッツブント》」があり、右翼系には、のちに「護国団」と統合する「統一戦線戦士《フロントケンプファー》」があった。この二つの敵対する準軍事組織のほかにも、オーストリアをドイツと統合してアドルフ・ヒトラー率いる汎ゲルマン主義、反ユダヤ主義の「帝国《ライヒ》」をつくることを目的に、急速に成長していた非合法軍事組織のオーストリア・ナチスがあり、さらにいくつかのマルクス主義武装集団が、労働者のあいだに共産革命を起こそうと煽動していた。

これら敵対する勢力のあいだで、必然的に武力衝突はひんぱんに起こった。一九二七年一月にはブルゲンラント州シャッテンドルフで「防衛連合」と「統一戦線」の部隊が衝突し、大人も子供も巻き込んだ銃撃戦となった。原因となった「統一戦線」の兵士が法廷で無罪とされ、怒った左翼のデモ隊が街に出たが、リングシュトラーセで八九人が殺され、六〇〇人が負傷して、法務省の建物が炎に包まれた。このころストーンボロー夫妻はずっと田舎の別荘にいたが、共産主義の色濃い数キロ北のシュタイラーミュール、数キロ南のエーベンゼーが「挟み撃ち」を決行し、グムンデンを武力攻略するのではないかと気が気ではなかった。

一九三二年五月、非常に小柄ながらカリスマ的な人気を誇る、通称「極小宰相《ミリメッテルニヒ》」と呼ばれていた右翼のエンゲルベルト・ドルフースがオーストリア首相に就任し、論争の絶えない連立政権の指導者となった。ドルフースの当面の責務は、オーストリアを豊かにし、大恐慌の余波から引っぱり上げる一方、ヒトラーの国民社会主義運動を牽制しながらマルクス主義者の煽動も牽制することだった。八ヵ月後、ヒトラーは合法的な手続きによってドイツ首相に選ばれた。このベルリンの総統の主要な目的はドイツとオーストリアを合体することであったから、ドルフース首相はただちに非常事態を宣言し、オーストリア議会を停止して、自らの推進する独裁的なオーストロ・ファシズムの統治を法令によって断行した。グレートルは長男のトーマスに手紙を書いて、民主制から独裁制への移行がいともたやすく行なわれたこと、ドルフースを種にしたジョークがウィーン中で流行っていることを伝えた――「ドルフースが事故に遭った。苺を摘んでいて梯子から落ちたんだ」[*9]。まもなくドルフースは自らの「階級国家《シュテンデシュタート》」を確立し、国民社会主義、共産主義、そして自分の身長に関するあらゆるジョークを非合法とした。

　一九三四年二月、フォン・シュターレンベルク公の率いる護国団は、ドルフース政権に協力して、すでに非合法化されていた共和国防衛連合の残党の一掃に乗り出した。十二日にリンツで社会主義者の土地建物に強制捜査が入ると、左翼と右翼の準軍事組織のあいだで激しい衝突が起こり、たちまちウィーンやグラーツやユーデンブルクなど、よその街にも飛び火した。ウィーンでは武装した防衛連合のメンバーが市内のいくつかの公営住宅団地《ゲマインデバウテン》に立てこもった。最も有名な、全長一キロメートル近くにも及ぶカール・マルクス・ホーフ――通称「プロレタリアートのリングシュトラーセ」――も激しい砲撃の的となった。社会主義者は完璧に打ちのめされたが、この数日にわたって多くの人命を犠牲にした武力行動で、右派の多くの人々は不安が消えるどころか、ますます社会主義者の蜂起を懸念するようになった。ウィトゲンシュタイン家の事業の雑務を任されていたアントン・グロルラーは、社会主義者の政権簒奪《さんだつ》が起こったときに備えて一族の資産を守るためにリヒテンシュタインの市民権を取得することを勧めた。だが、パウルはこれに応じなかった。自分は「骨の髄からオーストリア人」であり、金銭的な理由だけで国籍を変えるような人間は最低だと思うから、と彼は言った。[*10] 一方、パウルの義兄で、一家の外国資産の管財人になっていたヘレーネの夫マックス・ザルツァーは、リヒテンシュタインの市民権を取ったらホーホライトでの狩猟シーズンを何季か逃してしまうのが怖いと言った。したがって、グロルラー氏の提案は完全に却下された。

蜂起が起こった最初の日、パウルは何も気づかずウィーンの中心部に買い物に出かけたが、じつは市内の周辺部では大変な騒乱が起きていた。二十二歳になっていたパウルの甥、ジー・ストーンボローは慈善組織の「ウィーン奉仕救援会」の仕事についていて、この日はずっと救急車の搬送の手伝いをしていたが、フロリーツドルフ橋で活動家たちが血を流している光景には震え上がる思いをした。彼はこのときの功労で、エルンスト・フォン・

シュターレンベルク公からじきじきに胸に勲章を授けられた。

シュターレンベルクは若いころから護国団に参加していたが、一九二〇年代にはヒトラーの国民社会主義運動に傾倒して入党し、失敗に終わった一九二三年十一月のミュンヘン一揆にも参加した。だが、すぐにナチスに不満を覚えて、オーストリアに帰国した。一九三〇年に護国団の指導者となると、資産（一八の地所からの収入）の大半をこれに注ぎ込み、そのためまもなく破産したが、パウルやフリッツ・マンドル（武器商人）やベニート・ムッソリーニ（イタリアの独裁者）、その他もろもろのオーストリアの億万長者からの寄付により、二万人からなる護国団をさも自分の私有軍隊であるかのように支配しつづけた。ヒトラーに堂々と敵対的な政治発言をするのは、ほとんど彼だけだった。「オーストリアにおけるファシズムを代表するのは護国団であって、ほかのどこでもない」と彼は言った。「したがってオーストリア・ナチスは余計である」[*11]。

一九三三年、シュターレンベルクは自分の軍勢をドルフースのキリスト教社会党の軍勢と連合させて「祖国戦線《ファーターレンディシェ・フロント》」を形成した。彼の政治集会にしろ、反マルクス主義の弁舌にしろ、「戦線万歳！」という敬礼にしろ、赤地に描かれた白の円のなかのクリュッケンクロイツ（撞木型十字）のシンボルにしろ、ヒトラーの国民社会主義と共通する点はいくつもあった。どちらの党派もファシストで、反民主主義だったが、それぞれの指導者は依然として激しく敵対していた。ヒトラーはシュターレンベルクを「裏切り者」と呼び、シュターレンベルクはヒトラーを「褐色シャツの連中を仕切っている嘘つき」と呼んだ。シュターレンベルクの部隊から追い出された反ユダヤ主義者は大半がナチスに流れ、残った護国団のおもな支持層は、ハプスブルク君主制の回復を夢見ながらオーストリアの独立をめざして奮闘する愛国者たち（元軍人や戦争帰還兵や貴族やカトリック）となった。シュターレンベルクはある演説でこのように語っている。

われわれとドイツ・ナチスのあいだには多くの共通点がある。どちらも同じように民主主義の敵であり、経済再建についても多くの同じような考えを持っている。しかし、われわれ護国団はオーストリアの独立を代表するものであり、カトリック教会を支持してもいる。われわれはナチスの行き過ぎた人種理論には反対であり、ナチスの半ば異教徒的ですらあるドイツ国教構想にも反対する。[*12]

一九三四年二月にマルクス社会主義者の抵抗勢力の根幹を一掃したことで、シュターレンベルクとドルフースはヒトラーの脅威に対抗することに専念できるようになった。すでにヒトラーはひそかにオーストリア・ナチスを武装させ、資金を提供して、現政権の弱体化を図っていた。数ヵ月前からオーストリア・ナチスは市の建物や鉄道線路や発電所にダイナマイトを仕掛け、いくつかの暗殺やリンチにも荷担していた。ヘルミーネは社会主義者の蜂起の数日後にルートウィヒに手紙を書いて、「これからどうなってしまうのでしょう。結局は一つの敵対勢力が黙らされただけで、もう一つのほう——国民社会主義者——はこれまで以上に激しい敵意を燃やしています。これをどうしたらいいのでしょう？　最後まで戦ってよい結果になることなんてあるのでしょうか？」[*13]と嘆いた。

七月二十五日、ヒトラーはバイロイト音楽祭に出席してワーグナーの『ラインの黄金』を鑑賞していた。隣にはヒトラーの友人で、この作曲家の孫娘でもあるフリーデリント・ワーグナーがいた。終演後、ヒトラーは側近の一人から、オーストリア・ナチスによるエンゲルベルト・ドルフース暗殺計画が成功したことを報告された。その晩、オーストリア軍服を着たナチスの一団が首相官邸に押し入り、小柄なオーストリア首相の喉を六〇センチの距離から撃ったのである。首相はその場に倒れ、血を流しながらゆっくりと死んでいった。フリーデリント・ワーグナーによれば、すでにオペラで過剰興奮の状態にあったヒトラーは、この一報に「顔から喜びを隠しきれなかった」[*14]という。

しかしヒトラーが激しく歯噛みしたことに、このクーデター計画はウィーンに国民社会主義政権を打ち立てるには至らなかった。政府の軍隊はただちに官邸を奪還し、首謀者数名が絞首刑に処せられ、すぐに新しい首相として凡庸な弁護士のクルト・フォン・シュシュニックが就任した。しかしヒトラーはあきらめなかった。オーストリアをドイツに併合するという野望を抱えたまま、以後四年にわたり、ずるがしこくシュシュニックを泳がせながら好機をうかがった。そして一九三八年の春、シュシュニックはついに不名誉な譲歩をさせられるに至った。ヒトラーはシュシュニックに非公式会談を持ちかけ、二月十二日にベルヒテスガーデンの近郊にあるヒトラーの山荘ベルクホーフに来るよう誘った。ドイツの国境をなす山上にあり、オーストリアの広大な田園地帯が一望に見下ろせるところだ。シュシュニックは国境に到着したところで、ヒトラーがドイツ軍の将官数名を会談に同席させるため招いていることを知らされた。あとから思えば、シュシュニックはこの時点で会談を中止するべきだった。あるいはせめて、オーストリア軍の将官も同席させることを主張するべきだった。しかし、彼はそのどちらも行なわなかった。その後の悲惨なやりとりのあいだ、シュシュニックはヒトラーに愚弄され、威嚇され、辱められつづけた。そして最後に、シュシュニックの署名を求めてヒトラーが合意文書を突きつけてきた。そこに書かれた数々の条件のなかでも、強く要求されたのは、オーストリアの首相として現在の参謀長を解任すること、内閣を総入れ替えしてヒトラーの指名する数人のナチ党員を要職につけること、そして国内安全保障を担当する内務大臣にオーストリア・ナチスのアルトゥル・ザイス＝インクヴァルトを任命することだった。

本格的な侵攻を恐れたシュシュニックは黙ってこれに従った。こうして新しいドイツの傀儡《かいらい》政権が生まれ、もはや名目だけの首相にそれを掌握する力はなく、シュシュニックは最後の手段として国民に頼るしかなくなった。そして三月十三日に、オーストリアの自主独立に対する賛否を問う国民投票が行なわれることになった。二十四歳未満の国民には投票権が与えられなかった。その年代はおそらく「アンシュルス（独墺合邦）」を望むだろうと思われたからだ。ヒトラーはこれを激しく非難し、すぐさまオーストリア国境に軍隊を派遣するとともに、国民投票の即刻中止とオーストリア・ナチスへの完全な政権移譲を求める最後通牒をシュシュニックに送った。シュシュニックがその晩に辞職すると、直後の大混乱に乗じてナチの党派が内務省を掌握し、警察を支配下に置いた。オーストリア大統領ヴィルヘルム・ミクラスは、ザイス＝インクヴァルトをオーストリア首相に任命せよとのヒトラーの要求をただ一人頑として拒んだ。しびれを切らしたドイツ側は、オーストリア政府から来たというドイツ軍への応援要請の電報を捏造《ねつぞう》し、それに応じてヒトラーが――道義的な責任からだと主張して――軍を進める命令書に署名した。ミクラス大統領もさすがに打つ手はなくなったと観念し、いやいやながら、ザイス＝インクヴァルトを首相に任命する命令書に署名した。

一方このあいだ、グレートル・ストーンボローは大西洋上で小間使いのエリーザベト・ファウステンハンマーとともにニューヨーク行きの汽船マンハッタン号に揺られていた。彼女をめぐる状況は散々だった。もはや金銭的な余裕はまるでなく、蒐集した美術品を売らなければどうしようもなくなっていた。ニューヨークに発つに先立って、グレートルはコレクションの大部分を箱詰めしてウィーンの貨物集積所に送る手はずを整えていた。文化遺産管理局からも輸出承認書をもらっており、あとは荷物が輸送されるのを待つだけだった。今回のニューヨーク行きの目的は、この絵画が届きしだい、売却の手配をすることだったのである。グレートルの乗った船は三月十八日に港に着いたが、そのときには彼女の生まれた国は消滅していた。もはやそこはオーストリアではなく、ドイツ国《ライヒ》の州の一つのオストマルクになっていた。ヒトラーのアンシュルスの噂が船上のグレートルに届いていなかったとしても、到着したその日のうちに、新聞ですべてを知ったことだろう。「第三帝国軍、オーストリアを席捲」――これがその日の《ニューヨーク・タイムズ》第一面の見出しだった。[*15] その下の長文の記事には、ヘルマン・ゲーリング元帥の演説の一部が引用されていた。「大ドイツ国が成立した。七五〇〇万のドイツ人が鉤十字の旗じるしのもとに一つになった。過去千年間、全ドイツ人が切望してきたことがついに実現したのだ[*16]」。ただし、ニューヨークの新聞では知りえないこともあった。グレートルに交付されていた輸出承認書は新政権によって撤回され、グレートルの絵画が収められた木箱は、クントマンガッセのモダンな直方体の家に送り返されていたのである。

第四部　縁故と崩壊

53　愛国者の苦難

一九三八年三月十一日――「オーストリアのいちばん長い日」――に、ドイツ第八軍の各部隊はオーストリアとドイツの国境の北側に整列し、緊張しながらオットー作戦の開始命令を待っていた。国境を越えてオーストリア領内に入ったときにどんな抵抗が待ち受けているのか、ドイツ兵には知るよしもなかったが、もし実情を知っていたら、彼らはどれほど喜んだことだろう。国境の先では、オーストリア全土の街で人々が鉤十字の旗を掲げ、歓迎するドイツ軍の到来を待ち受けていたのである。オーストリア・ナチスのアルトゥル・ザイス＝インクヴァルトは、三月十二日の朝方までは、まだ正式に首相になっていなかったが、すでに国内事情を一手に掌握しており、彼の支配下にある警察の各組織は自由な権限を与えられ、ナチス親衛隊のハインリヒ・ヒムラーから派遣された非公式の代理人と協力して、ドイツ国防軍《ヴェーアマハト》がいつ動員されてもいいように大々的に下準備を進めていた。抵抗の芽はドイツ軍が入ってくる前に摘み取っておかなくてはならないというわけで、ウィーンでは、愛国主義者の容疑がかかるオーストリア人すべてに対して、逮捕や投獄や国外追放が本格的に始まった。その第一波として七万六〇〇〇人の男女が尋問のために連行され、オーストリアの自主独立やシュシュニックの国民投票を支持していたとの風評があった六〇〇〇人が、即座に行政機関や教育機関などの公職から追放された。

エルンスト・フォン・シュターレンベルク公の率いる護国団と祖国戦線は、ドイツ軍に軍事抵抗を仕掛ける可能性が最も高いと見られたため、主要な標的とされた。シュターレンベルクはユダヤ人の妻で女優のノーラ・グレゴールを連れてひそかに国境を越え、スイスに逃れた。護国団の元ウィーン支部長エーミール・ファイは自殺した――と言われているが、実際には殺害されたと思われる。そしてパウルの友人でありシュターレンベルクの副官だったフランツ・ヴィンディッシュ＝グレーツ公は、フランスに逃亡した。クルト・フォン・シュシュニックは、外国に逃げるべきだとの助言を聞かず、ウィーンに軟禁された。その後一九四一年にザクセンハウゼン強制収容所に送られ、一説によると、そこで自分の十五歳の息子が収容所の看守に棍棒で殴られて死ぬのを目撃させられたとも言われた。これは事実ではなかったが、当時のシュシュニックは「死体運搬隊」の仕事に就かされていて、ヒムラーの親衛隊に殺害された数千人のロシア人戦争捕虜の遺体を埋めていた。

パウルと護国団とのつながりがナチスに知られていたかどうかはわかっていない。パウルの資金援助は秘密裏に行なわれていたはずだったが、ウィーンの護国団本部やリンツ近郊ヴァクセンベルクのシュターレンベルクの居城に残された書類から追っていけば、容易にパウルにたどりつけただろう。いずれにしても、パウルは強い愛国心を決して隠さなかったから、いつ誰が警察に密告してもおかしくはなかった。ドイツの侵攻が始まる前日の三月十一日、パウルは逮捕され、警察の取調べを受けて、ピアノ教授を務めていた音楽院から解雇された。刑事罰を科されることはなく、厳重注意のもとに釈放されたが、おそらくその後も警察の監視下に置かれただろう。彼が強制されてやむなくナチスに誓いを立てたのはわかるとしても、それを進んでやったとは想像しがたい。したがって命令されてに違いないが、その後、ウィトゲンシュタイン家の屋敷には巨大な鉤十字の旗がはためくようになった。パウルの生徒だったエルナ・オッテンが、自転車でレッスンを受けに行ったときのことを回想している。リングシュトラーセには騒がしいナチスのデモ隊が繰り出していたので、彼女は裏道を抜けていかなければならなかった。屋敷に着くと、建物から鉤十字の旗がはためいていて、パウルが苦しそうに悔恨の情を示したという。「私が部屋に入ると、先生は謝りました。いまでも先生が目の前にいるように思い出せます。こうやって手を胸に当てて。こうするよりほかにしかたがなかった、さもないと即刻逮捕される、と先生は言いました」[*1]。

三月十一日にパウルは音楽院を解雇されたが、上司のヨーゼフ・ライトラー教授からの推薦状はもらえていたので、一週間後、これをオーストリア裁判所の公認する「宣誓済み通訳」トーマス・H・ラッシュに英訳してもらった。

パウル・ウィトゲンシュタインは私の招聘により一九三一年に新ウィーン音楽院の教授に就任し、本日まで本学院ピアノ科の最上級クラスを指導して多大なる成功を収めてまいりました。これは一般にも広く知られ、繰り返し認められてきたところであります。

当代随一の作曲家たちが彼のために数々の左手用の作品を捧げてきたにもかかわらず、彼は片腕のピアニストであることへの偏見と戦ってこなければなりませんでしたが、芸術家として、また教育者としての傑出した資質により、そして同時に本人の真摯さと高い責任感と強い気概により、そうした偏見をみごとに払拭させたのがパウル・ウィトゲンシュタインです。音楽院の授業ではどうしても避けられないことですが、彼もまた、傑出したところのない平均的な生徒の指導においてその力量を試されました。しかし何より感嘆するのは、彼の個人指導方式の結果です。これに関連して、パウル・ウィトゲンシュタインならではの特別な個性の一つについて特筆しなくてはなりません。それは理想主義であります。これは昨今ではとても得がたくなっている資質です。コンサートの演壇においても教室においても、この美しい理想主義はつねに彼を導く星でありました。

　このつらい別れのときにあたって、私は自分の心の命じるままに、彼の芸術家としての偉大さ、そして人としての美徳を証言するものであります。

（署名）：ヨーゼフ・ライトラー教授*2

　ライトラー教授が推薦状を書いた翌日の明け方直前に、ドイツ軍は越境を開始した。ヒトラーが太腿を叩いて「よし行け！」《イエッツト・ゲーツ・ロース》と叫び、オットー作戦の発動を命じたのである。ドイツ兵は銃の引き金に指をあてながら慎重に前進したが、すぐに胸をなでおろした。オーストリアの国境警備隊は持ち場を捨てて逃げ去っていて、しかも親切なことに、逃げる前に防壁を撤去してくれていた。一発の銃弾も撃たずに作戦は完了し、オーストリアに入ったドイツ軍は抵抗されるどころか、喝采と笑顔と「ハイル・ヒトラー！」の敬礼で迎えられた。ウィーンまでの道中には、何千枚もの鉤十字の旗が掲げられていた。

　その日の午後三時五十分、ヒトラーは国境を越えて自分の生まれた街ブラウナウ・アム・インに入った。厳密にはオーストリアはまだ独立国で、ザイス＝インクヴァルトが首相、ヴィルヘルム・ミクラスが大統領だったから、ドイツの「総統」は征服国の英雄としてオーストリアに入ったのではなく、単に「自分の母親の墓参り」に来たのだということを強調した。しかし意外にもリンツの善良な人々をはじめとしてオーストリアの国民から温かい歓迎を受けたため、ヒトラーは気が大きくなり、わずか二日のうちに自分の行動の説明を婉曲な表現の「アンシュルス（合邦）」から、もっとあからさまな「マハトユーバーナーメ（権力掌握）」に変更した。オーストリアのカトリック教会の頂点に位置するイニッツァー枢機卿は、一週間前には「われわれはオーストリア国民として、オーストリアの自主と独立を守るために立ち上がって戦う」と宣言していながら、いまやヒトラーにこの上なく温かい挨拶を送り、カトリックの全教会に命令して鉤十字の旗を垂らさせ、ナチの英雄を歓迎する鐘を鳴らさせた。翌日にウィーンの英雄広場《ヘルデンプラッツ》で行なわれたヒトラーの大衆煽動は二〇万の熱狂的なオーストリア人支持者の喝采を受け、一ヵ月もしないうちに行なわれた国民投票では（ただしユダヤ人と社会主義者とオーストロ・ファシストは投票を禁じられたが）、九九・七三パーセントが独墺合併に賛成票を投じた。

総統はオーストリア人に数々の約束をした。子供には休日の無料措置を、労働者には「力は喜びから」の信条にもとづいて休日の割引措置を提供しよう。これからはお金に困ることもなく、ラジオ機を買ってヒトラーの演説が聞けるし、高速道路も使えるし、失業することもなくなる。そう言われて大半のオーストリア人は興奮し、幸せに包まれた。最初はアンシュルスに反対していた人々でさえ、しだいに納得しはじめた。シュシュニックの予定した三月十三日の国民投票をヒトラーが中止させたという知らせが間に合わなかった遠い田舎のタレンツの村では、住民が何も知らずに投票を行なって、一〇〇パーセントがオーストリアの自主独立に賛成票を投じていた。しかし約一ヵ月後には、再度行なわれた投票で有権者の一〇〇パーセントがドイツとのアンシュルスに賛成した。

しかし、誰もが喜んでいたわけではなかった。社会主義者、オーストロ・ファシスト、フリーメーソンはすべて迫害の対象とされ、ユダヤ人も同様だったが、暴徒の勝手な虐待に最もさらされやすかったのが彼らだった。ユダヤ人の商店は襲撃され、板を打ち付けられ、赤い塗料で塗りつぶされ、店の所有者はアーリア人に売るよう圧力をかけられた。荒れ狂った暴徒の一団がプラーター公園で数人のユダヤ人をつかまえて、牛のように四つんばいにさせて草を食べさせたこともあった。あるいはユダヤ人が道端で地面を舐めさせられたり、祈禱用のショールで公衆便所を磨かせられたりすることもあり、それを大勢の無関係なオーストリア人が輪になって冷やかしていた。三月十七日、のちにホロコーストの主要な発案者となるナチス親衛隊のラインハルト・ハイドリヒが「ここ数日、ユダヤ人に対してまったく無規律に大規模な襲撃を仕掛けている国民社会主義者」[*3]の逮捕を命じたが、効果はほとんどなく、ユダヤ人から市民権を剝奪するという公式な差別がなされるにいたって、一般大衆のユダヤ人への暴力行為はますます激化していった。

アンシュルスから最初の数日で、約五〇〇人のユダヤ人が自殺したとも言われている。

さらにそれ以上の数が国外に逃れたが、なおユダヤ人の大多数は、一九三五年のニュルンベルク法で正式に法制化されたドイツの反ユダヤ主義が、社会に同化した多数のユダヤ人住民を抱えるウィーンのような街に適用されるとは思いたくなかった。遅かれ早かれナチスは自分たちの規則を押しつけるのをやめて、もっと切迫した問題に専念するようになるだろう、と彼らは思った。まさか「ユダヤ人移住中央本部」などというものがウィーンにほどなくして設置され、熱意あふれる親衛隊中尉アドルフ・アイヒマンの指揮のもと、容赦ない手際のよさを示すようになるとは誰も予測できなかった。最初の反ユダヤ主義の法令がウィーンで制定されたのは三月十二日（アンシュルスの当日）で、五月二十八日にはニュルンベルク法が（三月十三日にさかのぼって効力を有するとして）成立した。ヒトラーの当初の構想――ユダヤ人から投票権を剝奪し、ユダヤ人を報道、政治、司法、公務、芸術の要職から一掃し、ユダヤ人が公園のベンチに座るのを禁止する、等々――は、オーストリアのユダヤ人にドイツ国での生活を耐えがたいものにさせ、自らの意志でこの国を去ってもらうことを目的としていた。しかし、その計画はヒトラーの予想を超え、党内の誰の予想もはるかに超えて、達成の難しいものだった。ドイツはアンシュルスを実施したことにより、一九三三年以降ドイツからオーストリアに逃れていったユダヤ人をふたたび抱え込まなくてはならなくなったうえに、そのユダヤ人たちの多くは移住ができないか、あるいはしたがらないかで、さらに多数のユダヤ人は、この自分たちに対する禁制や迫害も時間とともに弱まって、いつかはなくなるだろうという期待にずっとしがみついていた。アンシュルスから半年で、四万五〇〇〇人のユダヤ人がオストマルクから移住していったと言われているが、ヒムラーの当面の急務は、残った一五万人をどうやって追い払うかを考えることだった。

三年経ってもいまだドイツ国からのユダヤ人の移住が完了しなかったとき、業を煮やしたヒトラーは、昼食の席であらためてヒムラーと参謀長のツァイツラー大佐に「ユダヤ人はヨーロッパから一掃されなければならない」ことを強調した。

> 思うに、私はあまりにも情け深すぎるのである。教皇の支配する時代、ユダヤ人はローマで虐待されていた。一八三〇年まで、年に一回、八人のユダヤ人がロバに乗せられてローマの街を引かれていった。私はといえば、ユダヤ人に出ていけと言うことしかしていない。もしユダヤ人がその道中で息を止めたとしても、私にはどうすることもできない。だが、もしユダヤ人が自発的に出ていくのを拒否するなら、絶滅以外に解決策はないと思う。[*4]

三月末のある朝、ヘルミーネが座っていた部屋にパウルが真っ青な顔で入ってきて、こう言った――「僕らはユダヤ人と見なされている《ヴィア・ゲルテン・アルス・ユーデン》[*5]」。思いもよらない事態だった。パウルもヘルミーネもほかのきょうだいも、突如として、新しいナチス政権の反ユダヤ主義政策による禁止や制限の対象にされたのである。パウルはすでに熱烈な愛国心のせいで音楽院の職を追われていたが、これでもう市の機関で教えるのは不可能となり、ドイツ国の範囲内ではどこにおいても公演を禁じられるだろう。その後まもなく、ナチスはヘルミーネの男子職業訓練学校にも目をつけることになる。制服姿の男の一団が鉤十字の旗を振りかざしながら授業中のヘルミーネの前に現れて、この建物をヒトラー・ユーゲントの訓練学校にするから午後四時までに敷地から立ち退けと命令した。さらにナチスは、ゲルストホーファーシュトラーセ三〇番地のアパートメントにかくまわれていたヒルデ・シャニアと二人の子供も発見し、パウルとの関係をつきとめる。この二人の子供そのものが、ユダヤ人――すなわちエリーザベトとヨハンナの父――が「人種汚染《ラッセンシャンデ》」の罪を犯していることの充分な証拠だった。「ドイツ人の血と名誉を守るため」のニュルンベルク法第二条で明文化されているように、「ユダヤ人と、ドイツ人もしくは同族の血を引くドイツ国民との婚外交渉は、これを禁止する」ことになっていたのである。

だが、こうした恐ろしい脅威が実際に降りかかってくる前に、ヘルミーネとパウルはまったく別の責めを負わされた。三月十二日の国旗法に関する総統命令、すなわち、ユダヤ人は鉤十字のシンボルを掲揚してはならないとする命令に、彼らは違反していたのである。なんとも皮肉なことに、ゲシュタポはパウルを逮捕すると脅して無理やり屋敷に旗を掲げさせておきながら、その屋敷の住人がユダヤ人であったとなると、今度は掌を返したように、彼らに旗を掲揚する権利はないとして降ろすことを命じたのである。

54　最初の計画

前世紀の変わり目にウィーン市長を務めた、反ユダヤ主義者で知られるカール・ルエーガーは、ユダヤ人をどう定義するのかと聞かれて「誰がユダヤ人かは私が決める」という傑作な一言を残した。ヒトラーも同じような特権を確保して、ときどき（めったにはないが）自分の気に入ったユダヤ人にアーリア人認定を与えていた。ただし、彼はこの適用の検討を自ら行なう権利を主張して、各対象者の写真や推薦状をじっくり吟味した。たいていの場合は、対象者の男系のユダヤ人祖先が本当の父親であるか、それとも妻をアーリア人の男性に寝取られていたのかで決まった。後者であれば、署名入りの宣誓供述書を出すことが必要で、ヒトラーの信頼する仲間、エアハルト・ミルヒ元帥がまさにそれをやっていた。父親のアントン・ミルヒがユダヤ人であったことをゲシュタポにつきとめられたミルヒは、母親に頼んで宣誓書に署名をしてもらった。それによると、彼の本当の父親はアーリア人のカール・バウアー、つまりエアハルトのおじとされていた。

新しい政権下で各人が完全に市民権を享受するには、ドイツ国民認定をもらうことが必須だったが、これはアーリア人の血統であることの証明を出さないともらえなかった。だが、これがまた、しばしば問題を起こした。そもそもユダヤ人をユダヤ人と見なす要因は、血統なのか宗教なのか？　両親のどちらかがユダヤ人との混血だが、キリスト教徒として育てられていた場合はどうなるのか？　こうした混乱を解決したのが、一九三五年九月制定のニュルンベルク法だとされていた。この法律の規定によれば、ユダヤ人と見なされるのは祖父母に少なくとも三人のユダヤ教徒がいる場合、および祖父母に二人のユダヤ教徒がいて、本人が一九三五年九月十五日以降にユダヤ教徒やユダヤ人社会の一員と結婚している場合とされた。さらに、ユダヤ教徒だった祖父母がキリスト教に改宗していても、その祖父母の人種的な位置づけは変わらず、法律上ではやはりユダヤ人のままとされた。だが、これでもまだすべてが整理されたとは言えず、ドイツ非アーリア人キリスト教徒協会は、一九三六年三月に質疑応答形式の小冊子を発行して、さらに詳しい説明を与えた。「二分の一アーリア人の男性が、アーリア人の母親をもつ女性と結婚していたとして、そのアーリア人の母親が娘をユダヤ教徒として育てるためにユダヤ教徒に改宗していた場合はどうなるのか？　この結婚で生まれた子供はどういう扱いになるのか？」[*1]

この非常に紛らわしい法制は、無数の驚きと変則措置を生み出した。多くの人は、これまで自分の祖父母の血統や宗教についてなど考えたこともなかった。それが実際に詳しく調べられてみると、この法制のもとでユダヤ系とされる人間はナチスが考えていたよりもはるかに多く、これはナチスにとっても予想外の困った問題となった。「ワルツ王」のヨハン・シュトラウスがユダヤ系だったとわかったときには、その記録があっさり消された。リヒャルト・ワーグナーの妻の祖先についても、モーツァルトのリブレット（オペラ台本）作者であるロレンツォ・ダ・ポンテの祖先についても、同じように厄介な事態が生じた。そこで『フィガロの結婚』や『ドン・ジョヴァンニ』や『美しく青きドナウ』を上演禁止にしないようにするために、特別な措置が図られた。そのおかげでヒトラーは以後もバイロイト音楽祭でワーグナーの音楽を、作曲者の孫娘と一緒に楽しむことができた。

　現役ナチ党員のあいだでも、自分がニュルンベルク法によってユダヤ人と見なされることを知って愕然とする事態が頻発した。ヒトラーの友人だったイギリス女性のユニティ・ミットフォードは、姉のダイアナへの手紙でエーファ・バウムという女性のことを報告している。「彼女はユダヤ系混血《ハルプユーデン》だったことがわかったの。びっくりよ。……本当に気の毒だわ。あの人には党《パルタイ》と、ユダヤ人への憎悪しかなかったようなものなのに」[*2]。ミットフォード嬢の別の手紙には、彼女の友人だったハインツという男性についても書かれている。彼は親衛隊員で、「納得のいく《ユーバーツォイグング》」「正真正銘のナチ」だったそうだが、やはり突然ユダヤ系混血だったことがわかって、その妻がミットフォード嬢にヒトラーへのとりなしを頼んできたのだという。「もちろん、かわいそうなハインツはそれを知って完全に打ちのめされ《エアレー》てしま《ディヒト》って、その場で自殺しようとしたの。私から見てもそれしか方法はなかったと思うわ。……ひどい話よね、気の毒に。彼女から聞かされたときは私も大ショックだったわ」[*3]。

　ウィトゲンシュタイン家の場合は、一見すると、何の疑いもないように思われた。彼ら兄弟姉妹は二人ともキリスト教徒として育てられていた。親（カールとレオポルディーネ）は二人ともキリスト教徒として育っていた。母方の祖母のマリー・カルムス（旧姓シュタルナー、一八二五―一九一一年）もユダヤ人の血は入っておらず、カトリックとして育てられていた。しかし彼女の夫、つまり母方の祖父であるヤーコプ・カルムス（一八一四―一七〇年）が、生まれも育ちもユダヤ人だった。彼は一八三二年に母親とともにカトリックに改宗していた。そして父方でも、祖母のフランツィスカ・フィグドル（一八一四―九〇年）がやはりユダヤ人で、同じく成長後にキリスト教徒として洗礼を受けていた。その夫のヘルマン・クリスティアン・ウィトゲンシュタイン（一八〇二―七八年）も、一八三九年の洗礼証明書の文言によれば、「ユダヤ教で教育」されていた。つまり四人の祖父母のうち三人がユダヤ人だったことになり、したがってニュルンベルク法のもと、彼らは「フォルユーデン（完全なユダヤ人）」とされたのである。

　ヘルミーネによれば、「うちの親子は自分たちがユダヤ人だとは一度も思ったことがなかった」[*4]という。それは事実だったかもしれないが、彼らは祖先が改宗していたから自分たちがユダヤ人でないと理解していただけであって、自分たちにユダヤ人の血が流れていないと信じていたわけではなかった。父親が亡くなる少し前、パウルは一族の血統に強く興味を持って、家系図を作ってみたことがある。それをさかのぼると、ウィーンのユダヤ人社会の著名な人物の何人かに突き当たった。宮廷銀行家で首席ラビのザムゾン・ヴェルトハイマー（一六五八―一七二四年）にも直接つながっていたし、神聖ローマ帝国に資金と武器を提供していた有名な銀行家のザムエル・オッペンハイマー（一六三五―一七〇三年）にもつながっていた。こうしたつながりを探っていくと、十九世紀の二人の偉大なユダヤ系作曲家、ジャコモ・マイヤベーアとフェリクス・メンデルスゾーンもパウルの類縁にあたることがわかった。パウルとルートウィヒは若いころ、ウィーンのスポーツクラブに入会しようとしたことがあった。しかし会員はアーリア人に限られることがわかって、ルートウィヒは申込書に嘘を書こうと言ったが、パウルはそれを拒否した。伯父のルイスにウィトゲンシュタイン家がユダヤ人なのかどうかを聞いたこともあった。伯父はにっこり笑って「純血だよ！」と答えた。[*5]彼はもちろん、熱烈なキリスト教信徒だった。ナチスの反ユダヤ人主義がイギリスで話題になると、ルートウィヒは迷惑な時間に友人たちを起こしてまわり、悔恨に満ちた表情で、あらたまって自分の出自を告白した。彼はなぜかしら自分がアーリア人貴族の家の出であるような印象を周囲に持たせているように感じていたので、最初から自分がユダヤ人であることを言っておけばよかったと悔やんだのである。

したがって、ウィトゲンシュタイン家の兄弟姉妹は初めから自分たちの祖先にユダヤ人がいることを知っていたはずだし、ある面では、それを誇りにしていたふしもある。とはいえ、すでに三世代にわたってキリスト教を信仰してきた家の人間として、一九三八年の時点で「あなたはユダヤ人ですか」と決定的なことを聞かれれば（もっと以前ならさておき）、やはり違うと答えるのが自然だったのだろう。

一方ルートウィヒは、アンシュルスのニュースを聞いて愕然としていた。まさかそんなことが起こるとは思ってもいなかったからだ。彼はそのときアイルランドにいたが、すぐにケンブリッジに戻ってパウルとヘルミーネに手紙を書き、必要であればただちにウィーンに帰ると伝えた。と同時に、念のため友人の経済学者ピエロ・スラッファにも助言を仰いだ。スラッファからは、いったんオーストリアに帰れば当局がふたたび出国を許すとは思えないから、そのような危険は冒さないほうがいい、それから現在のオーストリアのパスポートをドイツのパスポートに交換しなければならないが、もしルートウィヒの祖先にユダヤ人がいることがわかれば、それさえも認められないかもしれない、と言われた。ルートウィヒは苦しい選択に迫られた。ドイツ国民になるか（「どんなにひどいことになろうと、これほどぞっとすることはない」[*6]）、それともイギリスのパスポートを申請するか（「偽英国人になどなりたくないから、これまでずっと拒否してきたこと」[*7]）で、ルートウィヒはしかたなく後者を選び、一年後（一九三九年四月十四日）に認可が下りてイギリスの市民権を交付された。

一九三八年三月十八日の時点で、ウィーンの家族からはまだ何も知らせが来ていなかったが、ルートウィヒは自分で事情を調べ、「ドイツのオーストリア併合によって僕はいまやドイツ国民となり、そのドイツの法律によって、在独ユダヤ人になってしまった（僕の祖父母のうち三人は大人になってから洗礼を受けているからだ）[*8]」とわかった。しかしウィーンの家族に関しては、「ほとんどはもう引退しているし、これまでずっと愛国心を持って立派に行動してきた、非常に尊敬されている人たちだから、とりあえず何も危険なことはないと思う[*9]」と楽観的な見方をしていた。

ウィーンのパウルとヘルミーネも、まったく同じ考えだった。二人はあえてニュルンベルク法を勉強することもなく、たとえユダヤ人の血が入っていることで新政権からにらまれたとしても、オーストリア社会における一族の高い地位を考えれば、きっと保護されるだろうと呑気に構えていた。これまでウィトゲンシュタイン家がいかに善良で、立派で、愛国的だったかを説明すれば、それだけで充分に「ドイツ人血統認定証」をもらえるはずだと考えていたのだ。もちろん、ことはそう単純には運ばなかった。まずはパウルが自らミノリテンプラッツの事務局に足を運んだが、通路の長い列に何時間も並ばせられて、やっと順番が来たところで、規則は規則だとすげなく言われ、特別措置の申請はあっさり却下された。

四月三十日、グレートルはアメリカから戻ってきた。途中でいったんパリに立ち寄って、ルートウィヒと緊急の話し合いをし、ジェロームの様子も見に行った。そしてウィーンに着いたころには、これからしなければならないことについて名案をいろいろと思いついていた。一人前になってからの彼女はずっと外交官や政治家や、その他さまざまな要職にある人物をもてなして過ごしてきた。この国家の危機と家族の危機にあって、いまこそ自分の行動力と実践能力を発揮できる待望の機会だと思えた。グレートルはまず、パウルがウィーンの当局にかけあったのは時間の無駄だったと言い切った。あそこにいるのは権力を持ちたがっているだけのつまらない小物で、自分はベルリンの国民社会主義ドイツ労働者党（ナチス）上層部に、もっとはるかに重要な人物の知り合いを持っている、と彼女は言った。頼むべきはその人たちで、一族の身上調書をきっちり整え、これまでの立派な業績や愛国的な行ないを列挙して、彼らに持っていけばいい。

そのための情報を集めるのがヘルミーネの担当となった。彼女はルートウィヒに手紙を書いて協力を求め、身上書の説得力を高めるために、ルートウィヒの勲章、戦時中の勲功、慈善活動などを一覧表にして送ってくれないかと頼んだ。彼自身もイギリスの市民権を申請中だったルートウィヒは、その認可の妨げになると恐れたのか、パウルにこんな返信を送っている。

この申請に僕は参加しないけれど、みんなの申請はきっと正当と認められるものと確信しています。もちろん、僕の兵役のことなどは引用してくれてかまいません。ただ、それで僕が自動的にあなた方の申請書に含まれることになるという誤解につながらないようにと思っているだけです。心よりの愛を込めて。幸運を祈ります。

ルートウィヒより[*10]

ヘルミーネの身上書の目的は、その文面によれば「ウィトゲンシュタイン一族が本質的にドイツ人であり、キリスト教徒であることを証明するとともに、一族の各人が祖国のために行なってきた無数の奉仕を証明すること」とされていた。きれいに描かれた家系図のわきには、ウィトゲンシュタイン家がこれからも慈善目的の寄付を続けていくつもりであること、および「新政権の公益に対しても同様の姿勢でいることを証明するために、世界大戦とインフレーションで一族の資産が大幅に減っている現状ではあるが、力の及ぶかぎり何でもする」つもりであることも書き添えられていた。[*11] パウルの軍功や、秘密にしなくてもいい寄付などについてはすぐに列挙できたが、ルートウィヒの勲章に関しては、ヘルミーネから軍隊時代の友人に連絡をとって、何か知っていることがあれば教えてほしいと頼まなくてはならなかった。そしてクルトの軍務記録に関しては、彼の部下が命令に従わなかった可能性についてはいっさい触れず、ただクルトが勇気をもって戦って、最後にイタリアの捕虜になるのを拒んで拳銃自殺したとだけ書いておくことに決まった。

一家の慈善寄付を列挙するにあたっても、ヘルミーネが詳しく調べてみると、これがまた問題含みだった。彼らが寄付したお金の大半は、適切な使い方がなされていなかったのである。たとえばルートウィヒが高性能大砲のために寄付した一〇〇万クローネは無駄遣いされていて、クルトが慈善事業に残した一〇〇万クローネはどこかに消失していた。フォン・アイゼルスベルク医師が「がん研究」の名目で受け取っていた六〇万クローネは、まったくその使い道にまわされていなかった。その種の誇れない例が無数に出てきて、ヘルミーネはそのたびに嘆くしかなかった。父親のカールは一八九八年に「黄金のキャベツ(ウィーン分離派の展示会館)」の建設費の一助として四万フローリンを寄付していたが、それを知った当局は、ユダヤ人の気前のいい行為を賞賛した記念プレートを取り外すよう要求した。ヒトラーに言わせれば、「慈善家になって基金を寄付するようなユダヤ人は恥知らずもいいところだ。そういうことをするやつが最も悪党だと相場は決まっている。そうして哀れなアーリア人の間抜けにこう言わせるのだ。『ああ、善良なユダヤ人もいるのですね!』と」[*12]。

六月の初めに、パウルとグレートルはヘルミーネが作った「申し分ない」身上調書をたずさえて、ヒトラーの帝国が誇る活気に満ちた国際的な首都、ベルリンへ行った。ナチスの本部が置かれたこの街は、ユダヤ人にとってはさぞ危険な場所かと思いきや、ここではユダヤ人がウィーンよりもよほど安全に暮らせていた。ベルリンのアンハルター駅に降り立ったときから、パウルとグレートルはすぐに気づいた。ウィーンと違って、ベルリンでは誰もが鉤十字のバッジや腕章をつけているわけではない。ユダヤ人の商店が赤い塗料で塗りつぶされていることもない。ここのユダヤ人はいまだに劇場や映画館に行けるし、レストランやカフェにも入れるし、店を所有することも運営することも許されていて、しかもいまだにアーリア人のお客が入っている。ベルリンの中心繁華街クアフュルステンダム〔クーダム〕にずらりと並ぶ高級専門店で、ウィーンでは当たり前のようになっている張り紙――「ユダヤ人お断り」――を掲げている店は一つしかなかった。このドイツの首都と比べると、いまのウィーンは乱暴な悪漢か、時代遅れの田舎者といったところだった。

グレートルは首尾よく、ヒトラーの副官のフリッツ・ヴィーデマン大尉とベルリンW8の総統官邸で面談する約束をとりつけた。これを取り持った人物として考えられるのは、まずドッド親子である。ベルリン駐在のアメリカ大使ウィリアム・ドッドはジェロームともグレートルとも知り合いだったし、彼の娘のマーサ・ドッドはワシントンでのパーティーでジー・ストーンボローと一緒にいたことがある。ただし、ドッド大使はヘルマン・ゲーリングを除いてナチスの全員をひどく嫌っていたし、そうでなくても、一九三七年十二月にはすでにベルリンを離れていた。娘のマーサもヴィーデマンが嫌いで、著書の『大使館の目を通して（Through Embassy Eyes）』では、こんな描写をしている。「好色さがにじみ出ているような感じで、顔は丸々と太り、眉毛は長く突き出していて、目はいかにも愛想よく、額はとても狭くて、どこか魅力的だと言えなくもない……けれど、やはり私から見ると、無教養で原始的な頭の持ち主という印象が強く、動物のような抜け目ない狡猾さがあって、繊細さは微塵も感じられなかった」。[*13]

むしろグレートルをヴィーデマンに紹介した可能性が高いのは、ヴィーデマンの愛人だった押しの強い貴族の夫人、シュテファーニエ・フォン・ホーエンローエ＝ヴァルデンブルク＝シリングスフュルストだろう。彼女は四月の初めにワシントンで、グレートルが出ていたのと同じ一連の外交パーティーに出席していた。二人はそれ以前にもウィーンとパリで会ったことがあった。ある意味で、この二人はライバルのようなものだった。どちらもウィーンの女主人で、どちらも著名な外交官の内々の集まりで色目を使い、どちらもその縁故を自分の戦略的優位のために使おうとしていた。そもそもシュテファーニエ（彼女はオーストリア＝トスカーナ大公フランツ・ザルヴァトールとのあいだに非嫡出の息子をもうけていたが、奇しくもこのフランツは、かつてストーンボロー夫妻にグムンデンのトスカーナ荘を貸し、のちに売り渡した一族の出である）がフリッツ・ヴィーデマンの愛人となっていたのも、ヒトラーとの密接なつながりを維持するためで、ヒトラーとはイギリスの新聞王ロザミア子爵の特使をしていたときに初めて会って以来のつきあいだった。

ヒトラーは一時期、シュテファーニエに夢中になっていたが、パウルとグレートルがフリッツ・ヴィーデマンに会いに来たころには、彼女がユダヤ人であること、自分の副官の愛人であること、そして側近からの情報によれば、二重スパイであることを知らされていた。ヒトラーは本人のいないところで彼女を「案山子《かかし》」と呼び、[14]さらに「優しい台所働きの娘のほうが政治好きの貴婦人よりよほどいい！」とまで言っていたという。このためヴィーデマンは、パウルとグレートルに自分が総統から冷遇されていること、自分自身がいつ解任されてもおかしくないので謁見を取り持ってはやれないことを説明しなくてはならなかった。その代わり、彼は親衛隊中佐のクルト・マイヤーに会える手はずを整えてやった。首相官邸から数ブロック先のシフバウアーダムにあるドイツ国家系調査局の責任者である。このあとまもなく、ヴィーデマンはヒトラーから解任され、サンフランシスコのドイツ領事として外国に出された。グレートルはのちに、ヴィーデマンはほとんど役に立たなかったが、たいそう好ましい人物だったと語っている。

家系調査局で、パウルとグレートルはクルト・マイヤーに面会した。彼は歴史学の博士号の保有者で、八一名の男性と四二名の女性からなる調査局を運営していた。職員のほとんどは二十代後半から三十代前半で、死に物狂いになったユダヤ人家族から続々となだれこんでくるアーリア人認定申請書の処理に忙殺されていた。終戦までにマイヤーとその職員がふるいにかけた申請書は五万二〇〇〇通で、結果的に申請者の分類がいくらかでも変わったのは、その一〇パーセント以下にすぎなかった。

マイヤーは自分の席でパウルとグレートルの書類に丁寧に目を通し、二人の主張も聞いてくれたが、結論として、ウィトゲンシュタイン家の過去の栄光も今回の場合には役に立たないと通告した。彼らには三人のユダヤ人の祖父母がおり、そうである以上、正式に「完全ユダヤ人《フォルユーデン》」として分類されることを受け入れるしかないという。唯一の望みは、この祖父母のうちの一人がアーリア人の非嫡出子だったとわかることで、その場合には「混血児《ミッシュリング》」となる資格が認められる可能性があり、そうなれば――不本意ではあっても――とりあえず「完全ユダヤ人」に適用されるもっと過酷な法律からは逃れることができる。「もう一人、アーリア人の祖父母がいることが不可欠です」とマイヤーは言った。[*15]

おじやおばなど、ウィトゲンシュタイン一族のあいだでは昔から、一族の祖先であり、パウルやグレートルの祖父にあたるヘルマン・クリスティアン・ウィトゲンシュタインの出生について、ある噂が流れていた。彼はじつはドイツ貴族の私生児で、おそらく父親はザイン＝ヴィトゲンシュタイン＝バーレブルク家の傍系の長、ヴァルデック＝ピルモント侯ゲオルクだというのだ。そのゲオルク公のラースフェの屋敷に（以下、真偽は定かでないが）、名前がブラインデルだかブレンデルだかベルナルディーネだかで、姓がジーモンとかいう可愛らしいユダヤ人の小間使いが働いていて、これがゲオルク公（あるいはその兄弟）に妊娠させられたのだが、醜聞を隠すために、侯爵家の雑用をしていた地所管理人のモーゼス・マイヤーと結婚させられて、二人でヴィトゲンシュタイン家の別の地所に追いやられ、そこで子供を産んだのだという。このコルバッハで一八〇二年九月十二日に生まれたのが、ヘルマン・クリスティアン・ウィトゲンシュタインだったというわけだ。ただし、生まれたときの名前はヘルマン・クリスティアン・ウィトゲンシュタインではなく、おそらくヒルシュ（あるいはヘルツ）・モーゼス・マイヤーだった。一八〇八年のナポレオンの法令で全ユダヤ人が一定の姓をつけるよう命じられたときに、この一家はウィトゲンシュタインを採用する。そして一八三九年、モーゼス・マイヤーの息子のヒルシュはキリスト教に改宗し、ヘルマン・クリスティアン・ウィトゲンシュタインの名前を採用した。

シフバウアーダムの調査局で、クルト・マイヤーはこのうえなく丁寧な態度でパウルとグレートルに頷いた——その線を詳しく調査されるのが一番でしょう、本職の系図学者を雇って、コルバッハとラースフェで記録を調べてもらってください。二人はこの展開に不満ではあった（父親のカールはザイン＝ヴィトゲンシュタイン家とのつながりを笑って否定し、自分の名前は「ザイン・ウィトゲンシュタイン〔私のウィトゲンシュタイン〕」ではなく「マイン・ウィトゲンシュタイン〔ウィトゲンシュタインです〕」だと冗談にしていたのである）が、いまやそこに賭けるしか道はないようだった。これは、ナチスの政策がいかに狂気の沙汰だったかを示す典型的な一例だ。一九三八年六月に生きている一人の人間と、その娘やその兄弟、その甥や姪、その親族一同のこれからの身の安全が、すべて一八〇二年一月の昔に誰が誰と寝たかで決まるというのだから。

55 反撃

グレートルはかつて親戚のカール・メンガーにこう言ったことがある――「私は父の娘だったこと、弟たちの姉だったこと、息子たちの母親だったことで記憶されたい」[*1]。ここで気がつくのは、夫の妻として記憶されたいとだけは願われていないことである。一九三八年六月の時点で、グレートルはすでにジェロームと離婚しており、彼にはほとんど見切りをつけていた。それでもあいかわらず誠意は尽くし、ジェロームがグムンデンやウィーンに彼女を訪ねに来ることも許していたし、お金の世話もしてやった。アンシュルスが実施されたとき、ジェロームはたまたまオーストリアの首都にいた。そして、その場で気づいた。これでもう資金も貴重品もドイツ国から動かせなくなり、したがって贅沢で豪華なパリ風の生活もついに終わりとなったのだ。ジェロームは家具や絵画を売却するためにフランスに戻った。パリからまっすぐアメリカに行くこともできたが、そうするには不安があり、ジェロームはそのままウィーンに戻った。そこで困窮と差し迫った戦争を恐れているうちに、狂おしいほどの鬱と興奮に襲われた。ジェロームは「深刻ながん性の病気」にかかっていて、それが彼の絶望感を深めたのだとも言われているが、確かなところはわからない。いずれにしても、彼は悲嘆にくれ、グムンデンのトスカーナ荘に滞在していたあいだの六月十五日、いまとなってはわからない何らかの理由で平静を失って、猟銃で自分の頭を撃ち抜いた。

グレートルはただちに動いて、ジェロームの自殺の記事が新聞に載らないように働きかけた。地元紙《ザルツカンマーグート・ベオーバハター》の編集者は、グムンデンのアドルフ・ヒトラー広場にある職場からしっかり仕事を果たしてくれた。地元領主館の家主の突然の変死は無視され、代わりに紙面は二人の老女の自然死と、失恋で傷心した乳搾りの娘の自殺未遂を報じる小さな記事で埋められた。

生きていたときも死んだときも、ジェロームはほとんど敬意を払われなかった。彼は妻の財産の一部を科学機関に寄付していたが、それを上回る大金を下手な投資で失わせていた。グレートルの夫としても落第だったし、息子たちにとってはいつも不在の不機嫌な父親だった。妻の家族の誰からも好かれておらず、死んだあともほとんど話題にされなかった。彼の一生は憑かれたような科学的知識の追求と、他人の財産の浪費と、過度の不安による偏執症的な発作で周囲の人々を嘆かせることだけで終わった。ちょうどグレートルにとって面倒な時期に訪れた彼の死は、彼女にとっても息子たちにとっても、一種の安堵を感じさせたに違いない。悩ましい重荷がやっと肩から降りたのだ。ジェロームはグムンデンの公営墓地にひっそりと埋葬された。

グレートルが何よりも愛し、最大の希望を託していたのは、彼女が「すばらしい子」と呼ぶ次男のジーだった。かわいそうな口下手のトミーには、残念ながら、もう期待はかけられなかった。傲慢で怠惰で落ち込みやすく、お金の扱いも車の扱いも女の扱いもうまくない無謀で無能な長男を、グレートルは絶えず面倒から救い出してやらなくてはならなかった。それに比べてジーは、彼女の目には星と映った。一方、ほとんどの他人から見ると、彼は「お母さんにそっくり」だった。声が高いせいもあって、若いころは女の子のようで、しかもなかなか大人にならず、三十代になってもまだ親離れできずにいた。グレートルは初め、娘が欲しくてたまらなかったが、それが無理だとわかってからは、ジーの柔らかい一面を助長するように育てた。しかし同時に、彼に能力を超えたことまで要求していた。「私は自分の子供には何らかの改革者になってほしいの」と彼女は口癖のように言った。「それこそ、うちの家族にふさわしい生き方だから」[*2]。その目的を果たすため、グレートルはジーに幼いころから社会的な事柄を考えさせた。ジーは学校教育を終えると――決して頭のいいほうではなかったし、バーデン゠ヴュルテンベルクの上流寄宿学校でもウィーンの一流校テレジアヌムでも、まるで目立った生徒ではなかったが――母親の勧めにしたがってフライブルクやウィーンの大学で政治学の講義に出席した。その後はウィーン救援協会でボランティアの仕事をし、一時期はスイスのチーズ工場やチェコスロバキアのビール醸造所で働いたこともあった。一九三三年には、アメリカの新聞《ブルックリン・タイムズ・ユニオン》からの請け負いでロンドン世界経済会議を取材し、それからしばらくは政治か経済分野のジャーナリストにでもなるかと考えていた。だが、母親は息子にもっと高い期待をかけていた。親族のカール・メンガーによれば、「たいそう社会的意識の高い女性ではあったが、ストーンボロー夫人はやはりある種の非常に裕福なヨーロッパ人にありがちな、重要な地位を財産以上に自分の子供の生得権だと思っているタイプに属していたと思う」[*3]。一九三五年、グレートルは外交官や政治家との縁故を利用して、まだ二十三歳の息子にワシントンの労働省での仕事を確保してやった。こうしてジーは、ルーズベルト内閣の労働長官にして、アメリカ初の女性閣僚となったフランシス・パーキンズのもとで働くことになった。

母親の溺愛を受け、若いうちから成功者となったジーは、肩で風を切って闊歩するような態度を身につけていった。すぐに腹を立て、自分の主張は曲げず、誰よりも自分が偉いとうぬぼれた。貴族でもないのに、彼の態度はフランス語で言うなら de haut en bas、ウィーン流に言うなら hoppertatschig、要するに人を見下したような高慢な態度だった。自分の気に入らない相手は「下品」な「プロレタリア」と切り捨て、その「下賤なやつらの無礼さ」を、アメリカ英語風でもドイツ語風でもない、むしろイギリス人よりよほどイギリス人らしいアクセントでののしった。そして、ことあるごとにホラティウスの詩の一節を引用した。Odi profanum vulgus――「私は卑俗な大衆を嫌悪する」。

一九二五年以来、ウィトゲンシュタイン家の外国資産の管理を担当していたのはヘレーネの夫のマックス・ザルツァーだったが、一九三七年には、そのザルツァーが老年性認知症の症状を呈してきていたので、グレートルの強い後押しで二十五歳のジーがその役目を引き継ぐことに決まった。これは不思議な人選である。ジーは若くて気まぐれで、経営のことは何も知らず、数学の才能もなかった（「小切手帳にいくらあるか計算するだけでも僕の能力を超えてるよ」と冗談めかして言ったこともある）。*4 しかしグレートルがこうと決めれば、それで話は終わりだった。正当な手続きのもと、タックスヘイブンとして有名なスイスのツーク州に会社が設立され、ウィシュタークAG&Cieという社名で登録された。株式資本一〇〇万スイスフランはジーによって管理されることになり、その総額につく利子は、ウィトゲンシュタイン家の外国投資を保有する補助的信託財産の維持費をまかなうのに使われた。一九三九年には、それらに九六〇万スイスフランの価値がついていた。スイスの法律で、信託財産の正確な割り当て額は受益者本人以外には完全に秘密とされていた。そして会社設立時の条件として、各株主は信託口座から少額の利子は受け取れるが、資本金総額は一〇年間、会社（ウィシュターク）に残しておかなければならなかった。言い換えれば、信託財産は分割できず、資本金も一九四七年までは引き出せないことになっていた。

一方、ヒトラーの「四ヵ年計画」と称された莫大な費用のかかる国家再建と再軍備の計画により、ドイツはとにかく収入を欲していた。そこで一九三八年四月、ヒトラーは法令を発して、人種を問わず全国民に保有外国資産を申告するよう要求した。外国に保有されている通貨をすべてただちにドイツ国に戻して、政府に有利なレートでライヒスマルクに交換するつもりだった。五月初めにユダヤ人世帯に送られてきた申告書は、アーリア人世帯に送られたものよりも記入範囲が広くなっていて、ユダヤ人はドイツ国における保有分も含め、すべての資産を――絵画も金銀食器も銀行信用も建物も事業も写真も――詳細に申告しなければならなかった。さらにユダヤ人には、総資産価値の二〇パーセントの「ユダヤ人資本税《ユーデンフェアメーゲンスアプガーベ》」が課せられた。移住を望むユダヤ人には二五パーセントの「国外移住税《ライヒスフルフトシュトイヤー》」がかけられ、残ったすべての手元資金の六五パーセントも徴収された。これらの税金を払ったあとでは、もとの資産の一〇パーセント以上を持ってドイツ国を出ていけるユダヤ人はほとんどいないに違いなかった。「ユダヤ人資産目録」と題された申告書の最上部には、このような注意書きが印刷されていた。

　この資産目録は一九三八年六月三十日までに提出すること。資産を記載して評価を受ける義務がありながら、その義務を果たさなかった者、および提出が遅れた者、記載に不備があった者は、重罰（罰金や禁固などの実刑判決、もしくは資産の没収）を科せられる場合もある。[*5]

パウルもヘルミーネも、それぞれの財産を調べられ、そのなかで価値があると判断されたものはすべてゲシュタポに雇われた美術史学者の鑑定士、オットー・ライヒ博士の精密な調査を受けた。グレートルもユダヤ人の一人として、アメリカ国民ではあったが、やはり申告書を提出させられた。ライヒ博士がクントマンガッセの家を訪ねてきたとき、ちょうどグレートルは不在だったが、機転を利かせた召使がつまらない安物をいくつか出してきて客の興味を引かせ、ライヒ博士が夢中になって調べているあいだに、貴重な手稿譜を腕いっぱいに抱えて急いで庭に走り、植木鉢用の小屋に隠した。グレートルの申告書は、かなり抑えめに書かれていたと思われる。彼女の美術品や磁器のコレクションは総価値一万一二三五ライヒスマルク、銀製品や宝石類は九〇〇〇ライヒスマルクにしかなっていなかったし、値段のつけようがないほど貴重な数々の手稿譜にいたっては、いっさい記載がなされていなかった。彼女が三月に外国に持ち出そうと箱詰めしていた絵画がこの評価の対象になっていたかどうかも不明だ。アメリカ国民であるグレートルには外国資産を申告する義務はなく、彼女も息子たちもいまだ自由に出入国ができたから、彼女としてはできるだけ資産を隠しておいて、少しずつこっそり国外に持ち出そうとたくらんでいたのだろう。

パウルの申告書によれば、一九三八年四月までのその年の収入は五万七七〇〇ライヒスマルク、資産は四三六万八六二五ライヒスマルクとなっている。これを見ていくと興味深いことに気づく。彼の私的な経済事情がはしばしに透けて見えるのだ。たとえば彼は、姉のヘルミーネに一〇万七五一二ライヒスマルクの貸しがあり（おそらくヘルミーネの学校関連の借金に対しての貸付だろう）、彼の所有物のなかには十六世紀のゴブラン織りのタペストリー（評価額一万五〇〇〇ライヒスマルク）や、ストラディヴァリの一七一六年作のバイオリン（三万ライヒスマルク）、アントニウスとヒエロニムス・アマティ作のビオラ（一万ライヒスマルク）があった。ちなみにこのビオラは、ドイツのバイオリン・メーカー、マクホルト・ラーレの二〇〇二年四月十五日の査定で一八〇万ドルの値をつけられている。また、パウルが所有していた絵画の総価値は七万八〇ライヒスマルクにのぼり、そのなかには、モネの描いたウジェニー・グラフの油彩肖像画「マダム・ポール」（現在ハーバード大学付属フォッグ美術館に所蔵）や、大成功を収めた一八九八年の分離派展覧会で父親のカールが購入し、一九三八年の時点で二万六〇〇〇ライヒスマルクと評価された、ジョヴァンニ・セガンティーニの「悪の源（Die Quelle des Übels）」などがあった。目録の末尾に設けられていた自由記入欄に、パウルはこう記している。

この申告書は漏れなく記載済みですが、現在、私と、私の姉のヘルミーネ、ヘレーネ・ザルツァー（旧姓ウィトゲンシュタイン）は、これらの義務から免じられるための申請を行なっている最中であります。私どもは祖父のヘルマン・クリスティアン・

ウィトゲンシュタインが血統上の完全なユダヤ人ではないと確信しております。祖父の容姿や生活様式、および彼の直系子孫の容姿がそのことを実証しており、「ウィーンの」家系調査局も私どもの確信が正しいかどうかを判定するための調査を開始しております。もしそれが正しかった場合、私どもは二人分だけユダヤ人ということになりますし、また、ウィトゲンシュタイン家の全員が一〇〇年以上にわたってキリスト教徒として生まれ育ってきたことも申し上げておきたく存じます。私どもの家はドイツの出身で、一八五〇年にオーストリアに移ってまいりました。*6

56　脱出

これからのことを考えたとき、唯一のまともな選択はオーストリアを出ることだとパウルは確信し、頭のなかはそのことでいっぱいになった。愛国者の一人として、一九三八年四月のヒトラーの国民投票でオーストリア国民の九九パーセントが、あんなにも熱狂的に、あんなにも不実に、国をドイツに売り渡したことがパウルには悲しくてならなかった。たとえ家系調査局から「混血児」の認定を受けられたとしても、教職に就いたり演奏会を開いたりすることはやはり禁じられるに決まっていた。一方、ヘルミーネは俗事に思い悩むのをやめ、現状でどうにかやっていくしかないと諦めており、最悪の事態になったとしても道端で会った友人に挨拶されなくなるぐらいだろうと考えていた。だが、パウルにとっては失うものがはるかに大きかった。ヘルミーネの記録にはこうある。

パウルはいつもの長い散歩のあいだ、言葉では表せないほど苦しんでいた。それもあのおぞましい数々の禁止事項のせいで、どこに一歩を踏み出してもそれが最低のえげつないかたちで襲ってきて、パウルの自尊心を傷つけるのだった。彼の様子はまるで、人生の根幹を打ち砕かれた人間のようだった。[*1]

パウルが外国に財産を持っているかぎり、当局は彼の出国を認めないだろう。まずはパウルの外国資産をすべてドイツ国に差し出すよう要求し、さらに二五パーセントの「国外移住税」を課したうえに、移住するユダヤ人から金をむしりとるために政権が創設した数々の関税を課してくる。それらをすべて払い終わって、ようやく当局は移住を考えてくれるのだ。だが、たとえ政府の指針に従おうとしたところで、パウルにはそれもできなかった。彼の外国資産はスイスの信託口座に一九四七年まで凍結されていたからだ。パウルに残された道はどうにかして国外に脱出し、安全に外国に着いたところで、あらためてスイスの資金の取得を試みることだった。彼のパスポートには、まだ期限の切れていないスイスのビザが押されていたが、オストマルクの外に出るには出国許可が必要だった。

かつてイギリスに行っていたころ、パウルはよく夜にマルガとクラシック音楽のクイズを出しあったり知識試しをしたりして遊んでいた。あるとき、そうした最中に、二人は互いがモーツァルトのさまざまなオペラのリブレットを暗記していることを知った。それがいま、パウルの役に立った。リブレットの引用を使って、検閲官の疑惑を呼び起こさないようにマルガと連絡しあうことができたのである。たとえばパウルがロンドンに行くつもりだと言いたかったなら、「ドゥエ・パローレ」と書けばよかった。これはモーツァルトの『フィガロの結婚』第一幕第六場の短い叙唱部に出てくる言葉で、アルマヴィーヴァ伯爵がこの言葉から自分のロンドン行きを宣言するのである。マルガは海辺での休暇をパウルと過ごすたびに何時間もわかりにくい音楽ゲームをして遊んでいたから、彼の言わんとするところが正確に理解できた。この手段を通じて、パウルの一時的なイギリス行きを当局に認めさせるためのもっともな理由をこしらえる案が練られた。マルガは「ガンフィールド・コンサート・エージェンシー」という架空の組織の名前が入った便箋で、音楽学者のアーネスト・ウォーカーやドナルド・フランシス・トーヴィーも参加予定だとする一連の実演つき講演会にパウルの出演を依頼した。この架空の講演会は当初五月に予定されていたが、パウルがビザを取得できなかったので、マルガは日を改め、六月半ばにもう一度依頼を出した。だが、このときも当局からの許しが出ず、パウルはマルガに電報を打って無理だと伝えた。ちょうど六月十七日にグレートルがロンドンに行くことになっていて、イーバリー・ストリートのホテルに滞在する予定だった。パウルはマルガに電信で伝えた。「オックスフォードかロンドンできみに会いたいとのこと――ゴーリングに言付けを頼む[*2]」。だが二日後、パウルはまた電報を打たなくてはならなかった。「義兄のストーンボローが今夜急死。姉の出発は遅れる。すまないがよろしく――パウル[*3]」。

グレートルはジェロームの葬儀を終えた数日後にイギリスに着き、ロンドンでマルガと会ったあとケンブリッジに移動して、こっそり持ち出してきた二つの包みをルートウィヒに手渡した。中身は、一族のそれぞれから預かった宝石類と手稿譜で、ベートーヴェンのピアノソナタ作品一〇九、ハイドンの交響曲第九〇番ハ長調、モーツァルトのバイオリン協奏曲イ長調、バッハの初期のカンタータ（「イエスよ、汝わが魂を」）、モーツァルトの二つのピアノ協奏曲（K238とK467）が入っていた。グレートルはルートウィヒに、いつか必要になるかもしれないこれらの品々をウィーンの家族に代わって保管しておいてほしいと頼んだ。ルートウィヒは二つの包みをベネット通りのバークレー銀行の貸し金庫に預け、自分が不在のときにこれを引き出せる有資格者として、自分のほかに二人の名前（ジョン・メイナード・ケインズとピエロ・スラッファ）を書いておいた。

一方マルガは、どうしたらパウルがイギリスのパスポートを取得できるかを独自に調べていた。二人がやりとりしていた暗号での手紙の一通で、パウルはマルガにルートウィヒを訪ねるよう勧めていた。ルートウィヒなら陰で工作のできる立場にいるかもしれないと考えていたのだ。マルガは約束をとりつけ、ロンドンのホテルでルートウィヒと会ったが、驚いたことに、話はきっかり一〇分で終わった。長い沈黙が続いたあと、ようやくルートウィヒが口を開いた。「もう話すことはないよ」。

「そうだけど、私はサウスウォルドからはるばるチャリング・クロスまで、あなたのお兄さんのことでやってきたのよ。せめて昼食ぐらい誘ってくれてもいいんじゃないかしら」

「それならそうするけど」とルートウィヒは疲れたように言った。「しかし、僕にいまさら何を言うつもりなの」。

「わからないわ」とマルガは答えた。「でも、そのうち何か思いつくと思うわ」[*4]。

そこで二人はライアンズ・コーナーハウスに行って、ウィーンでの互いの知り合いの話などをしたが、ルートウィヒはいちいちそれに頷いたり首を振ったりしながら、つねにどきりとするほどの敵意を匂わせた。しばらくしてルートウィヒは不意に立ち上がり、こう宣言した。「きみの話を聞いていたら、もっと話を続けたくなった。動物園に行こう」。檻に入った動物たちにたっぷり楽しませてもらったあと、二人は座ってお茶を飲んだ。「私は彼に、私のジャムをあげようとした。彼のジャムはもうなくなっていたので」とマルガは回想している。「すると彼は異論を唱えた。それはウェイターが私に持ってきてくれたジャムではあるけれど、私のジャムではなく、彼が食べてしまったジャムも彼のではないという。これはすべて『ただのジャム』だと」[*5]。その後、ルートウィヒは地下鉄の三等車でリバプール・ストリートまでマルガを送ってきてくれた。彼が言うには、もう話は充分にしたので、こうして送ってきているのは彼女のコートを持つためで、動物園で気づいたのだが、このコートは手で持つには重すぎるし、着るには暑すぎる、ということだった。別れ際に、マルガはルートウィヒにいつでもサウスウォルドに泊まりに来てくれと誘った。「よさそうだね」とルートウィヒは答えた。「しかし僕にはよくない。僕はきっとそこを嫌うから」。

そのころ、ウィーンに戻ったグレートルは、オストマルク州総督のアルトゥル・ザイス＝インクヴァルトと面会の約束をとりつけていた。新総督とは、その弟のリヒャルトを通じてつながりがあったのだ。ジー・ストーンボローが「誠実で立派な好人物」[*6]と評しているリヒャルト・ザイス＝インクヴァルトは、一九三八年、兄が首相に就任する直前にナチスに入党していた。一説によると、リヒャルトは「熱烈なナチ」で、ヒトラーのアンシュルスを支持するようにカトリック教会に働きかける任務を担当していたという。[*7]第一次世界大戦時にはカトリックの司祭をしており、戦後は聾唖学校や孤児院や陸軍病院などで司祭と教師の仕事をしていた。一九二〇年に結婚のため司祭をやめると、誰も買わないような陰鬱な詩集を何冊か出版した。リヒャルトがグレートルと知り合ったのはランゲンツェルスドルフの少年犯罪者施設で、リヒャルトはそこの所長を、グレートルは理事の一人を務めていた。一九二八年、離婚問題で神経衰弱に陥ったリヒャルトは、グレートルのつてでグムンデンの別荘を借り、回復するまで何週間か寝食の世話をしてもらった。

この親切への礼として、いまやオストマルク州の国家代理官《ライヒスシュタットハルター》となったリヒャルトの兄のアルトゥル・ザイス＝インクヴァルトは、グレートルとの面談を了承したのだった。ナチス親衛隊の中将で、熱烈な親ドイツ、反ユダヤ主義者だったザイス＝インクヴァルトは、たいそうな悪人として歴史記録や年鑑に残っている。シュシュニック内閣の内務大臣だった彼は、ヒトラーに扉を開いた陰の工作者だった。アンシュルスの二年後、ザイス＝インクヴァルトはオランダの国家弁務官に任命され、一九四六年、ニュルンベルク裁判で一〇万人のユダヤ人の死の責任を問われて絞首刑に処せられた。グレートルはこの男にさほど好意は持たなかったが、少なくとも一ヵ月のあいだ、彼に耳を貸してもらってパウルや窮状に陥った友人たちの弁護をすることができた。グレートルは弟がきわめて不安な状態にあることを伝え、リヒャルトが同じような苦境にあったときに自分が彼の世話をしたことを話して、パウルを自殺させせないようにいまこそ助けが必要なのだと訴えた。移住を認めてもらうのは無理だとしても、パウルの人種的な立場はまだ未確定なのだから、彼に短期の暇を与えてイギリスで何回かコンサートを開かせてやってもいいのではないか、とグレートルは頼んだ。それに対してザイス＝インクヴァルトは、もし彼がドイツに戻ってくることをグレートルが約束するなら、それを条件としてパウルのビザを手配しようと答えた。グレートルはパウルに代わってそれを約束し、八月二十三日、ついにパウルは三週間の出国許可をもらい、翌日にドイツ国を離れた。
　イギリスに着いて二週のあいだに、パウルはオックスフォードにマルガを訪ね、ケンブリッジにルートウィヒを訪ねた。そしてどちらにも、移住を強く希望していることを伝えた。ウィシュタルク社の資本金の割り当て分は引き出せないし、現金や貴重品を持ってドイツ国を出ることは禁じられているしで、パウルがとにかく心配なのは収入だった。マルガは自分と妹の住むオックスフォードの家に来ればいいと誘い、必要なお金はすべて自分がまかなうと申し出た。他人からの援助を受けるのを病的なまでに嫌っていたパウルは、帰ってからマルガに手紙を書いて伝えた。

　親愛なるマルガ、これだけは言っておきたいが、きみは僕がためらわずに、決して不快な思いをすることなく、物質的な援助も含めたもろもろの助けを受けられる数少ない相手の一人だ。きみが示してくれるのと同じだけの誠意をもって、ありがたく受けさせてもらう。だが、最悪の場合でもそういうことにはならないよう祈っている！*8

　マルガはパウルを説得して、イギリスに移るのが一番自然な道だと納得させようとした。英語なら流暢に話せるし、文学もよく知っているし、一五年にもわたって毎年訪れてきたところだし、弟もここに住んでいるし、コンサートでもスターとして歓迎されるだろうし、それに自分を通じてイギリス人の友人がたくさんできているではないかと。しかし、パウルはケンブリッジで弟に言われたことが気になってならなかった。それはルートウィヒ自身が前にピエロ・スラッファに警告されていたことだった。「戦争の可能性についてだが、これは私にもわからない。いつ起こってもおかしくないが、あと一年や二年は『平和』でいられるかもしれない。まったくわからない。だが、私なら平和があと半年続く可能性には賭けない」[*9]。イギリスの市民権を取るのに一年か二年はかかるだろう。もしそのあいだに英独間で戦争が勃発すれば、パウルは居留外国人として強制送還されるか収監されることになる。

ドイツの出国ビザの期限が切れる五日前にパウルはウィーンに戻ったが、そこでふたたび当局との厄介な問題に悩まされた。経済労働省資産管理局個人財産部の州長官から届いた公式の官僚的な威嚇の書状は、ずっと未回答のままパウルの机に放置されていた。

パウル・ウィトゲンシュタイン殿

件名：Ⅲ　ユダヤ人　29／38 g.

一九三八年四月二十六日付（ドイツ司法官報I、四一四頁）のユダヤ人資産登録に関わる法令の第七条にしたがって、四ヵ年計画委員より与えられた権限を行使し、貴下に以下の事柄を求めるものである。上記の法令にしたがって貴下が登録した外国投資証券の売却を、ウィーン市内の貴下の通常居住地を担当するドイツ中央銀行〔ライヒスバンク〕支店に申し出ること。そして依頼があった場合には、それらを売却すること。この申し出は、本状の受領後一週間以内に行なうことを義務とする。*10

この息の根を止めるかのような要求のうえに、さらに追い討ちをかけるかのごとく、当局はヒルデと子供たちの存在も発見していた。パウルは「人種汚染《ラッセンシャンデ》」の罪状で裁判所への出頭命令を受け、エリーザベトとヨハンナの親権を剝奪された。ドイツ人の血と名誉を守るためのニュルンベルク法の第二条第五項により、ドイツ人の血を引くドイツ国民と婚外交渉したユダヤ人は「禁固もしくは重労働の刑罰を受ける」。一九三九年の時点で、アーリア人女性との交際が発覚したユダヤ人男性の平均的な刑罰は、四年から五年の禁固刑だった。のちに「人種汚染」はもっと厳しい刑罰の対象となり、一九四五年には、死刑に値する四三の犯罪の一つとなっていた。何をもってユダヤ人とするかには多くの定義が成文化されていたが、奇妙な変則により、「完全ユダヤ人との婚外交渉により、一九三六年七月三十一日よりあとに私生児として生まれた子」は完全ユダヤ人に分類されることに定められていた。したがってパウルの次女であるヨハンナ（一九三七年三月生まれ）はナチスの定義によってユダヤ人と見なされたが、その姉のエリーザベト（一九三五年五月生まれ）はユダヤ人ではなかった。

　これらの圧力に対するパウルの反応はすばやかった。すぐさま荷造りをし、貴重品をかき集めてポケットに詰め込めるかぎり詰め込み、スーツケースの服のあいだに押し込めるかぎり押し込んだ。これまで自分で荷造りをしたことなどなかったが、今回ばかりは、召使にも邸内の誰にも自分のしていることを知られたくなかった。別れも告げずに屋敷を出ると、タクシーを呼び止めて駅まで行き、オーストリアとスイスの国境に向かう列車に乗った。驚いたことに、そして心から安堵したことに、ドイツの警備兵もスイスの警備兵もパウルを止めようとはしなかった。無事に検問所を通過すると、すぐにパウルはヒルデに伝言を送って、ただちに荷物をまとめて子供たちと一緒にオーストリアを出るように指示した。まずはイタリアに行かせ、ヒルデと子供たちがイタリアとスイスの国境で待っているあいだに、どうにかして入国ビザを手配するつもりだった。ヒルデには、バイエルンのニンフェンブルク出身のカロリーネ・ロリーという五十三歳の小間使いがついていた。彼女はたいそう旅慣れていて、イギリスで働いていたこともあったし、一九三三年七月にシカゴ万博にも出かけていた。心を残すものは何一つなく、ナチスが大嫌いで、自分を「おばちゃん《タンテ》」と呼ぶ子供たちが大好きだった彼女は、ためらうことなく親子に同行して国外に逃れた。とにかく急いで立ち去って、誰にも行き先を告げないことが肝要だった。パウルが外国にいることが警察に知れたら、親子はすぐにも逮捕される恐れがあったからだ。

　そして何より、ヒルデは父親にも知らせてはならなかった。フランツ・シャニアは新政権を歓迎していた何百万ものオーストリア人の一人だった。[11] 彼はつねにどっちつかずで、自分を最も厚遇してくれるところなら、どこにでも簡単になびいた。一九三二年には左翼の社会民主党の党員だったが、一九三四年二月の蜂起が失敗すると、今度はファシストの「祖国戦線」に参加した。一九三八年十一月に起こった大虐殺事件「水晶の夜《クリスタルナハト》」のあとは、カントルガッセの（ユダヤ人家族から没収したばかりの）アパートメントに移り住み、ナチスの福祉運動（「国民社会主義国民福祉」）に参加して「支部助手《ブロックヘルファー》」となり、自分の居住区の住民にナチスの宣伝を広め、住民とその政治的忠誠度についての情報を党の支部長《ブロックライター》に連絡する役目を務めた。一九四〇年代に、カントルガッセ三二番地からは一〇名のユダヤ人が強制移送されている。フランツ・シャニアは一九七〇年二月に亡くなるまで、ずっとその住所の一九号室の住人だった。

　パウルはウィーンで教職に就くのを禁じられていたが、それを無視して音楽院の教え子一人一人に手紙を書き、ウィトゲンシュタイン家での無料の個人指導に誘った。「なぜなら、きみが政治的急変によって妨害を受けることなど決してあってほしくないからだ」[12] と彼は説明した。パウルがユダヤ人であることを理由に誘いを断る生徒も何人かいたが、多くの生徒はレッスンに来た。しかし突然、一九三八年八月の末に、レッスンを受けに行った生徒たちは屋敷の入り口で召使にこう言われた――「それがいないんです！」。パウルがいそうなところを探してみたが、どこに行ってもこう言われた――「ここにはいないよ！」。そしてまもなく、パウルが自殺したとの噂が広まった。ウィトゲンシュタイン家の兄弟で四人目か、と人々は思った。

57　逮捕

ウィーンでは、ヘルマン・ウィトゲンシュタインがヴァルデック゠ピルモント侯ゲオルクの非嫡出子なのか、それともコルバッハのモーゼス・マイヤーの嫡出子なのかを確かめる作業があいかわらず続いていた。そんなときに、また新しいことが発覚して、事態はいっそう紛糾した。一九三五年に一族以外の誰かによって書かれたと思われる家系図がウィーン市立古文書館で見つかり、それによるとヘルマン・クリスティアンは、ビーレフェルト出身のヒルシュ・ウィトゲンシュタインというユダヤ人の息子とされていたのだ。系図学者が両方の地に派遣されたが、ヘルマン・クリスティアンの出生の記録はどちらにおいても見つからなかった。一家はこれをささやかな勝利と解釈して、こう主張した。ユダヤ人の記録簿に記載されていないなら、彼は確たるユダヤ人ではないということだ。

とはいえ、ベルリンの家系調査局の役人はその理屈に完全には納得しなかった。そこでさらなる口添えとして、九月の末に一族の一人であるブリギッテ・ツヴィアウアー（カールの妹ミリーの孫娘）が一束の写真に洗礼証明書と家系図の写しを添えて調査局に送った。ヘルマン・クリスティアンもその一一人の子供も、誰もユダヤ人のような容貌ではないと彼女は主張し――ばかげた主張のように思われるかもしれないが、調査局の専門家は外見の問題を非常に重く見ていたのだ――さらにヘルマンは徹底的な反ユダヤ主義者だったとも主張した。彼女によれば、ウィトゲンシュタイン家の上の世代はヘルマンの出生のことを決して口にしないほど、彼が非嫡出子だと言われるのを嫌がっていたが、これが大問題となっている現在では、彼らもそれが事実であると認める覚悟ができているとのことだった。ツヴィアウアー夫人の言い分は「藁をもつかむ」主張にも聞こえるが、おそらく最も説得力があるのは、彼女がそれをヘルマンの一八三九年の洗礼証明書の調査にもとづいて言っていたことだろう。一族が所有する文書のなかで、ヘルマンがコルバッハで生まれた日付と場所を裏づけているのはこれだけであり、したがってビーレフェルトとヒルシュの線を調べても無駄であることを示していた。

ここで特筆すべきは、ヘルマン・クリスティアンの洗礼証明書（写しを添付）において、彼の妻は嫡出子として（夫婦のあいだに）生まれたと書かれていますが、ヘルマン・クリスティアンには「ユダヤ教で教育」という言い方が使われています。これは明らかに普通のことではありません。彼が実際にはユダヤ人社会の一員でなく、ただそこで育てられただけであることを示すために、意図的に使われたのです。[*1]

だが、ツヴィアウアー夫人の主張は聞き入れられなかった。「水晶の夜」、すなわち十一月九日から十日にかけての夜にナチスドイツの各地で起こった反ユダヤ主義暴動の騒乱のなかで、コルバッハのシナゴーグは焼け落ち、それとともに誰のもとに誰が生まれたかを記録した資料もすべて焼失していた。ベルリンの調査局のクルト・マイヤーはウィトゲンシュタイン家を「完全ユダヤ人《フォルユーデン》」と規定し、それで話は終わった。少なくともクルト・マイヤーは、そう思っていたのではないだろうか。ところが実際には、この問題はまた新たな局面を迎えた。いまやクルト・マイヤーよりずっと権力のある行政部門がこれに目をつけていたのである。

この針路変更のきっかけは、ウィトゲンシュタイン家に関するいくつかのことにドイツ中央銀行が気づいたからだった。まずパウルがオストマルクから脱出していたこと、ついで一九四七年まで取り崩しできなかったはずのウィシュタータ社の信託財産が、実際には受益者全員の合意があれば分割可能だったこと、そして、この信託財産は数百万スイスフランの外国通貨のほかに、チューリッヒの銀行クレディットアンシュタルトとバンクフェラインに預けられた、二一五キログラムの純金の延べ棒を保有していたことである。これはたいした量ではないように思えるかもしれないが、当時ナチスが金を（どんな少量であれ）欲しがっていたことは充分に確認されている。オーストリア国が準備していた九九〇〇万ドル相当の金は、アンシュルス後ただちにベルリンに持っていかれた。そしてウィトゲンシュタイン家が蓄えていた金は、一九三八年の時点で二三万五〇〇〇ドルの価値があり、一年後にドイツに押収されたチェコの金準備高の一〇分の一以上の額だった。とはいえ、パウルの署名がなければドイツには何もできない。好むと好まざるとにかかわらず、ドイツはいずれウィーンかスイスでパウルと交渉しなければならなかった。だが、実際にドイツ中央銀行とウィトゲンシュタイン家との最初の対決が起こる一九三八年十一月に先立って、ぞっとするほどの新たな災難がウィトゲンシュタイン家に降りかかった。

　グレートルはアメリカ国民という立場だったので、姉たちよりもはるかに自由が利いた。当局にさほど邪魔されることもなく、色鮮やかな蝶のようにひらひらと出たり入ったりすることができた。パウルが脱出してからまもなく、彼女はパウルに会いにスイスに行って、そこで得意のお目玉を彼に食らわせた。パウルが約束を破ったために、彼女はアルトゥル・ザイス＝インクヴァルトに対して不面目な思いをさせられたのである。パウルが若い愛人と二人の非嫡出子をずっと家族から隠していたことにも不満で腹立たしい思いをしていたが、それが理由で彼に会いにきたわけではなかった。パウルから至急スイスに来てほしいとの電報を受け取っていたからである。パウルが言うには、ヘルミーネとヘレーネは自分たちがいかに危険な状態にあるかをまったく知らないのだという。ウィーンではニュースが検閲されているから現実に何が起こっているかを誰もわからずにいるが、外国にいれば、戦争がいまにも起こりそうなこと、まもなくユダヤ人が強制収容所に押し込められて、虐待され、飢えさせられ、ひょっとすると皆殺しにされるかもしれないことを誰でも知っているというのだ。グレートルはパウルから、ぜひともこの情報をウィーンの家族に伝え、なにがなんでも移住することをみんなで考えてみてくれと強く言われた。

グレートルは恐慌状態になってウィーンに帰り、すぐにヘルミーネを呼んで、コールマルクト通りで開業しているある弁護士を自ら訪ねるように指示した。その弁護士なら、ヘルミーネとパウルとヘレーネの三人全員にユーゴスラビアの市民権を取ってくれるはずだ、とグレートルは言った。ヘルミーネは言われたとおりにしたが、内心ではまったく気乗りしていなかった。彼女自身はこの国を離れたくなかったし、強制収容所を恐れるほどの想像力も持ち合わせていなかった。ウィトゲンシュタイン家の事業全般を任されていた何でも屋のアントン・グロルラーは、この計画を聞いて震え上がり、大反対したが、ほかにどうするという案も出せなかったので、グレートルはあっさり彼の反対を却下できた。

コールマルクトの豪勢な事務所で、弁護士はヘルミーネに心配無用だと請けあった。自分が手配するのは偽造パスポートではなく、ユーゴスラビアの真正の見本品で、ユーゴ政府は移住を望んでいるユダヤ系オーストリア人の誰にでもそれを売っているのだという。

ヘルミーネはその話を素直に信じて、たいそうな額を弁護士に支払ったが、心のなかはパウルに対する怒りでいっぱいだった。外国から怖い話で脅かしてきて、こんなやりたくもないことを無理やりやらせているパウルが悪いのだ、とヘルミーネは思った。

ヘルミーネはグレートルから、この計画をヘレーネに伝える役目も押しつけられた。それは思ったほど簡単な仕事ではなかった。ヘレーネは神経質になっていたうえに、もともと危険を冒すのが大嫌いだったからだ。それに夫のマックスも、いまでは認知症のうえにがんを患っていた。どんな緊張も彼の体には差し障りがあった。一方、グレートル自身は自ら車を運転してザグレブまでパスポートを取りに行くつもりでいたが、直前になって体調がひどく悪くなったため、代わりにヘレーネの娘婿のアルヴィド・シェーグレーンに行ってもらうことにした。アルヴィドは言われた場所に着いたとたん、そこがユーゴスラビア政府の事務所ではなく、裏街道の偽造屋の薄汚い隠れ家であることに気づいたが、それでもとりあえずパスポートを受け取って、多大なる身の危険を冒しながらウィーンのヘルミーネのもとに持ち帰った。ヘルミーネはそれを見て、押印されている日付が予定されている大脱走の日付と違っていることにすぐ気づき、コールマルクトの弁護士のところに持っていったが、弁護士は気にもせず、数日中に代理人が来て誤りを修正するからと保証した。これが一九三八年十月半ばのことだった。

所定の日が過ぎても、代理人はついに現れなかった。狼狽した姉妹は、作戦を変更した。今度はヘルミーネがミュンヘンに行って――誰もウィトゲンシュタイン家の人間を知らないと思われるところで——パスポートにスイスのビザを押してもらうことになった。だが、そこに向かう途中で、ヘルミーネは誰のパスポートにも署名が書かれていないことに気づいた。あせってグレートルに電話をかけると、ただちにウィーンに戻ってくるようにと言われた。グレートルの家で、二人の姉妹は自分たち以外の全員のパスポートに偽の署名を書き入れるという策を弄した。こうした行動に、ヘルミーネは不安で気分が悪くなりそうだった。国境警備兵に自分たちの正体がばれるのではないか、もうろくした義弟のマックスが秘密をばらしてしまうのではないかとヘルミーネは気が気でなかったが、怖いもの知らずのグレートルは、姉に落ち着くようにと言うばかりだった。あらためてのミュンヘン行きを、グレートルは今回、自分の秘書のヘトウィヒに任せた。彼女のほうがヘルミーネよりも冷静を保てると思われたからだ。その午後、グレートルは発熱と悪寒で寝ついていたが、そこへ義理の甥のアルヴィドが興奮して現れて、グレートルを叩き起こした。彼の話によれば、ザグレブの自称旅券事務所がユーゴスラビア警察に摘発されて、これまでに発行された偽造パスポートの譲渡先の全一覧がユーゴ警察を通じてゲシュタポの手に渡ったという。機転の利く手慣れた犯罪者なら、警察が来る前に急いで偽造パスポートを処分するよう取り計らっただろうが、窮地に陥ったグレートルにはその明白な手段が思いつかず、その代わりに、自分がすべての責任を負うと家族に宣言した。たしかに大部分の署名を偽筆したのはグレートル自身だったから、それらはすべて——ヘルミーネのも含めて

――自分が書いたことにする、とグレートルは言い張った。これは最初から自分が立てた計画で、きょうだいたちには何も知らせず、勝手に自分が彼らのパスポートを買ったのだが、あくまでも念のための処置にすぎず、いざというときに備えて引き出しにしまっておくつもりだったのだ――これがグレートルの考えた弁明だった。有力者の知り合いがたくさんいるアメリカ国民の自分なら、きっとそれで逃げきれるとグレートルは確信していた。このむちゃくちゃな案にヘルミーネとアルヴィドが同意したところで、すぐに扉を叩く大きな音が聞こえてきた。

警察は数時間かけて乱暴に家捜しをし、家族に数々の予備尋問をした。全員が打ち合わせどおりの答えをすると、警察はそのまま帰っていった。誰もが安堵し、これで危険は去ったと思ったヘレーネは、夫を連れて田舎に気分転換に行くことにした。しかしその翌日、ふたたび警察が大挙して現れて、ヘルミーネとグレートルとアルヴィドを逮捕した。パスポートの代金を受け取っていた弁護士も、同様に逮捕された。このときには本格的に肺炎にかかっていたグレートルも、強制的にベッドから出され、待機していたトラックに姉とともに押し込まれた。車は無謀な速度でローサウアーレンデの中央警察署に急行した。三人はそれぞれ個別に尋問を受け、例の説明を頑固に繰り返したが、コールマルクトの弁護士はその話を聞いていなかったので、ヘルミーネが三度コールマルクトを訪ねていたことが発覚すると、ヘルミーネもグレートルもアルヴィドも、少しずつぼろを出しはじめた。

同じ日に、ヘレーネもグムンデンで買い物していたところを拘引された。

判事の前に引き出された三人は、三人とも最初の受け答えで嘘をついたことを認め、警察署で二晩過ごしたあと、国家刑務所に連行された。コールマルクトの弁護士がどうなったかは記録が見つかっていない。裏ではアントン・グロルラーや、アルヴィドの妻であるクララをはじめとした甥や姪たちが、三人の保釈のために狂ったように奔走していた。かなりの大金が必要だったが、ようやく六日目にヘルミーネとアルヴィドが釈放された。

妻がいなくなってマックス・ザルツァーは激しく動転し、兄弟や娘や使用人たちがゲームや娯楽で必死に気をそらさなければならなかった。ヘレーネは体調を崩したので菌をうつさないように一時的に家を離れているのだと苦しい言い訳もした。家族が何より恐れたのは、マックスが新聞でこのスキャンダルを読み、怒りと恥辱で爆発してしまうことだった。しかしヘルミーネとアルヴィドがウィーンの刑務所から釈放されると、その知らせを受けたグムンデンの警察署は、すぐにヘレーネも釈放した。残ったのはグレートルだけだった。ヘルミーネは内心、これをすべて自分の責任だと思っていた。自分がある晩、独房の窓から「グレートル！」と叫んだせいで、看守の疑いを呼んだのだろうと思っていたのだ。だが、それは何も関係がなかった。

なぜグレートルだけが長く拘留され、嘆かわしい状態に置かれたのかはわかっていない。しかし出てきたころには、グレートルは見るも哀れな状態で、相当に荒っぽい扱いをされていたことは疑いなかった。彼女は友人のジョン・ヘイズ・ロードに会わせてくれと何度も要求した。ロードはアメリカ領事館の外交官で、イギリス貴族でテニス選手の妻マージョリーとともに、ストーンボロー夫妻の一九二〇年以来の友人だった。当時、ロードはバーゼルのアメリカ領事に任じられていて、グレートルのコンデンスミルク計画にも力を貸してくれていた。ロード夫妻は、ワシントンでジーとも親交があった。このころ《ワシントン・ポスト》にウィーンの総領事の活動を称える手紙が送られたのは、それが関係していたのかもしれない。

拝啓　外国旅行から帰ってきまして、ドイツにおけるわが国の外交官や領事館員のみなさまの働きに大変感服していることを、貴紙のページに記させていただければ幸いに存じます。

　私がとくに申し上げておきたいのは、ウィーンの総領事殿のことです。……当地の公務員の方々は、その誠実な努力と同情心と忍耐力によって、民主主義の理想を行動で実証しておられるとともに、虚偽と科学的サディズムにまみれた荒野におけるアメリカニズムの旗手であられると確信するものであります。

J・J・ストーンボロー[*2]

刑務所にやってきたジョン・ロードは、グレートルの置かれている野蛮な状態に激しく憤慨してみせ、いますぐ彼女の主治医を呼ぶようにと要求した。ロードのおかげで、最終的にグレートルは釈放されたが、アメリカのパスポートもユーゴスラビアの偽造パスポートも没収され、事件が審理されるまでウィーンを離れてはならないと命じられた。ヘルミーネ（六十三歳）、ヘレーネ（五十九歳）、グレートル（五十六歳）がようやく保釈されたときには、三人とも精神がぼろぼろになっていた。ヘレーネの興奮は言い表せないほどで、収監中にずっと食事を拒否していたため、いまや血の気が引いて痩せ衰えていた。まだ肺炎が癒えていなかったグレートルは発熱性の鬱になり、ヘルミーネは朝から晩まで自分の運命を思い悩むことしかできなかった。その年のクリスマスは、グレートルにとってひどくわびしいものとなった。パウルもルートウィヒもいないクリスマスは一九二五年以来初めてで、ジェロームは亡くなっているし、息子は二人ともアメリカに行っていて、養子の一人もベルリンに行っていた。秘書とツァストロウ兄弟の片方との三人だけで、グレートルはチョコレートとジンジャーブレッドを分けあって、これから来る憂鬱な裁判所の呼び出しから気をそらせた。「いまは家族にとって重大な時期です」とヘルミーネはルートウィヒに書き送った。「外からの危険については言うまでもありませんが、いまこそ私たち自身の関係も見つめなおさなければなりません。私はときどき自分の前のものがすべてはっきり見えて、こう思うのです。いつまでも立っていられる石はないのだと」[*3]。

しかし朗報もあった。出頭命令がついに来たとき、そこにヘレーネの名前はなかったのだ。彼女はもともとの計画に加担していなかったし、いずれにしても、これでヘレーネは心安らかに病気の夫を世話できた。審理は一九三九年四月の初めに予定されていた。ヘルミーネとグレートルは弁護士のコルニッシュ博士から特別指導を受けて、自分の陳述する抗弁を暗記した。だが、まもなく始まる審理を前に、姉妹と義理の甥が被告席に着いて自分の名前を書いていたとき、突然、ある宣言が下された。新たな反ユダヤ的法令により、コルニッシュ博士が姉妹の弁護をすることは禁じられたという。対してアルヴィドのほうは、長身で白髪の雄弁な上流階級の悪徳弁護士、アルフレート・インドラに弁護してもらう手はずになっていた。

判事はグレートルとヘルミーネに、別のアーリア人弁護士を見つけるまで審理を延期することもできると言ったが、二人はこのまま続けて自力で抗弁することを選んだ。のちにヘルミーネは、これがかえって幸いだったと言っている。「私たちの様子や話し方こそが最良の弁護だった。断固としたユダヤ人弁護士がどれほど私たちに有利なように話したところで、あれほどの効果はなかっただろう[*4]」。二人は代わる代わる証言台に立ち、グレートルはあらためて、すべての責任は完全に自分にあると主張した。アルヴィドとヘルミーネも自分の罪を認めた。はい、私は政府の国境警官を欺くつもりで偽造旅券を買いました。はい、私は国外移住税を払わずにこの国を出ようとし、外国通貨を残らずドイツ中央銀行に納めることも回避するつもりでした。はい、私はきょうだいの署名を偽筆しました。はい、最初に警察に質問されたときに私は嘘をつきました。

シュタントハルティンガー判事はこれらすべてを考慮したすえに、深呼吸をして、陪審員に要領を陳述した。「偽造旅券に偽筆署名をするのは、すでに硬直している死体を殺害しようとするのに等しい。だとすれば、これはどんな犯罪が行なわれたと言えようか？」。その後、判事と陪審が評決を考慮するために退席し、長らく時間が経ってから、ふたたび現れて評決を言い渡した。三人全員が無罪だった。一家はかねて、自分たちの強力な縁故を使えばどれだけの面倒からも抜け出られると信じてきた。「私たちは守られている！」というのが彼らの口癖だった。全員が完全無罪となった今回の嫌疑は、法的にはすべて三人のうちの一人だけに関わるものと解釈されていた。ヘルミーネもグレートルもアルヴィドも、安堵と喜びで胸がいっぱいになった。本当とは思えないほどよい結果だった。

そして残念ながら、本当とは思えないほどよい結果はたしかに本当ではなかった。二日後、ヘルミーネとグレートルとアルヴィドは「その前の顛末よりもずっとひどく」彼らを落ち込ませる「悪意の打撃」を受けた。[*5] シュタントハルティンガー判事の妙な評決に違和感を覚えたウィーン公訴局が、この決定を不服として再審理を命じたのである。

58　二度目の移住

パウルはスイスでの逗留に納得してはいなかった。コンサートで演奏することも弟子を教えることもできず、身の回りの世話をしてくれる下男も持てない。いまだビザを得られずにイタリアとスイスの国境で待っているヒルデと子供たちのことも気にかかった。そして生まれて初めて、パウルはお金の心配をした。とりあえず朝は散歩に出て、リンマート川の土手を精力的に歩いたり、水の冷たいチューリッヒ湖で泳いだりした。午後はフュースリーシュトラーセにある音楽会社フグのショールームでピアノの練習をし、フランス語とラテン語の古典を読み、乱暴な走り書きで手紙を書いた。だが、こうした活動のどれも——個別にであろうが合わせてであろうが——パウルの興奮状態をなだめてはくれなかった。

しかし何より、彼はオーストリアの姉たちの便りを待ちわびていた。姉たちが深刻な危機にあるのは——本人たちよりもはるかによく——わかっていた。パウルは国を出る前に、姉たちに強く移住を勧めていたが、ヘレーネの夫のマックスは故郷を離れることに決して賛成しなかっただろうし、ヘルミーネは自分のものをどうあっても手放さないつもりだった。しかしウィーンでユダヤ人とされているかぎり、自分たちに未来はない、とパウルは強く訴えた。損失を最小限に食い止めるため、移住税を払って国を出て、スイスの資産を頼りに外国で生きていくべきだ。もしいつまでも国内にとどまっていれば、いずれドイツは一家の外国資産を差し出すよう脅してくるだろう。外国の資産をすべて譲り渡してしまえば、それこそ一家は終わりだ――。きょうだいは互いに激しい、ヒステリックなやりとりを交わした。無礼な言葉もしばしば飛び出した。「家畜小屋が燃えているのに、なだめすかしても出ていかない牛や馬みたいなことをしないでくれ」[*1]とパウルが言えば、「あなたこそ野蛮なエゴイストでしょう！」とヘルミーネが返した。

　チューリッヒの高級ホテル、サヴォイ・ボー・アン・ヴィルの一室で、パウルはこれらの問題をあれこれ考えた。すでに自分はナチス政権下のオーストリアで演奏活動も教職に就くのも禁じられ、子供たちの親権も剝奪されている。そこに戻れば、すぐに逮捕されて投獄されるに違いない。国に残してきた財産を取り戻そうとするのは無駄なことだ。それよりも、国外のスイスにある財産のことを考えたほうがいい。しかしウィシュターク社の資産の割り当て分も、受益者と管財人の全員の合意がなければ分配されない。この資産には姉たちとイギリスにいる弟のほか、何人もの甥や姪（なかでも厄介なのがアメリカにいるジー・ストーンボローだ）、義兄のマックス・ザルツァー、それに一家の財政担当者のアントン・グロルラーが関わっている。そしてもう一つの、さらに重大な問題は、ベルリンの当局がこの資金の存在を知っていて、これをドイツ中央銀行に納めるよう要求しているということだ。

関係者全員の合意を集めるには時間がかかるし、さしあたってパウルには、山のようにたまってきているホテルの宿泊代と、イタリアにいるヒルデと子供たちの生活費をどうにかして捻出する必要があった。そこでスイスの演奏会興行主、ハインツ・フィッシャー博士の黙認のもと、あるドイツの四重奏団がチューリッヒでの演奏会に招かれたおり、パウルの貴重な楽器をウィーンから運び入れてきた。ストラディヴァリとガダニーニのバイオリンが一挺ずつと、アマティのビオラが一挺、そしてルジェーリのチェロが一挺だ。楽団がハスラッハで国境を越えたとき、ケース内の楽器が彼らのものでないことには誰も気づかなかった。そして楽団がドイツに戻ったときも、彼らが出国したときに持っていた楽器よりも安いモデルを持って入国したことを誰も見とがめなかった。この危険な行為への返礼として、フィッシャー博士と楽団員にいくら支払われたかはわかっていない。二挺のバイオリンのその後の運命も不明である（楽器そのものが密輸の報酬だったのかもしれない）。しかし一九三八年十月、パウルはビオラとチェロをスイスのバイオリン・メーカー、シュテビンガーに売却した。それぞれに一万八〇〇〇スイスフランの値がついた。この手っ取り早い方法で、ともあれ当座の金銭的余裕は得られた。

しかし金があろうとなかろうと、長くスイスにとどまるつもりはなかった。それに（たとえパウルにその気があっても）スイスの当局が無限に彼のビザを更新しつづけてくれるはずもない。この国では全般にそうだったが、チューリッヒでも、市民はとげとげしく、外国人嫌いの傾向が強かった。ドイツに侵攻されるのではないかとの恐れと、ナチスドイツから逃げてくる難民の数が増えつづけていることに対しての怒りから、当局は国境の警備をいっそう厳重にしていただけでなく、一九三八年十月には、全ユダヤ人のパスポートに赤字で「J」と押印することを宣告していた。それから一年もしないうちに、ドイツ人の「祖国《ファーターラント》」にいつまでもぐずぐずしているユダヤ人を一掃せよとの命令のもと、親衛隊の兵士が物理的にユダヤ人を国境の向こうに追いやりはじめた。これに対してスイス当局も、苛立たしげにユダヤ人を押し返してよこした。

自分がきょうだいの誰よりもユダヤ人らしい容姿をしていると思っていたパウルにとって、反ユダヤ主義が日に日に高まっているスイスはとうてい安住の地とはなりえなかった。それよりも八月初めからパウルが狙いをつけていたのは、アメリカだった。もちろん、そこにたどりつくのは容易ではない。あらゆる外国の行政府と同様に（サントドミンゴは別だったが）、アメリカ政府もドイツからの移民のある程度以上の受け入れを、この国際的な危機にもかかわらず拒否しようとしていた。パウルは裏工作を余儀なくされ、渡航計画がようやく固まったときにマルガ・デーネケに出した手紙でも、「どうにかニューヨーク行きの船の切符が手に入ったが、これも特別な計らいがなかったら無理だった」[*2]と認めている。

パウルの言っていた特別な計らいとは、具体的には、アメリカの音楽界からの二つの誘いだった。一つはクリーブランド管弦楽団から、首席指揮者アルトゥル・ロジンスキのもとでの演奏活動に誘われたことで、もう一つはニューロシェルのデイヴィッド・マネス音楽院ウェストチェスター校からの、無給の教職の誘いだった。どちらの組織も、苦境に陥っているヨーロッパのユダヤ人音楽家のために多大な努力を払ってアメリカのビザを取得させてやっていた。デイヴィッド・マネス音楽院のほうはパウルのほかにも多くの音楽家に無報酬の雇用の誘いを出していて、音楽学者となっていたヘレーネの息子、フェリクス・ザルツァーもそのうちの一人だった。一方、ロジンスキは一九三六年のザルツブルク音楽祭での演奏で大成功を収めて以来、いずれクリーブランドに誘うからとパウルに約束していた。アメリカでロジンスキは名声の絶頂にあり、九月半ばにチューリッヒに届いた彼からの誘いは、パウルの大西洋横断を実現させるのに役立ってくれた。

一九三八年十一月には、ヒルデとロリー嬢と子供たちもようやく短期ビザでスイスに入国していた。一行はチューリッヒでパウルに迎えられたが、その場でパウルが一週間以内にアメリカに発つことを知らされた。ランナースドルフのシュタンカガッセの質素な家から、はるばるこんな遠くまで来てしまった二十二歳の半盲のヒルデは、パウルの手配でスイスの弁護士に預けられた。この弁護士が彼女にお金を用意し、ジュネーブ湖東岸のフランス語圏の街モントルーに賃貸アパートを用意してくれることになっていた。そして十一月二十八日、パウルはヒルデと子供たちに別れを告げた。それから一年半ものあいだ彼女たちに会えなくなるとは、まだこのときのパウルにはわかっていなかった。

パウルの乗った船は十二月一日にル・アーブルの港を出発し、途中、イギリスのサウサンプトンとアイルランド南部のコーブに寄港して、十二月九日にニューヨークに着く予定だった。マルガはチューリッヒのパウルに手紙を書いて、途中でイギリスに立ち寄れないか聞いてみた。「残念ながら無理だ！」とパウルは返信したが、同時に再会を約束した。

いつか必ず帰ってくる。意外に早く帰れることを願っているよ！　計画としては、向こうでの僕の評判と友人たちの助けを頼りに、少しずつ――一度に全部はさすがに無理だから――長期の居住許可と教職の就職許可を得たいと思っている。それが手に入ったら、あとは事情が許せば、毎年でも戻ってこられる。まあ、いまのところは絵に描いた餅だがね！　ともあれ、最善の結果を祈ることにしよう。……僕らは必ずまた会えるから。

きみの旧友、P・Wより[*3]

実際、二人は早くも一週間後の十二月三日に再会できた。パウルからの電報で、サウサンプトンでの下船はできないが停泊中にマルガを船に上げることは可能なので、そこでアイルランドに出航するまで話ができると伝えてきたのだ。マルガは台所にあった茶色の紙袋に妹のヘレーナへの伝言を走り書きした。

ヘレーナへ
パウル・ウィトゲンシュタインがアメリカに行く途中で会えないかと言ってきました。サウサンプトンに停泊しているワシントン号に乗船しているそうです。あなたも彼に会いたいかもしれないから（いまの彼はいい人です）、もしその気があったら来てください。では。
マルガ[*4]

結局、ヘレーナは行かなかった。彼女はいまだにパウルを行儀の悪い、怒りっぽい人間だと思っており、彼がときどき自分の友人たちに対してかんしゃくを破裂させていたのを許す気にもなれなかった。そこでマルガは一人でサウサンプトンに急ぎ、船上で神経質に歩き回っている旧友を見つけた。

甲板を長いあいだ彼と歩いた。彼は私にアメリカへの移住のことを説明したあと、とても感慨深そうに一枚の写真を見せてくれた。目の見えないお弟子さんの写真で、彼はその人に愛着を覚えるようになり、いずれその人と所帯を持つつもりだという。彼にきっといい未来が開けると思って私は喜び、一も二もなくそう伝えた。彼はつぎつぎと『アリス』やゲーテの『ファウスト』を引用しながら近況を教えてくれ、私が会いに来たことをとても喜んでいると言った。桟橋の突端から、私は遠ざかっていく蒸気船を見送った。彼の振っているハンカチがしだいに見えなくなるまで。[*5]

59　鞍替え

一九三九年四月にウィーンの姉妹が旅券詐欺で訴追されていたとき、パウルは何の手助けもできなかった。そしてヘルミーネは、最も必要としているときにかぎって弟がそこにいないことに、猛烈に憤慨していた。「うちには大黒柱になってくれる男がいない」と彼女はルートウィヒにこぼした。「マックスは高齢だし、残念ながら病気もかなり悪い状態です。パウルはあてにならないし……グレートルがいくら親切に全員の面倒を見ようとがんばってくれても、それではどうしようもないわ。この問題は解決不可能です」[*1]。

ニューヨークに着いたパウルは、移民局の役人に丸一日引き止められたあげく、ぶっきらぼうに「ドイツ系ヘブライ人」と分類され、パスポートの変わった履歴をあからさまに疑われた。ようやく入国が認められて解放されると、パウルは西四五丁目のウェブスター・ホテルのスイートを自ら予約し、そこに座って長いあいだデスクを指で叩きながらキトゥスやキケロをラテン語で音読した。デイヴィッド・マネス音楽院はパウルに専用の教室を与えてくれるほど大きくはなかったので、しばらくのあいだ、彼はホテルのバーのピアノでレッスンを行なった。国際都市の生活にパウルはめまいを覚え、移住問題に関する指示が絶えず舞い込んでくることにも嫌気がさした。「どこに行っても障害にぶつかる。こちらとしては、うまく乗り越えられるのを祈るしかない*2」と、パウルはウィーンにいるルートウィヒの旧友、ヘンゼル博士に書き送った。

二十六歳になっていた甥のジー・ストーンボローが昼食に招待してきたので、パウルはジーが入っているワシントンのクラブ「ザ・メトロポリタン」に出かけ、そこでビザ担当者のジェラルド・D・ライリーと、移民帰化局長官のジェームズ・ホーテリングに紹介された。昼食後、この二人の有力者がいくつかの電話をかけると、パウルの観光ビザは一時的に延長された。しかし、叔父がとくに感謝したそぶりも見せないことに、ジーはこれ以来ずっと憤慨していた。

ニューヨークに戻ったパウルは、自分に一人で生きていけるだけの実務能力がないのは自覚していたので、二ヵ国語のできる秘書兼個人アシスタントの募集広告を出した。マリアンネ・ヤロシー・ブルーメンがその面談にやってきたとき、パウルは寝巻姿で白いシーツにくるまって、すっかり気落ちしている様子だった。聞けば、彼は自分のスーツとシャツを部屋の外に出しておき、ホテルの従業員がそれを洗ってアイロンをかけ、翌朝に戻してくるものと思っていたのだが、そうはならずに丸ごと盗まれてしまったという。ブルーメン夫人は、市内で新しい服を買ったらどうかとパウルに言ってみた。それはもちろん、彼には思いつかない考えだった。そしてひとしきり彼女が買い物をして帰ってくると、新しい服一式に喜んだパウルは、彼女を秘書として採用した。ブルーメン夫人はウィーンを逃れてきたユダヤ人難民で、夫のエルヴィンとともに一九三八年九月からニューヨークに来ていた。当時四十六歳で、プラハ生まれのハンガリー系だったが、英語でもドイツ語でも会話とタイピングを完璧にこなせた。しかしアメリカに着いてからまもなく、夫がピッツバーグに逃げてしまったので、経済的に非常に困ったことになっていた。パウルは急いでリバーサイド・ドライブ沿いのマスターズ・ビルの一九階に隣り合った二つの部屋を——一つは自分用に、一つは彼女用に——買い、そこでそのまま一六年間、彼女が死ぬまでずっと互いに頼りながら生活を続けた。その生活が断たれると、「彼女なしで、僕はどうしたらいいんだ」とパウルはひどく狼狽しながら友人に言った。「きみならいつだって別のアシスタントを雇えるじゃないか」。「それはそうだが、明日はどうするんだ」。*3

一方、一九三九年四月のウィーンでは、グレートルとヘルミーネが旅券詐欺での訴追の再開を前にして、恐ろしい不安を抱えていた。グレートルにはいまでも地位の高い友人が何人かいたが、ナチスの支配する階層において、いまや彼女の立場はずいぶんと不確かなものになっていた。旅券詐欺で逮捕された前歴があるうえに、定例となっていたクントマンガッセの屋敷の家宅捜索で、彼女がけっこうな貴重品を資産目録に申告していなかったことが発覚したのである。ブラームス、ベートーヴェン、モーツァルト、シューベルト、ワーグナー、ブルックナーの自筆譜は、すべて当局に押収された。前年七月、グレートルは弟のイギリス行きに関しても、必ずウィーンに戻らせるとアルトゥル・ザイス＝インクヴァルトに約束していたが、パウルがスイスに逃げたため、国家代理官との信頼関係も非常に危うくなっていた。

グレートルはパウルが国を出たことを激しくなじり、恥ずべき行為だと言って責め立てた。パウルにとって、自分の名誉を非難されることほど不愉快なものはなかった。この言いがかりの詳細が、将来、自分の子供たちの耳に届くことを恐れて、パウルはグレートルとの関係のこじれに関する外部報告書の作成を委託することにし、その写しが自分の死後に相続人一人一人の手に渡るように弁護士に指示した。この報告書は、事務弁護士のヴェヒテル、マンハイム、グロウフのもとに保管されている書簡や文書にもとづいて作成されており、書き出しはこのようになっている。

この覚書は、ウィトゲンシュタイン教授〔パウル〕の目には触れさせないものとする。教授はこれを弁明としてではなく、客観的に書かれた史料的な文書として残すことを強く希望し、そのために自分が一部でも内容を目にすることのないようにと強く要望したからである。これを書くにあたっては、完全な事実を記すこと以外にいっさいの義務を感じないようにと教授は主張している。[*4]

グレートルのアルトゥル・ザイス＝インクヴァルトとの取引に関して、報告書はこう結論している。

一九三八年から一九三九年にかけてストーンボロー夫人は明らかに、ナチスに対する恩義などというものがあると思い、ナチスを信用にもとづいた取引のできる相手だと思っていた。これを寛大に考慮したとしても、やはり夫人は非常に愚かな女性だったと言わざるを得ない。[*5]

最初の旅券詐欺裁判の結果はあらかじめ仕組まれていた。詳しい経緯は不明だが、ユダヤ人弁護士が出廷を禁じられたときにグレートルとヘルミーネが審理の延期を断ったのも、すでに「この問題は解決済み」[*6]と確信していたためだと思われる。因果を含められたシュタントハルティンガー判事が自分たちを無罪にすることを、彼女たちは初めから知っていたのだろう。しかし上訴となると、おそらく話はずっとややこしくなった。今回は彼女たちも、事件が自分たちの手の届かないベルリンの権力者たちによって扱われることに恐怖を覚えただろう。相手はもう「名高いストーンボローとウィトゲンシュタインの立派なご婦人方がたまたま詐欺師を信用してしまったのだとは見なさず、二人の年寄りのユダヤ人が策を弄して偽造パスポートを細工したのだと見なす」かもしれなかった。だが、ここでもグレートルの関係筋が救援に現れた。ヘルミーネが明かしているところによれば、「グレートルと何人かのありがたい友人たちが、今回もまた、公判を阻止する手段を見つけてくれた。適切な人物が見つかって、公訴局の態度を変えさせることに成功したのだ。上訴は撤回され、私たちはこの大きな不安から解放された」[*7]。

　この「適切な人物」とは、おそらくアルフレート・インドラだろう。旅券詐欺事件の最初の裁判でヘレーネの娘婿のアルヴィド・シェーグレーンの弁護を担当していた、ウィーンの策略家の弁護士である。このあとまもなく、インドラはグレートルの財産に関する当局との数々の係争で彼女の弁護を頼まれている。ジーによれば、彼は「紳士で、大勢の人々と非常に懇意にしていた。要は黒幕だ」[*8]。政府の高官を父とおじに持つインドラ博士は、ナチス時代に、ナチス当局と当局に財産を押収されそうになった裕福なユダヤ人との両方の弁護を引き受けていた、わずか三人の弁護士のうちの一人だった。ナチスドイツのような全体主義国家にあって、政府を相手に闘ってくれる弁護士を雇うのは悩ましい問題ではなかった。原告として問題を法廷に持ち込みたければ、当局の定めにより、三人の公認弁護士の誰かに弁護してもらうしか選択肢はなかったからだ。その三人が、ハンス・フランクとエーリヒ・ツァイナーと、アルフレート・インドラだった。もちろん、彼らがあまりにもうまく依頼人の主張を通しすぎたりすれば、彼らはその特権的な地位を追われていたはずだ。インドラの最も有名な依頼人は、一九三八年に担当したジークムント・フロイトである。戦後、インドラはフロイトの相続人たちから、押収されたフロイトの財産のいくらかを取り戻そうとする訴訟の弁護を依頼されているが、当時の書類はすべて（本人の一九六一年の主張によれば）親衛隊により、そしてのちにはロシア軍によって略奪されていた。

インドラ博士はマリー・ボナパルト（グレートルのルツェルン時代からの友人）を介してフロイトに紹介され、当時八十代になっていたフロイトのロンドン移住を手配したのも、フロイトがドイツを去る前に署名した薄ら寒い嘘八百の声明書の草稿を書いたのもインドラだった。

私はこれにより、一九三八年六月四日現在、私も私の周囲の誰しも、なんら嫌がらせを受けていないことを、私の自由意志にもとづいて認めるものである。国民社会主義ドイツ労働者党の責任者や代表者は、私と私の周囲の者たちに対し、つねに自制をもって正しく行動していた。

ジークムント・フロイト博士・教授[9]

一九三八年当時、インドラ博士は四十四歳、一八八センチの長身で、黒い目をした、人を欺くのがうまい悪賢い男だった。ウィーンのエリート校テレジアヌムの出身で、一八年後に同じ学校に入ったジーは、ちょうど多感な新入生が顔の骨格のしっかりした体育の得意な上級生を尊敬するように、このインドラ博士に憧れを持った。「インドラはとてもハンサムな男だった」と彼はのちに語っている。「優秀な弁護士で……状況に応じて誰につくべきかを知っていた……すばらしい味方だ！……もちろん僕と彼とは、テレジアヌムのよしみで互いに親しく呼び合う仲だった」[10]。インドラ博士の得意技は、自分がナチス当局を無知な愚か者だと思っているような印象を依頼人に与え、彼が完全に依頼人の味方だと思わせることだった。これをストーンボロー親子は素直に信じたわけだが、実際にインドラ博士の働きで公訴局がヘルミーネとグレートルの無罪に対する上訴を取り下げたのなら、親子を責めるのは酷かもしれない。

いずれにしろ、ドイツ側にとってもこの二人の高齢のご婦人は、牢屋の内にいるより外にいてもらったほうが好都合だった。彼女たちはドイツ中央銀行が早く手に入れたくてしかたがなかった純金と外国通貨、つまりスイスに預けられているウィトゲンシュタイン家の莫大な保有資産の鍵を握っていたからである。通常、外国預金をライヒスマルクに換金するのを拒否したドイツ国民の家はゲシュタポに踏み込まれ、住人は投獄されたが、ウィトゲンシュタイン家の場合はことが複雑になっていた。この家の資産は会社設立時の条件により一九四七年まで凍結されていたうえに、何人もが所有者に名を連ねていた。その一部（ジーとグレートル）はアメリカ国民で、別の一人（パウル）はドイツの管轄外に逃れていた。重役にはルートウィヒ（まもなくイギリス国民となる）とスイスの実業家のオットー・パイヤーが名を連ねていて、どちらもドイツの法律に従ういわれはまったくない。もしドイツがこの資産に手をつけるつもりなら、関係者全員を納得させなければならないが、そのときにグレートルとヘルミーネをパスポート問題で投獄してぐったりさせていては、果たせる目的も果たせない。そこで当局は、彼女たちを使って他の連中に資金を手放すように説得させるのが一番の得策であると判断した。

一九三八年十一月初旬、ジーはインドラ博士から、チューリッヒに行ってパウルに会い、彼がアメリカに発つ前に、当局に恩を売るためいったんウィーンに戻るようにと、うまく話をつけてほしいと頼まれた。話し合いはホテル・サヴォイ・ボー・アン・ヴィルで朝食をとりながら行なわれた。ルートウィヒも同席していた。この信託財産を清算するかどうかの問題を整理するために呼ばれたのだが、彼はすでに自分の資産をすべて放棄していたから、この問題をどうするのが最善なのか、公平かつ適切な助言をしてくれるものと思われた。ちょうどこの数日前には、例の「水晶の夜」が起こっていた。ドイツ各地で反ユダヤ暴動が生じ、一〇〇〇を超すシナゴーグとユダヤ人商店が破壊され、一〇万人を超すユダヤ人が逮捕されて、世界はこのニュースで持ちきりだった。そんなところへ戻るのは、パウルにとってリスクが大きすぎた。この話し合いのあいだに、ジーはいかがわしい冗談を口にして、二人の叔父を不快にさせた。

パウルがウィーンに戻らないことを知ると、ドイツ中央銀行はウィシュタータ社の資産に関してさらに圧力をかけた。マックス・ザルツァーとアントン・グロルラーは投獄の脅しをかけられた。ウィトゲンシュタイン家の屋敷で緊急の会談が開かれ、相談役のグロルラー、マックス・ザルツァー、ヘルミーネ、グレートルが参加した。グレートルだけは、ここに自分の法律顧問（悪名高いインドラ博士）を同席させた。おそらく彼女には独自のもくろみがあったからだろう。

会談の目的は、ベルリンから来たドイツ中央銀行の法定代理人ヨハネス・シェーネ博士を相手に、ウィトゲンシュタイン家の財産をどうしたらドイツ中央銀行に渡せるかを話し合うことだった。シェーネ博士は三十代初めの野心的な弁護士で、国民社会主義ドイツ労働者党の正式な党員であり、非常に小柄で、非常にきれいな金髪と人目を引くほどの青い目をした、言ってみればハリウッド映画で描かれる典型的なナチ党員の風貌をしていた。

「ご存じでしょうが」と彼はヘルミーネに言った。「ベルリンには、あなた方ご一家がいまだにこれほどの大金を外国に保有していると知って、愕然となさっている方々がいらっしゃいます。最近、そのお一人から言われました。『それで、その一家はいまだ自由の身でいるというのか？』と」[*11]。このように、シェーネ博士の言葉にはいちいち強い威嚇が込められていたが、それでも彼には多少の魅力があったらしく、のちにヘルミーネはこの会談のことを「非常に友好的」だったと記している。

グレートルは息子のトーマスから、一家の資産が外国に保有されている場合には、その信託財産を早めに分割できるように計らえば譲歩を得られることがあると聞いていた。たしかにそうだと思ったグレートルは、すっかり楽観的になり、この会談でも率先して精力的に話を進めた。その様子は、姉が「私たちの父にも匹敵する」と評したほどだった。彼女の提案はごく単純だった。「もしあなた方がこの信託財産を清算してほしいのなら、その代償を払ってもらわなくてはなりません。そして私たちが求める代償は、ヘルミーネとヘレーネに完全な市民権を与えてもらうことです」。シェーネ博士は当初、それは可能だろうと答えたが、ただしベルリンでドイツ中央銀行の外国為替の責任者、ゲルリヒ博士の合意を得なくてはならないとの留保をつけた。

ベルリンでの討議は五月二日、フィクトリアシュトラーセのドイツ中央銀行のオフィスで行なわれた。前回のウィーンでの会談の出席者もほとんどが参加していた。ゲルリヒ博士はグレートルとヘルミーネに対し、にべもなくこう返答した。

あなた方は移住することもできます。その場合は、あなた方の外国資産のごく一部分をお手元に残しておくことを認めましょう。あるいは、この国にとどまられてもかまいませんが、その場合は他の全員と同様に、すべての外国通貨をライヒスマルクに交換してもらうことになります。この二つの選択肢からなら、あなた方は前者を選ぶのではないですか。すでに表明されている総統の意志に反して、わざわざ例外ユダヤ人としてこの国にとどまりたがるとは考えられないのですが。*12

ヘルミーネは答えなかったが、その沈黙によってゲルリヒ博士が察してくれることを祈った。ナチス政権下のドイツ国にとどまることこそ、彼女が希望していることなのだ。姉妹がアーリア人の扱いを受けることに関しては、それは問題外だと断られた。彼女たちはユダヤ人であり、これはどうすることもできないというのだ。しかしアントン・グロルラーがヘルマン・ウィトゲンシュタインの出生の話を持ち出し、彼がアーリア人貴族の私生児だとウィトゲンシュタイン家の子孫は確信していると説明すると、ゲルリヒ博士とシェーネ博士はその情報に飛びついた。これを解決策として利用できると思ったらしく、一家がその方向で話を進めるなら、どんなことでもして協力してくれそうだった。しかし実際のところ、彼らは得意のゲームを巧妙にやっていたにすぎず、一方では一家の窮状に同情しているふりをしながら、もう一方では、もし問題がこじれればいつでもウィトゲンシュタイン家の書類をゲシュタポに渡すと脅していた。グレートルはこの策略に引っかかっていたようだ。「あのときから私たちとドイツ中央銀行との友情が始まった」[*13]と彼女はヘルミーネに言っている。この会談後、グレートルはパスポートを返却され、その三日後にサウサンプトンからワシントン号に乗ってニューヨークに向かった。

60　アメリカに来たナチス

アントン・グロルラーは働きはじめてからほぼずっと、ウィトゲンシュタイン家に雇われてきた。ユダヤ人とされた一家の最近の扱われようにショックを受けてはいたものの、彼はアンシュルスを大歓迎していたし、国民社会主義ドイツ労働者党の熱烈な支持者でもあった。ベルリンでの会談後、グロルラーはすぐにパウルに連絡した。

［ドイツの人たちは］とても寛大でした。これはあちらからの最終的な申し入れです。あなたの割り当て分である三四〇万スイスフランのうち、二一〇万スイスフランを手元に残しておくことを認めるそうです。多大な犠牲ではありますが、あなたが払ってくださるものと期待します。また、あなたに自由なオーストリア入出国も認めるそうです。ただし、姉上たちをアーリア人として扱うことに関しては、譲歩は保証できかな

いとのことです。これらに対し、一家からの快諾の意思表示が早急になされることを求められています。お持ちの純金をすべてていますぐ手放されるよう、私たちからお勧め申し上げます。[*1]

パウルはこれに乗り気になれなかった。オーストリアの自由な入出国を認めると言われても、彼にとっては意味がなかった。彼が問われていた刑事責任はいまだ撤回されていなかったし、そうでなくても、彼は依然としてユダヤ人扱いで、市民権を剝奪されている。もしウィーンに戻れば、ゲシュタポに捕らえられて、残りの二一〇万スイスフランまで強制的に譲渡させられるだろう。姉たちの扱いについて何の保証もないまま、保有している純金をドイツ中央銀行に差し出すのも納得がいかなかった。これにはジーも激しく反対し、興奮した高い声で、「プロレタリアのナチども」から叔父の財産を守るために協力するとパウルに誓い、ドイツ人には一銭たりとも渡したくない、何を言われても闘うつもりだと決意を語った。ここに来て、叔父と甥は完全な合意に達した——最終的にどんな譲歩がなされるにせよ、それはヘルミーネとヘレーネにとって最も有利なものでなくてはならない。

グレートルは一九三九年五月十二日にニューヨークに到着し、それからきっかり一週間後、ドイツ船コロンブス号に乗ったシェーネ博士とインドラ博士が到着した。ウィシュタークの代理人であるスイス人弁護士、コンラート・ブロッホもアメリカに来ていたが、英語が得意ではなかったので、二ヵ国語のできるニューヨークの事務弁護士に自分の声明を伝えるよう指示していた。これがザムエル・ヴェヒテルという几帳面で勤勉で誠実な弁護士で、彼の事務所では多大な時間と労力を費やして、ナチスドイツから逃れてきたユダヤ人の移住申請書類を無償で処理してやっていた。

全関係者が集まっての最初の会談は、五月十九日に、五二丁目とパークアベニューの角のグラッドストーン・ホテルで行なわれた。その数日前に、ドイツ人に純金はいっさい渡さないとするジーの確固たる決意は、早くも崩れていた。すべての純金――二五〇万スイスフラン相当――を譲り渡す旨の署名をしろとグレートルに迫られたからで、「どんな干渉にも我慢がならない闘士」[*2]の母親にはとうてい逆らえなかった。一方、アントン・グロルラーはパウルに対し、彼も同様に純金の譲渡に同意しなければ、財産がいっさい手元に残されなくなると伝えた。パウルはしかたなく同意した。「これは意外」とシェーネ博士は嫌味たらしく言った。かなりの前払いをしてもらったが、「これよりずっと少ない額でもドイツ中央銀行は満足したでしょうに」と。

グレートルはブロッホ博士にもヴェヒテル博士にも挨拶せず、ずかずかと会談の場に入ってきた。ニューヨークの自分の弁護士、エイブラハム・ビエンストックも同行させていた。インドラ博士は、わずか一週間前にはウィーンで彼女の利益を代弁してドイツ中央銀行の略奪に対抗していたが、いまやこのニューヨークでは、シェーネ博士の下役としてドイツ中央銀行の利益を代弁していた。パウルはインドラが何者なのかまったく知らなかったので、彼に対する感想はいたって単純なものだった。「彼は私の前では一言も話さなかったので、誰の代弁者なのかまったくわからなかった」[*3]。パウルは最初、ウィーンの姉たちのためなら犠牲を払うのはかまわないと述べたが、自分が安泰な立場ではないことも強調した。

私はかなり遅れてアメリカに来たので、音楽院で得られる有給の職はすべて埋まっていた。私にはピアノ教師以外の仕事はできない。それ以外のところではまったくの役立たずだからだ。第一、両腕のそろった最適な資格者が何百人と無職でうろうろしているのに、実用的でない片腕の男を雇う馬鹿がどこにいる？　たとえ給料のいい仕事の口があったところで、それを受けるわけにはいかなかった。合衆国の「観光」ビザしかない以上、そこで私がお金を稼いではならないことになっているからだ[*4]。

シェーネ博士の反応は冷たかった。一家が純金を譲るという善意を示したにもかかわらず、今度は二一〇万スイスフランでさえパウルには多すぎると言い出し、五〇万スイスフラン、あるいはそれ以下でドイツ中央銀行は決着するかもしれないなどという。当然ながらパウルは激怒して、会談は持ち越しとなった。

グレートルとジーはただちにワシントンに向かった。ブロッホ博士はパウルを脇に呼んで、姉上はどうも信用ならない、彼女がナチス側に味方してパウルの不利を図っているように見えるのはこれが初めてではない、と話した。しかしパウルは取り合わなかった。「それは見かけだけですよ」と彼は答えた。「姉が僕よりドイツ中央銀行をひいきする理由なんてこれっぽっちもない。たしかに僕らの仲は良好とは言えないが、姉は恥ずべきふるまいができるような人間ではありませんよ」[*5]。しかし次の会談で、パウルはその考えを変えた。

ドイツ中央銀行に対抗するにあたっては、ウィトゲンシュタイン側の全関係者が一丸となって共通の戦略に沿うことが肝要だったが、グレートルとジーはワシントンに行っているあいだ、誰からの連絡も受け付けなかった。ブロッホ博士が彼らの弁護士に電話をかけてみたが、誰とも話すなと指示されていると言われるだけだった。会談の当日になってグレートルから電話があり、自分も息子も所定の時間より早くは行かないが、インドラとシエーネが来る時間にあわせて着くようにするとのことだった。ブロッホ博士は一計を案じた。グレートルは部屋に入ってきて、ぶっきらぼうに「ドイツの人たちは？」と尋ねた。「彼らを呼ぶのは中止にしました」とブロッホ博士は答えた。「まずは私たちだけで、こちらの出方を決めたほうがいいでしょうから」[*6]。グレートルは明らかに動揺していたが、とりあえず腰を下ろし、そのあいだにヴェヒテル博士が短い言葉で簡潔に言うべき事柄を要約した。彼が説明を終えると、ジーがもったいぶった調子でこう言った。「きみのいくぶん長ったらしい説明を興味深く聞かせてもらったが、ここには話をまるで理解していない人がいるのでね、そういう人にはここにいてもらいたくないな」[*7]。

「それは私のことでしょうか」とヴェヒテル博士は言った。「でしたら、それは誤解です。私は同じような係争をドイツ人相手に何度もやってきましたから、こういう問題の扱い方はわかっています」。

「きみのことではないよ」

「では誰のことだ？」とパウルが口を挟んだ。のちに評するところの「不愉快きわまりない、くずのような甥の、無作法で生意気な態度」に腹が立っていた。

「誰と言えば、パウル叔父さんとブロッホ博士のことですよ」とジーは言った。「彼らの話を聞いている暇はありませんし、いずれにしても三〇分以内で話をつけてもらわないと、列車に乗り遅れてしまう」。

「おまえの列車のことなどどうでもいい！」とパウルは怒って叫んだ。莫大な資産についての話し合いを列車の運行時刻に合わせて終わらせろなどと言う甥は、いったい何を考えているのか。

「あなたのお金こそどうでもいいですよ！」とジーもわめいて、テーブルを拳でどんと叩いた。

グレートルはあわてて弟を隣室に呼び寄せ、こう言った。「あなたに自分のお金を守ろうとする権利なんかないでしょう。そもそも私がいなかったら、あなたはここにいないのよ」。

二人が戻ると、口論はまたいっそう激しくなり、ついにパウルがかっとなって自分の全財産をナチスに譲り渡しそうになったところで、甲高い声が一同をさえぎり、ふいに全員が沈黙させられた。「そこまで‼」と声をかけたのはザムエル・ヴェヒテルだった。彼はパウルが危険な状況にあるのを見てとって、すぐさま話し合いの延期を求めた。ジーとグレートルは憤慨しながら駅に駆けていった。翌日、パウルは甥から封書を受け取った。中身は彼と母親のワシントンまでの旅費の請求書だった。同封の手紙には「お互い、何らかの合意に至ればよかったのですがね」[*8]と書かれていた。パウルは電報で返信を送った。「私自身はもう話し合いには参加しない。あとは私の弁護士のヴェヒテル博士に連絡してくれ」[*9]。

「あのとき、ヴェヒテルは私を文字通り餓死から救ってくれた」[*10]とパウルはのちに記している。「彼が『そこまで』と叫ばなかったら、私はあの話し合いを物乞いにくれてやっていただろう――どの国でなら物乞いさせてもらえるかもわきまえていない物乞いに！」。その日から、パウルは二度とグレートルと口を利かなかった。そして「くず」のような甥とも二度とそれ以上の関わりを持たなかった。

61　ストーンボロー親子の動機

グレートルとジーは、たしかにパウルの全財産を必死にドイツ中央銀行に渡させたがっていたように見えたが、それはなぜだったのだろうか。その理由はジーの相続権に関係していたのではないか、と考えていたのはコンラート・ブロッホである。ジーはヘルミーネの相続人で、そのヘルミーネにパウルの財産は入ることになっており、その財産はドイツ中央銀行の交換レートであっても、何年ものちにはかなりの額になると思われたからだ。一方、パウルは別の疑いを持っていた。ストーンボロー親子はグムンデンやクントマンガッセに秘匿していた美術品のお宝を自由にしようとしていたのではないだろうか。「これはただの疑念だ――それははっきりと強調しておく」とパウルは記している。「しかしながら、ドイツ中央銀行の代理人であり、手段の卑しさなど気にもかけないようなシェーネが、その考えを彼らに吹き込んだ可能性は非常に高いと思う」[*1]。

考えられる理由はもう一つある。ドイツ側がヘルミーネの投獄と彼女のオーストリア国内の全財産没収を脅しに使って、一家に――とくにパウルに――ウィシュタータク社の利権をすべて放棄してドイツ中央銀行に譲渡させ、ライヒスマルクに換えさせようと圧力をかけていたことは証拠からわかっている。グレートルはアメリカにいれば刑事告発される恐れはないが、彼女の膨大なオーストリア国内の資産は安全ではない。ひょっとするとグレートルとヘルミーネは、もしパウルがドイツ中央銀行の要求に応じてウィシュタ―ク社の資産の持ち分を全額譲り渡すことに同意しなければ、その不足分の支払いを姉妹に負わせ、彼女たちの財産を没収するとともにヘルミーネを外国通貨法への不服従で投獄すると脅されていたのかもしれない。この可能性は、ヘルミーネの回顧録に何気なく書かれている一文と合致しているようにも思える。一九三九年五月初旬のベルリンでのドイツ中央銀行との会談に関して、ヘルミーネはこう記している。「ようやく話が決まったが、パウルが保持するのを認められた外国通貨の額は、私からするとかなり高いように思えた」[*2]。パウルの本来の取り分は三五〇〇万スイスフランであったのに、なぜ彼女は二一〇〇万スイスフランを「かなり高い」などと思ったのだろうか？　パウルが自分の財産をどれだけ保持できようと、彼女に何の関係があったのか？　自分とグレートルがその穴埋めをしなければならないと思い込んでいたのでなければ、こんな記述は出てこないのではなかろうか。

また、「黒幕」インドラ博士のニューヨークでの役割にも疑問が残る。彼はドイツ中央銀行の法定代理人としてアメリカに来たとされているが、パウルの与《あずか》り知らぬあいだに、オーストリアではグレートルの事務弁護士としてドイツ中央銀行との取引にあたっていたのだ。彼は実際のところ、誰の利益のために来ていたのだろう？　ドイツ中央銀行か？　グレートルか？　あるいはその両方か？　インドラ博士がウィシュタ―ク社の財産に関わる秘密情報をつかんでいたのをパウルの事務弁護士が発見したとき、それを漏らしたのはグロルラーだろうと推察された。

インドラはニューヨークに来てからも、あいかわらずパウルにドイツへの帰国を持ちかけ、外国の地で交渉するのはドイツの方針に反するからと言って、ベルリンの高級官僚を送るからドイツ船の上で会談を行なおうと提案してきた。これに対しては、パウルの弁護士たちが「あまりにも危険」[*3]だと警告した。その会談で、グレートルは興奮してこう叫んでいる。「パウルがドイツ中央銀行にお金を渡さないなんて、さもしい、わけのわからない行為だわ。弟は何もかも家族の世話になっているというのに。……彼には自分の財産を守る権利なんてない。私がいなかったら彼はここにはいないんだから！」[*4]。これを聞いて、シェーネ博士は抑えきれずに満足の笑みを漏らしたが、ヴェヒテル博士は顔をしかめて「あなたはそれでお金をもらいたいのですか、マダム？」と尋ねた。こういう発言をするために、ヴェヒテルはジーから「本当に嫌なやつ」[*5]と見られていた。

パウルが盗み見たと思われるシェーネ博士からベルリンの上役への一通の報告書によると、ウィシュターク社の資産を横取りしようとしていたシェーネは「ヴェヒテルとブロッホという二人のユダヤ人弁護士がドイツに敵対している」[*6]ことに苛立っていたらしい。シェーネに言わせれば、ヴェヒテルは「崩しようのない法的見地にもとづいて頑固に意見を主張して」きていたが、一方ジー・ストーンボローは、「ドイツの利益に対して完全に公正な態度」を示していた。その「公正な態度」とは、一部には、ジーがドイツから言われたとおりに行動していたことを指していた。「アルフレート・インドラは僕にウォール街の真ん中で手紙を口述させた」と、のちにジー自身も認めている。「シェーネ博士からも、こう言え、こう書け、こう主張しろと命令された。……結局、言われるままにあれやこれやの複雑な文書に署名した」[*7]。彼の説明によれば（きわめて疑わしいが）、シェーネとインドラはどちらも「二重スパイ」で、ひそかにドイツ中央銀行に敵対してストーンボロー親子のために働いていたという。その目的は、ヘルミーネとヘレーネに「混血児《ミッシュリング》」の資格を得させることだった。

一九三九年七月になっても、この問題はまだ解決せず、ドイツ中央銀行はパウルを屈服させるため、さらに厳しい作戦に出ることにした。ウィーンでは、ヘルミーネとグロルラー氏とザルツァー家の全員が、こう言い渡された——もしお金が用意されなければ、彼らは厳しく処罰されることになる、そしてニューヨークでの混血児に関する交渉が長引いていることが、この問題の原因だ。一同は連名で電報を送った。「混血の資格にこだわるべからず。さもないと下の署名者に緊急の重大な危険あり」[*8]。オーストリアの身内に危険が迫っていることを知ってパウルが降参するものとシェーネ博士は期待していたが、これがはったりであることをよく知っていたグレートルは、ニューヨークで交渉が続いているかぎりオーストリアの誰にも危害は加えられないはずだと確信して、いっさい譲ることなく混血児の資格を要求しつづける一方、パウルには全財産を手放すことを求めつづけた。

七月十二日、ルートウィヒとアントン・グロルラーとフレーダ・マリー・シェーネ（シェーネ博士の妻）がクイーンメリー号に乗ってニューヨークに向かった。ジーは叔父のルートウィヒに海底電信で「どうにかしないと伯母が投獄される」と念を押した。*9 ヴェヒテル博士は、依頼人にかかっている負担がますます重くなっているのを察して、この新しい一連の圧力からパウルを救うための対抗策をすでに講じていた。「しばらく休みをとってください」と彼はパウルに言った。「行き先を告げずに、どこかで休暇を。あなたにいてもらえるのはいつだってありがたいですが、この交渉はあなたが不在でも私がうまくやれますから」。さらに彼は、クイーンメリー号のルートウィヒにも手紙を送った。

親愛なるウィトゲンシュタイン教授

……あなたがアメリカにいらっしゃるとの知らせは、兄上をドイツ中央銀行の要求に従わせるために、兄上にかけられてきた一連の圧力の最新のものにあたります。疑いなく、威嚇と脅迫を受けたせいではありますが、ウィーンの姉上方は彼らの要求を不本意ながら支持しているだけでなく、シェーネ博士を通じて、書状や電報で服従を勧め、従わなければ深刻な危険が及ぶと伝えてきてもおります。ウィーンの姉上方にどれほどの圧力がかけられているのか、また、姉上方を通じて、あなたやストーンボロー夫人にもどれほどの圧力が伝わっているのか、私には測る手段がありません。しかしながら、パウル・ウィトゲンシュタインにあらゆる方向からかけられている圧力については測れる立場にあります。

その圧力は、すでにパウルが譲歩を申し出ているにもかかわらず、容赦ないほどに続いています。そしてこの譲歩は必要充分以上のものであり、ドイツ中央銀行にとっても確実に受け入れられるものであるはずです。しかしながら、ドイツ中央銀行にとっては都合のよいことに、ウィーンの姉上方が圧力をかける道具として利用されることをあまりにも容易にお許しになるのです。本来、この圧力は適正な自制を欠いているために、すでに行き過ぎとなって自ら破綻しているのですが。*10

手紙はさらに続き、パウルは弟とニューヨークで会えるのを喜んでいるが、ただしその前に、ルートウィヒにはまずヴェヒテル自身と会うのを了承してもらいたいと説明してあった。そうすれば「あなたとパウルがお会いになったとき、今回の件であなたが把握していらっしゃらない部分が原因で、お二人のあいだに気まずい思いや見解の相違が生じたりすることもないでしょうから」。

ルートウィヒは言われたとおりにザムエル・ヴェヒテルに会いに行き、パウルに会う日としてスケジュール帳の二十二日に印をつけもしたが、結局、一週間のアメリカ滞在のあいだに兄と会うこともなければ話をすることもなかった。だが、パウルへの手紙は送っていて（現在は紛失しているが）、のちにパウルはそこからの引用をしている――「ストーンボロー親子のふるまいは、たしかに軽率で愚かでした」[*11]。

このアメリカ訪問でルートウィヒは疲れきり、ほとんど何もしないまま、元気をなくしてケンブリッジに戻った。おそらく彼も、パウルに財産を放棄させるための圧力をかけることに不本意ながら加担していたのであり、何年ものちになって、深刻な声で悲しげにこう言ったという――「パウルがどれほど平常でなかったか知っていたなら、あんな酷な態度はとらなかったのに」[*12]。結局、八ヵ月前の一九三八年十一月にチューリッヒで会ったときが、パウルとルートウィヒの最後の対面となった。以後、この二人の兄弟は、会うことも話すことも、手紙をやりとりすることも二度となかった。

62　戦争の脅威

ヒトラーの貪欲な外交政策はあいかわらず諸外国を憤慨させていたが、ヒトラーとしてもロシアやフランスやイギリスやイタリアとの全面戦争はまったく望んでいなかった。彼が公言していた計画は、ヨーロッパのドイツ語圏をできるかぎり平和的に、自分の率いるドイツ国のもとに統合することだった。しかし、目的のためなら手段は選ばないという原則のもと、ヒトラーは嘘をつき、約束をたがえ、公言していた意図を超える行為を強行し、国際外交の慣例を侮辱的に無視するようなこともしばしば行なった。一九三八年三月のオーストリアのアンシュルスなどは、ヒトラー自身も驚くほど円滑に完遂できていた。諸外国は口々に不満を表明したが、最終的には、新たに拡大したドイツ国を——自国の面目を失わずに——認める口実を見つけて不問に付した。十月、ヒトラーはさらに大胆になってチェコのズデーテン地方を併合し、このときは危うく戦争になりかけたが、ヒトラーがこれ以上ヨーロッパの領土は侵さないと繰り返し約束し、ネヴィル・チェンバレン、エドゥアール・ダラディエ、ベニート・ムッソリーニとの事前合意を懇願したために、寸前で戦争は避けられた。しかし一九三九年三月十五日、ヒトラーがドイツ軍にプラハのチェコ語圏への侵攻を命じると、国際社会は一丸となってその行動を非難した。イギリス首相のチェンバレンは、一〇〇件を超す対抗策でイギリスに戦争の準備があることをほのめかし、四ヵ月後にドイツが自由港ダンツィヒを強奪する態勢に入ると、もしもドイツとの交戦が起こった場合にはポーランドへの軍事援助に向かうことを誓約した。

ヒトラーの軍隊は遠慮なくドイツの近隣諸国を併合していたが、その一方で、各国がドイツに対して宣戦するのを思いとどまらせようとする努力は本気で続けられていた。そしてアメリカ行政府を怒らせないようにするために決められた（多数のうちの）一つの策が、ジー・ストーンボローを丁重に扱うことだった。アメリカ在留のナチ外交官は、ジーが重要人物であるとベルリンに報告していた。彼の肩書き——労働省調停委員——は実際よりもはるかに権力のあるポストとして、かなりの緊張感をともなってベルリンに伝えられた。もちろん実際のところ、ジーの日常業務は、アメリカ国内の労働争議についての退屈な報告書を作成することぐらいでしかなかった。しかしベルリンでは、ジーはワシントンの政治家グループと強いつながりがあると了解されていた。彼の名前はしばしば上流社会のカクテルパーティーの招待客としてワシントンの新聞のゴシップ欄に登場していたし、彼の友人のジェームズ・ホーテリングはルーズヴェルト大統領の親戚と結婚していたから、ドイツ当局はジーが大統領にものを言える立場にあると（誤って）信じ込んでいた。さらにベルリンでは、ジーがたびたびウィーンとワシントンを行き来していることも、アメリカ行政府のナチスドイツに関する情報収集に利用されているのではないかと見られていた。このため、ドイツ当局は当初、拡大を続ける新たなドイツ国に対しての好印象を若いジーの頭に植えつけようと躍起になっていたものだった。こうした非公式な保護はストーンボロー親子も承知していたから、グレートルはこれを利用して、ウィシュタータ社の資金分配に関するドイツ中央銀行との交渉にあたったのだった。

一九三九年八月の時点でも、ウィシュタータ社とドイツ中央銀行の争いはまだ解決していなかった。パウルはすでにこの話し合いからすっかり身を引いていて、代理人の弁護士にすべて任せていた。次回の討議は、スイスで行なわれることが決まっていた。パウルはアメリカに残り、ヴェヒテル博士に書面で指示を送った。

あなたに全幅の信頼を寄せているので、チューリッヒでは私に代わって行動し、結論を出してください。……これには私の名誉が（ウィーンで何かあれば、あらゆる中傷がそこに向けられるでしょう）かかっていると同時に、私の良心と、心の平穏もかかっています。……あなたが正しいと思うことをしてください。ただし、道義的な主張だけは決して撤回しないように。[*1]

チューリッヒでの交渉も、前月のニューヨークでの交渉に負けず劣らず難航した。ルートウィヒもやってきたが、ほとんど何もしないまま早めに帰っていった。グレートルとジーはザムエル・ヴェヒテルと話すのを拒否した。親子は彼をいまだに敵視していた。インドラ博士は、ヴェヒテル博士に偽の覚書に署名させようとしたが失敗し、一方アントン・グロルラーは、ヴェヒテル博士に泣き落としを試みた。自分はパウルのことをあなたよりもよほどよく知っている、パウルはウィーンに戻るつもりはないと言っているかもしれないが、彼の心はやはり奥底ではウィーンにあって、もし彼が全額を支払わなければ、彼が深く愛着を覚えている屋敷は押収され、二度と戻ってこないのだ、とグロルラーは訴えた。

こうしているあいだにも、一同はベルリンから「混血児《ミッシュリング》」の資格についての正式な知らせが来るのを心待ちにしていた。前にパウルとグレートルがベルリンの家系調査局で面談したクルト・マイヤーは、証拠の薄弱さを理由にヘルマン・クリスティアン・ウィトゲンシュタインがアーリア人貴族の息子であるという主張をはねつけていたが、ドイツ中央銀行の上層部はマイヤーを無視してウィトゲンシュタインの書類をもっと上の機関に通すことに成功していた。そこで一家は、いまやアーリア人の子孫であることの系図学的な証拠ではなく、ある種の「恩赦」がくだされることを期待していた。それを得るには総統の同意が必要だった。実際にヒトラーが関与した可能性を初めてヴェヒテル博士が知ったのは、インドラ博士との話からだった。チューリッヒのドルダー・ホテルでの会談の場で、ヴェヒテルは「混血児」の資格についての懸念を口にした。もしそれが与えられても、ドイツ側はパウルからさらにお金を巻き上げるために、またその資格を取り上げるのではないかと思ったのである。ヴェヒテル博士はこの話の続きを覚書に残している。

インドラ博士は、混血児の法令に署名する人物の地位の高さを考えれば、誰もあえてそんなことはしないと断言した。私はまだ納得できなかった。だがインドラ博士は、間違いないと言い張る。なぜなら、もしそういう法令が出されるなら、それに署名するのは総統自身だからだというのだ。それは非現実的な期待だと思い、彼にもそう言ったが、インドラはほぼ間違いなくそうだと言い切った。*2

そのころヒトラーはポーランドを侵攻する寸前にあり、したがってチェンバレンの約束が信用できるなら、開戦の寸前にもあった。にもかかわらず、ウィトゲンシュタイン家に混血児の資格を与えることを認める命令に署名する時間はあったらしい。ヘルマン・クリスティアンをアーリア人の子孫と見なす旨のヒトラーの裁定は、内務大臣のヴィルヘルム・フリックに伝えられ、八月二十九日にフリックからの指令がベルリンの家系調査局のクルト・マイヤーに送られた。翌日、マイヤーはやむなく血縁関係のある子孫全員に「混血児《ミッシュリング》」の認定証を発行した。この急転換に、家系調査局のウィーン支部は疑念を起こし、ベルリンに説明を要求する文書を送った。それに対するクルト・マイヤーの返信がウィーン市の史料に残っている。

ウィトゲンシュタイン家の出自と血統の問題に関して、私は一九三九年八月二十九日に内務大臣より発せられた指令に従うことに決定した。なお、この指令は総統より発せられた命令にもとづいて出されたものである。以上の事実により、今後、ウィトゲンシュタイン家の出自と現状に関するこれ以上の詳細をこの部局で独自に調査することはない。総統の決定は即刻かつ無条件にヘルマン・ウィトゲンシュタイン（一八〇二年九月十二日コルバッハ生まれ）に適用され、彼はこれより、子孫全員の、ドイツ人の血を引く祖先として見なされる。……同時に、一族の出自の認定証もヘルマン・ウィトゲンシュタインの子孫全員に発行されているため、ドイツ国民権法において定義される彼らの人種的分類に、もはや何ら異議を挟む余地はない。何らかの疑問により必要な場合には、関係家族の出自証明書をドイツ国家系調査局に依頼することも可能である。

署名：博士クルト・マイヤー[*3]

もちろん、パウルが最終的に自分の財産のかなりの部分に対する権利を放棄することに同意していなかったら、これらはいずれも実現していなかっただろう。ヴェヒテル博士がパウルに代わって辛抱強く交渉した結果、ドイツ中央銀行は一八〇万スイスフランをパウルに保持させることで合意した。残ったパウルの持ち分から、さらに三〇万スイスフランが三人の弁護士――ブロッホ、ヴェヒテル、ビエンストック――に支払われたが、そのうち二〇万スイスフランは別の三〇万スイスフランとともにジーから回収された。これは持株会社ウィシュタークの最初の資本金の持ち分よりわずかに少ない額だった。最終的に、パウルはおよそ一二〇万スイスフランの代価を払って二三〇万スイスフランの外国資産を保持した。現金と、ウィーン市内の屋敷の所有権二分の一、ノイヴァルデックの地所の所有権三分の一を含めたドイツ国内のすべての不動産は、無償で姉のヘルミーネとヘレーネに移譲された。一九四五年八月のアメリカ国税庁への納税申告書によると、合衆国におけるパウルの資産は一九四四年十二月三十一日現在で九二万四八二一ドルと計算されている。この数値を消費者物価指数にもとづいて換算すると、二〇〇〇年における九〇六万六八七五ドルの価値に相当する。大半の人の基準からすれば大変な金額だが、もしもナチスに介入されていなかった場合の正味資産と比べたら、パウルにとってはいかほどの額でもなかっただろう。

パウルの財産がドイツの手に渡るやいなや、あらゆる部局が飢えたハイエナのようにこれに群がってきて、ドイツ中央銀行、歴史的記念物保護局、資産管理局、国外移住税局、そしてゲシュタポのあいだで、各官僚による一大争奪戦が生じた。パウルはドイツ中央銀行とのあいだで合意書を交わし、彼の非固定資産をすべて——少なくとも輸出規制の対象にならないものは——移動できるようにしておいた。それらがすべて荷造りされ、送られる準備ができたところで、歴史的記念物保護局が介入してきてドイツ中央銀行の署名を無効にした。パウルは一九四四年のアメリカ国税庁への申告書でこう宣言している。「オーストリアにある私的所有物については、そのまま残されているかどうかもわかりませんし、いくらの価値になるかもわかりません。その所有物のなかには、少なくとも一時期には、貴重な美術品や手稿譜や家具が含まれていました」[*4]。

パウルが姉たちと交わした合意の一つで、彼の国外移住税は姉たちに移譲された現金から支払うことになっていた。資産管理局がパウルの国内資産を再評価して六四〇万ライヒスマルクと見積もると、さっそく国外移住税局が、その二五パーセントにあたる一六〇万ライヒスマルクを要求してきた。ヘルミーネとヘレーネはインドラ博士を雇い、つい最近までパウルからお金を巻き上げることに腐心していたこの弁護士に、今度は新しくできた自分たちの資産を税務署から守る仕事に腐心してもらうことにした。

63　貴重な手稿譜

ウィトゲンシュタイン家が「混血児《ミッシュリング》」の資格を得てから二日後の一九三九年九月一日、午前五時三十五分に、東プロイセンのドイツとポーランドの国境に集結していた一二五万余りの兵に前進の命令がくだされた。「用意《アハトゥング》！　戦車《パンツァー》、前進《マルシュ》！」の号令とともに、早朝の澄みきった空気の静けさを飛行機とオートバイと装甲車と戦車と補給トラックの轟音が打ち破り、数分後には、その大音響に爆発音と銃声が加わった。[*1]軍隊の大行列があっというまにワルシャワ市内に突入し、わずか八日のうちにドイツ軍の「電撃戦《ブリッツクリーク》」は終了した。ポーランドはこれにより、拡大しつづけるヒトラー帝国のまた新たな一州となった。まだ戦闘の勝敗が決する前の九月三日、イギリス首相とフランス首相はドイツに宣戦布告した。開戦の知らせが届いたとき、ジーはまだウィーンにいた。アメリカ国民である彼にとって差し迫った危険はなかったが、ジーも母親のグレートルも、とても悠長にはしていられなかった。事態が深刻化する前に貴重な財産をできるだけ多くこの国から持ち出さなければならなかったからだ。九月十日、ワシントンに戻るためスーツケースの荷造りをしたジーは、ズボンや靴下の束の下に、かなりの数のオリジナル手稿譜をこっそりと忍ばせた――ベートーヴェンの弦楽四重奏曲第十三番（作品一三〇）のスケルツォ、歌曲『遠くからの歌（Lied aus der Ferne）』、ベートーヴェンの自筆の手紙一九通、ブラームスのヘンデル変奏曲とピアノ協奏曲ニ短調の二つの版、モーツァルトのセレナード（K３６１）と弦楽五重奏曲ハ長調（K５１５）、有名な『鱒』を含むシューベルトの六つの歌曲、ピアノ二重奏のためのソナタ、そしてワーグナーの『ワルキューレ』のための一連のスケッチ。

カールとレオポルディーネは手稿譜の熱心なコレクターだった。グレートルはそのいくつかを相続し、父の死後に自分でも新たに購入してコレクションを増やした。一九二〇年代、ジェロームがウォール街の大暴落で面目を失う以前には、彼に手稿譜の購入のほか、フランス絵画や、オリエントやエジプトの美術品の購入も任せていた。これらはジェロームが目利きだというのでグレートルの財産を使って長期投資のつもりで購入されたものであり、その結果、ジェロームはかなり貴重なコレクションを蓄えていた。一九三八年六月の時点でウィーンにあった手稿譜の多くは、ナチスの家宅捜索のときにも隠匿され、グレートルの資産申告にも記載されなかった。旅券裁判のときに一部は発見されてオーストリア国立図書館の貴重品保管室に移されたが、それ以外の多くはまだグレートルが隠し持っていた。それがいま、無事にオーストリアからひそかに持ち出せることを祈って、ジーのスーツケースに詰め込まれていた。

ジーの予定では、まず列車で国境のブクスを抜けてリヒテンシュタインとスイスに入るつもりだった。そしてチューリッヒから外交伝書便でワシントンに手稿譜を送り、彼自身はさらにパリを経由してフランス西部のル・ヴェルドンの港から、ニューヨーク行きのマンハッタン号に乗ろうと考えていた。ところが、国境のオーストリア側のフォアアールベルクで列車が止まってしまった。ゲシュタポとグレポ（国境警備隊）がせわしなく車両を行き来して全乗客の荷物を調べだした。ジーのスーツケースの底にしまわれていた手稿譜が発見されると、ジーは列車から放り出された。彼がまだ尋問されているあいだに、列車は彼を置いて駅を出ていってしまった。何十年ものちに、ジーはこのときの自分の偉業をこう説明している。

私は機転を利かせ、そんな貴重な楽譜をドイツ国から持ち出そうとするのはよほどの馬鹿だけであり、これらはみなよくできた現代のコピー品なのだと明確に主張した。オリュンポスの神々は私を見捨てず、愚か者どもは私の言うことを信じて、無作法ではあったが、いちおう私をアメリカの重要人物と見なし、六時間後に出る次のチューリッヒ行きの列車に乗ることを許可した。[*2]

これをそのまま信じるなら、税関検査官と国境警備隊は愚鈍の極みだったと言うしかない。こうした貴重品がドイツ国から密輸出されるのを阻止することが彼らの任務で、彼らはそのために訓練されていたはずだからだ。「これらはただの模造品」という言い訳は何千回と聞いていたに違いなく、疑いが生じたときのために専門家も用意していたと思われる。そうした人員が三人も四人もでジーの原稿を調べ、全員がただの「よくできた現代のコピー品」で納得したとは、とても考えにくい。おそらく実際には、国境警備隊がその場でいくつかの問い合わせをしたところ、ジーが「アメリカの重要人物」だった――と少なくともベルリンでは見なされていた――とわかったのだろう。

国境で六時間の足止めを食わされたあいだに、ジーは同じ列車から降ろされていた一人の男に散歩に誘われた。その男はザンクトガレンのパン屋だと名乗ったが、ジーはスイスの諜報部員ではないかと怪しんだ。二人は長い散歩に出たが、ジーは相手に何もしゃべらず、天気の話ぐらいしかしなかったらしい。少なくとも、それが本人の説明である。しかし事実だとすれば、それはじつに彼らしくない。総じてジーは、自慢を容易に自制できるような人間ではなかったからだ。彼が無事にアメリカに到着してからすぐに、ゴシップ欄担当者のダドリー・ハーモンが《ワシントン・ポスト》でこう報告している。「超満員の乗客を乗せて土曜日にニューヨークに着いた定期船マンハッタン号で、何人かのワシントン人も戻ってきた。ジョン・ストーンボローもその一人で、カクテルタイムに友人たちに囲まれた彼は、ヨーロッパを出てくるときの苦労話で大いに場を盛り上げていた」。[*3]

ジーがスイスのパン屋に何かを漏らしたかどうかは不明だが、いずれにしても、国境警備隊は彼が言っているほど愚かではなかったようだ。ジーが貴重な荷物とともに国境を抜けたあと、ほとんど時間を置かずに、まだウィーンにいたグレートルのもとにゲシュタポがやってきているからだ。今回、彼女の資産目録は徹底的に調べられ、グレートルが一九三八年六月にひそかにイギリスに運び出してルートウィヒに保管を頼んだ六点の手稿譜の存在が発覚すると、国宝級の貴重品を違法に持ち出したとして、すぐさまグレートルに刑事訴追の脅しがかけられた。しかし今回も、グレートルはインドラ博士の力を借りて無事に交渉で苦境を切り抜けた。インドラは、訴追を見逃してもらう代わりに彼女とジーが所有する手稿譜を「妥当な価格」で国に売却することを勧めた。グレートルが逮捕されたときに彼女の家から押収されて、国立図書館に保管されていた楽譜のことである。そのなかにはグレートルの所有品だったブルックナーとワーグナーの交響曲の自筆譜、ジーの所有品だったブラームスのピアノ五重奏曲とウェーバーの五重奏曲の手稿譜、その他いくつかのブラームスとシューベルトの作品と、ベートーヴェンの自筆の手紙が含まれていた。インドラ博士の要求は、これらの貴重品を格安で図書館に売る代わりに、グレートルがそのうちの一点だけ――ブラームスの交響曲第三番の楽譜（かつては指揮者ハンス・フォン・ビューローの所有だったが、このときはグレートルの不肖の息子、トーマスの所有になっていた）――を無税で国外に持ち出すことを認めてほしいというものだった。

この要求に関して、オーストリアの担当官吏フリードリヒ・プラットナー（ウィーンの内務文化省に属する教育・文化・国民指導局の局長）はベルリンの上級官僚に助言を求めた。一九四〇年一月九日、プラットナーは、悪名高いナチスドイツの総統官邸長官ハンス・ハインリヒ・ラマースに手紙を書き、「訴追の脅し」に恐れをなしたストーンボロー未亡人が自身と息子の所有する原稿をわずか五万ライヒスマルクで国立図書館に売りたがっている旨を説明した。

ストーンボロー家はこの申し出に重みを与えんがため、まもなく行なわれる予定の、チューリッヒに残っている約一〇〇万スイスフラン相当の資産をどう分割するかについての交渉において、彼らがこの全額をドイツ国に有利なように供することも、またそれを阻止することもできる立場にあると強調しております。さらにこの件に関しましては、先日、ストーンボロー家を厚遇するウィーンの中央遺産保護局の介入を通じてドイツ中央銀行の代理人からも口添えがありました。

また、ストーンボロー家は――ジョン・ストーンボロー博士がワシントンの労働省において影響力の強い立場におられるようなので――ブラームスの交響曲が交換条件なしに輸出されるよう、外交ルートを通じて圧力をかけられる可能性があるということも、申し上げておくべきかと存じます。[*4]

当然のことながらラマースは、ドイツに残っている最後のブラームスの交響曲の自筆譜を持ち出すことを認めず、プラットナーには楽譜の図書館への売却をただちに実施し、問題の一〇〇万スイスフランをグレートルの訴追を見逃す代わりとして要求するよう命令した。この一〇〇万スイスフランは、ヘルミーネとヘレーネに移住の必要が生じた際の緊急資金として保有しておくことをジーがパウルに誓約していたお金だった。したがって、その資金はどこか別のところから見つけてこなければならなくなった。

64　冷戦

パウルはスイスにいたころ、ダニエル・ゴルトベルクというウィーン出身の医師のためにたいそうな骨折りをしてやった。彼はウィーンでヒルデと子供たちの主治医をしていたのだが、アーリア人の妻とともに八月にパリに亡命して以来、ずっと街外れのむさくるしいホテルで暮らしていた。これを知ったパウルは、ゴルトベルクにかなりの額を送金するとともに、イギリスやアメリカの友人に働きかけて医師の口を探してまわった。グレートルも、家族の古い友人たちをナチスの反ユダヤ主義から救うべく精力的に働いて、そうした友人の二人を最初はキューバに、次いでアメリカに逃れさせることに成功していたが、一九四〇年にはすでに持ち札を切り尽くして、ドイツ当局にとっては明らかに「歓迎されざる人」となっていた。国立図書館への売却が完了すると同時に、グレートルは国外退去を要求された。グムンデンの二つの所有地所のうち、大きいほうは政府に徴発され、ほどなくしてウィーンの邸宅も接収された。国を出る数時間前、グレートルはインドラ博士を手伝わせて、さまざまな貴重品をクントマンガッセの屋敷の庭に埋めた。自分が不在のあいだの代理人としてインドラ博士に全権を委任して、グレートルは悲嘆にくれながらジェノバ港に向かった。一九四〇年二月八日に、彼女の乗ったワシントン号はニューヨークに帰着した。これは彼女にとって二度目のオーストリアからの強制退去で、今回もまた憂鬱な気分が彼女を襲った。彼女はルートウィヒに手紙を書き、「私の心が安らげる場所はどこにもなく、私は誰のためにも役立てない。あとは何か有意義な仕事が見つかることを祈るだけです」[*1]とこぼした。

結局、グレートルはその不毛な数ヵ月を、自分の所有物を売却することで紛らわせた。十月に、五七丁目のパーク＝バーネット・ギャラリーで二回にわたって大規模な競売が行なわれ、「故ジェローム・ストーンボローの遺産」と称して家具や絵画や東洋の工芸品が売りに出された。ピカソ、コロー、ゴーギャン、マティスの作品のほか、高さ六メートルを超す北京製のコロマンデル漆の屏風や、古代ローマの塑像、古代アテネの甕《かめ》、唐や明や元や宋の時代の馬や壺などの置物もあった。これらの名品がもともとニューヨークにあったとは考えられない。グレートルはアメリカでは住所不定だったからだ。現存している乗客名簿によると、一九三七年二月の時点でのジェロームの合衆国での住所は、ウォルドルフ・アストリア・ホテルとなっていた。そして一年後のグレートルの住所は、ウォール・ストリート四四番――息子の株式仲買人の会社の所在地である。競売カタログによれば、各商品はすべてジェロームがパリで集めたことになっていた。しかし、グレートルがウィーンで美術品の輸出許可を得る交渉に成功していたのかどうかはわかっていない。パーク＝バーネット・ギャラリーのマネージャーはストーンボロー親子に、各絵画に五万九〇一五ドルから九万一六一五ドルの値がつくだろうと言っていた。しかし、実際についた価格は惨憺たるものだった。単品で最も高い値がついたのはロット番号七一、アンリ・マティスの「静物」だったが、それさえも一万四〇〇ドルまでしか上がらなかった。トゥルーズ＝ロートレックの簡素な肖像画「ピンク色のリボン結びをした女」には五二〇〇ドル、ゴーギャンの「チェロ弾き」には四一〇〇ドル、ピカソの一九二一年の「犬」には三八〇〇ドルしか値がつかなかった。その他のほぼすべては二〇〇〇ドル以下で、モディリアーニのすばらしい肖像画「首飾りの女」などは、なんと四〇〇ドルで売り払われた。二〇〇七年五月にニューヨークのクリスティーズで一二〇〇万ドルから一六〇〇万ドルの値がつけられた「緑の首飾りの女」の姉妹作が、この結果である。最終的に、絵画作品の総売り上げは五万六七〇五ドル。売却にはあまりにも適さない時期であった。

数ヵ月後、ジーはブクスの国境検問所を抜けて密輸した手稿譜のすべてを、ワシントンの議会図書館のクラーク＝ホイッタール・コレクションに安価で売却した。その代金の一部はバミューダ諸島のオフショア口座に入れられ、一部はジョン・ストーンボローとエイブラハム・ビエンストックの共同名義で投資信託に預けられた。

ヘルミーネとヘレーネの「移住資金」はナチスに支払われてしまっていたので、グレトルとジーは別の方法でその穴埋めをすることにし、ともにルートウィヒに手紙を書いて、ケンブリッジのバークレー銀行に預けられている手稿譜を出してきてほしいと頼んだ。この楽譜の少なくとも一つ（モーツァルトのピアノ協奏曲K467）はパウルの所有になっていたのだが、それも含めて、親子はこれらもワシントンに売るつもりだった。ルートウィヒはジーに返事を書いて、いまは市場の相場が下がっているから売るのは見合わせたほうがいいと勧めたが、これに対してジーは「とんでもなく攻撃的」な手紙を返し、叔父を「早とちりしている」と非難した。「僕は三九年ごろから二年半も財産管理をうまくやってきているんです。財政問題に関しては、あなたが言ってきたような意見より、僕自身の見解と判断を尊重する資格があると思いますね」[*2]。

65　妻子との再会

スイスに来ても、若いヒルデはとても安閑と暮らしてはいられなかった。期限付きのビザでは、彼女も子供たちもロリー嬢も、いつ強制送還を命じられるか知れなかったからだ。一九三九年三月初めに、やっとパウルの弁護士から、荷物をまとめて夜行列車でジェノバに行くようにとの指示が来た。ニューヨーク行きのイタリアの定期船、レックス号の切符が予約してあるという。港に着いてみると、そこは何とかして船によじ登ろうと必死にもがいている人々で大騒ぎとなっていた。荷物が船に載せられたが、出入国書類に不備があって、結局ふたたび降ろされてしまった。

それから二週間半、じっとジェノバで待ったすえ、パナマとバルパライソ行きの小さな船にようやく空きが確保された。このヴィルジリオ号は六四〇人の定員だったが、ヒトラー支配下のヨーロッパを逃れてきたお金も住むところもない一一〇〇人以上の難民で超満員となっていた。これまで一度も船に乗ったことのなかったヒルデは、船酔いに苦しみ、オーストリアをたまらなく懐かしがりながら、ジブラルタル海峡をまわった。船はカナリア諸島を経て、ベネズエラ、パナマ地峡、その両端のクリストバルとコロン（ちょうどここでは、街の半分以上を焼失させる大火災に遭遇した）を通過して、ついにハバナに到着した。一行はここでキューバのビザを買い、海沿いの家を住まいとして、それから一年半、パウルが自分たちを救いに来てくれるのを待った。

パウルもすぐには動けなかった。いったんアメリカを出国したら、二度と入国できなくなる恐れがあったからだ。一九四〇年八月、観光ビザの期限がついに切れたところで、ようやくパウルはハバナに飛んでいけた。それから七ヵ月、パウルはサンラサロの入り江に面したホテル・ナシオナル・デ・クーバに滞在して、週末のたびに恋人と子供たちを訪ねた。そのあいだもずっと合衆国の永住ビザを取る努力はしていたが、ことごとく妨害され、一時期パウルは家族全員でアルゼンチンに移住することも考えていた。

ヒルデはもともと信仰心が篤かった。生まれたときからカトリックの教義で育てられていたため、子供たちの父親との関係に結婚というきちんとしたかたちをつけることを強く望んでいた。この数年間、彼女は多くの苦しみを負い、多くを犠牲にしてきたが、新しい困難にぶつかるたびに、勇気と不屈の精神で乗り越えてきた。ウィーンにいたころは、カトリック教会を毛嫌いしていたパウルを説き伏せて、子供たちに洗礼を受けさせてもいた。そしてこの一九四〇年八月二十日、キューバのハバナで、ヒルデとパウルは内々の、しかし正式なカトリックの式を挙げて夫婦となった。

グレートルがニューヨークに来てからも、彼女とパウルは互いに会おうとはしなかったが、共通の知人からグレートルは弟の話を聞いていた。「もし何らかの役に立つのなら喜んで彼に会いに行くのだけれど」とグレートルはルートウィヒへの手紙に書いた。「でも、私はパウルにとって誰より我慢のならない相手だから。それはよくわかっています[*1]」。戦争中、グレートルは検閲に疑われないようにするためにルートウィヒへの手紙を英語で書かなくてはならなかった。彼女にとっては面倒だったが、ルートウィヒにとってはその手紙しか、兄の近況を知る手段はなかった。「パウルのお友達は（彼女の子供たちも）いまキューバにいて、認可が得られしだい彼女をこちらに連れてきて結婚するそうです。以前の私なら、そんなことになるのは彼にとって最大の不運だと思っていたでしょうが、いまは違います！――素直に『よかった』と言いたいですね。彼の心が安らぎを得られることを祈っています[*2]」。

66　ベンジャミン・ブリテン

パウルは一九三四年四月にフィレンツェで行なわれた国際現代音楽協会（ＩＳＣＭ）の音楽祭で、ヘルマン・シェルヘンの指揮によりラヴェルの協奏曲を演奏していた。この聴衆のなかに、イギリスの二十歳の作曲家、ベンジャミン・ブリテンがいた。翌日の晩に演奏される自作の幻想四重奏曲を聴きに来ていたのだった。《ザ・タイムズ》の批評家は、このときのパウルの演奏を音楽祭のなかで最もすばらしかったと賞賛したが、ブリテンはシェルヘンの十三歳の息子ヴルフにすっかり心を奪われていたので（のちにブリテンは彼を思い描いて「若きアポロ」に捧げる音楽を作ることになる）、あまり集中して聴いてはいなかったかもしれない。ノーフォーク州の小学生だったころ、ブリテンはラジオでシュトラウスの『家庭交響曲余録』を聴いたことがあり、その感想を日記にしたためている。「午後に昼寝をしたあと、ラジオでコンサートを聞いた。オーケストラとパウル・ウィトゲンシュタイン（たしかそういう名前の、左手のピアニスト）。なかなかよかったが、曲目はそれほど好みではなかった」[*1]。

一九四〇年当時、ブリテンはアメリカに住んでいた。ヴルフとの関係がこじれていたため逃げるようにしてイギリスを出て、戦争が勃発する少し前からアメリカに来ていたのである。パウルは自分がブリテンの音楽を好きかどうかわからなかったので、恐る恐る委託の件を打診してみた。ブリテンの同性の恋人だったテノール歌手のピーター・ピアーズによれば、「僕らは彼［ウィトゲンシュタイン］を訪ねて長々と話をした。彼はかなりの馬鹿だった。なにしろベン［ベンジャミン］の音楽を理解できない（！）ものだから、ベンはい、い、い、もう少しでぶち切れるところだったが、なんとか自分を抑えていた」[*2]。数日後、パウルはこの若い作曲家と、その出版者のハンス・ハインスハイマーをリバーサイド・ドライブの自宅に招待して、今後の可能性をさらに検討した。話が決まらないまま、二人はとりあえず帰った。早く確約を取りつけたかった（委託料は七〇〇〇ドルだった）ハインスハイマーは、翌日パウルに電話をかけ、その結果をブリテンに報告した。

今朝、あらためてウィトゲンシュタイン氏に電話をして、真剣にはっきり心を決めてくださったかどうか聞いてみました。あちらが言うには、昨日からそうしていたとのことで、もし変なところがあったように見えたなら、それはあちらができるだけ真剣に接したいと思っていたからとのことでした。この話し合いをお世辞を言うための格好の機会などではなく、医者と患者の話し合いのような、最大限の真面目さで望むべきものと見なしていたそうで、もし少しばかりうるさすぎる印象を与えたなら申し訳ない、あなたの音楽は自分にぴったりなものだと心から思っている、とおっしゃっています。契約が完了する前に作品の一部を見せるというあなたの提案も、大変ありがたいとのこと……私としましては、これをやってみるようぜひお勧めしたいと思います。[*3]

わずか数日のうちに、ブリテンは最初のスケッチを完成させてパウルに伺いを立てた。けっこうな「オーストリア風」夕食のあと、ブリテンは満足して、こう報告できた。「ウィトゲンシュタインとの取引はうまくいった。彼と一緒に夕食をとったが、恐れていたよりずっと楽しかった。彼は一人のほうが断然つきあいやすい！　僕はもうさっそく作品にとりかかっているほどで、たぶんいいものができると思う」[*4]。そして姉への手紙には、こう書いた。「ウィトゲンシュタインという人の委託を受けています。……大金を払ってくれるので引き受けました」[*5]。

しばらくのあいだ、作曲家とパトロンの関係は良好に運んだ。ブリテンは八月十二日にはスケッチのかたちで作品を完成させた。パウルがハバナに着いてからちょうど一週間あまりが過ぎたころだった。十月には、パウルは暗譜でピアノのパートを弾くようになっていて、この作品に満足している様子だったが、二人のあいだには距離があった。パウルはアメリカに入国できず、ブリテンも合衆国への再入国を拒否されるのを恐れてキューバを訪ねられなかった。この状況はブリテンよりもパウルを苛立たせた。ブリテンはシンシナティ交響楽団の著名な指揮者、ユージン・グーセンスのために二台のピアノによる私的な演奏会を開き、これにいたく感銘を受けたグーセンスは、さっそくハインスハイマーに手紙を書いた。「これは本当にすばらしい作品で、ブリテンが今日の創造的な音楽の世界において傑出した若者であるという誰もが知っている事実を、あらためて確認させるものだ」[*6]。

一九四一年二月十日、パウル（五十三歳）はハバナからフロリダに飛び、ヒルデ（二十五歳）とエリーザベト（五歳）とヨハンナ（三歳）とロリー嬢（五十五歳）は三日後に船でそのあとを追った。上陸申告書のヒルデの名前の隣には、入国管理官の乱暴な走り書きでこう記されている。「夫は口座収支報告書で二〇万ドルの保有を証明しているが、妻は視力に明らかな欠陥があり全盲に近い」。ヒルデたちはロングアイランドのハンティントンに移り、快適な一軒家を住まいとした。「素敵なところだ」とパウルも言った。「湾が見渡せて、かわいらしい庭もある。僕はここにイチゴやアカフサスグリを植えよう。そして何より大事なのは、ここが海辺からわずか一〇分だということだ」[*7]。ヒルデは以後、ずっとこのロングアイランドで子供たちと暮らし、パウルはマンハッタンのリバーサイド・ドライブに住みながら、週末や学校の休暇のたびに妻と子供たちを訪ねた。

ハンティントンで、ヒルデはまた子供を授かったことを誇らしげにパウルに報告した。かねて息子を欲しがっていたパウルは、それを聞いて大喜びした。しかしながらブリテンとの関係は、徐々にきしみはじめていた。かつてのシュトラウスやコルンゴルトやラヴェルやシュミットの場合と同じように、パウルは今回もオーケストラのパートがうるさすぎるといって作曲家を非難した。パウルが言うには、ブリテンは典型的な現代作曲家で、自分の楽譜を修正されると「気分を害する」のだった。「きみのオーケストラの轟音に対抗して弾くのでは、まるっきり勝ち目がない」とパウルは手紙で伝えた。「ライオンのような咆哮……耳をつんざくような轟音……人間がピアノを叩く力で、四つのホルンと三つのトランペット、三つのトロンボーン、二つの木管楽器に対抗できるわけがない。それらが全部いっぺんに大音響を立てるのだから」[*8]。青年作曲家はこれに対して、最初のうちは主張を譲らず、変更をいっさい加えようとしなかった。最終的に『ディヴァージョンズ』と呼ばれるようになるこの作品は、ハンガリー人指揮者のユージン・オーマンディとフィラデルフィア管弦楽団によって一月に初演されることが決まっていた。ブリテンは自分のイギリスの出版者に手紙でこう伝えた。「僕の作った曲についてウィトゲンシュタイン氏と少しばかり激論している——僕に何か知っているものがあるとすれば、それは作曲法なのだから、これについては譲らないよ。あれは本当にとんでもない、ひねくれじじいだ」[*9]。ピーター・ピアーズも、当然ながら同意見だった。「ウィトゲンシュタインはわからずやで、『ディヴァージョンズ』の楽譜にちっとも納得せず、オーマンディを味方に引き入れようとしている始末だ。それでベンが苦労して、丁重だが断固とした手紙を出しつづけている」[*10]。

パウルも公然と認めていた「われわれの争い」は、手紙のやりとりを通じて何週間も続き、どちらもいっさい妥協を図ろうとしなかった。この膠着状態にいらいらして、パウルはまたもブリテンに手紙を書いた。

かつてウィーンの博物館で、中世に使われていたという恐ろしい凶器を見たことがある。見かけは安楽椅子なのだが、そこに座ったとたん両側から体が締めつけられて、二度と椅子から出られなくなるのだ。ドイツ語ではこれを「ファングシュトゥール

〔捕獲椅子〕」という。僕は考えたのだが、このファングシュトゥールのようなものを自分で作って、きみを招待し、そこに座らせ、僕の提案する協奏曲の修正をきみが認めるまで、椅子から出られないようにしてやろうかと。[*11]

最終的に、ブリテンはいくつかの小さな変更を加えることに同意した。しかし以後ずっと、ブリテンはそれにひどく不快な思いをしていた。『ディヴァージョンズ』の初演は一九四二年一月十六日にフィラデルフィアで行なわれた。ブリテンも出席したが、「僕の『ディヴァージョンズ』をウィトゲンシュタインがぶち壊しにするのを聴きに[*12]」行くだけなのはわかっており、実際、彼が自分の楽譜に無理やり加えさせられた変更に腹を立てているのは誰の目にも明らかだった。批評は総じて好意的で、とくに影響力の高い《フィラデルフィア・インクワイアラー》の批評家、リントン・マーティンも大絶賛を与えた。

昨日、中身のない右袖をだらりと垂れ下がらせた片腕のピアニストは、その左手で鍵盤の端から端までを魔術のような巧みさで弾きこなし、アカデミー・オブ・ミュージックに集まったフィラデルフィア管弦楽団の聴衆にぞくぞくするような興奮を与えた。その卓越した演奏は、一〇本の指をすべて駆使する才能あふれた芸術家を勝利に導くものと何ら遜色がないであろう。[*13]

二ヵ月後の一九四二年三月十三日、『ディヴァージョンズ』のニューヨーク初演はチャールズ・リクターの指揮によるコロンビア・コンサート・オーケストラの演奏で、タウン・ホールからの生放送つきで行なわれた。これにブリテンは出席せず、ピーター・ピアーズは友人への手紙にこう書いている。「金曜の三時半から四時半まで、CBSで、彼の作品をウィトゲンシュタインが演奏する。よかったら聴いてみてくれ。たぶんひどいものだとは思うが」[14]。一方、グレートルはこれに出席して、一九三九年五月以来、初めて弟の姿を目にした。彼女が友人とともにひっそり会場の後方の席に着いたのを、パウルはついぞ知らなかった。グレートルはルートウィヒに手紙で伝えた。

　彼に会いたかったし（ただし彼には気づかれないように）、彼のピアノも聴きたかったので。彼は元気そうで、驚くほど若くて、いつものように舞台の上ではとても優しげでした。ただ、彼の演奏はずいぶん悪くなっていました。予想されたことではあるのですが、彼はいつだってできるわけがないことをしようとするから。あれは一種の冒瀆《フェアゲヴァルティグング》です——彼には気の毒だけれど。[15]

67　ウィトゲンシュタイン家の戦争

一九三八年の初め、いつまでも消えないフランシス・スキナーへの情欲に自分でも困惑していたルートウィヒは、日記に乱暴に走り書きした。「思索：彼が死んでいてくれたらよかったのにと思う。そうしたら僕のこの愚かしさも消えてなくなるのに。……だが、もちろん、ちょっとそんなふうに思っただけだ[*1]」。もう何年ものあいだ、ルートウィヒとフランシスは互いに離れられない仲になっていたが、一九四一年十月十一日に、いきなりその関係は終わった。庭師や機械工をしていたスキナーが、二十九歳にして急性灰白髄炎による突然の激しい発作で亡くなったのである。第一次世界大戦後にルートウィヒの甥のフリッツ・ザルツァーの命を奪ったのと同じ病気だった。ルートウィヒは打ちのめされた。この国際的な危急のときに哲学を教えているのが嫌になったこともあって、ルートウィヒはロンドンのガイズ病院に職を求め、病室の雑役人として週給二八シリングで雇われることになった。あるとき、彼がケンブリッジの有名な哲学者であることに一人の医師が気づいて、挨拶に近寄ってきたところ、ルートウィヒは「真っ青な顔になって『まいったな、頼むから他の人に僕が誰だか言わないでください』と言った[*2]」という。

「僕の魂は疲れ果てている。まったくいい状態ではない[*3]」とルートウィヒは言っていた。

彼の仕事は、調剤室から薬を病室に運ぶことだったが、彼はそこで患者に薬を飲まないようにと忠告していたらしい。フランシス・スキナーを失ったことによる心の空洞は、このガイズ病院である程度まで埋められた。調剤室で働いていた二十一歳の穏やかな青年に出会ったからである。彼はイーストエンドの貧しい家の生まれで、名前をロイ・フォーエーカーといい、ルートウィヒを「某《なにがし》さん」という愛称で呼んだ。彼とルートウィヒは、一九五一年にルートウィヒが亡くなるまでずっと親しくつきあい、ルートウィヒは遺言で彼にいくばくかのお金を残した。最初は地位の低い雑役人だったが、ルートウィヒはすぐに昇進して「軟膏調剤係」となり、これまで誰も考えたことのなかった優れた軟膏調剤法を考案して上役を驚かせた。ロイが軍隊に入ったと同時にルートウィヒのガイズ病院での勤務も終わりを迎え、ルートウィヒはニューカッスルの研究所に移って助手の仕事をした。彼がついた二人の医師は、奇脈という変わった呼吸障害の研究をしていた。ここでもルートウィヒは独創的な才能を発揮して、患者の脈拍を記録するまったく新しい手法を考案した。「それまでの標準的なやり方を独創的に発展させたもので、大変うまくいった」[*4]と医師の一人は回想している。

これがルートウィヒのイギリスでの戦争だった。ウィーンでは、民衆の国民社会主義に対する熱狂、戦争への熱狂、ひいてはヒトラー自身への熱狂が、スターリングラード戦での大敗の知らせをきっかけに、しだいに冷めはじめていた。この戦闘では、ドイツ第六軍に組み込まれた五万人のオーストリア人部隊がロシア軍に包囲され、一二〇〇人しか生きて帰ってこられなかった。一九四三年八月にヴィーナーノイシュタットがアメリカ軍の爆撃を受け、一九四四年九月にウィーン中心部へのさらに激しい爆撃が始まると、ウィーン市民の心に初めて冷え冷えとした敗北主義が染み込んでいった。

ヘルミーネとヘレーネに対して、ナチスはたしかに約束を守り、二人の老婦人はこの戦争のあいだ当局からの干渉をいっさい受けずに過ごせた。ヘレーネの夫のマックス・ザルツァーは、一九四一年四月に亡くなった。衰弱していく夫の精神状態はヘレーネの神経に重くのしかかり、いまや一人しかいない息子のフェリクスがアメリカに移住してしまったことも大きな打撃だった。三人の孫はドイツ国防軍に入って戦争に行き、うち二人は戦争末期に行方不明となっていた。この年月は、ヘレーネにとっては耐えがたいほどのつらさだった。もともと内気だったヘルミーネもいまではすっかり世捨て人のようになり、絵を描くこともも子供を教えることもずいぶん前にあきらめていた。そんなヘルミーネに、家族は回想録の執筆を勧めた。これを受けて、ヘルミーネは決して包括的でない、感傷的な、ときに意地の悪い、家族の思い出の記録を書きはじめた。開戦当初、彼女はホーホライト（父から相続した山岳避暑地）で暮らしていたが、一九四四年十月に、ロシア軍の東方からの侵攻を恐れてウィーンに避難した。しかし、首都が流血の戦場になりそうな気配がしてくると、すぐにグムンデンのグレートルの地所に移った。ウィーンのウィトゲンシュタイン家の屋敷は、このころには完全に彼女の所有となっていたが、いまや負傷した将校のための病院として徴発されていた。

グレートルの二人の養子のうち、兄のヴェディゴは、ドイツ軍側で戦争に行って戦死した。「ひどくこたえています」とグレートルはルートウィヒへの手紙に書いた。「あの子は弱い人間でしたが、それでも私は大好きでしたし、たとえ彼が何も成し遂げていなくても、その気持ちが変わることはありませんでした。実際、あの子は嫌になるほど無垢でした。私たちには理解できないようなものでできていて、私たちとは全然違う環境で育てられていたから、私はいつもあの子のあからさまな愛情に驚き、困惑していました……」[*5]。一方、弟のヨッヒェンは連合軍側に立って戦い、ドイツ軍に捕まって裏切り者として拷問を受けた。しかし、彼はその試練を生き延びた。ヒトラーが一九四一年十二月にアメリカに宣戦布告したとき、グレートルのクントマンガッセの家はナチスに供するために収用され、家財の多くが盗まれた。

ワシントンでは、ジーが一風変わった女性と恋に落ちていた。機械に強く、ハインツのベークドビーンズと高速車が大好きな、ヴェロニカ・モリソン゠ベルというその女性は、イギリスのノーサンバーランドのどこぞの准男爵の三女で、二十九歳のときに初めてアメリカにやってきた。女ながらに自立した精神の持ち主で、開戦直前に休暇で東京に行ったが、気がつくとヨーロッパへの帰路は戦艦と機雷にふさがれていた。そこで彼女は東に向かい、太平洋を渡って、一九四〇年十月二日にカリフォルニアに降り立った。両親の友人である裕福な女パトロンのドロシア・メリマンの口利きで、連合軍統合参謀本部のワシントン支部に秘書の仕事が見つかり、そこでチャーチル政府を亡命させる極秘計画の手伝いをした。第七槍騎兵連隊大尉を兄に持つヴェロニカは熱烈な愛国主義者で、噂では、彼女がジーとの結婚を承諾したのも、ジーが事務職を辞めて軍隊に入り、ナチスと戦うことが条件だったと言われていた。ともあれ一九四一年の春、ジーは正式に志願士官候補生としてデューク・オブ・ヨーク・ロイヤル・カナダ軽騎兵隊に配属され、一九四二年七月十七日にオンタリオ州ブロックビルの士官訓練キャンプで、タクシー運転手を証人としてヴェロニカと結婚した。グレートルは愛する「すばらしい子」の喪失を嘆いたが、できるかぎりの努力をして状況を受け入れた。「ヴェロニカのことは好きです」と彼女はルートウィヒへの手紙に書いた。「大好きだけれど、彼女が柔らかそうな外皮の内側に、固くて苦い種を持っていることはわかっています」。[*6]

　仲間の士官からストーニーと呼ばれるようになったジーは、厳しい訓練を受け、立派な軍人と見なされるようになった。しかし実際のところ、彼は絶えず悪態をつき、カナダ軍のことを「無能な愚か者の集まり」[*7]と呼んでいた。彼の派遣隊が一九四四年にフランスに入ってみると、そこではヒトラー・ユーゲントの特別編成部隊「装甲師団《パンツァー・ディビジオン》」との戦闘が展開中だった。ジーはドイツ語を流暢に操れたため、尋問者、翻訳者、情報将校として重宝されたが、「ろくでなしのカナダ人将軍」[*8]に妨害されて大佐以上には昇進できなかった。その問題が起こったのは戦争末期、ナチスの親衛隊少将クルト・マイヤーの裁判に関わったときだった。この武勲の誉れ高い、「パンツァーマイヤー」の呼び名で知られたドイツ軍人は、一九四四年にノルマンディでカナダ人戦争捕虜の処刑を命じたとの無実の罪状で起訴されていた。ジーは起訴の手続きに関わっており、まだ裁判が始まってもいないころから、有罪判決は既成の事実で、マイヤーは死刑にされると知らされていた。この手続きのあいだ、ジーは通訳をしていたが、彼が目撃者を怒鳴りつけたり脅したりして証言を操作しようとしていたことが発覚し、その時点で「ろくでなしの将軍」たる法務官がジーを法廷から追い出し、新しい通訳を召喚して後任に据えたのだった。マイヤーは死刑判決を受けたが、ドイツ人だけでなくカナダ人からも強い助命嘆願の働きかけがあって、一九五四年九月に刑務所から釈放された。

一方、パウルの戦争はまったく違った戦いのかたちをとっていた。彼はニューヨークで「オーストリアン・アクション」と称する亡命者組織に参加した。第一次世界大戦時のオーストリア外相の息子、フェルディナント・チェルニン伯を代表とするこの組織には、政治派閥の枠を超えた多種多様な人々が参加して、オーストリアのナチス政権を転覆させるための運動をしていた。パウルはお金も時間も投入してオーストリアン・アクションを支援し、資金集めのためにニューヨークで大々的な演奏会を何度か開いたりもした。その結果、この組織の会員すべてを共産主義者と見なして神経質になっていたアメリカ行政府ににらまれることにもなった。パウルは戦時中にアメリカ兵への慰問演奏会も行なった。オークランドやキャンプ・シャンクスやガルフポート・フィールドに行き、軍楽隊の伴奏でラヴェルの協奏曲のアレンジを演奏した。一九四四年四月には、ニューヨークでヘブライ移民援助協会の支援コンサートも開催した。そして毎週、食料やお金の小包をオーストリアやフランスやイギリスにいる古い友人たちや召使たちに送った。

ヨーロッパの音楽界で起こっていることには手の出しようがなかったため、かつてパウルが私財を投じて作らせた左手のためのピアノ作品、彼を成功に導いてくれたあの数々の作品が、いまやひょっとして盗まれているのではないかと、パウルは疑いを募らせるようになった。この「盗み」には二通りあった。一つはパウルのために作られた左手用の作品を両手用に改変することで、もう一つは、彼の作品がそのまま別の両手のピアニストや片手のピアニストに演奏されることである。すでに戦前から、ラヴェルは自分の協奏曲をパウルに好きなように修正されたことに激怒して、パウルとの契約が切れたとたん、自らフランス人ピアニストのジャック・フェヴリエを指名して協奏曲を弾かせていた。パウルにとって腹立たしかったのは、そのフェヴリエが一九四三年にラヴェルの協奏曲をレコードに録音していたことだった。リヒャルト・シュトラウスも同じころ、パウルを怒らせるに決まっているとわかっていながら『パンアテネの大祭』を若いドイツ人ピアニストのクルト・ライマーにあらためて捧げ、この曲の最初の録音をライマーに行なわせていた。
　オーストリアでは、ユダヤ人作曲家が続々と出ていっていたため、フランツ・シュミットが純血ドイツ人の天才音楽家の新たな具現者となっていた。シュミットはアンシュルスのころには病人だったうえに、ようやく自分が公式に認められたとの思いに興奮して、つい
のぼせあがってしまった。オラトリオ『七つの封印の書』の初演では楽友協会ホールのバルコニー席からナチス風の敬礼をし、ナチスを賞賛するための新たな作品『ドイツの復活』の作曲まで引き受けた。シュミットはこれを完成させる前に亡くなったが、こうした行為がシュミットの死後の国際的名声を著しく阻害する要因となった。
　パウルはシュミットを父のように敬慕していたので、シュミットが一九三九年に亡くなってからまもなく、フリードリヒ・ヴューラーという若いファシストのピアニストがパウルの左手のために作られた六作品すべてを両手用に編曲して演奏していると知って深く傷ついた。ヴューラーはシュミットの元弟子で、のちにパウルは彼のことを「一〇年も『ハイル・ヒトラー！』と叫んでまわっておきながら、いまになって過去を消すために音楽をやっているだけ」[*9]と酷評した。ヴューラーも、パウルが彼を毛嫌いするのと同じぐらい激しくパウルを憎んだ。あるピアニスト仲間への手紙にこう書いたこともある。「オーストリアでは、誰もウィトゲンシュタイン氏のことなど真面目にとりあっていない。あれは短気な神経衰弱患者だ――厚かましい金持ちで、ピアニストとしてもろくなものではない」[*10]。

ヴューラーが言うには、彼は死の床にあるシュミットを病院に見舞い、そこでシュミットに、あなたはまだピアノのための「ふさわしい」作品を一つも書いてくれていないと訴えた。するとシュミットは「いや、私はもうすでにピアノ協奏曲を作っている。きみはそれを両手用に編曲すればいいだけだよ！」と答えたという。これで全作品を両手用に編曲する認可が与えられたのだとヴューラーは主張していた。パウルは怒って抗議の手紙をアメリカからシュミットの未亡人に送ったが、彼女からの返事はどうとでも意味のとれる不明瞭なものだった。夫人は精神の均衡を崩しており、やがてナチスの安楽死計画のもとで「死に追いやられた」。「ヴューラーが嘘をついているのはわかっているが、どうやってそれを証明できる？」とパウルは苛立たしげにコーダーに書き送った。

そのあいだも、ヴューラーはシュミットの左手用の作品をすべて両手用の編曲にして演奏を続けた。これらの作品はいまだにパウルに独占演奏権があったのだが、ヴューラーはそれも無視していた。それでも最初は、演奏会のプログラムに短い但し書きを印刷させることに同意していた――「この作品はパウル・ウィトゲンシュタインのために作曲されたものであり、これはオリジナルの左手用の楽曲を編曲したものです」――が、パウルは亡命したユダヤ人だったから――ナチスの公式な手引書「音楽界のユダヤ人の事典」では演奏を禁止された音楽家の一覧に入っていた――ウィーンでは誰一人として大西洋の向こうからの要求に応じる必要はなかった。そのうちに、ヴューラーの演目から但し書きは消えていった。

一九四四年末には、ウィーンでのアドルフ・ヒトラーへの支持はすっかりしぼんでいた。ウィーン市民に爆弾を落としに来るアメリカ軍の飛行機は「リベレーター〔解放者〕」と呼ばれていた。出撃に次ぐ出撃のあいだ、アメリカ機のパイロットは上空からウィーンの街を叩きつぶしながら、これは暴虐なドイツの重いくびきから人々を解放する行為なのだと信じていた。そしてウィーン市民の多くもまた、その爆撃を同じように見ていた。これは、われわれがおぞましい同国人のイデオローグを喜んで迎え、その男に国を譲り渡し、頭のおかしい独裁者が夢にも思わなかったほどの熱狂で、その野蛮な計画を実行させたことへの罰ではないし、彼の残虐な政権を五年ものあいだ、われわれの銃で、われわれの爆弾で、われわれの命で守ってきたことへの罰でもない――。いまやアメリカ軍はまさしく「解放者」として見られるようになり、血に飢えたロシア軍が東から急速に迫ってきているいま、ウィーン市民にとっては情け深いアメリカ軍に先にこの街に到達してもらうことが危急の問題となっていた。

一九四四年十二月、小雨の降る寒々とした日に、アメリカ軍のリベレーター爆撃機がいつもの任務にしたがって、ウィーンのかつての中心街だったヴィーデン区に一発のクラスター爆弾を落とした。爆弾はウィトゲンシュタイン家の「御殿」の屋根に落ちた。爆発音とともに建物の背面が吹き飛び、庭の高台がつぶされて外壁が半分ほど崩れ落ちた。一九一三年にカールが死んでいった豪華な寝室は瓦礫と化し、かつてブラームスやマーラーやハンスリックがうっとりしながら座っていた音楽室の天井はばらばらになって床に散らばり、七〇年のあいだ日の光を大理石の階段に射し込ませていた巨大なガラスのドームは粉々に砕けて、何千ものねじれた金属とガラスのかけらに姿を変えた。耳をつんざくような爆音のあと、あたり一面に埃が舞った。単調な雨音を乱すかのように、遠くのほうでサイレンが鳴り響いていた。

68　旅路の果て

終戦後、ウィーンはフランスとイギリスとソ連とアメリカ、それぞれの占領区域に分割され、これらの区域のあいだを自由に行き来することはできなくなった。ウィトゲンシュタイン家の屋敷はソ連占領区に入っていた。一ヵ月のあいだ、屋敷は雨風にさらされたままで、そのあとも一年近く、板張りされた状態で放置された。損壊部分の修復はヘルミーネの仕事となったが、それが始まったのは一九四七年の春、ヘルミーネがようやく家に戻れるようになったときだった。倉庫にしまわれていたパウル所有の絵画や家具や手稿譜や磁器コレクションは、アメリカのパウルに送られたが、和解はなされず、パウルとの連絡は弁護士を通じてしか行なわれなかった。たとえ弟がそこにいなくても、懐かしい家に戻ってこられてヘルミーネも多少は元気が出たかもしれなかったが、その嬉しさも長くは続かなかった。戻ってきてから半年もしないうちに、ヘルミーネは不治の婦人科がんと診断された。

ルートウィヒは姉を見舞いに九年ぶりにウィーンに帰ってきた。彼自身も体調はすぐれず、執筆に専念するためケンブリッジの教授も辞めており、一種の神経的な虚脱状態に陥りながら、アイルランドに移って住所を転々としていた。ウィーンに帰ってきてみると、姉の病状はかなり悪く、一九四八年のあいだに症状は悪化の一途をたどった。一九四九年の初めに大きな手術をしたあと、ヘルミーネは余命が少ないことを――もってあと二年か三年であることを告げられた。そのあとヘルミーネは軽い発作を起こし、次には重い発作を起こした。ほどなくして、彼女がいつことされてもおかしくないことは誰の目にも明らかとなった。グレートルとヘレーネが寄り添って見守るそばで、姉は意識を失ったり取り戻したりを繰り返していた。

ルートウィヒは三月にもう一度ウィーンに帰ろうとしていたが、グレートルがそれをとどめた。彼が来てもヘルミーネを動揺させるだけで、彼女はもう誰のこともわからなくなっているからという理由だった。しかし、ルドルフ・コーダーからの手紙では少し違った説明がなされていた。それを読んだルートウィヒは、憤慨してコーダーに返事を書いた。

僕は姉のグレートルから、ヘルミーネがもう誰のこともわからないというような話を聞かされていたが、それはどうやら嘘だったようだ。矛盾した情報を渡されるのはきわめて気分が悪い。きみはどうか誰にも影響されず、自分が見たままの真実をこれからも伝えてくれ。グレートルの判断を信用するな。あれは非常に気まぐれだから。[*1]

その一九四九年三月、もう一一年近くもウィーンと無縁だったパウルが、フランツ・シュミットの没後一〇年を記念する二つのコンサートに招かれて演奏することになった。ルートウィヒはマルガ・デーネケに手紙を書いて、ヘルミーネが瀕死の状態であることを兄に伝えてほしいと頼んだ。おそらくマルガはそのとおりにしたが、パウルは三月十三日にウィーン・フィルハーモニーとシュミットのベートーヴェン変奏曲を演奏し、十九日にブラームスザールで二つの五重奏曲を演奏したものの、病床の姉に会いに行くことはなかった。

ウィーンはもう、パウルが血気盛んな子供だったころの安全で壮麗な都市ではなく、さりとて二つの大戦のあいだに生じた活気ある国際的な文化の中心地でもなかった。一九四九年のウィーンの街には、いまだ戦争の傷跡が残っていた。ユダヤ人の活気は消えてなくなり、残った人々の情熱の炎も、ナチスのテロ行為に加担した恥辱で光を失って、いまや哀れをもよおす燃えさしになっていた。パウルはすでにアメリカ人と運命を共にするようになって久しく、いまでも心の底では祖国を愛するオーストリア人だったとしても、この一九四九年にウィーンにやってきた彼は故郷に帰るのを夢見てきた亡命者ではなく、ただの訪問者であり、ホテルに滞在する国際的なコンサート演奏家でしかなかった。パウルは生まれた屋敷を訪ねもせず、通りから一瞥することさえしなかった。苦々しい思いばかりが彼の心を満たした。

一方、ルートウィヒは軽率にも（彼の健康状態も悪化していたのに）哲学科の教え子だったノーマン・マルコムからの招待を受け、ニューヨーク州のイサカに行くことにした。四月に入って、彼はアメリカに発つ前にもう一度ウィーンのヘルミーネに会いに行った。パウルはすでにウィーンを離れており、ヘルミーネの命は最後の糸でかろうじてつながっていた。ルートウィヒはマルコム教授に手紙を書いた。「三月初めから何も仕事をしていないが、何かをしようとする気力さえない。これからどうなるかは神のみぞ知る、だ」[*2]。ダブリンの医師はルートウィヒの病気を命にかかわる変則的な貧血だと診断したが、鉄分と肝臓の錠剤で治せるだろうと言った。腫瘍が危ぶまれた胃のレントゲン写真を撮ってみても、異常は何も見つからなかった。七月二十一日、ルートウィヒはクイーンメリー号に乗って海を渡った。

アメリカは暑くて、困惑するところだった。マルコム夫妻は親切にしてくれたが、ルートウィヒは「年寄りの身障者」のような気分になり、手紙も書けないほど「頭が悪く」なった気がした。ロングアイランドのパウルの家に不意の訪問をしてみたが、メイド以外は誰もおらず、伝言も残さずに帰ってきた。やがてまた体調が悪くなり、あまりのつらさに過酷な検査まで我慢して受けたが、やはり深刻な異常は見つからなかった。検査の前日、ルートウィヒは息も絶え絶えに半狂乱でマルコムに泣き言を言った。「僕はアメリカで死にたくない。僕はヨーロッパ人だ。ヨーロッパで死にたい。ここに来た僕が馬鹿だった！」[3]

　ロンドンに戻ったルートウィヒはふたたび検査を受け、ついに不快感の本当の原因が判明した。それは進行しすぎて手術のできない前立腺がんで、これが骨髄に広がって貧血を引き起こしていたのだ。治療法として、テストステロンの生成を抑えるために女性ホルモンのエストロゲンが定期的に経口投与されることになった。この療法には吐き気、下痢、顔面紅潮、性的不能、胸の腫れといった副作用が生じる。仕事はできず、落ち着かない気分も収まらないので、ルートウィヒはオーストリアに戻ってクリスマスを迎えることに決めた。自分が懐かしい生家の自室で死んでいくところが頭に浮かんだ。「しばらくウィーンに行ってこようと思っている。用意ができしだい発つ。向こうでは何もせず、ホルモンが効くのを待っているよ」[4]。彼は友人たちに病気のことを他言するなと釘をさした。自分が滞在しているあいだ、家族に病気のことを知られないのが「何よりも肝心」だったからだ。

　クリスマスイブに屋敷に着くと、ルートウィヒはそのままベッドに直行した。ちょうど三七年前のクリスマスには、父のカールががんで死の床にあったが、今度は——同じ壮麗な屋敷のなかで、同じクリスマスの時期に——カールの一番上の娘と一番下の息子の番が来ていた。ルートウィヒは二ヵ月ウィーンにいて、ほとんどの時間を横になって過ごした。毎日ヘルミーネに会いに行ったが、姉はもうほとんど話ができず、たまに口を開いても、何を言おうとしているのか理解するのはとうてい不可能だった。一九五〇年二月十一日に、ヘルミーネは亡くなった。ルートウィヒはイギリスの友人に手紙を書いた。「昨夜、一番上の姉が死んだ。とても穏やかな最期だった。この三日間、毎時間ごとに予想されていたことだったから、ショックはなかった*5」。

ヘルミーネの七五年の生涯は、女中のような仕事や時間つぶしのような活動で占められていた。劣等感と社交性の欠如が彼女の人生の充実を損なった。そこそこの出来の絵を一枚か二枚残し、最もよかったのは死の床にあるヨーゼフ・ラーボアを描いた絵だった。友人は少なかったが、そのつきあいは誠実だった。そして何より、彼女は一族の伝統の番人だった。父の死後、彼女は精一杯努力して父の財産や基準や価値を守り、父の思い出を称えた。ウィーンの屋敷を維持し、ホーホライトの地所やノイヴァルデックの別荘を大きく改善した。彼女の未発表の回顧録は、一族の孫の世代のために書かれたもので、ウィトゲンシュタイン家の美しい部分ばかりを描いているが、はからずもそこに表れているのは、彼女が自分の弟妹よりも母親よりも、おじやおばたちを愛し、誇りに思っていたことである。この回顧録で褒められているのはルートウィヒとグレートルだけであり、ハンス、ルディ、クルト、ヘレーネ、パウルは、ほんのわずかな言葉だけで片づけられている。ヘルミーネには明らかな欠点も多々あったが、それでも彼女の死はルートウィヒに非常に深い影響を及ぼした。「僕にとっても、他の誰にとっても大きな損失だ」とルートウィヒは日記に書いた。「僕が思っていたより、はるかに大きい」[*6]。

ルートウィヒも自分の死を覚悟していたが、ヘルミーネが死んでから約一年、彼は執筆を続け、あちらからこちらへと転居を続けた。一九五〇年四月にケンブリッジに行き、それからロンドンにしばし滞在したあと、オックスフォードに移り、八月にはノルウェーで休暇を過ごし、ふたたびケンブリッジに戻って主治医のエドワード・ベヴァン夫妻の家に落ち着いた。翌年二月になったころには病状の悪化が著しく、もはやこれ以上の治療は無意味と判断された。これにルートウィヒはかえって喜び、「これからは、かつてなかったほど働きますよ」とベヴァン夫人に宣言した[*7]。そしてさっそく執筆を始め、のちに『確実性の問題』と題される本の大部分を書きあげた。六十二歳の誕生日も（ぎりぎりで）迎えられた。「お誕生日おめでとう！　このよき日が何度もめぐってきますように！」とベヴァン夫人が言うと、ルートウィヒはこう返した。「もうめぐってはきませんよ」[*8]。翌朝、彼は最後の哲学的思考をしたためた。

誰かが夢の中で「私は夢を見ている」と言うのなら、たとい声に出してそう言ったとしても、決して正しい主張とは見做せない。それは、実際に雨が降っているときに、夢の中で彼が「雨が降っている」と言う場合と、まったく同様である。彼の夢が雨の音と現実に結びついているとしても、事情は変わらない。[*9]

〔『ウィトゲンシュタイン全集9』(黒田亘訳、大修館書店、一九七五年)より訳文引用〕

その晩、ルートウィヒの具合はひどく悪くなった。あと二日以上はもつまいとベヴァン医師が言うと、「けっこう！」とルートウィヒは答えた。最後に意識を失う前に、彼はベヴァン夫人にこうつぶやいた。「すばらしい人生だったと伝えてください！」。彼の最期の瞬間——意識はなかった——を傍らで看取ったのは、四人の元教え子と、彼らの頼みで来ていたドミニコ会の修道士だった。翌日(一九五一年四月三十日)、ルートウィヒはカトリックの儀式にのっとってケンブリッジのセント・ジャイルズ墓地に埋葬された。ウィーンからは、家族も友人も誰一人として来なかった。

もしもがんが遺伝病であることを示す事例があるとするなら、ウィトゲンシュタイン家は、それを決定づける最初の証拠として提出されるべきだろう。ヘルミーネが亡くなる一年半前に、ヘレーネの娘のマリーア・ザルツァーががんで亡くなっていた。やがて、ヘレーネのもう一人の娘も、孫娘の何人かも、その孫の娘も、同じ病に襲われた。ヘレーネ自身も一九五六年にがんで死んだ。彼女は一九三八年以来、一度も弟のパウルに会わなかった。

グレートルについては、ヘレーネよりも二年ほど長生きしたが、その年月はとくに幸せなものでもなかった。ウィーンに戻ってきたが、もはやかつての陽気さや目的意識はどこにもなかった。一九二〇年代や三〇年代のような社交的な生活ができるわけでもなく、グレートルは孤独だった。道楽者の長男（五回結婚して、お金はあるそばから浪費していた）は昔から悩みの種だったが、加えて彼女をさらに落胆させたのが、戦後、すっかり野心をなくして怠け者になった次男だった。一九四五年以降、ジーはワシントンでの華やかな出世の道に背を向けて、イギリスの田舎の一地主として怠惰に暮らすことを選び、ドーセット州に引っ込んでヴェロニカと子育てに明け暮れた。

パウルと別れて以来、グレートルは一度も彼と話をしなかったが、ルートウィヒが亡くなる前に、彼へのの手紙のなかでパウルのことに触れている。「しばらくのあいだ、私はパウルがいつかは思い直してくれると本気で思っていました。でも、私たちはもう本当に彼を失ってしまったのだとわかりました。彼は過去を忘れてくれるような人ではないし、年をとったからといって丸くなるとは思えません。いまの私は、昔よりずっと彼のことをよくわかっている気がします。かつては、彼のうわべの尊大さにだまされていたのです[*10]」。

一九五八年、娘時代からグレートルを悩ませてきた心臓が、ついに屈した。三度たてつづけに発作を起こし、いったんは回復して、まだ充分に元気でいられると孫にも思わせたが、以後はビルロートシュトラーセの贅沢な私立病院で意識の喪失と戦う日々が続いた。このルドルフィーナーハウス病院の小さな寝室で、九月二十七日にグレートルは亡くなった。ウィトゲンシュタイン家の子供たちのなかで、グレートルは最も温かく、最もユーモアがあって、最も親切だったが、最も支配欲が強く、最も野心的で、最も俗っぽくもあった。そうした自分の性向を彼女はひどく嫌ったが、それに抵抗するほどの強さは持ち合わせていなかった。短気でおせっかいな性格ではあったが、多くの友人や子孫にとっては、とても愛すべき忘れがたい女性だった。一九五八年十月一日、グレートルはグムンデンの市営墓地で、夫の傍らに埋葬された。

69　終着点

パウル・ウィトゲンシュタインは一九六一年三月三日に死んだ。七十三歳だった。弟と同じく、彼も前立腺がんとそれにともなう貧血に侵されていたが、最終的に彼の命を奪ったのは急性肺炎の発作だった。

外から見るかぎり、彼のアメリカでの最後の年月はとてもうまくいっていた。一九四一年の十一月末に生まれた息子のパウル・ジュニアを含め、家族はハンティントンから同じニューヨーク州のグレートネックに移って、ロングアイランド湾を見渡せるチューダー様式を模した快適な土地つきの家を住まいとした。パウルはそれまでと同じくマンハッタンで普段の日を過ごし、週末と長い休暇のときだけ家族を訪ねた。このように普通とはかけ離れた家庭生活であり、夫妻の年齢差も非常に大きかったが、少なくとも何人かの話によれば、夫婦関係は幸せなものであったらしい。一九四六年にはパウルにも家族にも完全なアメリカの市民権が交付されて、パウルの不満も解消した。舞台から半ば引退していた一九五八年、パウルは左手のためのピアノ音楽の本を三冊出版し、そこに自らの編曲もいくつか含めた。彼はこれらの本をたいそう誇りにしていた。さらに同年、パウルは長年の音楽への貢献を認められ、フィラデルフィア音楽アカデミーから名誉博士号を授与された。

パウルは多くのピアノの弟子を抱え、その全員を無償で教えた。この仕事は彼に充足感をもたらしていた。弟子の一人だった才能ある作曲家で、のちに映画監督として賞を獲得したレナード・カッスルは、パウルの最も親しい友人となった。だが、この時期の彼の演奏は、急速に劣化していた。一九二八年から一九三四年にかけての最盛期には、パウルは卓越した技術と優れた感受性を誇る世界的なピアニストで、その印象的な舞台作法でぞくぞくするような興奮を聴衆に与えることができた。しかし、彼のピアニストとしての死後の評判は決して芳しくない。これは一部には、彼が有名な作曲家の作品を改変したために、のちに作曲家自身からののしられたことが関係しているだろう。ラヴェルは死ぬまで彼のことを悪く言っていたし、プロコフィエフも自伝のなかで彼を愚弄し、ブリテンは一九五〇年以降に『ディヴァージョンズ』の楽譜を改訂して「公式版」を作り、パウルのオリジナル版を旧作扱いにして、彼がもうそれを演奏できないようにした。また、パウルがほとんど録音を残さなかったことも災いした。その数少ない録音演奏のほとんどは出来が悪かったのだ。一九二八年に録音された、彼自身の編曲によるバッハ作ブラームス編曲の『シャコンヌ』ニ短調のピアノパートの演奏は、完璧なものだ。しかし、ラヴェルの協奏曲を弾いた二つの録音と、シュトラウスの『家庭交響曲余録』の録音は、あまりよい出来ではない。ぎこちないミスや軽率なフレージングがあり、不必要に楽曲をいじってもいるせいで、この三つの演奏はどれも欠点が目立ってしまっている。

おそらく舞台で演奏することの精神的な緊張が、彼には大きすぎる負担だったのではないかと思われる。若いころの彼はきわめて質の高い演奏を披露できたが、ときおり粗雑で不器用な演奏をすることもあった。そして年月とともに心身の負担が彼を圧迫するにつれ、後者のような演奏が多くなり、前者のような演奏はほとんど見られなくなった。かつて彼を招いたオーケストラや指揮者から、ふたたび出演依頼が来ることもめったになくなった。マルガはイギリスで旧友のためにずっと仕事を探しつづけたが、状況はますます厳しくなっていた。一九五〇年十月にボーンマスでパウルとともに『ディヴァージョンズ』を演奏した指揮者のトレヴァー・ハーヴィーは、九年後にマルガにこんな手紙を書いている。

パウルを呼ぶとなると、これは非常に難しいことになると思う。僕ときみとは、僕が思っていることをそのまま言ってもかまわないぐらいの仲だと思うし、きみが古いつきあいのP・Wのことだからといって気分を害さないでくれるとも信じているが、実際のところ、いまの彼の演奏はどうなんだ？　なにしろ前回の彼のここでの演奏は、あまりよい印象を残さなかったので――率直に言って、ボーンマスで僕とやったブリテンの演奏はすばらしいところもたくさんあったが、雑に弾くところもかなり多くて、演奏全体で言えば、ブリテンの意図をところどころ誤解している。……もちろん、いまのパウルはあのときより断然いい演奏をしているのかもしれないが、みんなを納得させるには証拠がないと難しい。[*1]

そのボーンマスでの演奏から二週間後、パウルはロンドンのロイヤル・アルバート・ホールでサー・マルコム・サージェントの指揮により、ふたたび『ディヴァージョンズ』を演奏していた。《ザ・タイムズ》の批評家は「温かい歓迎」の辞を述べたが、続けてこうも書いた。「これらの作品とのなじみが深いせいで、彼のなかに細部を洗練させることを軽視する気持ちが生まれてきているようだが、これは印刷された楽譜の各部分をあらためて見直すことで改善できるだろう[*2]」。

だが、ことのほか辛辣だったのは、第二次世界大戦での戦闘で同じように右腕を失っていたピアニスト、ジークフリート・ラップである。彼は以前パウルに手紙を出して、パウルが委託したいくつかの作品の演奏許可を求めたが、あっさり断られていた。

他人を住まわせるために家を建てるような人はいません。これらの作品は私が委託して、私がお金を払ったものであり、すべて私が考えたことです。……この家を建てるには、ずいぶんな金額を要しましたし、多大な努力も要しました――ラヴェルの場合もそうでしたが、私はどの契約に関しても寛大すぎるほど寛大でしたから、いまになってそのつけを払わされているしだいです。いずれにせよ、これらの作品に対してはまだ私が独占演奏権を持っていますから、私が公演を続けているかぎり、これらはずっと私のものです。当然で、公正なことです。私が死ぬなり、あるいは演奏活動をやめるなりすれば、これらの作品は誰でも自由に使えるようになります。これらを図書館で埃をかぶったままにさせて、作曲家に迷惑をかけたくはありませんから。*3

ラップはパウルの持っている委託作品のどれかをもぎ取ってやろうと心に決め、プロコフィエフの死後、『左手のための協奏曲』の楽譜の写しを未亡人から手に入れることに成功すると、パウルの激しい立腹をよそに、一九五六年にベルリンで世界初演を行なった。

パウルに対するラップの態度は、恐ろしく敵対的だった。チェコのピアニスト、オタカル・ホルマンへの手紙のなかで、ラップはこう記している。「僕はかねて、ウィトゲンシュタインの演奏に特別なものは何もないのではないかと思っていたが、レコードで聴いてみると、これが言葉にならないほどひどかった。……心底ぞっとして、あきれかえった。彼は断じてピアニストではない！　僕に言わせれば、ウィトゲンシュタインはただの金持ちの好事家だった[*4]」。

パウルはもっと早くに舞台から引退するべきだったのだろう。だが、彼には闘争心がありすぎた。彼は舞台での演奏を、自分の持久力、自分の精神力を試す場と見なしていた。それを辞めることは――少なくとも彼にとっては――失敗を認めることであり、それは受け入れがたいことだった。病気が進行し、演奏の質が落ちつづけていっても、パウルは公演をやめなかった。そしてそのまま死の前年まで、演奏旅行を続けていた。彼をそうさせていたのは虚栄心ではなかった。彼は本当のところは謙虚な人間だったからだ。「きみは僕を過大評価しすぎだよ」とパウルは亡くなる少し前、教え子のレナード・カッスルへの手紙で言っている。「欠点を埋め合わせられるような取り得なんて、わずかしかない。あとはひどいものだ。これは謙遜でなく、真実だよ[*5]」。

もちろん一方では、こうした彼の自尊心や名誉心や頑固さが、姉や弟との和解を阻害していた原因でもあった。しかしその点に関しては、ウィトゲンシュタイン家の兄弟姉妹はいずれも同じようなものであり、全員に等しく責任があるだろう。たとえばあるとき、グレートルとパウルはアメリカの市民権を申請している友人のためにニューヨークでの法廷審問の証言に呼び出されたが、二人とも互いに会うのが耐えがたいために代理人を送った。あるいはグレートルが言ったように、「彼が私と会うのを嫌がることはわかっていたので、だから弁護士を送った」[*6]のかもしれない。ヘルミーネは死の床で、たびたびパウルのことを考えると言ったが、あえて彼に会いたいと頼むことはしなかった。彼女が死につつあったとき、ルートウィヒはこう考えていた。「姉はたぶん、自分のほうから仲直りをして、わだかまりをすべて消したいと願っていると思うんだ」[*7]。だが、実際には何もなされなかった。

同じようなことが、例のウィシュタルーク社絡みの大喧嘩に関してパウルが作らせた覚書にも表れている。パウルがこれを委託したのは「後年、私の名誉を保つために、これが必要になることがあるかもしれないから」だったが、彼は弁護士にこういう指示も送っていた。「最初はこの写しを私の弟に送らないように願います。彼がはっきりと依頼してきた場合のみ、送ってください」[*8]。もちろんルートウィヒはそのようなことはしなかったので、これを読むこともなかった。だが、この覚書の最終的な形態には、冒頭にこのような但し書きがついているのだ。「これを作成した当初の目的は、私の遺言の補遺とするためではなく、また、私の子供たちのためでもなく、それよりはるかに、イギリスに住む私の弟に読んでもらうことを意図していた」[*9]。
あの一九四九年、ルートウィヒがふらりと立ち寄ったときにパウルが在宅していたなら、この苦々しい反目は——少なくとも兄弟間にあったものは——そこで終わっていたかもしれなかった。二人はどちらもこの不和に苦しい思いをしていたが、あの一度の急な訪問を除いて、どちらも自分から行動を起こす気にはなれなかった。マルガは機会を見つけては二人を会わせようとしてみたが、そのやり方が不器用だったため、かえって大きな反感を呼んでしまった。一九四九年二月にルドルフ・コーダーに宛てた手紙で、ルートウィヒはこう書いている。

パウルがオックスフォードのデーネケ姉妹のところに来ている。じつは先日、ミス・デーネケから妙な招待を受けた。それを読んでうんざりしたのだが、パウルの滞在中に訪ねてきてくれというのだ。僕は招待を受けたくない理由を書いて返信してやった。……あれは絶対にパウルの指示で書かれたものじゃない。彼女が仲を取り持ちたがっていて、それで僕を招くのを兄が認めたに違いないが、彼女は馬鹿だから、じつに馬鹿みたいなやり方をしている[*10]。

一年後、マルガはルートウィヒの前回の反応にもくじけずに、パウルが『ディヴァージョンズ』の演奏でイギリスに来ていたあいだに再度ルートウィヒを誘ってみた。今回は彼に直接会うため、ルートウィヒが間借りしているオックスフォードのセント・ジョン・ストリートのアッティカ様式の家を訪ねた。

彼はガウンを羽織って火の前に座っていた。あいかわらず昔のままの耳に心地よいハスキーな声だったが、響きが弱く、青ざめた顔に具合の悪さが表れていた。まだ話もしないうちに、頼むから放っておいてくれと彼は言った。昔を思い出すと身震いがするという。私を見ているとウィーンのことを思い出す、あの家の記憶は自分には重すぎる、と。*11

パウルは自分の子供たちに、ルートウィヒのことも姉たちのこともめったに話さなかった。一九五三年、彼はルドルフ・コーダーへの手紙にこう書いた。「弟とは一九三九年以降まったく連絡をとらなかった。僕がイギリスに行ったときに、ミス・デーネケの誘いへの返信として、一回か二回、手紙をくれた。僕は返事を出さなかった。末期が迫っているほど具合が悪いと知っていたなら、僕は何かをしただろうか。いまでもわからない」*12。そのころには、パウルはすでに過去を清算していた。ルートウィヒとグレートルは、パウルがあえて家族から距離を置いたのだと信じていた。彼が自由で、充足して、幸せでいるためには、そうするよりほかに道がなかったのだと。
ヘルミーネの死後、栄華を誇ったウィトゲンシュタイン家の邸宅は土地開発のために売却された。クレーンとブルドーザーと鉄球によって打ち壊され、跡形もなくなったその家が、ウィトゲンシュタイン家の物語の終わりを象徴的に表していた。パウルとその息子は、カールのあとの男系子孫の最後の生き残りだったが、ウィーンの屋敷に帰る望みが完全になくなったいま、あとは前を向いていくしかなかった。がさつで楽天的なアメリカの様式に、新たな自我と、新たな希望を見いだすのだ。

アレーガッセの僕たちの家は、売られたばかりか取り壊されて、跡形もなくなってしまった。それは悲しいが、しかたのないことだったとも思う。いまどき、誰があんな広々とした仰々しい屋敷に暮らし、そこを維持していけるだろう？　あの階段や二階のサロンを考えてみたまえ。僕と亡くなった姉があそこに住んでいたときでさえ、とても僕らの手には負えないほどの維持費がかかっていたのだよ。[*13]

一九六一年三月六日の月曜日、アメリカ式に最後の敬意を表するべく、友人たちが招かれた。パウルの遺体は、彼が亡くなったノースショア病院からミドル・ネック・ロードのフリードナー葬儀場に移されていた。そして翌日の午前十時、そこで葬儀が行なわれた。

言葉はなく、会葬者もわずかだった。最前列の男性が立ち上がって三三回転のレコードに蓄音機の針を落とした。ブラームスのドイツ・レクイエムが流れてきた。片面が終わるたび、男性が出ていって盤を返す。それがえんえんと続けられたのち、ようやく曲が最後に達した。

Selig sind die Toten, die in dem Herrn sterben, von nun an. Ja der Geist spricht, daß sie ruhen von ihrer Arbeit; denn ihre Werke folgen ihnen nach.
（主に結ばれて死ぬ人は幸いである。然り、と霊も言う。彼らは労苦を解かれて、安らぎを得る。その行ないが報われるからである。[*14]）

誰も前に出ていって辞を述べたりはせず、挽歌も詠まれず、祈禱もなかった。蓄音機の針が上がって停止位置に戻り、回転盤の動きが止まったところで、散会となった。《ニューヨーク・タイムズ》は長文の死亡記事を掲載し、パウルのキャリアにおける重要なできごとを列記した。ロンドンではトレヴァー・ハーヴィーが《グラモフォン》誌に追悼文を寄せ、パウルの並外れた寛大さを賞賛して、最後をこう締めくくった。「彼を知る者が生きているあいだは、パウル・ウィトゲンシュタインは個人的な友人としてずっと彼らの胸に残るだろう。しかし友人たちがこの世から消えて久しくなっても、音楽を愛する者にとって、彼を記憶にとどめる理由はいつまでもなくならない。彼が書かせた音楽への感謝とともに、人々は彼を思い出すだろう」[*15]。エキセントリックな古い友人にマルガが送った追悼の辞は、パウルの死から十一日後にロンドンの《ザ・タイムズ》に掲載された。「彼の友人への忠誠心は、彼の強烈な個性の一部だった。パウル・ウィトゲンシュタインは間違いなく、音楽の歴史にひときわ目立つ一ページを加えていった[*16]」。

後記

ヒルデ・ウィトゲンシュタインは二〇〇一年三月まで生きたが、そのころには全盲となっており、アルツハイマー病によって知覚を失ってもいた。彼女は三〇年前にニューヨーク州ロングアイランドからペンシルベニア州ニューファンドランドに移り、プラスチックのレゴを使って自分でデザインした家に住んだ。パウルの遺骸はいったんロングアイランドの墓地から掘り出され、近くのパイングローブ墓地に改葬された。高齢になるにつれ、ヒルデは猜疑心が強くなり、周囲の誰も信用できなくなって、最も忠実な味方だったカロリーネ・ロリーやドロシー・ルッツ（ヒルデの面倒を見ていた婦人）、息子や娘さえも遠ざけるようになった。それほど疑い深かったにもかかわらず、彼女は自分の財産の大部分をペンシルベニアのカルト的なキリスト教団体に寄贈した。パウルが所有していた数々の貴重な手稿譜は、長年のあいだヒルデによって自宅の一室に用心深くしまいこまれ、誰も立ち入りを許されなかった。ヒルデが亡くなったあと、そこから多くの宝物が発見された。長らく行方不明となっていたヒンデミットの『管弦楽つきピアノ音楽』もその一つだった。

ヒルデの死後、三トン半もの本と原稿からなるパウルの蔵書はロンドンのサザビーズで競売にかけられた。買ったのはウー氏という中国系実業家で、香港の人々にビッグマックを紹介して財をなした人物だった。

エリーザベトとヨハンナとパウル（ジュニア）はロングアイランドで両親から厳しくしつけられた。子供たちの記憶にある父親は、「厳格で、理解しがたく、少しばかりよそよそしい、堂々とした人物」[*1]で、クリスマスをことのほか大事にしていた。三人ともロングアイランドの家では英語を話し、両親がドイツ語で会話していても理解できなかった。子供たちもパウルの元弟子のエルナ・オッテンからピアノを教わったが、三人ともとりたてて音楽の才能はなかった。エリーザベトは子供を持たなかった。学校を卒業後、興味を引かれていた社会事業の仕事に就いたが、父親譲りの神経質な気性に悩まされ、一九七四年二月にニューヨーク市クイーンズ区のフラッシングで詳細不明の事故により亡くなった。ヨハンナは子供のころにジョーンと改名し、デンマーク人男性と結婚して五人の子供をもうけた。最初の子はパウルの存命時に生まれていた。彼女は現在、出版業から引退して、バージニア州の森の奥の人里離れた家で一人暮らしをしている。パウル・ジュニアは十代のころから健康に問題を抱えていた。彼には数学の才能があり、一時期はコンピューター・プログラマーとして働いた。一九六〇年代初頭に精神科病院で絵の描き方を学び、退院後はすぐにオーストリアに移って定住し、ルイス・ウィトゲンシュタインの名で何度か絵画の展覧会を成功させた。

トーマスとジーのストーンボロー兄弟は、最後まで仲のいい間柄ではなかった。トーマスは一九八六年に亡くなったが、相続した資産のほとんどを生前に売り払っていた。そのなかにはグレートルが住んでいたクントマンガッセのモダニズム的な家も、クリムトが描いた有名なグレートルの肖像画も、決まった題のつけられていなかったルートウィヒ・ウィトゲンシュタインの原稿も含まれていた。クントマンガッセの邸宅は何年間も解体の危機にあったが、最終的に建築愛好家によって救済され、現在はブルガリア文化研究所のウィーン本部になっている。トーマスの子供で唯一存命しているピエールは、個人銀行に勤務し、二人の娘の父親になっている。

ジー・ストーンボローは二〇〇二年にドーセット州のグレンドンで亡くなった。一時期はロイズ保険会社への負債に苦しみ、晩年はペースメーカーを装着していた。妻のヴェロニカは彼よりも少し前に亡くなっていた。夫婦のあいだには三人の子供があったが、孫は一人だけで、その孫は女流詩人となっている。グレンドンの地所は二〇〇七年に売却された。

ザルツァーの家系は、人数のうえでは繁栄したが、その多くはがんに侵された。ヘレーネの子孫のほとんどはオーストリアに住みつづけ、ウィトゲンシュタイン家の避暑地だったホーホライトの地所を共同で所有した（割り当ては減る一方だったが）。ヘレーネとマックスの次男で、有名な音楽学者のフェリクス・ザルツァーは、一九八六年に亡くなった。四年後、彼の未亡人はフェリクスの蒐集した手稿譜を総額一八五万ドルで売却した。そのなかには、ベートーヴェンのチェロソナタ第三番イ長調のオリジナル楽譜、シューベルトの書簡、モーツァルトのロンドなどが含まれていた。フェリクスは一九五八年にノイヴァルデックの屋敷を相続していたが、一度もそこに住まなかった。しばらくのあいだ、そこは二〇〇人の少数民族系ドイツ人難民の予後保養所となっていた。のちにフェリクスはここを二三〇〇万オーストリアシリングで売却した。土地は分割され、一部は民間の団地となったが、大部分は政府に移譲されて国有となった。二〇〇六年、パウルの子孫が、このノイヴァルデックの地所の一部分を買い戻すことに成功した。仲介をしてくれたのは、「国民社会主義の犠牲者のための違憲審査裁判所」だった。

謝辞

本書が完成したのは、世界各地の多くの人々の並々ならぬご厚意と意欲と熱意のおかげである。協力していただいたすべての人に深く御礼申し上げる。幸いにして、協力を断られたのはわずか二ヵ所だけだった。とりわけパウル・ウィトゲンシュタインの次女、ジョーン・リプリーには、格別の感謝を申し上げたい。お手持ちの資料を自由に使わせてくださったほか、長時間にわたる取材にも応じ、しかもいっさい検閲をしようとなさらなかった。そして英国学士院からの寛大な助成金がなかったら、これほど多様な国々で、これほど詳細に事実を調べることは不可能だっただろう。

次に挙げる方々、および名前を挙げられなかった無数の方々に、心からの感謝を捧げる。ギロン・エイトケン（著作権代理人）、オットー・ビーバ博士（ウィーン楽友協会）、リチャード・ビドニック（パウル・ウィトゲンシュタインについての情報）、アントーニア・フォン・ボッホ（翻訳・調査）、トリシア・ボイド（エディンバラ大学図書館）、ハンス・ブロフエルト（左手のためのピアノ楽曲の専門家）、ペーター・フォン・ブリュッケ（ウィトゲンシュタイン家の親戚)、ポーラ・バーン(研究助成金についての助言)、ジュリー・コートニー(レディ・マーガレット・ホール・アーカイブ)、マーティン・カリングフォード(《グラモフォン》誌)、ダミアン・ドラボア(翻訳・調査)、マイケル・フィッシュウィック(出版・編集者)、チャールズ・フィッツロイ(ウィーン案内)、エドウィン・フレデリック・フリンデル博士(パウル・ウィトゲンシュタイン研究者)、アレグザンダー・フレーザー(ロシア語翻訳)、ゲオルク・ガウーシュ(ウィーンでの資料調査)、コリン・ハリス(ボドリアン図書館)、ベルカント・ハイディン(ヨーゼフ・マルクス・ソサエティ)、モニカ・ヘレン(パッショニスト・ヒストリカル・アーカイブス、ニュージャージー州)、「ヘーネ、イン・デア・マウアー・ウント・パルトナー・レヒツアンヴァルテ」のトーマス・ヘーネ博士(ウィーンでの法律顧問)、ジェラルド・ハワード(アメリカの出版者)、ピーター・ジェームズ(原稿整理編集者)、ピーター・ジェーナス(米国議会図書館、ワシントン)、グリン・ジョーンズ(翻訳者)、レナード・カッスル(パウル・ウィトゲンシュタインの教え子・友人)ヨハネス・コーダー(ルドルフ・コーダーの息子)、アンヌ・マリー・コルガード(デンマーク語翻訳)、サンディ・マクギネス(パウル・ウィトゲンシュタインの孫娘)、ブライアン・マクギネス教授(ルートウィヒ・ウィトゲンシュタイン研究者)、デイヴィッド・マキタリック(トリニティ・カレッジ図書館)とケンブリッジ大学トリニティ・カレッジの学長と教職員の方々、ロンドンのゴールドスミス・カレッジ内プロコフィエフ・アーカイブのフィオナ・マックナイトとノエル・マン、デボラ・モウアー（ランカスター大学のラヴェル研究者）、ジェームズ・ミラー（サザビーズ）、ハンス・モーンル博士（気象学・地球力学中央研究所、ウィーン）、ローゼマリー・モラヴェッツ（オーストリア国立図書館、ウィーン）、マイケル・ネド（ウィトゲンシュタイン・アーカイブ、ケンブリッジ）、アービー・オレンシュタイン教授（ジュリアード音楽院）、エルナ・オッテン（パウル・ウィトゲンシュタインの教え子）、ジェシー・パーカー（パウル・ウィトゲンシュタインの教え子）、キャサリン・ペイン（《ストラッド》誌）、ウェンディ・ペレス（ニューヨーク公共図書館）、ピーター・フィリップス（《ミュージカル・タイムズ》誌）、スティーヴ・ポートマン（パウル・ウィトゲンシュタインの教え子）、ウルスラ・プロコップ（マルガレーテ・ウィトゲンシュタインの伝記作者）、サリー・ライリー（翻訳権）、アンナ・サンダー（ベーリアル・カレッジ・アーカイブス）、アルベルト・ザースマン（パウル・ウィトゲンシュタインと左手のためのピアノ曲目の専門家）、エド・スカーセル（シャーマン・ミュージック・ライブラリー、ニューヨーク）、カール・シャクター教授（音楽教授、フェリクス・ザルツァーの友人）、エアハルト・シャニア（ヒルデ・ウィトゲンシュタインの異母兄弟）、トニー・シンプソンとバートランド・ラッセル平和財団、ペーター・シュタードルバウアー（「国民社会主義の犠牲者のための総合調停」、ウィーン）、ロバータ・ステープルズ（レディ・マーガレット・ホール図書館）、グレン・ステファノヴィッツ（一九一四―一九一八年の東部戦線の専門家）、マリーア・シュトラッケ（ヘレーネ・ウィトゲンシュタインの子孫)、アラン・タディエロ(ベーリアル・カレッジ図書館)、ボブ・トンプソン博士(ウニヴェルザール・エディツィオン、ニューヨーク)、マーク・トムゼン(パウル・ウィトゲンシュタインの孫)、フリッツ・ファン・デル・ワー(初稿修正)、スティーヴン・ウォルシュ(カーディフ大学音楽教授)、ピーター・ウォード＝ジョーンズ(ボドリアン・ミュージック・ライブラリー)、エリザ・ウォー(校正・イタリア語翻訳)、クリストファー・ウェントワース＝スタンリー(ウィーンでの資料調査)、ジェフリー・ウィリアムズ(ニューヨーク州立大学オールバニ校)。

訳者あとがき

十九世紀末、百花繚乱の文化が生み出されていたハプスブルク王朝の都ウィーンに、カール・ウィトゲンシュタインという大富豪がいた。一代で財を成したオーストリア鉄鋼業界の大立者で、音楽や絵画を愛好する芸術のパトロンでもあった。都市の中心部を囲む環状道路リングシュトラーセのすぐ南に位置する富豪街に「御殿」と呼ばれる屋敷をかまえ、マックス・クリンガーの彫ったベートーヴェン像が飾られた邸内の立派な音楽室で、ヨハネス・ブラームス、リヒャルト・シュトラウス、アルノルト・シェーンベルク、グスタフ・マーラーらを招き、たびたび内輪の演奏会を催した。また、グスタフ・クリムトを中心としたウィーン分離派を支援して、専用の展示会館(別名「黄金のキャベツ」)の建設資金も提供した。

このカール・ウィトゲンシュタインと、妻のレオポルディーネのあいだには、九人の子供がいた。生まれた順に、長女ヘルミーネ、次女ドーラ(生後まもなく死亡)、長男ヨハネス、次男コンラート、三女ヘレーネ、三男ルドルフ、四女マルガレーテ、四男パウル、そして五男ルートウィヒ。四女はクリムトの肖像画によって後世にその姿をとどめ、四男は長じて有名なピアニストとなり、末息子の五男は、さらに有名な哲学者となった。

今日、「ウィトゲンシュタイン」といえば、この哲学者となった末息子のルートウィヒを思い浮かべる人がほとんどだろう。彼が生前に出版した唯一の著作『論理哲学論考』は、その難解な魅力ゆえに、同時代にも後代にも多くのフォロワーを生んだ。熱狂的な崇拝者と呼べる人々も少なくない。さらにルートウィヒ・ウィトゲンシュタインの端正な風貌や、漏れ伝わる数々の印象的な逸話から、彼の哲学については何一つ知らないながら、「狂気と紙一重の天才」のイメージに憧れる人もいる。かように神秘性をまとわされた哲学者については、当然ながら過去にいくつもの解説書や評伝が書かれており、その多くで彼の生い立ちが紹介されている。しかし、彼が単一の主人公ではなく、大家族のなかの一人として描かれたとき、その存在は果たしてどう見えるのだろう。同じ台詞も、演出が変われば違って響く。アンサンブルを奏でるルートウィヒからは、意外と別の一面が見えてくるかもしれない。それだけ多彩なキャラクターが、ここにはぞろぞろ出てくるからだ。その登場人物の一人が、おそらく今日では一部の音楽通のあいだでしか知られていないであろう片腕のピアニスト、パウル・ウィトゲンシュタインである。

いまでこそ逆転しているが、存命中に欧米において広く名を知られていたのはルートウィヒよりも、彼の一歳半年上の兄、パウルのほうだった。音楽の都ウィーンで、バイオリンをたしなむ父親とピアノの名手だった母親とのあいだに生まれ、幼いころから著名な音楽家の演奏に触れて育ったパウルは、息子を実業家にさせたがった父親の意思に逆らって、演奏家への道を志した。師にも恵まれて、めでたくウィーンでのデビューも果たしたが、直後に第一次世界大戦が勃発する。従軍したパウルは戦地で負傷、気がついたときには右腕を手術で切断されていた。ピアニストにとって致命的とも言える障害を負いながらも、パウルは不屈の意志でそれを乗り越えた。ロシア軍の捕虜となってシベリアに抑留されていた時期から、早くも左手だけによる演奏技法の習得をめざし、無事に帰還を果たしたのち、鍛錬の末に片腕のコンサート・ピアニストとしてカムバックを果たす。豊富な財力を頼りに、ラヴェルやシュトラウスといった著名な作曲家に左手のためのピアノ曲の作曲を依頼し、彼がいなかったなら生み出されなかったであろう数々の名作の初演を行なって、世界各地で好評を博した。しかし、順調に進むかに見えた彼の演奏活動を阻んだのが、アドルフ・ヒトラー率いるナチスの擡頭《たいとう》、ドイツによるオーストリアの併合、そして第二次世界大戦の勃発だった。ナチスの定める法律のもとでユダヤ人と規定されたウィトゲンシュタイン家のパウルは、演奏活動を禁じられたうえに、「純血ドイツ人とのあいだに子供をもうけた罪」で逮捕されそうになり、スイス経由でアメリカに亡命した。以後、音楽家としてのキャリアは再開したものの、ナチスドイツの介入による財産問題でウィーンの家族と断絶する。

このパウルを中心として、世紀転換期のウィーンを舞台に、二つの世界大戦を含む激動の時代を生きた家族の物語が綴られていく。強権的な父と、何も言えない従順な母。生涯未婚を通した引っ込み思案な長女。異国で失踪した（おそらく自殺したと思われる）長男。終戦直前に戦地で自殺した次男。快活なようでいて神経過敏だった三女。同性愛者だったことを苦にしてか、やはり自殺した三男。誇り高く自立心旺盛だったが、結婚生活には破綻した四女。そして全財産を放棄して小学校の教員になろうとした五男。ウィトゲンシュタイン家の兄弟姉妹が決して「普通」でない生き方をすることになったのは、家庭環境のせいだったのか、血筋のせいだったのか、それとも時代のせいだったのか。

彼らは緊密な家族ではあったが、とうてい円満な家族ではなかった。かといって、仲の悪い家族だったわけでもない。戦争中に頻繁にやりとりされた家族間の手紙には、互いへの愛情と思いやりが確実に見られる。しかし、それぞれの個性が強すぎて、兄弟姉妹のあいだには争いが絶えなかった。ルートウィヒに言わせれば、「僕らはみな固くて縁の鋭い角材のようなものだから、一緒に心地よく収まることができないのです。……誰か友人が混じって緩和してくれないかぎり、僕らが仲良くつきあっていくのは難しい」。

この各自の強烈な個性と、それらが互いに、あるいは外界とぶつかりあうさまは、見ていて甚だ面白い。彼らが個々に自己の内面と格闘する姿、共闘して外の敵——第一次世界大戦時の連合軍や第二次世界大戦時のナチスドイツ——に対抗する姿、さらにはその共闘のなかにあって家族同士で争う姿は、ときに滑稽とさえも思えるほどだ。しかし、それは一面だけを見ての話であろう。ここでもルートウィヒの言葉が頭をよぎる。あなたほど頭のいい人がなぜ小学校の教員などになろうとするのかわからない、と姉に言われ、ルートウィヒはこう答えた。
「閉じた窓から外を見ているから、通行人がどうして奇妙な動きをしているのか説明できないようなものだよ。外で嵐が吹き荒れているのに気づいていないから、通行人が必死にがんばって倒れないようにしているだけなのがわからないのさ」
本書によって、私たちにも外の通行人の真実が見えるのだろうか。そして見えたときに、私たちは彼らに対して何を思うのだろうか。

この一〇〇年以上にわたる家族の歴史の物語は、おおむね時系列に沿いながら継ぎ目なく描かれていき、読み進めるのにさほどの混乱もないと思われるが、登場人物が多岐にわたり、場面の転換も少なくないことから、歴史上の事象とあわせて、巻末に簡略な年譜を示しておく。

本書の著者、アレグザンダー・ウォーがどのようないきさつでウィトゲンシュタイン家の物語を書くことになったかは不明だが、この題材を扱うにはうってつけの人物であったとも言えよう。彼自身、イギリスの作家イーヴリン・ウォーを祖父に持ち、コラムニストのオーベロン・ウォーを父に持つ、有名な一族の出であるからだ。そして本人は音楽批評家で、作曲家でもある。音楽家パウル・ウィトゲンシュタインへの関心がそもそもの発端だったのかもしれない。いずれにしても、ウォーは本書を書くにあたって数々の資料を参照したほか、パウル・ウィトゲンシュタインの次女、ジョーン・リプリーに詳細な取材を行なった。私有の資料もすべて見せてもらったそうで、彼女に格別の謝意を示している。その他の取材先については、著者の「謝辞」をごらんいただきたい。

本書は Alexander Waugh, *The House of Wittgenstein: A Family at War* の全訳である。底本には二〇〇八年にイギリスで出版された Bloomsbury Publishing Plc 版を用い、あわせて二〇〇八年アメリカ発行の Doubleday 版も参照した。翻訳にあたり、ドイツ語圏の固有名詞の表記は、基本的に標準ドイツ語の発音にならっている。ただし本書の主役である「ウィトゲンシュタイン（Wittgenstein）」の姓に関しては、標準ドイツ語では「ヴィ」と濁るところを、濁らせずに「ウィ」と表記した。これはオーストリアも含めた南ドイツの方言では「W」が濁らないためであり、ルートウィヒ・ウィトゲンシュタインも自身の姓を「ウィ」と発音していたと聞いたためである。他の資料の表記を見ても、昨今では「ウィトゲンシュタイン」が定着しているように思う。同じ理由から、名前の「ルートウィヒ（Ludwig）」も

「ウィ」で表記した。その他の人名については、たとえば「ツヴァイク」など、オーストリア人であっても一律に標準ドイツ語どおりの表記を用いている。逆に「ワーグナー」や「ベートーヴェン」など、原音とは異なるが、慣用的な表記が定着している場合には、そちらを採用した。訳文中の（　）は著者注、［　］は引用者注、〔　〕は訳者注である。

最後に個人的な謝意を。中央公論新社の打田いづみ氏には、このたいへん興味深い書物を翻訳する機会をくださったことを、まず感謝します。今回の翻訳にあたって、かつて中央公論社が出していた雑誌『マリ・クレール』の「ウィーン世紀末特集号」（一九八九年十二月号）を本棚から引っぱり出しました（奇遇にも、この号だけが残っていたのです）。間接的に、とても参考になりました。じつに良い雑誌だったと、あらためて思ったしだいです。打田さんには、資料の用意から原稿のチェックまで、いつもながらこまごまとお世話になりました。そのほか校閲の皆様や、刊行に携わってくださったすべての皆様に感謝します。ありがとうございました。

二〇一〇年六月

塩原通緒

文庫版訳者あとがき

「破格の富、恐るべき才能、凶事の予感」。本書の帯を飾るこの惹句は、二〇一〇年に出版された単行本に添えられたものでもありました。なんとも心をざわつかせるこのフレーズが、大げさでもなんでもなく、まったくそのまま当てはまる実在の家族の物語は、多くの読者の皆様からご支持をいただきました。そのおかげで、こうして文庫として装いも新たに本書をお届けできることになったしだいです。翻訳家の金原瑞人さんも、この作品を当初から気に入ってくださった方のおひとりで、ご自身の発行されている海外文学紹介冊子「BOOKMARK」でも取り上げてくださいました。金原さんには、そのご縁で今回の文庫版の解説をお願いしたところ、快く引き受けていただけました。この場を借りて、感謝を申し上げます。

文庫化にあたっては、単行本の出版時に気づきそこねた誤りをできるかぎり修正しました。この十年のインターネットの発展のおかげで、あいまいだった細かな点を確かな情報に書き換えることもできました。前回に引き続き、今回も原稿に緻密《ちみつ》に目を配って有益な助言をくださり、さらに出版までの流れも整えてくださった中央公論新社の打田いづみさんと、関わってくださったすべての皆様にお礼を申し上げます。

このたびの文庫化で、より多くの人に、愛すべきウィトゲンシュタイン家の人びとのことを知ってもらえるようになれば幸いです。

二〇二一年一月

塩原通緒

解説

金原瑞人

中央公論新社の編集者に、前からしつこく、早く文庫にしてほしいといい続けた本が、やっと文庫になった。単行本は二冊買ったのだが、どちらもいまは手元にない。知人や友人や教え子に貸しているうちに行方不明になってしまったからだ。

この作品で中心的に扱われている八人きょうだいのうちのひとりがルートウィヒ・ウィトゲンシュタイン。彼は『論理哲学論考』などを著し、二〇世紀の哲学界に多大な影響を与えた哲学者だ。その著作を読んだ人は限られていて、その思想を完璧に理解した人はおそらく皆無に近い……といわれているにもかかわらず、現代の文学や思想に興味のある人はどこかで耳にして、気になっている人物だ。

ところが、この作品では彼は脇役で、兄のパウル・ウィトゲンシュタインが中心だ。そこが何よりノンフィクション好きの好奇心をそそる。そもそも、当時、世界的には兄のパウルのほうがはるかに有名だったのだ……ということも、現代の読者はまず知らない。それも、ピアニストだという。しかも右腕がなかった。

まず第一部は一九一三年のウィーンの街の描写から始まり、二十六歳のピアニスト、パウルの初舞台が語られたかと思うと、次は前年のクリスマス、父親のカールが舌がんの手術を受ける場面へ。それから死を前にしたカールが語る人生は、波瀾万丈という言葉が安っぽく響くほどだ。父親との不和が原因で、十七歳のときバイオリンひとつ抱えてニューヨークへ渡り、レストランの給仕、楽団員、運河船の舵手、バーテンなどを経て、一八六六年、ニューヨークから帰還後、オーストリア鉄鋼王への道を一気に駆け上がる。

分厚い伝記が一冊書けそうな内容を、まるで早送りの動画のように読まされた読者は圧倒されるのだが、次の第七子グレートルのエピソードでひと息つく。こちらはとりたてて際だったところのない平坦な語り口で進んでいくのだ。ところが、最後のほうで「彼女の全身肖像画を母親のウィトゲンシュタイン夫人から依頼されたグスタフ・クリムトは、その微妙なニュアンスをとらえるのに難儀した」という文で、読者ははっとする。そして、彼女はその肖像画が気に入らず、無名の画家に描き直させたあげく、屋根裏部屋に放りこんでしまったという。さらにこの章の最後が強烈だ。

一九〇四年五月、クリムトが絵の制作にとりかかったころ、グレートルと一番年が近くて十代のころを仲良く過ごした兄が、突然、劇的に、そして非常におおっぴらに、毒をあおって死んだのである。

そして次は、グレートルが仲良く過ごした兄ルドルフのことが語られ、もうひとり、父親の束縛から逃れるようにして行方不明になったハンスのことが語られる。「ウィトゲンシュタイン家では、自殺は珍しいことではなかった」らしい。

そんな情景から一転して、次はウィトゲンシュタイン家の音楽会の様子が描かれる。

ブラームスも自作のクラリネット五重奏曲の演奏を聴きに来たし、リヒャルト・シュトラウスも何度か音楽室での演奏会に出席した。シェーンベルク、ツェムリンスキー、グスタフ・マーラーといった作曲家も来ていたが、マーラーはあるときを境に、以後は二度と招待されなくなった。

そのあと、ほかのきょうだいのことが語られ、ふたたび話はピアニストを目指すパウルへ、そしてパウルの弟、後の天才的哲学者ルートウィヒとバートランド・ラッセルの出会いへと向かう。

そして第一部は、カールの死でしめくくられる。見事としかいいようがない。これだけの内容をこれほど短く（九十ページほど）、無理なく、よどみなく、一気に語りきることのできる作家はなかなかいない。

そして第二部、いよいよこの作品の中心人物パウルが圧倒的な存在感を持って再登場する。弟のルートウィヒとともに熱血愛国青年だったパウルは「大多数のオーストリアの同胞と同じようにオーストリア＝ハンガリーの君主制を支持し、ハプスブルク家の名誉を守るのが市民としての道徳的な義務であると信じて、そのために必要とあらば命を捨てる覚悟さえしていた。」そしてロシア軍と交戦中、右肘を打ち砕かれ、右腕を切断することになり、さらに捕虜になってシベリアに送られる。それでもピアノにかける情熱はすさまじく、釈放されて帰国後の一九一六年、ピアノの師でもあり作曲家でもあったヨーゼフ・ラーボアに左手のための曲を依頼し、それを引っさげて再デビュー。さらに翌年、ベルリンでもコンサートを開く。ところが故国のために戦おうという気持ちは冷めることなく、コネを使って召集令状を手にし、ふたたび戦地へ。

第三部は、最後の皇帝の死とともに凋落の一途をたどるオーストリアの情勢を背景に、ウィトゲンシュタイン家が被った経済的な打撃と、家族内の不和が描かれていく。しかしここでもその中心を疾走するのはパウルだ。

本書のあとがきでも触れられているが、著者は音楽評論家でもあり（『オペラの新しい聴き方』『クラシック音楽の新しい聴き方』などは日本でも翻訳されている）、こと音楽関係の書きこみが絶妙だ。パウルを題材に書こうと思い立った理由がよくわかる。たとえば、「指と手首と上腕の強さを驚異的なまでに発達させた。とくに強い音を出すために、ときには拳や二本の指を使って一つのキーを叩いた」というパウルの左手による演奏の説明。

彼の最も重要な発明は、ペダル遣いと手の動きを組み合わせた技法で、これによって片手のピアニストには絶対に弾けないような和音を奏でることができた。まず、右足で「ハーフペダル」の技法を繊細に駆使しながら中音域の和音を大きく弾き、そのあと即座に、かろうじて聞こえる程度のピアニッシモで低音域の一、二音を弾く。これにより、どんなに耳の鋭い批評家にも、鍵盤上で八〇センチ近くも離れている複数の音を同時に左手だけで弾いているように思わせることができた。

パウルはヨーゼフ・ラーボアの曲で成功を収めたあと、ヒンデミットやシュミットにも依頼し、そのうちリヒャルト・シュトラウスやラヴェルやプロコフィエフにまで声をかける。そこから、ラヴェルの『左手のための協奏曲』が生まれるのだが、この曲をめぐるパウルとラヴェルの大げんかが痛快だ。パウルがこの曲を大きく改変して演奏するのをきいたラヴェルが激昂して「これはまったく違うではないか！」と叫ぶと、パウルは「ピアノ演奏は僕の専門です。あなたの作曲したものは適切でない」と言い返す。そして「演奏家は奴隷であってはなりません！」というと、ラヴェルは「演奏家は奴隷だよ」と言い返す。もちろん、パウルが大金を払って作曲を依頼しているという事情もあるのだが、当時のヨ

秀逸だ。家で――私は二十世紀の音楽家ですから」というプロコフィエフとパウルのエピソードもーロッパの音楽状況を反映していて、興味深い。このあとの、「あなたは十九世紀の音楽

　そして第四部は一九三八年三月、ヒトラーがオーストリアを併合し、社会主義者やフリーメーソンやユダヤ人の迫害が始まり、ウィトゲンシュタイン家の人々はユダヤ人とみなされ、「新しいナチス政権の反ユダヤ主義政策による禁止や制限の対象に」されてしまう。このナチス圧制下において、ヘルミーネ、ヘレーネ、グレートル、パウル、ルートウィヒの五人きょうだい、その他の人々がドイツを相手に繰り広げる駆け引きがらみの長い戦いがリアルに描かれていく。ウィトゲンシュタイン家はユダヤ人なのか、そうではないのか、という問題が争われる一方、彼らの莫大な財産をめぐって、裏と表で様々な策略が巡らされ、戦いは泥沼化していく。そもそも、ウィトゲンシュタインのきょうだいが一枚岩ではない。それぞれの立場も違えば、性格も違ううえに、だれひとり譲るということを知らない。まるで出来の悪いスパイ小説のような展開なのだが、それが異様にリアルに描かれていく。そこであぶりだされる、時代、戦争、家族内での不和と反目と確執がひしひしと伝わってくる。パウルの音楽活動もほとんどなく、最後のほうでベンジャミン・ブリテンに曲を依頼するエピソードくらいだ。そして第二次世界大戦がようやく終わり、ルートウィヒが死に、最後はパウルの死で結ばれる。第四部は最も人間くさく、最も読み応えがある。

この壮大な悲喜劇を読み終えて、心に残ったのは、やはりパウルだ。ピアノの演奏では傑出した才能を持ちながら、人格的にはじつに不細工なパウルを、アレグザンダー・ウォーは、心から愛していたような気がする。

本書を再読して、印象深かったのは、ロシア軍の捕虜になって、病院のベッドに寝ているパウルの姿だ。彼は暗譜しているゴドフスキー編曲によるショパンのエチュードを繰り返し左手で練習する。

毎日何時間も、この成功しそうにない困難な仕事にパウルは打ち込んだ。頭のなかに流れる曲を一心不乱に聴きながら、凍える指をぱたぱたと木箱に打ちつけているパウルの姿は、さながら混んだ病室の片隅で、一人で悲喜劇を演じているようなものだった。他の捕虜も、病院の職員も、誰もが同情と好奇心をかきたてられた。

この本を読んだとき、ノンフィクションって、こんな可能性もあったんだと思って、とてもうれしくなったのだが、それを強烈に意識させてくれたのがこの一節だった。

（かねはら・みずひと　翻訳家）

略年譜

一八四七 カール・ウィトゲンシュタイン誕生。
一八七四 カール、レオポルディーネ・カルムスと結婚。長女ヘルミーネ誕生。
一八七六 次女ドーラ誕生。同年死去。
一八七七 長男ヨハネス（ハンス）誕生。
一八七八 次男コンラート（クルト）誕生。カールの父ヘルマン死去。
一八七九 三女ヘレーネ誕生。
一八八一 三男ルドルフ（ルディ）誕生。
一八八二 四女マルガレーテ（グレートル）誕生。
一八八七 四男パウル誕生。
一八八九 五男ルートウィヒ誕生。
一八九八 カール、事業から引退。オーストリア皇后エリーザベト暗殺。
一八九九 ヘレーネ、オーストリア政府高官マックス・ザルツァーと結婚。

一九〇二　ハンス失踪。
一九〇三　パウル、ギムナジウム入学。ルートウィヒ、アドルフ・ヒトラーも在籍していた実科学校に入学。
一九〇四　ルディ自殺。
一九〇五　グレートル、アメリカ国民ジェローム・ストーンボローと結婚。
一九〇六　ルートウィヒ、シャルロッテンブルク工科大学に入学。グレートル、長男トーマス（トミー）を出産。
一九〇八　ルートウィヒ、マンチェスターへ。
一九一二　ルートウィヒ、ケンブリッジ大学に入学。バートランド・ラッセルに師事する。グレートル、次男ジョン・ジェローム（ジー）を出産。
一九一三　カール死去。ルートウィヒ、ノルウェーに移住。パウル、ウィーンでピアニストデビュー。
一九一四　オーストリア皇位継承者フランツ・フェルディナント暗殺。第一次世界大戦勃発。パウル従軍後、戦傷により右腕を切断。ロシア軍の捕虜となりシベリア抑留。ルートウィヒ、志願兵として従軍。
一九一五　パウル帰還。
一九一六　パウル、片腕での再デビュー。オーストリア皇帝フランツ・ヨーゼフ死去。

一九一七　ロシア革命。アメリカ参戦。グレートル、スイスへ移住。クルト、アメリカから帰国して従軍。パウル、軍務に復帰。

一九一八　クルト自殺。第一次世界大戦終結。ルートウィヒ、イタリアで捕虜となる。オーストリア共和国宣言。

一九一九　ルートウィヒ解放。帰国後、全財産を放棄して教員養成所へ。グレートル、慈善活動で渡米。

一九二〇　ルートウィヒ、修道院の庭師をしたのちトラッテンバッハで小学校の教員となる。グレートル、アメリカから帰国後、夫ジェロームと別居。

一九二二　ルートウィヒ、『論理哲学論考』を出版。パウル、作曲委託を開始。

一九二三　パウル、ボルトキエヴィチの作品を初演。

一九二四　パウル、シュミットとコルンゴルトの作品を初演。

一九二六　ルートウィヒ、オッタータルの小学校で体罰事件を起こす。レオポルディーネ死去。ルートウィヒ、ストーンボロー邸の建築に着手。

一九二九　ルートウィヒ、ケンブリッジ大学に再入学、『論考』で博士号取得。パウル、ラヴェルに作曲依頼。

一九三〇　パウル、ロシアに演奏旅行。

一九三一　パウル、新ウィーン音楽院の教授に就任。愛人のバーシアが堕胎。

一九三二　パウル、ラヴェルの作品を初演。バーシア死去。オーストリア首相にドルフース就任。
一九三三　ルートウィヒ、「青色本」の口述開始。ドイツでナチス政権が樹立。
一九三四　パウル、音楽院の生徒ヒルデと恋仲に。ルートウィヒ、「茶色本」の口述開始。オーストリア首相ドルフース暗殺。新首相にシュシュニックが就任。パウル、アメリカ・ツアーへ。
一九三五　ヒルデ、パウルの長女エリーザベトを出産。ルートウィヒ、ソ連を訪問。
一九三七　ヒルデ、パウルの次女ヨハンナを出産。
一九三八　オーストリア、ドイツに併合（アンシュルス）。ジェローム・ストーンボロー自殺。パウル、スイス経由でアメリカに亡命。ヘルミーネ、ヘレーネ、グレートル、旅券詐欺容疑で逮捕。
一九三九　姉妹は裁判により無罪。ウィトゲンシュタイン家の財産をめぐってドイツ中央銀行との交渉が始まる。ニューヨークでの交渉を経て、チューリッヒにて決着。第二次世界大戦勃発。ルートウィヒ、ケンブリッジ大学教授となりイギリス市民権を取得。
一九四〇　パウル、キューバでヒルデと結婚。
一九四一　パウルの長男ルイス誕生。ルートウィヒ、ガイズ病院に勤務。

一九四二　パウル、ブリテンの作品を初演。ルートウィヒ、ニューカッスルに勤務。
一九四五　ドイツ無条件降伏。第二次世界大戦終結。
一九四六　パウル、アメリカ市民権取得。
一九四七　ルートウィヒ、ケンブリッジ大学を辞職。
一九四九　パウル、亡命後初めてウィーンに帰国し、コンサートに出演。ルートウィヒ、渡米。帰国後、前立腺がんが判明。
一九五〇　ヘルミーネ死去。ルートウィヒ、ケンブリッジのベヴァン医師宅へ転居。
一九五一　ルートウィヒ死去。
一九五六　ヘレーネ死去。
一九五八　グレートル死去。
一九六一　パウル死去。

＊14　ブラームスのドイツ・レクイエム（*Ein Deutsches Requiem*）の最終コーラスの歌詞。ヨハネの黙示録14章13節より。

＊15　Harvey, "Paul Wittgenstein: A Personal Reminiscence".《グラモフォン》（*The Gramophone*）に掲載。1961年6月。p. 2.

＊16　Deneke, "Mr. Paul Wittgenstein. Devotion to Music".

後記

＊1　Ripley, "A Memory of my Father". 私蔵品。

フォン・ウリクトへの手紙。1950年2月12日。GBW。
＊6　Ludwig Wittgenstein, MS 138. 1949年2月10日。以下で引用。Hermine Wittgenstein, *Aufzeichnungen "Ludwig sagt ..."*, p. 38.
＊7　レイ・モンクによるジョーン・ベヴァンへのインタビュー。以下で引用。Monk, p. 577.
＊8　同上。
＊9　Ludwig Wittgenstein, *On Certainty*, point 676, p. 90.
＊10　マルガレーテ・ストーンボローからルートウィヒ・ウィトゲンシュタインへの手紙。1942年5月。GBW。

69　終着点

＊1　トレヴァー・ハーヴィーからマルガ・デーネケへの手紙。1959年8月19日。オックスフォード大学ボドリアン図書館。
＊2　《ザ・タイムズ》の批評。1950年10月31日。
＊3　パウル・ウィトゲンシュタインからジークフリート・ラップへの手紙。1950年6月5日。以下で引用。Suchy, Janik and Predota, p. 172.
＊4　ジークフリート・ラップからオタカル・ホルマンへの手紙。1959年12月1日。同上で引用。p. 118.
＊5　パウル・ウィトゲンシュタインからレナード・カッスルへの手紙。1960年6月13日。University at Albany, Special Collections.
＊6　マルガレーテ・ストーンボローからルートウィヒ・ウィトゲンシュタインへの手紙。1942年6月。GBW。
＊7　ルートウィヒ・ウィトゲンシュタインからルドルフ・コーダーへの手紙。1949年8月23日。GBW。
＊8　パウル・ウィトゲンシュタインからコンラート・ブロッホへの手紙。1939年6月26日。WMGA。私蔵品。
＊9　パウル・ウィトゲンシュタインの遺言書補遺。1945年1月31日［ママ］。p. 1. WMGA。私蔵品。
＊10　ルートウィヒ・ウィトゲンシュタインからルドルフ・コーダーへの手紙。1949年2月22日。GBW。
＊11　Deneke, "Memoirs", vol. 2, p. 80.
＊12　パウル・ウィトゲンシュタインからルドルフ・コーダーへの手紙。1953年10月7日。私蔵品。
＊13　パウル・ウィトゲンシュタインからルドルフ・コーダーへの手紙。1955年5月21日。私蔵品。

67 ウィトゲンシュタイン家の戦争

＊1 Ludwig Wittgenstein, MS 120. 1938年1月4日。以下で引用。Monk, p. 387.
＊2 R・グラント博士からゲオルク・フォン・ウリクトへの手紙。日付なし。私蔵品。
＊3 ルートウィヒ・ウィトゲンシュタインからローランド・ハットへの手紙。1941年11月27日。GBW。
＊4 R・グラント博士からゲオルク・フォン・ウリクトへの手紙。日付なし。私蔵品。
＊5 マルガレーテ・ストーンボローからルートウィヒ・ウィトゲンシュタインへの手紙。1944年9月末ごろ。GBW。
＊6 マルガレーテ・ストーンボローからルートウィヒ・ウィトゲンシュタインへの手紙。1944年3月14日。GBW。
＊7 ジョン・ストーンボローからジョーン・リプリーへの手紙。1999年9月13日。私蔵品。
＊8 ブライアン・マクギネスによるジョン・ストーンボローの追悼記事。《インディペンデント》に掲載。2002年6月4日。
＊9 パウル・ウィトゲンシュタインからルドルフ・コーダーへの手紙。1957年1月6日。私蔵品。
＊10 フリードリヒ・ヴューラーからジークフリート・ラップへの手紙。1949年12月26日。ジークフリート・ラップからオタカル・ホルマンへの手紙（1956年12月1日）で引用されている。以下で引用。Suchy, Janik and Predota, p. 119.

68 旅路の果て

＊1 ルートウィヒ・ウィトゲンシュタインからルドルフ・コーダーへの手紙。1949年3月2日。GBW。
＊2 ルートウィヒ・ウィトゲンシュタインからノーマン・マルコムへの手紙。1949年5月17日。GBW。
＊3 Malcolm, p. 77.
＊4 ルートウィヒ・ウィトゲンシュタインからジーン・リーズへの手紙。1949年11月28日。GBW。
＊5 ルートウィヒ・ウィトゲンシュタインからゲオルク・ヘンリク・

66 ベンジャミン・ブリテン

＊1　ベンジャミン・ブリテンの日記。1929年2月14日。以下で引用。Mitchell and Reed, vol. 2, p. 828 n. 1.
＊2　ピーター・ピアーズからエリザベス・メイヤーへの手紙。1940年7月4日。同上で引用。p. 826.
＊3　ハンス・ハインスハイマーからベンジャミン・ブリテンへの手紙。1940年7月2日。同上で引用。p. 826.
＊4　ベンジャミン・ブリテンからエリザベス・メイヤーへの手紙。1940年7月29日。同上で引用。p. 834.
＊5　ベンジャミン・ブリテンからベス・ウェルフォードへの手紙。1940年6月26日。同上で引用。p. 831.
＊6　ユージン・グーセンスからハンス・ハインスハイマーへの手紙。1940年9月27日。同上で引用。p. 874 n. 5.
＊7　パウル・ウィトゲンシュタインからルドルフ・コーダーへの手紙。1941年7月31日。私蔵品。
＊8　パウル・ウィトゲンシュタインからベンジャミン・ブリテンへの手紙。1941年7月31日。Britten-Pears Archive.
＊9　ベンジャミン・ブリテンからラルフ・ホークスへの手紙。1941年7月23日。以下で引用。Mitchell and Reed, vol. 2, p. 956.
＊10　ピーター・ピアーズからエリザベス・メイヤーへの手紙。1940年8月23日。同上で引用。p. 957 n. 6.
＊11　パウル・ウィトゲンシュタインからベンジャミン・ブリテンへの手紙。1941年7月31日。Britten-Pears Archive.
＊12　ベンジャミン・ブリテンからアルバート・ゴールドバーグへの手紙。1942年1月20日。以下で引用。Mitchell and Reed, vol. 2, p. 1014.
＊13　《フィラデルフィア・インクワイアラー》でのリントン・マーティンの批評。1942年1月17日。
＊14　ピーター・ピアーズとベンジャミン・ブリテンからアントニオ・ブローサとペギー・ブローサへの手紙。1942年3月10日。以下で引用。Mitchell and Reed, vol. 2, p. 1024.
＊15　マルガレーテ・ストーンボローからルートウィヒ・ウィトゲンシュタインへの手紙。1942年3-4月。GBW。

62　戦争の脅威

＊1　パウル・ウィトゲンシュタインからザムエル・ヴェヒテルへの手紙。1939年7月24日。WMGA。私蔵品。
＊2　Samuel Wachtell, Internal Memorandum. 1939年8月17日。WMGA。私蔵品。
＊3　クルト・マイヤーからウィーンの家系調査局（Gauamt für Sippenforschung der NSDAP）への手紙の写し。1940年2月10日。私蔵品。
＊4　パウル・ウィトゲンシュタインの記載済み申告書。Aliens' Questionnaire, p. 3, Statements of Assets and Liabilities. 1944年12月31日現在。署名は1945年8月17日。私蔵品。

63　貴重な手稿譜

＊1　Kurt Meyer, p. 1.
＊2　ジョン・ストーンボローからブライアン・マクギネス、およびジョン・ストーンボロー、ジェローム・ストーンボローへの手紙。1999年3月12日。私蔵品。
＊3　Dudley Harmon, "About the Town",《ワシントン・ポスト》1939年10月3日。p. 12.
＊4　フリードリヒ・プラットナーからハンス・ハインリヒ・ラマースへの速達の写し。1940年1月9日。私蔵品。

64　冷 戦

＊1　マルガレーテ・ストーンボローからルートウィヒ・ウィトゲンシュタインへの手紙。1940年。GBW。
＊2　ジョン・ストーンボローからルートウィヒ・ウィトゲンシュタインへの手紙。1944年12月2日。GBW。

65　妻子との再会

＊1　マルガレーテ・ストーンボローからルートウィヒ・ウィトゲンシュタインへの手紙。1940年9月。GBW。
＊2　同上。

＊7　同上。
＊8　同上。p. 9.
＊9　パウル・ウィトゲンシュタインからジョン・ストーンボローへの電報。同上で引用。p. 14.
＊10　同上。p. 9.

61　ストーンボロー親子の動機

＊1　パウル・ウィトゲンシュタインの遺言書補遺。1945年1月31日［ママ］。p. 15 n. 12. WMGA。私蔵品。
＊2　Hermine Wittgenstein, "Familienerinnerungen", p. 178.
＊3　コンラート・ブロッホからザムエル・ヴェヒテルへの手紙。1939年6月20日。WMGA。私蔵品。
＊4　パウル・ウィトゲンシュタインの遺言書補遺。1945年1月31日［ママ］。p. 15. WMGA。私蔵品。
＊5　ジョン・ストーンボローからブライアン・マクギネスへの手紙。1989年2月2日。私蔵品。
＊6　ヨハネス・シェーネからドイツ中央銀行への手紙。以下で引用。パウル・ウィトゲンシュタインの遺言書補遺。1945年1月31日［ママ］。p. 17. WMGA。私蔵品。
＊7　ジョン・ストーンボローからブライアン・マクギネスへの手紙。1989年1月13日。私蔵品。
＊8　以下で引用。パウル・ウィトゲンシュタインの遺言書補遺。1945年1月31日［ママ］。p. 11. WMGA。私蔵品。
＊9　ルートウィヒ・ウィトゲンシュタインの日記に記載。1939年7月24日。ケンブリッジ大学トリニティ・カレッジ図書館。文中の単数形の「伯母」はヘルミーネのこと。
＊10　ザムエル・ヴェヒテルからルートウィヒ・ウィトゲンシュタインへの手紙。1939年7月14日。WMGA。私蔵品。
＊11　パウル・ウィトゲンシュタインの遺言書補遺。1945年1月31日［ママ］。p. 10. WMGA。私蔵品。
＊12　ジョン・ストーンボローからブライアン・マクギネスへの手紙。1993年8月19日。私蔵品。

＊2　パウル・ウィトゲンシュタインからルートウィヒ・ヘンゼルへの手紙。1939年1月9日。以下で引用。Somavilla, Unterkircher and Berger, p. 154.

＊3　レナード・カッスルから著者が聞いた逸話。2007年5月。

＊4　Harold Manheim, "Memorandum with Regard to Paul Wittgenstein's Relations with his Sister in Vienna". 1944年2月17日。p. 2. WMGA。私蔵品。

＊5　同上。p. 6.

＊6　ヘルミーネ・ウィトゲンシュタインからルートウィヒ・ウィトゲンシュタインへの手紙。1938年10月22日。GBW。

＊7　Hermine Wittgenstein, "Familienerinnerungen", p. 175.

＊8　ジョン・ストーンボローからブライアン・マクギネスへの手紙。1989年1月13日。私蔵品。

＊9　ジークムント・フロイトによる声明文。1938年6月4日。"A Sale in Vienna" より。以下に掲載。*Journal de l'Association Internationale d'Histoire de la Psychanalyse*, vol. 8, 1989.

＊10　ジョン・ストーンボローからブライアン・マクギネスへの手紙。1989年2月8日。私蔵品。

＊11　Hermine Wittgenstein, "Familienerinnerungen", p. 176.

＊12　同上。

＊13　Hermine Wittgenstein, "Familienerinnerungen", p. 178. ジョン・ストーンボローはブライアン・マクギネスへの手紙（1989年1月13日）で、「ベルリンのドイツ中央銀行は誠実で高潔だった」と語っており、ヨハネス・シェーネを「若い立派な」人物と評している。

60　アメリカに来たナチス

＊1　パウル・ウィトゲンシュタインの遺言書補遺。1945年1月31日［ママ］。p. 7. WMGA。私蔵品。

＊2　ジョン・ストーンボローからブライアン・マクギネスへの手紙。1989年1月22日。私蔵品。

＊3　パウル・ウィトゲンシュタインの遺言書補遺。1945年1月31日［ママ］。p. 2. WMGA。私蔵品。

＊4　同上。p. 7.

＊5　同上。p. 6.

＊6　同上。p. 5.

二人の非嫡出子の名前を隠すために、家はフランツ・シャニアの名義で借りられた。Herlinger 自身もユダヤ人だったため、彼女は1938年にイギリスに亡命した。フランツ・シャニアはこの家を購入するためパウル・ウィトゲンシュタインの援助を求めたが、断られた。家はアーリア人の歯科医 Anton Haller に買われ、2005年に取り壊された。

＊12　パウル・ウィトゲンシュタインからエルンスト・シュレジンガー（のちの「ヘンリー・セルビング」）への手紙。1938年 8 月16日。以下で引用。Suchy, Janik and Predota, p. 22.

57　逮 捕

＊1　ブリギッテ・ツヴィアウアーがウィーンの家系調査局（Reichsstelle für Sippenforschung）に送った書状の写し。1938年9月29日。ケンブリッジ大学ウィトゲンシュタイン・アーカイブ。

＊2　ジョン・ストーンボローが《ワシントン・ポスト》に送った手紙。1938年 9 月 6 日。1938年 9 月 8 日の紙面に掲載。

＊3　ヘルミーネ・ウィトゲンシュタインからルートウィヒ・ウィトゲンシュタインへの手紙。1938年10月15日。GBW。

＊4　Hermine Wittgenstein, “Familienerinnerungen”, p. 173.

＊5　同上。p. 174.

58　二度目の移住

＊1　パウル・ウィトゲンシュタインの遺言書補遺。1945年 1 月31日［ママ］。p. 12 n. 10. WMGA。私蔵品。

＊2　パウル・ウィトゲンシュタインからマルガ・デーネケへの手紙。1938年11月。オックスフォード大学ボドリアン図書館。

＊3　同上。

＊4　マルガ・デーネケから妹のヘレーナへの手紙。Deneke Papers. オックスフォード大学ボドリアン図書館。

＊5　Deneke, “Memoirs”, vol. 2, p. 64.

59　鞍替え

＊1　ヘルミーネ・ウィトゲンシュタインからルートウィヒ・ウィトゲンシュタインへの手紙。1938年10月15日。GBW。

1938年10月15日。オックスフォード大学ボドリアン図書館。

＊9　ピエロ・スラッファからルートウィヒ・ウィトゲンシュタインへの手紙。1938年３月14日。GBW。

＊10　パウル・ウィトゲンシュタインへの書状の写し。差出人の名称は Staatskommissar in der Privatwirtschaft Franz Roitner。1938年８月５日。私蔵品。

＊11　フランツ・シャニアがナチスに協力していた事実については、Wiener Stadt-und-Landesarchiv に残っている、彼の Gauakt（国民社会主義ドイツ労働者党大管区資料）からうかがい知れる。この資料は "Politische Beurteilung（政治的評価）" といい、書類番号はPB265247。1942年末に Wiener Städtische Strassenbahnen（ウィーン市電）からウィーンの NSDAP Gauleitung（ナチス地区管理部）への依頼によってまとめられた。Meldeamtsarchiv（住民登録課資料）の記録によれば、1938年11月の「水晶の夜」のあとにシャニアが移り住んだアパートメント、Flat 19, Kandlgasse 32 には、それ以前には Wulwek というユダヤ人一家が住んでおり、音楽家の息子 Leo Wulwek はチェコスロバキア経由でパレスチナに逃れている。両親の Benjamin と Scheindel Wulwek は、初めは近所の粗末なアパートメントに移ったが、その後 1941年10月28日に、ロッツ（リッツマンシュタット）のゲットーか、あるいは Schottenfeldgasse 53/7 の Sammelhaus（収容所）に強制移送された。彼らの名前はホロコーストの犠牲者リストに載せられている（http://www.avotaynu.com/holocaustlist/w.mt.htm)。シャニアが「支部助手（blockhelfer)」という肩書でナチスへの密告者として活動していた地区、Kandlgasse 32 から追放されたユダヤ人たちの名前は、ホロコースト関連のウェブサイトで確認できるかもしれない（http://www.lettertothestars.at/liste_opfer.php?searchterm=kandlgasse+32&action=search&x=31&y=8)。フランツ・シャニアの遺言書（1964年３月１日）は、正式な検認済み書類として残されていたが（Verlassenschaftsakt, EStLA, Verl. Abh. BG Innere Stadt I, Franz Schania, A4/9A238/70)、彼はヒルデとケーテ（最初の結婚で生まれた娘たち）には何も遺していない。その理由は、彼女たちが「私にほんのわずかしか関心を払ってくれなかった（um mich ja nur allerwenigsten kümmerten)」ためとされている。戦争中の公式書類で、彼はヒルデの存在を否定している。ヒルデと子供たちが 1934年から 1938年までひそかに住まわせられていた Gersthoferstrasse 30 の邸宅は、パウル・ウィトゲンシュタインの友人である有名な歌手、Ruzena Herlinger の持ち家だった。パウル、ヒルデ、

＊11　以下で引用。*Schiedsinstanz für Naturalrestitution*, 206/2006, 2006年7月12日, article 53.
＊12　Trevor-Roper, 1942年1月23日, p. 193.
＊13　Martha Dodd, *Through Embassy Eyes*. 以下で引用。Schad, p. 44.
＊14　Trevor-Roper, 1942年9月2日, p. 556.
＊15　Hermine Wittgenstein, "Familienerinnerungen", p. 157.

55 反 撃

＊1　Karl Menger, *Reminiscences of the Wittgenstein Family*. 以下に転載。Flowers, vol. 1, p. 115.
＊2　同上。
＊3　同上。
＊4　ジョン・ストーンボローからジョーン・リプリーへの手紙。2000年1月2日。私蔵品。
＊5　パウル・ウィトゲンシュタインの記載済み申告書（"Verzeichnis über das Vermögen von Jüden" no. 19710）の写し。署名は1938年7月15日。私蔵品。
＊6　同上。

56 脱 出

＊1　Hermine Wittgenstein, "Familienerinnerungen", p. 157.
＊2　パウル・ウィトゲンシュタインからマルガ・デーネケへの電報。1938年6月13日。オックスフォード大学ボドリアン図書館。
＊3　パウル・ウィトゲンシュタインからマルガ・デーネケへの電報。1938年6月15日。オックスフォード大学ボドリアン図書館。
＊4　Deneke, "Memoirs", vol. 2, p. 60.
＊5　同上。
＊6　ジョン・ストーンボローからブライアン・マクギネスへの手紙。1989年1月22日。私蔵品。
＊7　Viktor Matejka, *Anregung ist alles*. 以下で引用。Herbert Exenberger, *Gefängnis statt Erziehung Jugendgefängnis Kaiser-Ebersdorf 1940-1945*. 以下のサイトに掲載。Dokumentationsarchive des österreichischen Widerstandes, http://www.doew.at/thema/kaiserebersdorf/jugendgef.html.
＊8　パウル・ウィトゲンシュタインからマルガ・デーネケへの手紙。

of Anschluss". 1934年7月27日。
＊13　ヘルミーネ・ウィトゲンシュタインからルートウィヒ・ウィトゲンシュタインへの手紙。1934年2月。GBW。
＊14　パウル・ウィトゲンシュタインの遺言書補遺。1945年1月31日［ママ］。p.10. WMGA。私蔵品。
＊15　《ニューヨーク・タイムズ》第一面。1938年3月18日。
＊16　同上。

53　愛国者の苦難

＊1　エルナ・オッテン＝アッターマンへのアルベルト・ザースマンによるインタビュー。以下に掲載。Suchy, Janik and Predota, p. 43.
＊2　ヨーゼフ・ライトラーの推薦状。1938年3月11日。正式な英訳版（1938年3月19日）の写し。私蔵品。
＊3　Michael Wildt, *Die Juden Politik des SD*. 以下で引用。Friedländer, p. 242.
＊4　Trevor-Roper, 1942年1月23日。p. 193.
＊5　Hermine Wittgenstein, "Familienerinnerungen", p. 156.

54　最初の計画

＊1　*Mitteilungsblatt des Reichsverbandes der Nichtarischen Christen*, 1936年3月。以下で引用。Friedländer, p. 158.
＊2　ユニティ・ミットフォードから姉のダイアナ・ギネスへの手紙。1935年12月23日。以下で引用。Mosley, p. 68.
＊3　ユニティ・ミットフォードから姉のダイアナ・ギネスへの手紙。1938年7月18日。同上で引用。p. 125.
＊4　Hermine Wittgenstein, "Familienerinnerungen", p. 155.
＊5　以下で引用。McGuinness, *Wittgenstein: A Life*, p. 1.
＊6　ルートウィヒ・ウィトゲンシュタインからジョン・メイナード・ケインズへの手紙。1938年3月18日。GBW。
＊7　同上。
＊8　同上。
＊9　同上。
＊10　ルートウィヒ・ウィトゲンシュタインからパウル・ウィトゲンシュタインへの手紙。1938年5月30日。私蔵品。

Obersekretär der Städtische Strassenbahn (Wiener Stadt und Landesarchiv: Politische Beurteilung, PB 265247, 1942), Wiener Verkehrsbetriebe Beamter (Lehmann, 1950), Kanzleioberkommissar (本人の遺言書).

＊2　国立音楽大学（Hochschule für Musik）にパウル・ウィトゲンシュタインが出した教職志願書。1930年10月11日。以下に再掲。Suchy, Janik and Predota, p. 122.

＊3　国立音楽大学の1930年の教授委員会議事録。Archiv der Universität für Musik und darstellende Kunst, Vienna. 同上に再掲。p. 121.

＊4　G. N., "Teaching Field in the United States Gains Adherent in Viennese Pianist", *Musical Courier*. 1939年1月。

＊5　エルナ・オッテン＝アッターマンへのアルベルト・ザースマンによるインタビュー。以下に掲載。Suchy, Janik and Predota, p. 37.

52　高まる緊張

＊1　Deneke, "Memoirs", vol. 2, p. 66.

＊2　J. N. Findlay, "My Encounters with Wittgenstein", *Philosophical Forum*, vol. 4, 1972-3, p. 171.

＊3　ルートウィヒ・ウィトゲンシュタインからバートランド・ラッセルへの手紙。1935年秋。GBW。

＊4　パウル・ウィトゲンシュタインに送られた、ルートウィヒ・ウィトゲンシュタインからオーベルライトナー夫人への手紙の写し。1932年4月前。私蔵品。

＊5　Rhees, *Ludwig Wittgenstein*, p. 226.

＊6　1973年4月にＢＢＣ 2 で放送されたドラマ *A Thinking Man as Hero* でのジョージ・サックスの言葉。以下で引用。Monk, p. 351.

＊7　Fania Pascal, "Wittgenstein: A Personal Memoir". 以下に転載。Flowers, vol. 2, p. 222.

＊8　以下で引用。Monk, p. 343.

＊9　マルガレーテ・ストーンボローからトーマス・ストーンボローへの手紙。日付なし。以下で引用。Prokop, p. 213.

＊10　Hermine Wittgenstein, "Familienerinnerungen", p. 155.

＊11　《ニューヨーク・タイムズ》の無署名記事。"Heimwehr Leader in Offer to Hitler". 1934年1月29日。

＊12　エルンスト・リュディガー・フォン・シュターレンベルクについての《ニューヨーク・タイムズ》の無署名記事。"New Chancellor Foe

22 J. (geb. 22. XII. 1910), gest. Sa., 23, April 1932 in Wien, 3. Bezirk, Kundmanngasse 19, Sarkom des Oberarms, röm.-kath; begr. Mo., 25. April 1932 Zentralfriedhof Wien, Gruppe 30b, Reihe 7, Grab Nr. 14.

＊2　Deneke, "Memoirs", vol. 2, p. 55.

＊3　マルガリート・レスピンガーからルートウィヒ・ウィトゲンシュタインへの手紙。1932年4月22日。GBW。

＊4　マルガリート・レスピンガーからルートウィヒ・ウィトゲンシュタインへの手紙。1932年4月23日。GBW。

＊5　ヘルミーネ・ウィトゲンシュタインからルートウィヒ・ウィトゲンシュタインへの手紙。1932年4月26日。GBW。

＊6　ヘルミーネ・ウィトゲンシュタインからルートウィヒ・ウィトゲンシュタインへの手紙。1932年5月7日。GBW。

50　アメリカ進出

＊1　P. Rytel, "Z Filharmonii: XII Koncert Symfoniczny",《ワルシャワ・ガゼタ》(*Gazeta Warszawska*), 1932, no. 378, trans. Krystyna Klejn.

＊2　F. Szopski, "Georg Heoberg, Pawel Wittgenstein",《ワルシャワ・クーリエ》(*Kurier Warszawski*), 1932年, no. 341.

＊3　W. F.,《ポルスカ・ズブロイナ》(*Polska Zbrojna*), 1932年, no. 343.

＊4　H. D., "Z Filharmonii",《ロボトニク》(*Robotnik*), 1932年, no. 421.

＊5　《ニューヨーク・ヘラルド・トリビューン》の批評。1934年11月18日。p. 16.

＊6　アーネスト・ニューマンの《サンデー・タイムズ》での批評。1932年8月21日。

＊7　ヘルミーネ・ウィトゲンシュタインからルートウィヒ・ウィトゲンシュタインへの手紙。1935年2月7日。GBW。

＊8　パウル・ウィトゲンシュタインからドナルド・フランシス・トーヴィーへの手紙。1935年1月14日。エディンバラ大学図書館。

51　さらなる紛糾

＊1　ジョン・ストーンボローからブライアン・マクギネスへの手紙。1993年8月19日。私蔵品。ウィーンの各種の申告書や名簿に記載されているフランツ・シャニアの職業はつぎのとおり。Strassenbahnbeamter (Lehmann directory, 1935-7), Strassenbahn-Vizeinspektor (Lehmann, 1940),

月 4 日。p. N7.

48　プロコフィエフ

＊1　Prokofiev, *Diaries*, 1930年 9 月 2 日。
＊2　同上。
＊3　同上。
＊4　同上。
＊5　同上。
＊6　同上。
＊7　パウル・ウィトゲンシュタインからセルゲイ・プロコフィユフへの手紙。1931年 3 月20日。プロコフィエフ・アーカイブ。
＊8　パウル・ウィトゲンシュタインからセルゲイ・プロコフィエフへの手紙。1930年10月22日。プロコフィエフ・アーカイブ。
＊9　セルゲイ・プロコフィエフからパウル・ウィトゲンシュタインへの手紙。1931年 9 月11日。プロコフィエフ・アーカイブ。
＊10　Prokofiev, *Autobiography*, p. 293.
＊11　セルゲイ・プロコフィエフからパウル・ウィトゲンシュタインへの手紙。1934年10月 8 日。プロコフィエフ・アーカイブ。
＊12　パウル・ウィトゲンシュタインからセルゲイ・プロコフィエフへの手紙。1931年10月11日。プロコフィエフ・アーカイブ。
＊13　セルゲイ・プロコフィエフからパウル・ウィトゲンシュタインへの手紙。1931年 9 月16日。以下に転載。Flindell, "Dokumente", p. 429.
＊14　Prokofiev, *Autobiography*, p. 293.

49　恋物語

＊1　バーシア・モスコヴィッチ（Bassia Moscovici）については資料が乏しく、詳細がわからない。ウィーン市資料館、BG Landstrasse 6A 414/1932 に残る彼女の *Verlassenschaftsakt*（検認済み遺言書）に、両親の姓名と職業、および彼女の死亡時の財産が記録されている。ユダヤ人コミュニティ *Austrittsbücher* での記録は以下のとおり。IKG *Austrittsbuch No. 108/1931; 25. II. 1931: Bassia MOSCOVICI, geb. 23*［ママ］. *XII. 1910 Bukarest, ledig, XIX., Vegagasse 14.* 1936年ウィーン発行の死亡者名簿 *Im Verzeichnis der Verstorbenen in Wien* (Hrsg. vom Magistrat der StadtWien) での記録は以下。*MOSKOWICI, Bassia (Pauline), Juwelierstochter,*

47 ロシアとラヴェル

＊1　レオポルド・ゴドフスキーからフリーダ・ゴドフスキーへの手紙。1928年5月6日。以下で引用。Nicholas, p. 135.
＊2　パウル・ウィトゲンシュタインからヨアヒム・ヴェクスベルクへの手紙。1958年2月5日。私蔵品。
＊3　Franz Grillparzer, *Libussa*, Act V.
＊4　パウル・ウィトゲンシュタインのロシア旅行記。1935年ごろ。p. 7. 私蔵品。
＊5　同上。
＊6　ジョン・ストーンボローからブライアン・マクギネスへの手紙。1996年1月18日。私蔵品。
＊7　パウル・ウィトゲンシュタインのロシア旅行記。1935年ごろ。p. 11. 私蔵品。
＊8　ゲオルク・キューゲルからミシェル・アストロフへの手紙。1930年6月25日。プロコフィエフ・アーカイブ。
＊9　パウル・ウィトゲンシュタインからセルゲイ・プロコフィエフへの手紙。1930年8月27日。プロコフィエフ・アーカイブ。
＊10　以下で引用。Prokofiev, *Autobiography*, p. 293.
＊11　Wechsberg, p. 28.
＊12　パウル・ウィトゲンシュタインからセルゲイ・プロコフィエフへの手紙。1930年9月29日。プロコフィエフ・アーカイブ。
＊13　《新自由新聞》1932年1月18日の批評。署名は“r”。
＊14　Long, p. 40.
＊15　パウル・ウィトゲンシュタインからカール・ヴァイグルへの手紙。1932年2月22日。イェール大学図書館。
＊16　パウル・ウィトゲンシュタインからマルガ・デーネケへの手紙。1932年4月2日。オックスフォード大学ボドリアン図書館。
＊17　パウル・ウィトゲンシュタインからモーリス・ラヴェルへの手紙。1932年3月17日。以下で引用。Orenstein, p. 594.
＊18　Seroff, p. 262.
＊19　パウル・ウィトゲンシュタインからドナルド・フランシス・トーヴィーへの手紙。1932年6月22日。エディンバラ大学図書館。
＊20　パウル・ウィトゲンシュタインへの《ニューヨーク・タイムズ》の無署名インタビュー。“One-Armed Pianist Undaunted by Lot” 1934年11

45　好況から不況へ

＊1　マリー・バウマイヤーからヘルミーネ・ウィトゲンシュタインへの手紙。1926年９月21日。オーストリア国立図書館。
＊2　ジャック・グロークから兄弟のエモ・グロークへの手紙。1927年２月ごろ。以下で引用。Paul Wijdeveld, *Ludwig Wittgenstein: Architect*. 以下に転載。Flowers, vol. 2, p. 146.
＊3　Hermine Wittgenstein, "Familienerinnerungen", p. 114.
＊4　マルガレーテ・ストーンボローからトーマス・ストーンボローへの手紙。1928年12月29日。以下で引用。Prokop, p. 184.
＊5　マルガレーテ・ストーンボローからトーマス・ストーンボローへの手紙。1929年11月12日。同上で引用。p. 195.

46　さらにパウルの性格について

＊1　R・T・グラント博士からゲオルク・フォン・ウリクトへの手紙。日付なし。私蔵品。
＊2　Marga Deneke, "Memoirs", vol. 2, p. 27.
＊3　エルナ・オッテン＝アッターマンからフレート・フリンデルへの手紙。1967年６月20日。私蔵品。
＊4　レナード・カッスルから著者への手紙。2007年２月23日。
＊5　Deneke, "Memoirs", vol. 2, p. 29.
＊6　同上。p. 37.
＊7　スティーヴ・ポートマンから著者への手紙。2006年10月。
＊8　Deneke, "Memoirs", vol. 2, p. 38.
＊9　ドナルド・フランシス・トーヴィーからスチュアート・ディーズへの手紙。1930年1月。エディンバラ大学図書館。
＊10　Leonard Kastle, "Paul Wittgenstein; Teacher and Friend". 以下に転載。Suchy, Janik and Predota, p. 68.
＊11　Philippa Schuyler, Scrapbook. 1941年７月10日。以下で引用。Talalay, p. 91.
＊12　Deneke, "Memoirs", vol. 2, p. 58.

＊9　パウル・ウィトゲンシュタインからレナード・カッスルへの手紙。1960年6月13日。Special Collection, University at Albany Library.
＊10　パウル・ウィトゲンシュタインからエーリヒ・コルンゴルトへの手紙。1926年5月18日。オーストリア国立図書館。
＊11　《新ウィーン日報》1924年2月4日の批評。署名は "e. d."。
＊12　《新自由新聞》1924年9月27日の批評。署名は "r."。
＊13　《新ウィーン日報》1924年9月30日の批評。無署名。
＊14　パウル・ウィトゲンシュタインからマルガ・デーネケへの手紙。1928年1月30日。オックスフォード大学ボドリアン図書館。
＊15　パウル・ウィトゲンシュタインからマルガ・デーネケへの手紙。1927年3月25日。オックスフォード大学ボドリアン図書館。
＊16　以下で引用。Marga Deneke, "Memoirs", vol. 2, p. 45.
＊17　アドルフ・ヴァイスマンの言葉。《ニューヨーク・タイムズ》の無署名記事で引用。"A Radio Opera Premiere" 1928年2月19日。p. 116.
＊18　パウル・ウィトゲンシュタインからマルガ・デーネケへの手紙。1928年3月21日。オックスフォード大学ボドリアン図書館。
＊19　リヒャルト・シュトラウスからパウル・ウィトゲンシュタインへの手紙。1928年2月8日。以下に掲載。Flindell, "Dokumente", p. 426.
＊20　ユリウス・コルンゴルトの《新自由新聞》での批評。1928年3月15日。
＊21　《ニューヨーク・タイムズ》の無署名記事。"One Armed Pianist to Play" 1928年8月2日。p. 25.
＊22　パウル・ウィトゲンシュタインからマルガ・デーネケへの手紙。1927年9月21日。オックスフォード大学ボドリアン図書館。

44　ウィトゲンシュタイン夫人の死

＊1　Hermine Wittgenstein, "Familienerinnerungen", p. 104.
＊2　同上。p. 94.
＊3　マルガレーテ・ストーンボローからトーマス・ストーンボローへの手紙。1926年6月8日。以下で引用。Prokop, p. 161.
＊4　ルートウィヒ・ウィトゲンシュタインからルドルフ・コーダーへの手紙。1926年6月3日。GBW。
＊5　マルガレーテ・ストーンボローからトーマス・ストーンボローへの手紙。1926年6月8日。以下で引用。Prokop, p. 161.
＊6　Hermine Wittgenstein, "Familienerinnerungen", p. 94.

1923年9月20日。以下で再掲。McGuinness, *Wittgenstein in Cambridge*, p. 139.

*18　フランク・ラムゼイから母親のアグネス・ラムゼイへの手紙。1924年7月22日。私蔵品。

*19　Bernhard, p. 75.

*20　ヘルミーネ・ウィトゲンシュタインからルートウィヒ・ヘンゼルへの手紙。1920年12月13日。以下で引用。Somavilla, Unterkircher and Berger, p. 40. ヘルミーネが引用している「イギリスの」ことわざは、実際には旧約聖書「コヘレトの言葉」9章4節の「生きている犬は死んだ獅子にまさる」から。

*21　パウル・ウィトゲンシュタインからルドルフ・コーダーへの手紙。1923年11月13日。私蔵品。

*22　Luise Hausmann and Eugene C. Hargrove, *Wittgenstein in Austria as an Elementary School Teacher* で引用されている話者不詳の発言。以下に転載。Flowers, vol. 2, p. 102.

*23　ルートウィヒ・ウィトゲンシュタインからルドルフ・コーダーへの手紙。1926年秋。GBW。

43　パウルの出世

*1　ヘルミーネはパウルとルートウィヒ双方の自殺傾向について述べている。Hermine Wittgenstein, *Aufzeichnungen "Ludwig sagt ..."*, p. 102.

*2　Ludwig Wittgenstein, *Culture and Value* (MS 107 184), 1929年11月7日ごろ, p. 5.

*3　ヘルミーネ・ウィトゲンシュタインからルートウィヒ・ウィトゲンシュタインへの手紙。1922年5月15日。GBW。

*4　レオポルディーネ・ウィトゲンシュタインからルートウィヒ・ウィトゲンシュタインへの手紙。1922年5月23日。GBW。

*5　パウル・ウィトゲンシュタインからヨーゼフ・ラーボアへの手紙。1922年6月1日。ウィーン市立図書館（Wiener Stadt und Landesbibliothek）。

*6　エーリヒ・コルンゴルトからパウル・ウィトゲンシュタインへの手紙。1923年6月19日。以下に転載。Flindell, "Dokumente", p. 425.

*7　パウル・ヒンデミットからパウル・ウィトゲンシュタインへの手紙。1923年5月4日。同上に転載。p. 425.

*8　パウル・ヒンデミットからパウル・ウィトゲンシュタインへの手紙。1923年6月。同上に転載。p. 426.

42 短い教師生活

＊1　マルガレーテ・ストーンボローからヘルミーネ・ウィトゲンシュタインへの手紙。1920年2月12日。以下で引用。Prokop, p. 128.
＊2　パウル・ウィトゲンシュタインからルートウィヒ・ウィトゲンシュタインへの手紙。1920年11月17日。私蔵品。
＊3　パウル・ウィトゲンシュタインからルートウィヒ・ウィトゲンシュタインへの手紙。1920年11月20日。私蔵品。
＊4　Tolstoy, p. 57.
＊5　同上。p. 51.
＊6　ルートウィヒ・ウィトゲンシュタインからバートランド・ラッセルへの手紙。1920年8月6日。GBW。
＊7　ルートウィヒ・ウィトゲンシュタインからパウル・エンゲルマンへの手紙。1920年5月30日。GBW。
＊8　ルートウィヒ・ウィトゲンシュタインからパウル・エンゲルマンへの手紙。1920年6月21日。GBW。
＊9　ルートウィヒ・ウィトゲンシュタインからパウル・エンゲルマンへの手紙。1920年10月11日。GBW。
＊10　最初の引用はルートウィヒ・ウィトゲンシュタインからバートランド・ラッセルへの手紙。1921年10月23日。GBW。あとの引用はパウル・エンゲルマンへの手紙からで、オッタータルの住人が“Unmenschen”、ハスバッハの住人が “ekelhafte Larven” と表現されている。
＊11　Engelmann, p. 82.
＊12　ゴットローブ・フレーゲからルートウィヒ・ウィトゲンシュタインへの手紙。1919年6月28日。GBW。
＊13　ルートウィヒ・ウィトゲンシュタインからバートランド・ラッセルへの手紙。1919年8月19日。GBW。
＊14　ルートウィヒ・ウィトゲンシュタインからバートランド・ラッセルへの手紙。1920年5月6日。GBW。
＊15　Ludwig Wittgenstein, *Tractatus Logico-Philosophicus*, 6.54, p. 74.
＊16　ルートウィヒ・ウィトゲンシュタインからルートウィヒ・フォン・フィッカーへの手紙。1919年9-10月。以下で再掲。Engelmann, p. 144.
＊17　フランク・ラムゼイから母親のアグネス・ラムゼイへの手紙。

＊5　以下で引用。McGuinness, *Wittgenstein: A Life*, p.2.
＊6　ヘルミーネ・ウィトゲンシュタインからルートウィヒ・ウィトゲンシュタインへの手紙。1939年。GBW。
＊7　Hermine Wittgenstein, *Aufzeichnungen "Ludwig sagt ..."*, p. 97.
＊8　同上。
＊9　Deneke, "Memoirs", vol. 2, p. 32.
＊10　Hermine Wittgenstein, *Aufzeichnungen "Ludwig sagt ..."*, p. 113.
＊11　同上。p. 97.
＊12　ルートウィヒの夢。1929年12月1日。以下で引用。Monk, p. 612.
＊13　出典は以下。Ludwig Wittgenstein, *Culture and Value*, p. 18. このルートウィヒの言葉の意図については、David Stern, "Was Wittgenstein a Jew?" で詳細に検討されている。以下に転載。Klagge, pp. 259-60.

41　性生活

＊1　ジョン・ストーンボローからブライアン・マクギネスへの手紙。1993年8月19日。私蔵品。
＊2　パウル・ウィトゲンシュタインからフリードリヒ・ハイエクへの手紙。パウル・ウィトゲンシュタインからルドルフ・コーダーへの手紙で引用。1953年10月7日。私蔵品。
＊3　Lansdale, p. 11.
＊4　ジョン・ストーンボローからブライアン・マクギネスへの手紙。1993年8月19日。私蔵品。
＊5　ジョン・ストーンボローからブライアン・マクギネスへの手紙。1989年2月2日。私蔵品。
＊6　Zweig, p. 83.
＊7　同上。pp. 88-9.
＊8　Tolstoy, p. 55.
＊9　G. E. M. Anscombe. 以下で引用。Engelmann, p. xiv.
＊10　Bartley, p. 40.
＊11　ジョン・ストーンボロー。無題の随筆として以下の最後に含まれている。Rhees, "Wittgenstein", p. 80.
＊12　ルートウィヒ・ウィトゲンシュタインの草稿。1937年9月22日。以下で引用。Monk, p. 620.

*8 Hermine Wittgenstein, "Familienerinnerungen", p. 102.
*9 Deneke, "Memoirs", vol. 2, p. 45.
*10 Hermine Wittgenstein, "Familienerinnerungen", p. 106.
*11 同上。p. 103.
*12 Friedrich Nietzsche, *Also Sprach Zarathustra*, first lines of Part I, XXI, "Vom freien Tode".

39 家族の確執

*1 Theodore Redpath, "A Student's Memoir". 以下に再掲。Flowers, vol. 3, p. 32.
*2 マルガレーテ・ストーンボローからヘルミーネ・ウィトゲンシュタインへの手紙。1919年3月25日。以下で引用。Prokop, p. 117.
*3 同上。
*4 同上。
*5 マルガレーテ・ストーンボローの日記（*Tagebucheintragung*）。1919年6月29日。以下で引用。Prokop, p. 118.
*6 同上。1919年1月5日。以下で引用。Prokop, p. 108.
*7 マルガレーテ・ストーンボローからヘルミーネ・ウィトゲンシュタインへの手紙。1919年4月29日。以下で引用。Prokop, p. 117.
*8 ルートウィヒ・ウィトゲンシュタインからヘルミーネ・ウィトゲンシュタインへの手紙。1929年11月。GBW。
*9 Marga Deneke, "Memoirs", vol. 2, p. 16.
*10 ルートウィヒ・ウィトゲンシュタインからパウル・エンゲルマンへの手紙。1919年8月25日。GBW。
*11 Hermine Wittgenstein, "Familienerinnerungen", p. 110.
*12 Tolstoy, p. 57.
*13 マタイによる福音書19章21節。
*14 Hermine Wittgenstein, "Familienerinnerungen", p. 110.

40 反ユダヤ主義

*1 パウル・ウィトゲンシュタインのロシア旅行記。p. 5. 私蔵品。
*2 Hitler, p. 42.
*3 同上。p. 43.
*4 同上。p. 46.

＊6　ヘルミーネ・ウィトゲンシュタインからルートウィヒ・ウィトゲンシュタインへの手紙。1917年7月10日。GBW。

36　パウルの変化

＊1　ヘルミーネ・ウィトゲンシュタインからルートウィヒ・ウィトゲンシュタインへの手紙。1917年4月7日。GBW。
＊2　ルートウィヒ・ウィトゲンシュタインからヘルミーネ・ウィトゲンシュタインへの手紙。1917年4月12日。GBW。
＊3　ヘルミーネ・ウィトゲンシュタインからルートウィヒ・ウィトゲンシュタインへの手紙。1917年1月12日。GBW。
＊4　ヘルミーネ・ウィトゲンシュタインからルートウィヒ・ウィトゲンシュタインへの手紙。1917年1月20日。GBW。
＊5　ヘルミーネ・ウィトゲンシュタインからルートウィヒ・ウィトゲンシュタインへの手紙。1918年7月11日。GBW。
＊6　Paul Wittgenstein, "Notes on Two Russian Tours". 1935年（？）。私蔵品。
＊7　ヘルミーネ・ウィトゲンシュタインからルートウィヒ・ウィトゲンシュタインへの手紙。1917年3月20日。GBW。

37　勝負の終わり

＊1　ヘルミーネ・ウィトゲンシュタインからルートウィヒ・ウィトゲンシュタインへの手紙。1918年2月18日。GBW。
＊2　同上。
＊3　http://www.weltkriege.at/Generalitaet/04%20Feldmarschalleutnant/Schiesser/schiesser.htm.
＊4　アドルフ・ヒトラーへのインタビュー。Bob Dorman, "Germany for Germans, says New Leader who Drills his Troops to Enforce his Idea: Picturesque New Figure", NEA News Service. 以下に再掲。*Modesto Evening News*. 1923年4月15日。p. 26.
＊5　レオポルディーネ・ウィトゲンシュタインからルートウィヒ・ウィトゲンシュタインへの手紙。1918年12月27日。GBW。
＊6　ヘルミーネ・ウィトゲンシュタインからルートウィヒ・ウィトゲンシュタインへの手紙。1918年12月30日。GBW。
＊7　ヘルミーネ・ウィトゲンシュタインからルートウィヒ・ウィトゲンシュタインへの手紙。1919年1月10日。GBW。

33　パウルの片腕でのデビュー

＊1　ヘルミーネ・ウィトゲンシュタインからルートウィヒ・ウィトゲンシュタインへの手紙。1916年10月29日。GBW。
＊2　同上。
＊3　Wechsberg, p.25.
＊4　ヘルミーネ・ウィトゲンシュタインからルートウィヒ・ウィトゲンシュタインへの手紙。1916年10月29日。GBW。
＊5　レオポルディーネ・ウィトゲンシュタインからルートウィヒ・ウィトゲンシュタインへの手紙。1917年1月10日。GBW。
＊6　ユリウス・コルンゴルトの《新自由新聞》(*Neue Freie Presse*)での批評。1916年12月19日。

34　激化するヨーロッパ戦線

＊1　ルートウィヒ・ウィトゲンシュタインの草稿。1916年3月。Rush Rhees, "Postscript"で引用。以下より。Flowers, vol. 3, p. 272.
＊2　同上。
＊3　ヘルミーネ・ウィトゲンシュタインからルートウィヒ・ウィトゲンシュタインへの手紙。1916年4月16日。GBW。
＊4　同上。
＊5　ルートウィヒ・ウィトゲンシュタインの草稿。1916年5月4日。以下で引用。Monk, p. 600.

35　アメリカの参戦

＊1　マルガレーテ・ストーンボローの日記(*Tagebucheintragung*)。1918年8月22日。以下で引用。Prokop, p. 106.
＊2　同上。
＊3　マルガレーテ・ストーンボローからヘルミーネ・ウィトゲンシュタインへの手紙。1917年4月。以下で引用。Prokop, p. 86.
＊4　マルガレーテ・ストーンボローからヘルミーネ・ウィトゲンシュタインへの手紙。1917年6月15日。以下で引用。Prokop, p. 89.
＊5　ヘルミーネ・ウィトゲンシュタインからルートウィヒ・ウィトゲンシュタインへの手紙。1917年6月。

Rush Rhees, "Postscript" で引用。以下より。Flowers, vol. 3, p. 269.
＊4　同上。1914年9月15日。
＊5　Meier-Graefe, p. 56.
＊6　アルトゥル・ショーペンハウアー（出典不明）。
＊7　ルートウィヒ・ウィトゲンシュタインからルートウィヒ・フォン・フィッカーへの手紙。1915年7月24日。GBW。
＊8　Tolstoy, p. 8.
＊9　ルートウィヒ・ウィトゲンシュタインの日記。1916年7月29日。以下で引用。Monk, p. 602.
＊10　Ludwig Wittgenstein, *Tractatus Logico-Philosophicus*, preface.
＊11　同上。point 7.
＊12　Tolstoy, p. 158.
＊13　Ludwig Wittgenstein, *Tractatus Logico-Philosophicus*, points 1-1.13.
＊14　Tolstoy, p. 3.
＊15　Ludwig Wittgenstein, *Tractatus Logico-Philosophicus*, point 6.4311.
＊16　マルガレーテ・ストーンボローからヘルミーネ・ウィトゲンシュタインへの手紙。以下で引用。Hermine Wittgenstein, *Aufzeichnungen "Ludwig sagt ..."*, p. 72, n. 41.
＊17　Ludwig Wittgenstein, *Notebooks 1914-1916*, 1916年7月8日, p. 74.
＊18　マックス・ビーラーからシスター・メアリー・マクヘールへの手紙。以下で引用。Monk, p. 132.
＊19　Ludwig Wittgenstein, *Tractatus Logico-Philosophicus*, point 6.521.

32　グレートルの問題

＊1　マルガレーテ・ストーンボローからヘルミーネ・ウィトゲンシュタインへの手紙。1914年8月22日。以下で引用。Prokop, p. 78.
＊2　マルガレーテ・ストーンボローからヘルミーネ・ウィトゲンシュタインへの手紙。1914年8月22日。同上で引用。p. 79.
＊3　ヘルミーネ・ウィトゲンシュタインからルートウィヒ・ウィトゲンシュタインへの手紙。1916年8月31日。GBW。
＊4　マルガレーテ・ストーンボローからヘルミーネ・ウィトゲンシュタインへの手紙。以下で引用。Prokop, p. 82.

＊6　ヘルミーネ・ウィトゲンシュタインからルートウィヒ・ウィトゲンシュタインへの手紙。1915年7月8日。GBW。
＊7　Hans Weiland, "Stilles Heldentum". 以下より。Weiland, vol. 1. p. 192.

29　脱出の機会

＊1　レオポルディーネ・ウィトゲンシュタインからルートウィヒ・ウィトゲンシュタインへの手紙。1915年9月20日。GBW。
＊2　ヘルミーネ・ウィトゲンシュタインからルートウィヒ・ウィトゲンシュタインへの手紙。1915年10月5日。GBW。
＊3　ヘルミーネ・ウィトゲンシュタインからルートウィヒ・ウィトゲンシュタインへの手紙。1915年10月6日。GBW。
＊4　同上。
＊5　レオポルディーネ・ウィトゲンシュタインからルートウィヒ・ウィトゲンシュタインへの手紙。1915年10月29日。GBW。
＊6　ヘルミーネ・ウィトゲンシュタインからレオポルディーネ・ウィトゲンシュタインへの手紙。1915年11月3日。GBW。
＊7　Brändström, p. 184.
＊8　レオポルディーネ・ウィトゲンシュタインからルートウィヒ・ウィトゲンシュタインへの手紙。1915年11月12日。GBW。

30　家族の再会

＊1　ヘルミーネ・ウィトゲンシュタインからルートウィヒ・ウィトゲンシュタインへの手紙。1915年11月16日。GBW。
＊2　レオポルディーネ・ウィトゲンシュタインからルートウィヒ・ウィトゲンシュタインへの手紙。1915年11月25日。GBW。
＊3　ヘルミーネ・ウィトゲンシュタインからルートウィヒ・ウィトゲンシュタインへの手紙。1915年11月16日。GBW。

31　変 貌

＊1　ルートウィヒ・ウィトゲンシュタインの暗号表記の覚え書き。1914年9月12日。タイプ文書。私蔵品。
＊2　同上。1914年8月15日。
＊3　ルートウィヒ・ウィトゲンシュタインの日記。1914年9月13日。

26　三つの活力源

＊1　以下で引用。Abell, p. 10. リストはメイエンドルフ男爵夫人への手紙のなかで、ジチーの左手での演奏を「目を見張るほど巧みで、どんなピアノの名手でも彼に匹敵するには四苦八苦するだろう」と評している。Waters, p. 421.
＊2　Zichy, p. 21.
＊3　Baron von Eiselsberg, *Vorwort*. 以下で引用。Zichy, p. 7.
＊4　レオポルド・ゴドフスキーからモーリス・アロンソンへの手紙。1904年2月6日。以下で引用。Nicholas, p. 63.

27　希望の光

＊1　オットー・フランツからレオポルディーネ・ウィトゲンシュタインへの電報。1915年2月20日。オーストリア国立図書館。
＊2　パウル・ウィトゲンシュタインからレオポルディーネ・ウィトゲンシュタインへの手紙。1915年2月2日。オーストリア国立図書館。
＊3　レオポルディーネ・ウィトゲンシュタインからルートウィヒ・ウィトゲンシュタインへの手紙。1915年4月15日。GBW。
＊4　ヘルミーネ・ウィトゲンシュタインからルートウィヒ・ウィトゲンシュタインへの手紙。1915年4月26日。GBW。
＊5　レオポルディーネ・ウィトゲンシュタインからルートウィヒ・ウィトゲンシュタインへの手紙。1915年5月24日。GBW。

28　「死の家」クレポスト

＊1　Brändström, p. 109.
＊2　Meier-Graefe, p. 48.
＊3　デンマーク領事館からレオポルディーネ・ウィトゲンシュタインへの電報。ルートウィヒ・ウィトゲンシュタインへの手紙に転記。1915年3月16日。GBW。
＊4　レオポルディーネ・ウィトゲンシュタインからルートウィヒ・ウィトゲンシュタインへの手紙。1915年3月16日。GBW。
＊5　レオポルディーネ・ウィトゲンシュタインからルートウィヒ・ウィトゲンシュタインへの手紙。1915年5月20日。GBW。

＊4　Brändström, p. 87.
＊5　以下で引用。Rachaminov, p. 73.
＊6　レオポルディーネ・ウィトゲンシュタインからルートウィヒ・ウィトゲンシュタインへの手紙。1914年10月7日。GBW。
＊7　レオポルディーネ・ウィトゲンシュタインからルートウィヒ・ウィトゲンシュタインへの手紙。1914年10月13日。GBW。
＊8　ルートウィヒ・ウィトゲンシュタインの暗号表記の覚え書き。1914年10月28日。タイプ文書。私蔵品。
＊9　同上。1914年10月29日。

24　アメリカのクルト・ウィトゲンシュタイン

＊1　アルフレート・フォン・レティッヒからレオポルディーネ・ウィトゲンシュタインへの手紙。以下で引用。Flindell, "Dokumente". 著者による訂正あり。
＊2　ヘルミーネ・ウィトゲンシュタインからルートウィヒ・ウィトゲンシュタインへの手紙。1915年4月26日。GBW。
＊3　ヘルミーネ・ウィトゲンシュタインからルートウィヒ・ウィトゲンシュタインへの手紙。1915年6月5日。GBW。
＊4　《ワシントン・ポスト》の無署名記事で引用。"Has Faith in German Allies". 1915年1月18日。p. 6.
＊5　1920年の合衆国国勢調査に対するデリア・スタインバーガーの記入内容はオンライン上で見られるが、そこにはいくつかの捏造がある。年齢が違うし、両親がイギリスで生まれ育ったことになっている。実際には父親はドイツ生まれで、母親はパリ生まれだ。
＊6　《ワシントン・ポスト》の無署名記事で引用。"Has Faith in German Allies". 1915年1月18日。p. 6.
＊7　《ニューヨーク・タイムズ》の無署名記事で引用。"Austrian Propaganda Costs Forty Millions". 1915年9月15日。
＊8　クルト・ウィトゲンシュタインからレオポルディーネ・ウィトゲンシュタインへの電報。以下で引用。レオポルディーネ・ウィトゲンシュタインからルートウィヒ・ウィトゲンシュタインへの手紙。1917年5月21日。GBW。
＊9　ヘルミーネ・ウィトゲンシュタインからルートウィヒ・ウィトゲンシュタインへの手紙。1917年5月21日。GBW。

20　戦争への序曲

＊1　Zweig, p. 216.
＊2　トーマス・マンの論文「戦時随想」（*Gedanken im Kriege*, 1915）より。以下で引用。Clare, p. 56.

21　参 戦

＊1　ルートウィヒ・ウィトゲンシュタインからバートランド・ラッセルへの手紙。1914年 3 月 3 日。GBW。
＊2　ルートウィヒ・ウィトゲンシュタインからバートランド・ラッセルへの手紙。1913年12月。以下に引用。McGuinness, *Wittgenstein: A Life*, p. 192.
＊3　Hermine Wittgenstein, "Familienerinnerungen", p. 103.
＊4　ルートウィヒ・ウィトゲンシュタインの草稿。1914年10月20日。タイプ原稿。私蔵品。
＊5　デイヴィッド・ピンセントの日記。1914年 8 月。以下に転載。Flowers, vol. 1, p. 232.

22　災 難

＊1　フランツ・ヨーゼフ皇帝がフランツ・コンラート・フォン・ヘッツェンドルフ参謀総長に言った言葉。以下で引用。Beller, *Austria*, p. 185.
＊2　マルガレーテ・ストーンボローからヘルミーネ・ウィトゲンシュタインへの手紙。1914年 8 月22日。以下で引用。Prokop, p. 78.
＊3　以下で引用。Janik and Veigl, p. 218.
＊4　パウル・ウィトゲンシュタインからレオポルディーネ・ウィトゲンシュタインへの手紙。1915年 2 月 2 日。GBW。

23　ロシア軍の捕虜

＊1　Bruno Prochaska, "Tjeploschka". 以下より。Weiland, vol. 1, p. 101.
＊2　Deneke, "Memoirs", vol. 2, p. 24.
＊3　Zichy, p. 15.

17　カール・ウィトゲンシュタインを追悼して

＊1　Kupelwieser, "Karl Wittgenstein als Kunstfreund", p. 10.
＊2　同上。
＊3　同上。

18　パウルへの批評

＊1　アルベルト・フィグドルからパウル・ウィトゲンシュタインへの手紙。1913年12月。Paul Wittgenstein Collection, New York Public Library.
＊2　ルートウィヒ・ウィトゲンシュタインからパウル・ウィトゲンシュタインへの手紙。日付なし（1928年？）。私蔵品。
＊3　同上。
＊4　パウル・ウィトゲンシュタインから、彼のイギリスの代理人マルガ・デーネケへの手紙。1928年1月30日。オックスフォード大学ボドリアン図書館。
＊5　マックス・カルベックの批評。《新ウィーン日報》1913年12月6日。
＊6　同上。
＊7　無記名の批評。《フレムデンブラット》（*Fremdenblatt*）1913年12月22日。以下に再掲。Suchy, Janik and Predota, p. 161, n. 15.
＊8　《スルボブラン》（*Srbobran*）1913年12月3日。以下で引用。Corti and Sokol, p. 408.

19　お金の問題

＊1　ルートウィヒ・ウィトゲンシュタインからルートウィヒ・フォン・フィッカーへの手紙。1915年2月13日。GBW。
＊2　「倫理的な金（ethisches Geld）」と「ブルジョワ的な金（bürgerliches Geld）」についてのヘルミーネの考えは以下の手記に見られる。Hermine Wittgenstein, *Aufzeichnungen "Ludwig sagt ..."*, p. 97.
＊3　マルガレーテ・ストーンボローの日記（Margaret Stonborough, *Tagebucheintragung*）。1917年10月11日。以下で引用。Prokop, p. 96.
＊4　Beaumont, 1899年2月28日。
＊5　ヘルミーネ・ウィトゲンシュタインからルートウィヒ・ウィトゲンシュタインへの手紙。1914年1月20日。GBW。

の会話。以下で引用。Monk, p. 213.
＊6　バートランド・ラッセルの自伝。Russell, p. 329.
＊7　同上。p. 213.
＊8　バートランド・ラッセルからオットリーン・モレルへの手紙。以下で引用。Griffin, 1911年10月18日。
＊9　同上。1911年10月19日。
＊10　同上。1911年11月16日。
＊11　同上。1911年11月29日。
＊12　Bertrand Russell, "Philosophers and Idiots". 以下で引用。Flowers, vol. 1, p. 147.
＊13　バートランド・ラッセルからオットリーン・モレルへの手紙。以下で引用。Griffin, 1912年 3 月16日。
＊14　リットン・ストレイチーからサクソン・シドニー・ターナーへの手紙。1912年11月20日。私蔵品。

15　新婚夫婦

＊1　マルガレーテ・ストーンボローからヘルミーネ・ウィトゲンシュタインへの手紙。1905年 2 月26日。以下で引用。Prokop, p. 53.
＊2　同上。1905年 1 月 8 日。同上で引用。p. 52.
＊3　マルガレーテ・ストーンボローからレオポルディーネ・ウィトゲンシュタインへの手紙。1905年 2 月 1 日。同上で引用。p. 53.
＊4　マルガレーテ・ストーンボローからヘルミーネ・ウィトゲンシュタインへの手紙。1905年 5 月12日。同上で引用。p. 58.
＊5　同上。1910年10月27日。同上で引用。p. 70.

16　カールの意識喪失

＊1　ルートウィヒ・ウィトゲンシュタインからバートランド・ラッセルへの手紙。1912年12月26日。GBW。
＊2　同上。1913年 1 月 6 日。GBW。
＊3　ルートウィヒ・ウィトゲンシュタインからウォルター・モーリー・フレッチャーへの手紙。1913年 1 月10日。GBW。
＊4　ルートウィヒ・ウィトゲンシュタインからバートランド・ラッセルへの手紙。1913年 1 月10-20日。GBW。
＊5　同上。1913年 1 月21日。GBW。

＊3　Hermine Wittgenstein, "Familienerinnerungen", p. 94.
＊4　同上。
＊5　同上。p. 91.
＊6　Deneke, "Memoirs", vol 2, p. 76.

11　もう一人の兄

＊1　ユーデンブルク製鉄（Stahl Judenburg）のウェブサイトを参照。http://www.stahl-judenburg.com/englisch/index.html.
＊2　ヘルミーネ・ウィトゲンシュタインからルートウィヒ・ウィトゲンシュタインへの手紙。1917年5月/6月。GBW。

13　パウルの修業時代

＊1　Zweig, p. 81.
＊2　同上。
＊3　Paul Wittgenstein, "The Legacy of Leschetizky".
＊4　ルートウィヒ・ウィトゲンシュタインからパウル・ウィトゲンシュタインへの手紙。日付なし（1928年？）。私蔵品。
＊5　Beaumont, 1901年10月15日。
＊6　同上。1899年2月28日。
＊7　ジョン・ストーンボローからブライアン・マクギネスへの手紙。1993年10月7日。私蔵品。
＊8　Hermine Wittgenstein, "Familienerinnerungen", p. 78.

14　ルートウィヒの苦境

＊1　デイヴィッド・ピンセントの日記。1913年2月7日。以下に転載。Flowers, vol. 1, p. 201.
＊2　以下を参照。*Wittgenstein Studies*, 1995年2月25日。http://sammelpunkt.philo.at:8080/archive/00000487/01/25-2-95.TXT.
＊3　デイヴィッド・ピンセントの日記。1913年2月7日。以下に転載。Flowers, vol. 1, p. 201.
＊4　ルートウィヒ・ウィトゲンシュタインからジョージ・エドワード・ムーアへの手紙。1931年8月23日。GBW。
＊5　ルートウィヒ・ウィトゲンシュタインとハインリヒ・ポストルと

＊8　Otto Weininger, *Taschenbuch*. 以下で引用。Abrahamsen, p. 97.

8　ウィトゲンシュタイン家にて

＊1　エルナ・オッテンからE・フレート・フリンデルへの手紙。1867年6月20日。私蔵品。
＊2　Hermine Wittgenstein, "Familienerinnerungen", p. 79.
＊3　パウル・ウィトゲンシュタインが1940年代末に弟子のスティーヴ・ポートマンに語った逸話。著者はこれを2007年5月にポートマンから聞いた。
＊4　エドゥアルト・ハンスリックからレオポルディーネ・ウィトゲンシュタインへの手紙。1904年4月11日。オーストリア国立図書館。
＊5　《ワシントン・ポスト》の記事。Marquise de Fontenoy, "Buys Archduke's Palace". 1914年1月8日, p. 6.

9　坊やたち

＊1　パウル・ウィトゲンシュタインの娘、ジョーン・リプリーから2006年9月に著者が聞いた言葉。
＊2　*Meinem lieben Bruder Paul zu Weihnachten 1922. Möge dieses Buch, wenn es wertlos ist, bald spurlos verschwinden.* 献呈の辞。私蔵品。
＊3　ヒトラーの教師への蔑みは、Trevor-Roper の以下の部分に見てとれる。1942年3月3日, p. 288; 1942年4月12日, pp. 347-9; 1942年8月29日, pp. 547-8; 1942年9月7日, pp. 566-8.
＊4　オットー・ヴァイニンガーからモーリッツ・ラパポルトへの手紙。日付なし（1903年8月）。以下で引用。Weininger, p. 157.
＊5　ルートウィヒ・ウィトゲンシュタインからパウル・エンゲルマンへの手紙。1920年6月21日。GBW。
＊6　Somavilla, p. 73.
＊7　以下で引用。Kross, p. 7.

10　母

＊1　Hermine Wittgenstein, "Familienerinnerungen", p. 95.
＊2　マルガレーテ・ストーンボローの手記。以下で引用。Prokop, p. 19.

Failures", 1877年6月13日；"Disappearance of Lady", 1878年6月27日；"The Wertheimer Mystery", 1878年6月28日；"Body Not Yet Discovered", 1878年6月30日；"Mrs Wertheimer Found Drowned", 1878年7月2日；"Hebrew Fair", 1895年12月13日；"Home for Aged Hebrews", 1897年6月4日；"Failure of Glove Firm", 1898年1月18日, p.12；"Affairs of Wertheimer & Co.", 1898年1月19日；"New Corporations", 1898年1月22日；"Legal Notices", 1898年2月17日；"Legal Notices", 1898年4月7日；"In the Real Estate Field", 1900年3月31日；"Bankruptcy Notices", 1900年7月11日；"Deaths Reported; Manhattan and Bronx", 1900年12月27日.

＊2　《ニューヨーク・タイムズ》の記事。"Weddings of the Day—Guggenheim—Steinberger". 1904年10月18日。エイミー・スタインバーガーがウィリアム・グッゲンハイムと結婚したのち、ウィリアムの前妻が彼を重婚で訴えている。詳細は以下。"Says Her Divorce Isn't a Valid One",《ニューヨーク・タイムズ》1909年1月19日, p. 5. 判決の要約は以下で引用。Davis, *The Guggenheims*, p. 281.

＊3　マルガ・デーネケの回想録。Deneke, "Memoirs", vol 2, p. 78.

6　ルドルフ・ウィトゲンシュタインの死

＊1　Magnus Hirschfeld, *Jahrbuch für sexuelle Zwischenstufen*, vol. VI (1904), p. 724. 以下で引用。Bartley, 3rd edn, p. 35, n. 16.

＊2　原本（ドイツ語版）は Häseler, *Verlassen bin ich*, p. 6. 本文中の引用は Glyn Jones の英訳版より。

7　ハンスの悲劇

＊1　Hermine Wittgenstein, "Familienerinnerungen", p. 96.

＊2　同上。p. 102.

＊3　《新ウィーン日報》(*Neues Wiener Tagblatt*) 1902年5月6日。以下で引用。Gaugusch, p. 14, n. 65.

＊4　マルガレーテ・ストーンボローの手記。以下で引用。Prokop, p. 14.

＊5　以下を参照。Bartley, *Wittgenstein*, 3rd edn, p. 36.

＊6　Monk, p. 12.

＊7　ジョン・ストーンボローからブライアン・マクギネスへの手紙。1989年6月18日。私蔵品。

＊4　カール・ウィトゲンシュタインから兄ルイスへの手紙。1865年10月30日。同上で引用。p. 38.
＊5　カール・ウィトゲンシュタインから母親への手紙。1866年2月7日。同上で引用（手紙の全文が掲載）。p. 39.

4　起業家

＊1　カール・ウィトゲンシュタインから兄ルイスへの手紙。1866年1月27日。Hermine Wittgenstein, "Familienerinnerungen" で引用。p. 41.
＊2　ファニー・ウィトゲンシュタインからレオポルディーネ・ウィトゲンシュタイン（旧姓カルムス）への手紙。日付なし（1873年9月）。同上で引用（全文掲載）。p. 52.
＊3　同上で引用。p. 53.
＊4　ヘルマン・ウィトゲンシュタインからレオポルディーネ・ウィトゲンシュタインへの手紙。1873年9月16日。同上で引用（全文掲載）。p. 54.
＊5　同上で引用。p. 55.
＊6　Karl Wittgenstein, "Die Ursachen der Entwicklung der Industrie in Amerika". 1898年。以下に転載。Karl Wittgenstein, *Politico-Economic Writings*, p.59. カール・ウィトゲンシュタインの勝負師気質は以下の記事からもうかがえる。*Daily North Western*, "The American Way—C. M. Schwab Gives Austrians Some Lessons". 1902年1月28日。*American Heritage Magazine*, "When the Headlines Said: Charlie Schwab Breaks the Bank," vol.8, issue 3. 1958年4月。後者ではカールのことが "Dr Griez Wittgenstein" と紛らわしく表記されている。
＊7　Karl Menger, *Reminiscences of the Wittgenstein Family*. 以下に転載。Flowers, vol. 1, p. 111.

5　女相続人との結婚

＊1　ハーマン・スタインバーガー、自殺したとされるジェイコブら親族、および彼らの同族会社（M. J. Steinberger & Sons, Maurice Wertheimer & Co.）についての詳細は、以下の資料からうかがえる。: ニューヨークの各種乗船名簿。アメリカ合衆国の国勢調査報告書（1860年、1880年、1900年）。New York City Directories（ニューヨーク市人名録）。《ニューヨーク・タイムズ》の以下の記事と公示。"Important Business

原 注

略語：GBW=Gesamtbriefwechsel, digital database
（全往復書簡デジタルデータベース）
WMGA=Wachtell, Manheim and Grouf Archive
（ヴェヒテル、マンハイム、グロウフの資料）

1　ウィーンでのデビュー

＊1　Lansdale, p. 19.
＊2　《ハーパーズ・マガジン》の無署名記事。1898年3月。同上で引用。p.11.
＊3　Zweig, p. 19.
＊4　パウル・ウィトゲンシュタインからマルガ・デーネケへの手紙。1936年12月30日。オックスフォード大学ボドリアン図書館。
＊5　デイヴィッド・ピンセントの日記。1913年9月24日。以下に転載。Flowers, vol. 1, p.225.
＊6　ルートウィヒ・ウィトゲンシュタインからバートランド・ラッセルへの手紙。1913年9月20日。GBW。
＊7　ルートウィヒ・ウィトゲンシュタインの姉夫婦に対する嫌悪感は、ラッセルとピンセントの記述にも認められる。以下を参照。Flowers, vol. 1, p. 226.
＊8　ルートウィヒ・ウィトゲンシュタインからバートランド・ラッセルへの手紙。日付なし（1913年12月）。GBW。

3　カールの大反乱

＊1　Hermine Wittgenstein, "Familienerinnerungen", p. 37.
＊2　同上。
＊3　カール・ウィトゲンシュタインから妹ベルタへの手紙。1865年9月29日。同上で引用。p. 39.

ルートウィヒ・ウィトゲンシュタインからパウル・ウィトゲンシュタインへの手紙：私蔵品。
ルートウィヒ・ウィトゲンシュタインから姉・母への手紙：Austrian National Library, Vienna (Stonborough Collection).
パウル・ウィトゲンシュタインからベンジャミン・ブリテンへの手紙：Britten-Pears Library, Aldeburgh.
パウル・ウィトゲンシュタインからマルガ・デーネケへの手紙：Bodleian Library, Oxford (Deneke Collection).
パウル・ウィトゲンシュタインからルドルフ・コーダーへの手紙：私蔵品。Vienna.
パウル・ウィトゲンシュタインからエーリヒ・コルンゴルトへの手紙：Austrian National Library, Vienna; Erich Wolfgang Korngold Archive, Hamburg.
パウル・ウィトゲンシュタインからヨーゼフ・ラーボアへの手紙：Wiener Stadt und Landesbibliothek, Vienna.
パウル・ウィトゲンシュタインからドナルド・フランシス・トーヴィーへの手紙：Reid Music Library, Edinburgh.
パウル・ウィトゲンシュタインからアーネスト・ウォーカーへの手紙：Balliol College Library, Oxford.
パウル・ウィトゲンシュタインからカール・ヴァイグルへの手紙：Yale University Library, New Haven.

15 Jan. 1997.

Sassmann, Albert: "Aspekte der Klaviermusik für die linke Hand am Beispiel des Leschetizky-Schülers Paül Wittgenstein"（未発表論文）. Vienna 1999.

———: "Ein Klavierschüler Paul Wittgensteins: Henry Selbing war Dirigent und Komponist". *Allgemeine Zeitung für Rumänien*, 16 Jul. 2004.

Seekircher, Monika, McGuinness, Brian and Unterkircher, Anton (eds): *Ludwig Wittgenstein: Briefwechsel*, Innsbrucker elektronische Ausgabe. Charlottesville 2004.

Sotheby's Sale Catalogue: *Music, Including the Paul Wittgenstein Archive*, 22 May 2003. London 2003.

Stack, S.: "Media Impacts on Suicide: A Quantitative Review of 293 Findings". *Social Science Quarterly*, vol. 81, Mar. 2000, pp. 957-81.

Stonborough, John J.: "Germans Back Hitler—Now!" *Sign*, Dec. 1939.

———: "The Totalitarian Threat". *Sign*, Nov. 1940.

Thormeyer, F. and Ferrière, F.: *Rapport sur leurs visites aux camps de prisonniers en Russie. 14. Omsk*. Geneva, Mar. 1915.

Turner, J. Rigbie: "Infinite Riches in a Little Room: Music Collections in the Pierpont Morgan Library". *Notes*, 2nd Ser., vol. 55, no. 2, Dec. 1988.

Unger, Aryeh L.: "Propaganda and Welfare in Nazi Germany". *Journal of Social History*, vol. 4, no. 2, Winter 1970, pp. 125-40.

Wechsberg, Joachim: "His Hand Touched Our Hearts". *Coronet*, vol. 25, no. 8, June 1959.

Wittgenstein, Paul: "The Legacy of Leschetizky", *Musical Courier*, vol. 132, no. 2, Aug. 1945.

———: "Preface", in his *School for the Left Hand*. Vienna, Zurich and London 1957.

———: *Über einarmiges Klavierspiel*. Austrian Institute, New York 1958.

書簡その他の収蔵品

ヘルミーネ・ウィトゲンシュタインとマルガレーテ・ストーンボローからルートウィヒ・ウィトゲンシュタインへの手紙：Austrian National Library, Vienna (Stonborough Collection).

マルガレーテ・ストーンボローからヘルミーネ・ウィトゲンシュタインへの手紙、マルガレーテ・ストーンボローの日記など：Pierre Stonborough, 私蔵品。

Kundi, L.P.: "Josef Labor: Sein Leben und Wirken, sein Klavier-und Orgelwerk nebst thematischem Katalog sämtlicher Kompositionen"（未発表論文）. Vienna 1963.
Kupelwieser, Paul: "Karl Wittgenstein als Kunstfreund", *Neue Freie Presse*, no. 17390, 21. 1. 1913.
Lau, Sandra Wing-Lee: "The Art of the Left Hand: A Study of Ravel's 'Piano Concerto for the Left Hand' and a Bibliography of the Repertoire"（未発表論文）. Stanford 1994.
McKeever, James: "Godowsky Studies on the Chopin Etudes". *Clavier*, vol. 19/3, Mar. 1980.
Malone, Norman: "The Technical and Aesthetical Advantages of Paul Wittgenstein's Three Volumes of Music 'School for the Left Hand'"（未発表論文）. Chicago 1973.
Parke-Bernet Galleries Sale Catalogue: *French & Other Period Furniture (Property of the Estate of the Late Jerome Stonborough)*, 18 Oct. 1940.
――――: *Important Works by Celebrated Modern French Painters Collected in Paris by the Late Jerome Stonborough*, 17 Oct. 1940.
Patterson, Donald L.: *One Handed: A Guide to Piano Music for One Hand*. Westport 1999.
Pegelow, Thomas: "Determining 'People of German Blood', 'Jews' and 'Mischlinge': The Reich Kinship Office and the Competing Discourses and Powers of Nazism". *Contemporary European History*, issue I, vol. 15, pp. 43-65.
Pelton, Robert W.: "The Indomitable Paul Wittgenstein". *Contemporary Keyboard*, vol. 3, Aug. 1977.
Penrose, J. F.: "The Other Wittgenstein". *American Scholar*, vol. 64, no. 3, Summer 1995.
Pickard, Bonni-Belle: "Repertoire for Left Handers". *Clavier*, vol. 25, no. 9, Nov. 1986.
Reich, Howard: "Rediscovered Score: Pianist's Last Legacy". *Chicago Tribune*, 11 Aug. 2002.
Rhees, Rush: "Wittgenstein", *Human World*, February 1974.
Ripley, Joan: "Empty Sleeve—The Biography of a Musician". Mary Baldwin College, Staunton, Virginia 1987.
――――: "A Memory of My Father", 3pp. タイプ原稿。私蔵品。
Salehhi, David: "Ludwig Wittgenstein als Schüler in Linz". *Wittgenstein Studies*,

Chinkevich, E. G.: *Rapport sur la visite des camps des prisonniers Austro-Hongrois dans l'arrondissement militaire d'Omsk (Sibérie)*. Petrograd 1915.

Czernin, Hubertus: "Der wundersame Weg der Eugenie Graff". *Der Standard*, 27 Feb. 1998, p. 34.

Davis, Gerald H.: "National Red Cross Societies and Prisoners of War in Russia, 1914-18'. *Journal of Contemporary History*, vol. 28, no. 1, Jan. 1993, pp. 31-52.

De Cola, Felix: "The Elegant Art: Playing the Piano with the Left Hand Alone". *Clavier*, vol. 6, no. 3, Mar. 1967.

Deneke, Margaret: "Memoirs"（未発表のタイプ原稿、1962-4, 2 vols.）, Lady Margaret Hall, Oxford.

———: "Mr. Paul Wittgenstein. Devotion to Music". Obituary, *The Times*, 14 Mar. 1961.

Fitzmaurice-Kelly, Capt. M: "The Flapless Amputation". *British Journal of Surgery*, vol. 3, issue 12, 1915.

Flindell, E. Fred: "Ursprung und Geschichte der Sammlung Wittgenstein im 19. Jahrhundert". *Musikforschung*, vol. 22, 1969.

———: "Dokumente aus der Sammlung Paul Wittgenstein". *Musikforschung*, vol. 24, 1971.

———: "Paul Wittgenstein (1887-1961): Patron and Pianist". *Music Review*, vol. 32, 1971.

Gaugusch, Georg: "Die Familien Wittgenstein und Salzer und ihr genealogisches Umfeld". *Adler: Zeitschrift für Genealogie und Heraldik*, 2 (XXXV), 2001, pp. 120-45.

Godowsky, Leopold: "Piano Music for the Left Hand". *Musical Quarterly*, vol. XXI, July 1935.

Harvey, Trevor: "Paul Wittgenstein: A Personal Reminiscence". *Gramophone*, June 1961.

Kennard, Daphne: "Music for One-Handed Pianists". *Fontes Artis Musicae*, vol. 30, no. 3, July/Sept. 1983.

Kim-Park, So Young: "Paul Wittgenstein und die für ihn komponierten Klavierkonzerte für die linke Hand"（未発表論文）. Aachen 1999.

Klein, Rudolf: "Paul Wittgenstein zum 70. Geburtstag". *Österreichische Musikzeitschrift*, 12, Dec. 1957.

Kong, Won-Young: "Paul Wittgenstein's Transcriptions for Left Hand: Pianistic Techniques and Performance Problems"（未発表論文）. Denton, Texas 1999.

博訳の「論理哲学論考」ほか、大修館書店、1975年。『論理哲学論考』藤本隆志、坂井秀寿訳、法政大学出版局、1968年。『論理哲学論』山元一郎訳、中公クラシックス、2001年。『論理哲学論考』野矢茂樹訳、岩波文庫、2003年。『論理哲学論考』中平浩司訳、ちくま学芸文庫、2005年。『論理哲学論考』木村洋平訳、社会評論社、2007年。『論理哲学論考』丘沢静也訳、光文社古典新訳文庫、2014年）

Wright, G. H. von (ed.): *Ludwig Wittgenstein: Letters to Russel, Keynes and Moore*. Oxford 1974.

Zichy, Géza, Count: *Das Buch des Einarmigen*. Stuttgart 1916.

Zweig, Stefan: *The World of Yesterday*. London 1943.（シュテファン・ツヴァイク『昨日の世界』（１・２）原田義人訳、みすずライブラリー、1999年）

随筆、記事、その他

Abell, Arthur M: "Count Géza Zichy". *Musical Courier*, 17. 7. 1915, p.20.

Albrecht, Otto E.: "The Adventures and Discoveries of a Manuscript Hunter". *Musical Quarterly*, vol. 31, no. 4, Oct. 1945, pp. 492-503.

Anon: "Freiherr Prof. von Eiselberg's Clinic at Vienna". *British Journal of Surgery*, issue 6, 1914.

———: "L'Opera del S. P. Benedetto XV in favore dei prigionieri di Guerra". *La Civiltà Cattolica*, Mar. 1918, vol. 2, pp. 293-302.

———: "One-Armed Pianist Undaunted by Lot", interview with Paul Wittgenstein. *New York Times*, 4 Nov. 1934, p. 7.

Attinello, Paul: "Single-Handed Success: Leon Fleisher's Keyboard Comeback". *Piano & Keyboard*, no. 163, Jul./Aug. 1993.

Bauman, Richard: "Paul Wittgenstein: His Music Touched Our Hearts". *Abilities Magazine*, no. 50, Spring 2002.

Bellamy, Olivier: "Concerto pour la main gauche: La Force du destin". *Le Monde de la Musique*, Dec. 2004.

Boltzmann, Ludwig: "On Aeronautics", trans. Marco Mertens and Inga Pollmann, in Susan Sterrett, *Wittgenstein Flies a Kite*, London 2005, p. 255.

Bonham's sale catalogue: *European Paintings from the Estate of Hilde Wittgenstein*, 6 June 2006. New York.

Bramann, Jorn K. and Moran, John: "Karl Wittgenstein: Business Tycoon and Art Patron". *Austrian History Yearbook*, vol. 15-16, 1979-80.

Trevor-Roper, H. R. (ed.): *Hitler's Secret Conversations*. New York 1953.
Unger, Irwin and Debi: *The Guggenheims: A Family History*. New York 2005.
Walter, Bruno: *Theme and Variations*. London 1947.（ブルーノ・ワルター『主題と変奏：ブルーノ・ワルター回想録』内垣啓一、渡辺健訳、白水社、2001年）
Waters, Edward N.: *The Letters of Franz Liszt to Orga von Meyendorff, 1871-1886*, trans. William R. Tyler. Cambridge Mass. 1979.
Weiland, Hans (ed.): *In Feindes Hand* (2 vols). Vienna 1931.
Weininger, Otto: *Über die letzten Dinge*, trans. Steven Burns. Lewiston 2001.
Weissweiler, Eva: *Ausgemerzt! Das Lexikon der Juden in der Musik und seine mörderischen Folgen*. Cologne 1999.
Williams, Gatenby [a.k.a. Guggenheim, William]: *William Guggenheim*. New York 1934.
Witt-Dörring, Christian: *Josef Hoffmann: Interiors 1902-1913*. New York 2006.
Wittgenstein, Hermine: *Die Aufzeichnungen "Ludwig Sagt"*. Berlin 2006.
Wittgenstein, Karl: *Politico-Economic Writings*, ed. N. C. Nyiri. Amsterdam 1984.
Wittgenstein, Ludwig: *Philosophical Investigations*. Oxford 1953.（『ウィトゲンシュタイン全集８』「哲学探究」藤本隆志訳、大修館書店、1976年）
———: *The Blue and Brown Books*. Oxford 1958.（『ウィトゲンシュタイン全集６』大森荘蔵訳の「青色本・茶色本」ほか、大修館書店、1975年）
———: *Notebooks 1914-1916*. Oxford 1961.（『ウィトゲンシュタイン全集１』奥雅博訳の「草稿 1914-1916」ほか、大修館書店、1975年）
———: *Zettel*. Oxford 1967.（『ウィトゲンシュタイン全集９』菅豊彦訳の「断片」ほか、大修館書店、1975年）
———: *On Certainty*. Oxford 1969.（『ウィトゲンシュタイン全集９』黒田亘訳の「確実性の問題」ほか、大修館書店、1975年）
———: *Geheime Tagebücher 1914-1916*. Vienna 1992.（『ウィトゲンシュタイン『秘密の日記』：第一次世界大戦と『論理哲学論考』』丸山空大訳、星川啓慈・石神郁馬解説、春秋社、2016 年）
———: *Culture and Value*. Oxford 1998.（ヴィトゲンシュタイン『反哲学的断章：文化と価値』丘沢静也訳、青土社、1999年）
———: *Tractatus Logico-Philosophicus*, with introduction by Bertrand Russel and parallel text translation by David Pears and Brian McGuinness. London 2000.（ウィトゲンシュタイン『ウィトゲンシュタイン全集１』奥雅

Haven and London 2001.（エリック・ライディング、レベッカ・ペチェフスキー『ブルーノ・ワルター：音楽に楽園を見た人』高橋宣也訳、音楽之友社、2015 年）

Schad, Martha: *Hitler's Spy Princess*, trans. Angus McGeoch. Stroud 2002.（マルタ・シャート『ヒトラーの女スパイ』菅谷亜紀訳、小学館、2006年）

Schonberg, Harold C.: *The Great Pianists*. New York 1964.（ハロルド・C・ショーンバーグ『ピアノ音楽の巨匠たち』後藤泰子訳、シンコーミュージック・エンタテイメント、2015 年）

Schorske, Carl E. : *Fin-de-Siècle Vienna*. New York 1980.（カール・E・ショースキー『世紀末ウィーン：政治と文化』安井琢磨訳、岩波書店、1983年）

Schreiner, George Abel: *The Iron Ration: Three Years in Warring Central Europe*. London 1918.

Schuschnigg, Kurt von: *The Brutal Takeover*, trans. Richard Barry. London 1971.

Seroff, Victor: *Maurice Ravel*. New York 1953.

Shirer, William: *The Rise and Fall of the Third Reich*. New York 1959.（ウィリアム・L・シャイラー『第三帝国の興亡』（全５巻）、松浦伶訳、東京創元社、2008-2009年）

Smith, Nigel J.: *Lemberg: The Great Battle for Galicia*. London 2002.

Somavilla, Ilse (ed.): *Denkbewegungen: Tagebücher und Briefe, 1930-1932, 1936-1937*. Electronic edition, Innsbruck 1997.（イルゼ・ゾマヴィラ編『ウィトゲンシュタイン哲学宗教日記：1930-1932/1936-1937』鬼界彰夫訳、講談社、2005年）

Somavilla, Ilse, Unterkircher, Anton and Berger, Paul (eds): *Ludwig Hänsel—Ludwig Wittgenstein: Eine Freundschaft*. Innsbruck 1994.

Spitzy, Hans: *Unsere Kriegsinvaliden*. Vienna 1917.

Stone, Norman: *The Eastern Front 1914-1917*. London 1975.

Suchy, Irene, Janik, Alan and Predota, Georg (eds): *Empty Sleeve: Der Musiker und Mäzen Paul Wittgenstein*. Innsbruck 2006.

Talalay, Kathryn: *Philippa Schuyler: Compositon in Black and White*. Oxford 1995.

Tolstoy, Count Leo: *The Gospel in Brief*. London 1896.（トルストイ『要約福音書・男と女』中村白葉訳、新学社、1975年。『トルストイ全集 14』中村白葉、中村融訳、河出書房新社、1973年）

Tovey, Donald Francis: *Essays in Musical Analysis*, vol. 3: *Concertos*. Oxford 1936.

Meyer, Kurt: *Grenadiere*. Mechanicsburg 2005.（クルト・マイヤー『擲弾兵：パンツァーマイヤー戦記』松谷健二訳、学研M文庫、2004年）

Mitchell, Donald and Reed, Philip (eds): *Letters from a Life: Selected Letters and Diaries of Benjamin Britten* (2 vols). London 1991.

Monk, Ray: *Ludwig Wittgenstein: The Duty of Genius*. London 1990.（レイ・モンク『ウィトゲンシュタイン：天才の責務』（1・2）岡田雅勝訳、みすず書房、1994年）

Mosley, Charlotte (ed.): *The Mitfords: Letters Between Six Sisters*. London 2007.

Natter, Tobias G. and Frodl, Gerbert: *Klimt's Women*. Vienna 2000.

Nedo, Michael and Ranchetti, Michele: *Ludwig Wittgenstein: Sein Leben in Texten und Bildern*. Frankfurt am Main 1983.

Nemeth, Carl: *Franz Schmidt: Ein Meister nach Brahms und Bruckner*. Vienna 1957.

Neuman, H. J.: *Arthur Seyss-Inquart*. Vienna 1970.

Nice, David: *Prokofiev: A Biography 1891-1935*. New Haven and London 2003.

Nicholas, Jeremy: *Godowsky, the Pianists' Pianist*. Hexham 1989.

Nietzsche, Friedrich: *Also Sprach Zarathustra*. Leipzig 1886.（ニーチェ『ツァラトストラかく語りき』竹山道雄訳、新潮文庫、1953年。ニーチェ『ツァラトゥストラはこう言った』氷上英広訳、岩波文庫、1967年ほか邦訳多数）

Orenstein, Arbie: *A Ravel Reader. Correspondence, Articles, Interviews*. New York 1990.

Prater, Donald: *Stefan Zweig: European of Yesterday*. Oxford 1975.

Prokofiev, Sergei: *Autobiography, Articles, Reminiscences*. New York 2000.（セルゲイ・プロコフィエフ『プロコフィエフ：自伝／随想集』田代薫訳、音楽之友社、2010 年）

———: *Diaries (1907-1933)* (privately printed edition in Russian). Paris 2002.

Prokop, Ursula: *Margaret Stonborough-Wittgenstein: Bauherrin, Intellecktuelle, Mäzenin*. Vienna 2003.

Rachaminov, Alon: *POWs and the Great War: Captivity on the Eastern Front*. Oxford 2002.

Redpath, Theodore: *Ludwig Wittgenstein: A Student's Memoir*. London 1990.

Rhees, Rush (ed.): *Ludwig Wittgenstein: Personal Recollections*. Oxford 1981.

Robinson, Harlow: *Sergei Prokofiev: A Biography*. New York 2002.

Russell, Bertrand: *Autobiography* (one-volume ed.). London 2000.

Ryding, Erik and Pechefsky, Rebecca: *Bruno Walter: A World Elsewhere*. New

Kinflberg, U.: *Einarmfibel*. Karlsruhe 1917.

Klagge, James: *Wittgenstein: Biography and Philosophy*. Cambridge 2001.

Knight, W. Stanley Macbean: *History of the Great European War*, vol. 4. London 1924.

Koppensteiner, Susanne (ed.): *Secession: Gustav Klimt Beethovenfries*. Vienna 2002.

———: *Secession: Die Architektur*. Vienna 2003.

Kross, Matthias: *Deutsche Brüder: Zwölf Doppelporträts*. Berlin 1994.

Kupelwieser, Paul: *Aus den Erinnerungen eines alten Österreichers*. Vienna 1918.

Lansdale, Maria Hornor: *Vienna and the Viennese*. Philadelphia 1902.

Levetus, A. S.: *Imperial Vienna*. New York 1905.

Levy, Paul and Marcus, Penelope (eds): *The Letters of Lytton Strachey*. London 1989.

Liess, Andreas: *Franz Schmidt: Leben und Schaffen*. Graz 1951.

Lillie, Sophie: *Was einmal war. Handbuch der enteigneten Kunstsammlungen Wiens*. Vienna 2003.

Long, Marguerite: *At the Piano with Ravel*, trans. Olive Senior-Ellis. London 1973.（マルグリット・ロン『ラヴェル：回想のピアノ』北原道彦、藤村久美子訳、音楽之友社、1985年）

MacCartney, C. A.: *The Social Revolution in Austria*. Cambridge 1926.

MacDonald, Mary: *The Republic of Austria 1918-1934*. London 1946.

McGuinness, Brian (ed.): *Wittgenstein and His Times*. Bristol 1982.

McGuinness, Brian: *Wittgenstein: A Life: Young Ludwig (1889-1921)*. London 1988.（ブライアン・マクギネス『ウィトゲンシュタイン評伝：若き日のルートヴィヒ　1889-1921』藤本隆志ほか訳、法政大学出版局、1994年）

———: *Approaches to Wittgenstein*. Oxford 2002.

———(ed.): *Wittgenstein in Cambridge: Letters and Documents 1911-1951*. Oxford 2008.

McGuinness, Brian, Pfersmann, Otto and Ascher, Maria Concetta (eds): *Wittgenstein Familienbriefe*. Vienna 1996.

Malcolm, Norman: *Ludwig Wittgenstein: A Memoir*. Oxford 2001.（ノーマン・マルコム『ウィトゲンシュタイン：天才哲学者の思い出』板坂元訳、平凡社ライブラリー、1998年）

Mayer, Arno J.: *Why Did the Heavens Not Darken? The Final Solution in History*. New York 1988.

Meier-Graefe, Julius: *Der Tscheinik*. Berlin 1918.

1997.
Clare, George: *Last Waltz in Vienna*. London 1981.（ジョージ・クレア『ウィーン最後のワルツ』兼武進訳、新潮社、1992年）
Cornish, Kimberley: *The Jew of Linz*. London 1998.
Corti, Egon and Sokol, Hans: *Kaiser Franz Joseph*. Cologne 1960.
Crankshaw, Edward: *The Fall of the House of Habsburg*. London 1963.
Davis, John H.: *The Guggenheims: An American Epic*. New York 1978.
Del Mar, Norman: *Richard Strauss: A Critical Commentary on His Life and Works* (3 vols). London 1978.
Deneke, Margaret: *Ernest Walker*. Oxford 1951.
Duchen, Jessica: *Erich Wolfgang Korngold*. London 1996.
Edel, Theodore: *Piano Music for the Left Hand*. Bloomington 1994.
Edmonds, David and Eidinow, John: *Wittgenstein's Poker*. London 2001.（デヴィッド・エドモンズ、ジョン・エーディナウ『ポパーとウィトゲンシュタインとのあいだで交わされた世上名高い10分間の大激論の謎』二木麻里訳、ちくま学芸文庫、2016年）
Engelmann, Paul: *Letters from Ludwig Wittgenstein, with a Memoir*, ed. B. F. McGuinness, trans. L. Furtmuller. Oxford 1967.
Flowers, F. A. III (ed.): *Portraits of Wittgenstein* (4 vols). Bristol 1999.
Fox, Winifred: *Douglas Fox: A Chronicle*. Bristol 1976.
Friedländer, Saul: *Nazi Germany and the Jews*, vol. 1: *The Years of Persecution 1933-39*. New York 1997.
Griffin, Nicholas (ed.): *The Selected Letters of Bertrand Russell: The Private Years, 1884-1914*. London 1992.
Haider, Edgard: *Verlorenes Wien: Adelspaläste vergangener Tage*. Vienna 1984.
Häseler, Adolf (ed.): *Lieder zur Gitarre oder Laute: Wandervogel—Album III*. Hamburg 1912.
Hitler, Adolf: *Mein Kampf*, trans. James Murphy, London 1939.（アドルフ・ヒトラー『わが闘争』（上下）平野一郎、将積茂訳、角川文庫、2001年ほか）
Janik, Allan: *Wittgenstein's Vienna Revisited*. London 2001.
Janik, Allan and Toulmin, Stephen: *Wittgenstein's Vienna*. New York 1973.（S・トゥールミン、A・ジャニク『ウィトゲンシュタインのウィーン』藤村龍雄訳、平凡社ライブラリー、2001年）
Janik, Allan and Veigl, Hans: *Wittgenstein in Vienna*. New York 1998.
Kaldori, Julia: *Jüdisches Wien*. Vienna 2004.

参考文献

書 籍

Abrahamsen, David: *Otto Weininger: The Mind of a Genius*. New York 1946.
Alber, Martin: *Wittgenstein und die Musik*. Innsbruck 2000.
Barchilon, John: *The Crown Prince*. New York 1984.
Barta, Erwin: *Die Großen Konzertdirektionen im Wiener Konzerthaus 1913-1945*, Frankfurt am Main 2001.
Bartley, William Warren III: *Wittgenstein*. Philadelphia 1973.（ウィリアム・W・バートリー『ウィトゲンシュタインと同性愛』小河原誠訳、未来社、1990年）
Beaumont, Anthony (ed.): *Alma Mahler-Werfel: Diaries 1898-1902*. Ithaca 1999.
Beller, Steven: *Vienna and the Jews 1867-1938*. Cambridge 1989.（スティーヴン・ベラー『世紀末ウィーンのユダヤ人：1867-1938』桑名映子訳、刀水書房、2007年）
———: *A Concise History of Austria*. Cambridge 2006.
Bernhard, Thomas: *Wittgenstein's Nephew*, trans. Ewald Osers, London 1986.（トーマス・ベルンハルト「ヴィトゲンシュタインの甥：最後の古き佳きウィーンびと」、『破滅者』岩下眞好訳、みすず書房、2019年に収録）
Black, Max: *A Companion to Wittgenstein's Tractatus*. Cambridge 1964.
Botstein, Leon and Hanak, Werner (eds): *Vienna, Jews and the City of Music*. Annandale 2004.
Brändstöm, Elsa: *Among Prisoners of War in Russia and Siberia*. London 1929.
Bree, Malwine: *The Leschetizky Method*. New York 1913.（マルウィーヌ・ブレー『レシェティツキー・ピアノ奏法の原理』北野健次訳、音楽之友社、1973年）
Brook, Donald: *Masters of the Keyboard*. London 1946.
Brook-Shepherd, Gordon: *Anschluss: The Rape of Austria*. London 1963.
Burghard, Frederic F.: *Amputations*. Oxford 1920.
Carroll, Brendan G.: *The Last Prodigy: A Biography of E. W. Korngold*. Portland

『ウィトゲンシュタイン家の人びと——闘う家族』
2010年7月　中央公論新社刊

著　者
アレグザンダー・ウォー（Alexander Waugh）
1963年生まれ。曽祖父は文芸評論家のアーサー・ウォー、祖父は国民的作家のイーヴリン・ウォー、父はコラムニストで母も作家という一族で、自身の系譜について書いた *Fathers and Sons* が高い評価を呼んだ。また音楽評論家、作曲家でもあり、*Mail on Sunday* や *London Evening Standard* でオペラ批評を担当。各国で翻訳された *Classical music: a new way of listening*（『クラシック音楽の新しい聴き方』）などの著書がある。

訳　者
塩原通緒（しおばら・みちお）
1966年生まれ。立教大学文学部英米文学科卒業。主な訳書にピンカー『暴力の人類史』（共訳）、プフナー『物語創世』（共訳）、リース『私たちが、地球に住めなくなる前に』、クリスタキス『ブループリント』（共訳）ほか多数。

All insert images are reproduced with permission,
courtesy of the Joan Ripley Private Collection;
Michael Nedo and the Wittgenstein Archive, Cambridge;
and the Bodleian Library, Oxford

中公文庫

ウィトゲンシュタイン家《け》の人《ひと》びと
——闘《たたか》う家族《かぞく》

2021年4月25日　初版発行

著　者　アレグザンダー・ウォー
訳　者　塩原《しおばら》 通緒《みちお》
発行者　松田 陽三
発行所　中央公論新社
〒100-8152　東京都千代田区大手町1-7-1
電話　販売 03-5299-1730　編集 03-5299-1890
URL http://www.chuko.co.jp/

DTP　平面惑星
印　刷　三晃印刷
製　本　小泉製本

Published by CHUOKORON-SHINSHA, INC.
Printed in Japan　ISBN978-4-12-207053-0 C1123

中公文庫既刊より

各書目の下段の数字はＩＳＢＮコードです。978－4－12が省略してあります。

ケ-1-4
ファウスト 悲劇第一部
ゲーテ
手塚富雄訳
あらゆる知的探究も内心の欲求を満たさないと絶望したファウストは、悪魔メフィストフェレスと魂をかけた契約を結ぶ。〈巻末エッセイ〉河盛好蔵・福田宏年
206741-7

ケ-1-5
ファウスト 悲劇第二部
ゲーテ
手塚富雄訳
巨匠ゲーテが言葉の深長な象徴力を駆使しつつ自然と人生の深奥に迫った大作を、翻訳史上画期的な名訳で贈る。読売文学賞受賞作。〈巻末エッセイ〉中村光夫
206742-4

ニ-2-3
ツァラトゥストラ
ニーチェ
手塚富雄訳
近代の思想と文学に強烈な衝撃を与え、今日なお予言と謎に満ちたニーチェの主著を格調高い訳文と懇切な訳注で贈る。〈巻末対談〉三島由紀夫・手塚富雄
206593-2

タ-9-1
帝政論
ダンテ
小林公訳
人間に平和、正義、自由をもたらす政体とは何か。教皇派、皇帝派入り乱れ抗争する状況の中、哲学、論理学を駆使して、霊的統治と世俗的統治の分離を行う。
206528-4

テ-2-2
方法序説・情念論
デカルト
野田又夫訳
私は考える、ゆえに私はある――デカルトの学問的自叙伝ともいうべき「方法序説」に、情念制御の道について考察した「情念論」を加える。國分功一郎氏推薦。
206804-9

ウ-11-1
新しい学（上）
ヴィーコ
上村忠男訳
デカルトの科学主義に立ち向かい、人間の歴史の価値に光をあてるヴィーコ。歴史・神話・風習・言語・芸術・貨幣などを読むことで、〈真なるもの〉に迫る。
206591-8

ウ-11-2
新しい学（下）
ヴィーコ
上村忠男訳
古代ギリシア・ローマの歴史と思想に探求の歩を進め、文明や社会の成り立ちとその実質について考察を展開。「第2巻第4部　詩的政治学」以下を収める。
206592-5

ハ-2-2
パンセ
パスカル
前田陽一
由木康 訳
時代を超えて現代人の生き方に迫る、鮮烈な人間探究の記録。パスカル研究の最高権威による全訳。年譜、索引付き。〈巻末エッセイ〉小林秀雄
206621-2

ア-9-1
わが思索のあと
アラン
森有正 訳
『幸福論』で知られるフランスの哲学者は、いかにその健全な精神を形成したのか。円熟期に綴られた稀有な思想的自伝全34章。〈解説〉長谷川宏
206547-5

ウ-10-1
精神の政治学
ポール・ヴァレリー
吉田健一 訳
表題作ほか「知性に就て」「地中海の感興」「レオナルドと哲学者達」の全四篇を収める。巻末に吉田健一の単行本未収録エッセイを併録。〈解説〉四方田犬彦
206505-5

テ-4-2
自殺論
デュルケーム
宮島喬 訳
自殺の諸相を考察し、アノミー、生の意味喪失、疎外など、現代社会における個人の存在の危機をいち早く指摘した、社会学の古典的名著。内田樹氏推薦。
206642-7

ウ-7-1
寛容論
ヴォルテール
中川信 訳
新教徒の冤罪事件を契機に、自然法が不寛容に対して法的根拠を与えないことを正義をもって立証し、宗教を超えて寛容の重要性を説いた不朽の名著。初文庫化。
205424-0

フ-4-2
精神分析学入門
フロイト
懸田克躬 訳
近代の人間観に一大変革をもたらした精神分析学の全体系とその真髄を、フロイトみずからがわかりやすく詳述した代表的著作。〈巻末エッセイ〉柄谷行人
206720-2

ロ-3-2
無意識の幻想
D・H・ロレンス
照屋佳男 訳
観念に囚われた現代人は、人間関係を致命的に損なっている。フロイトの無意識理解を斥け、子供の教育や男女の関係について根源的な省察を加えた超問題作。
206370-9

の-12-3
心と他者
野矢茂樹
他者がいなければ心はない。哲学の最難関「心」にどのように挑むか。文庫化にあたり大森荘蔵が遺した書き込みとメモを収録した。挑戦的で挑発的な書。
205725-8

各書目の下段の数字はISBNコードです。978－4－12が省略してあります。

の-12-4
ここにないもの 新哲学対話
野矢茂樹 文
植田真 絵
いろんなことを考えてはお喋りしあっているエプシロンとミュー。二人の会話に哲学の原風景が見える。川上弘美「『ここにないもの』に寄せて」を冠した決定版。
205943-6

た-77-1
シュレディンガーの哲学する猫
竹内薫
竹内さなみ
サルトル、ウィトゲンシュタイン、ハイデガー、小林秀雄――古今東西の哲人たちの核心を紹介。時空を旅する猫とでかける、「究極の知」への冒険ファンタジー。
205076-1

な-27-1
チャイコフスキー・コンクール ピアニストが聴く現代
中村紘子
世界的コンクールの舞台裏を描き、国際化時代のクラシック音楽の現状と未来を鮮やかに洞察する長篇エッセイ。大宅壮一賞受賞作。〈解説〉吉田秀和
201858-7

な-27-2
どこか古典派《クラシック》
中村紘子
世界中の「ピアニストの領分」を出たり入ったり。名ピアニストが言葉で奏でる、自由気ままなエッセイは、やっぱりどこか古典派。〈解説〉小林研一郎
204104-2

な-27-3
コンクールでお会いしましょう 名演に飽きた時代の原点
中村紘子
今なぜ世界中でクラシック音楽のピアノコンクールがさかんなのか。その百年にわたる光と影を語って、クラシック音楽の感動の原点を探る。〈解説〉苅部直
204774-7

な-27-4
ピアニストという蛮族がいる
中村紘子
ホロヴィッツ、ラフマニノフら、巨匠たちの天才ぶりを軽妙に綴り、幸田延、久野久の悲劇的な半生が感動を呼ぶ、文藝春秋読者賞受賞作。〈解説〉向井敏
205242-0

な-27-5
アルゼンチンまでもぐりたい
中村紘子
著者ならではの、鋭い文明批評と、地球の裏側まで、穴があったら入りたいほどの失敗談。音楽の周囲に集まるとっておきのエピソード。〈解説〉檀ふみ
205331-1

あ-64-1
ドビュッシー 想念のエクトプラズム
青柳いづみこ
印象主義という仮面の下に覗くデカダンスの黒い影。従来のドビュッシー観を一新し、その悪魔的な素顔に斬り込んだ画期的評伝。〈解説〉池上俊一
205002-0

あ-64-2
ピアニストが見たピアニスト　名演奏家の秘密とは
青柳いづみこ
二十世紀の演奏史を彩る六人の名ピアニストの技と心の秘密を、同じ演奏家としての直観と鋭い洞察で鮮やかに解き明かした「禁断の書」。〈解説〉最相葉月
205269-7

あ-64-3
音楽と文学の対位法
青柳いづみこ
ショパン、シューマンはじめ、六人の大作曲家と同時代の文学との関わりに、モノ書きピアニストの切り口で光を当てた比較芸術論。〈解説〉鴻巣友季子
205317-5

あ-64-4
ピアニストは指先で考える
青柳いづみこ
ピアニストが奏でる多彩な音楽には、どんな秘密が隠されているのか。演奏家、文筆家として活躍する著者が、ピアニストの身体感覚にせまる。〈解説〉池辺晋一郎
205413-4

あ-64-5
六本指のゴルトベルク
青柳いづみこ
小説のなかに取り込まれた数々の名曲。無類の読書家でもあるピアニストが、音楽がもたらす深い意味を読み解く。講談社エッセイ賞受賞作。〈解説〉中条省平
205681-7

あ-64-7
ドビュッシーとの散歩
青柳いづみこ
ドビュッシーの演奏・解釈の第一人者が、偏愛するピアノ作品四〇余曲に寄せたエッセイ集。怪奇趣味、東洋幻想まで、軽やかな文体で綴る。〈解説〉小沼純一
206226-9

あ-64-8
ピアニストたちの祝祭　唯一無二の時間を求めて
青柳いづみこ
日本国内のクラシック・イベントに密着。同業のピアニストのステージを、克明にとらえた音楽祭見聞録。自ら出演した舞台裏も活写する。〈解説〉篠田節子
206420-1

さ-53-1
大作曲家たちの履歴書（上）
三枝成彰
家系、宗教、作曲態度から精神状態、女性関係……大作曲家の姿を忌憚なく描き出すクラシックファン必携のデータブック。バッハからワーグナーまで。
205240-6

さ-53-2
大作曲家たちの履歴書（下）
三枝成彰
女性観、家庭環境、作曲家同士の関係、名曲の歴史的背景など、クラシック音楽が身近になる、大作曲家たちの横顔。ヴェルディからストラヴィンスキーまで。
205241-3

各書目の下段の数字はISBNコードです。978-4-12が省略してあります。

こ-54-1 **いい音 いい音楽** 五味康祐
癌に冒された最晩年の新聞連載コラム「一刀斎オーディオを語る」を軸に、クラシックとオーディオへの情熱が凝縮された究極の音楽エッセイ集。〈解説〉山本一力
205417-2

こ-54-2 **西方の音** 音楽随想 五味康祐
生涯の友、音楽とオーディオへの飽くなき希求。そして、音楽に触発された自らの人生。剣豪作家が遺した、斬れ味鋭い音楽エッセイ。〈解説〉新保祐司
206235-1

も-27-4 **拍手のルール** 秘伝クラシック鑑賞術 茂木大輔
演奏会での正しい拍手の仕方とは？ 今さら聞けないその疑問にお答えします。もっと音楽を楽しみたい人のための、爆笑感嘆必携ガイド。〈解説〉内田春菊
205532-2

も-27-5 決定版 **オーケストラ楽器別人間学** 茂木大輔
あなたの運命は選んだ楽器が決めていた！ 楽器と性格の関係を爆笑プロファイリングした演奏者必携の名著を大幅リニューアル。〈巻末マンガ〉二ノ宮知子
206618-2

や-36-2 **自伝 若き日の狂詩曲** 山田耕筰
童謡・オペラの作曲を始め、わが国交響楽運動の創始者として、近代音楽史に輝かしい足跡を残した山田耕筰の破天荒な青春記。〈解説〉井上さつき
206218-4

わ-22-1 **聴衆の誕生** ポスト・モダン時代の音楽文化 渡辺裕
クラシック音楽はいつから静かに真面目に聴くものになったのか？ 文化的、社会的背景と聴衆の変化から読み解く画期的音楽史。サントリー学芸賞受賞作。
205607-7

や-73-1 **暮しの数学** 矢野健太郎
絵や音楽にひそむ幾何や算数など、暮しのなかに出てくる十二の数学のおはなし。おもしろく読めて役に立つ、論理的思考のレッスン。〈解説〉森田真生
206877-3

ウ-8-1 **国のない男** カート・ヴォネガット 金原瑞人訳
戦後アメリカを代表する作家・ヴォネガットの、シニカルな現代社会批判が炸裂する遺作エッセイ。この世界で生きる我々に託された最後の希望の書。〈解説〉巽 孝之
206374-7

マ-10-3
世界史（上）
W・H・マクニール
増田義郎
佐々木昭夫 訳
世界の各地域を平等な目で眺め、相関関係を分析しながら歴史の歩みを独自の史観で描き出した、定評ある世界史。ユーラシアの文明誕生から紀元一五〇〇年までを彩る四大文明と周縁部。
204966-6

マ-10-4
世界史（下）
W・H・マクニール
増田義郎
佐々木昭夫 訳
俯瞰的な視座から世界の文明の流れをコンパクトにまとめ、歴史のダイナミズムを描き出した名著。西欧文明の興隆と変貌から、地球規模でのコスモポリタニズムまで。
204967-3

コ-7-1
若い読者のための世界史（上） 原始から現代まで
E・H・ゴンブリッチ
中山典夫 訳
歴史は「昔、むかし」あった物語である。さあ、いまからその昔話をはじめよう――若き美術史家ゴンブリッチが、やさしく語りかける、物語としての世界史。
205635-0

コ-7-2
若い読者のための世界史（下） 原始から現代まで
E・H・ゴンブリッチ
中山典夫 訳
私たちが知るのはただ、歴史の川の流れが未知の海へ向かって流れていることである――美術史家が若い世代に手渡す、いきいきと躍動する物語としての世界史。
205636-7

タ-7-1
愚行の世界史（上） トロイアからベトナムまで
B・W・タックマン
大社淑子 訳
国王や政治家たちは、なぜ国民の利益と反する政策を推し進めてしまうのか。世界史上に名高い四つの事件を詳述し、失政の原因とメカニズムを探る。
205245-1

タ-7-2
愚行の世界史（下） トロイアからベトナムまで
B・W・タックマン
大社淑子 訳
歴史家タックマンが俎上にのせたのは、ルネサンス期教皇庁の堕落、アメリカ合衆国独立を招いた英国議会の奢り。そして最後にベトナム戦争をとりあげる。
205246-8

か-80-1
兵器と戦術の世界史
金子常規
古今東西の陸上戦の勝敗を決めた「兵器と戦術」の役割と発展を、豊富な図解・注解と詳細なデータにより検証する名著を初文庫化。〈解説〉惠谷 治
205857-6

も-33-1
馬の世界史
本村凌二
人が馬を乗りこなさなかったら、歴史はもっと緩やかに流れていただろう。馬と人間、馬と文明の関わりから、「世界史」を捉え直す。ＪＲＡ賞馬事文化賞受賞作。
205872-9